DAS GROSSE BUCH DER
Vegetarischen
KÜCHE

DAS GROSSE BUCH DER

Vegetarischen

KÜCHE

KÖNEMANN

Published by Murdoch Books®, a division of Murdoch Magazines Pty Ltd,
213 Miller Street, North Sydney NSW 2060

Editorial Director: Susan Tomnay
Creative Director: Marylouise Brammer
Editors: Wendy Stephen, Deirdre Blayney, Jane Price
Photographer (cover and special features): Luis Martin
Stylist (cover and special features): Rosemary De Santis
Food Editors: Kerrie Ray, Tracy Rutherford
Additional recipes: Jody Vassallo
Additional text: Maggie Pickering, Karen Hammial

Original title: The Essential Vegetarian Cookbook

Könemann Verlagsgesellschaft mbH, Bonner Str. 126, D-50968 Köln
Übersetzung aus dem Englischen: Andrea C. Busch, Groß-Zimmern
Redaktion & Satz der deutschen Ausgabe: Thomas Heider, Bergisch Gladbach
Druck und Bindung: Leefung-Asco Printers Limited
Printed in China

ISBN 3–89508–551–0

VORWORT

Vegetarische Kost führt heute auf den Speisenkarten der Restaurants längst kein Schattendasein mehr. Unsere Eßgewohnheiten haben sich so sehr weiterentwickelt und verändert, daß viele Menschen mittlerweile beinahe fleischlos leben, ohne sich selbst als strenge Vegetarier zu bezeichnen – und das nicht nur aus wirtschaftlichen, gesundheitlichen oder ideologischen Gründen. Kochen erfreut sich zunehmender Beliebtheit, und wir entdecken unentwegt neue fleischlose Gerichte aus vielen Länderküchen der Welt. Gemüse, Getreide, Nüsse und Hülsenfrüchte, die uns das ganze Jahr zur Verfügung stehen, machen die vegetarische Küche zu einem Abenteuer mit internationalem Flair – und uns zu Gourmets …

INHALT

DAS VEGETARISCHE ABENTEUER

Ein guter vegetarischer Speiseplan enthält alles, was unser Körper heutzutage braucht: Die Gerichte sind ausgewogen, schnell und einfach zuzubereiten und stellen auch Feinschmecker zufrieden. Die Zeiten, in denen Gemüse zu Tode gekocht wurde und man sich auf »Tausendundeine Art, Sojabohnen zuzubereiten« konzentrierte, sind lange vorbei. Heute ist ein vegetarisches Menü für eine wachsende Zahl von Menschen aller Schichten und Altersklassen die erste Wahl.

VEGETARISCHE KOST

Es gibt viele Gründe, warum Menschen ihre Ernährung auf vegetarische Kost umstellen: ethische, gesundheitliche oder religiöse Gründe zum Beispiel. Aber es könnte genausogut auch eine ästhetische oder gastronomische Entscheidung sein. Vielen überzeugten Fleischessern ist gar nicht bewußt, wie vielfältig die Zutaten, wie abwechslungsreich die Gerichte und wie kreativ die Zubereitungsmöglichkeiten der vegetarischen Küche sind.

Für viele Menschen in Westeuropa ist die ständige Verfügbarkeit von Fleisch, Fisch und Geflügel bis vor wenigen Jahrzehnten noch ein Zeichen für Reichtum und Wohlstand gewesen. Nur in vermögenden Familien kamen täglich Fleischgerichte als Hauptbestandteil jeder Mahlzeit auf den Tisch. In der Zeit des wirtschaftlichen Aufschwungs nach dem Zweiten Weltkrieg nahm das Fleisch einen immer größeren Platz in der Ernährung vieler Menschen ein. Diese Entwicklung hatte jedoch den Nachteil, daß sie zu einer weniger ausgewogenen Ernährung führte und die Menschen zuviel gesättigte Fette zu sich nahmen. Ein Speiseplan, auf dem Fleisch die Hauptrolle spielt, ist also ein typisches, wenn auch nicht unbedingt positives Ergebnis unserer Wohlstandsgesellschaft.

Viele Menschen sind sich mittlerweile des Ungleichgewichts in ihrer Ernährung bewußt geworden, und sie verringern den Fleischanteil in ihren Mahlzeiten. Häufig entdecken sie dabei die vegetarische Küche. Je vertrauter sie damit werden, desto häufiger experimentieren sie und finden dabei heraus, wieviel Genuß vegetarisches Kochen bieten kann – eine Fülle an Farben, Geschmacksrichtungen, Strukturen und Aromen. Viele Menschen gewinnen dabei auch mehr Lebensfreude und werden ihre Gewichtsprobleme los. Andere berichten über reinere Haut und bessere Verdauung, und viele nehmen sogar gar keinen Fisch und kein Fleisch mehr zu sich. Die Bezeichnung »Vegetarier« wird sehr freizügig verwendet. Manche nennen sich selbst Vegetarier (oder Halbvegetarier), essen aber noch etwas Fisch oder Huhn und kein rotes Fleisch. Viele essen gar kein Fleisch und gar keinen Fisch mehr. Die »Veganer« gehen so weit, daß sie alle tierischen Produkte wie Milch, Käse und Eier von ihrem Speisezettel streichen. Die meisten Vegetarier ernähren sich allerdings ovo-lacto-vegetabil, das heißt, sie essen Eier und Milchprodukte. Fleischlose Mahlzeiten brauchen nicht fad und langweilig zu sein. Sie bieten im Gegenteil eine enorme Vielfalt, regen die Phantasie an und bieten oft sogar die Möglichkeit, neue Kochtechniken zu erlernen.

ÜBER DIESES BUCH

Dieses Buch stellt Ihnen ausschließlich fleischlose Rezepte vor. Gelegentlich tauchen jedoch Würzmittel wie Fischsauce in einem Rezept auf. Es ist allerdings kein spezielles Kochbuch für Veganer, denn es werden großzügig Eier, Butter, Milch und Sahne verwendet. Dennoch finden auch Veganer viele Rezepte (vor allem die mit Getreide), die ihren Bedürfnissen angepaßt sind. Dieses Buch versucht auch nicht, vegetarische Ersatzgerichte für einen fleischbetonten Speiseplan anzubieten, wie etwa Hackbraten- oder Hamburger-Imitationen. Die Rezepte sind für alle gedacht, die gerne gutes Essen zubereiten und genießen. Vegetariern stehen alle süßen Genüsse offen – Sie werden in diesem Buch viele Rezepte für köstliche Desserts finden. Es ist weder ein Diät- noch ein Gesundheitsbuch, sondern möchte mit einer Vielzahl von Menüvorschlägen aufzeigen, daß es ganz einfach ist, gut und vegetarisch zu kochen und dabei Gourmet zu sein.

RECHTS: Diese knusprig gebratenen Champignoncrêpes (s. Seite 94) und die Paprika-Oliven-Pfannkuchen (s. Seite 95) sind ein gutes Beispiel für eine einfallsreiche, verführerische vegetarische Küche.

EINIGE GRUNDSÄTZE

Viele Menschen, die Freude an der vegetarischen Ernährung gefunden haben, sind sich einiger »Fußangeln« nicht bewußt, die aber mit dem richtigen Wissen leicht umgangen werden können. Obwohl vegetarische Ernährung immer beliebter wird und viele Menschen sich bewußt ernähren wollen, gibt es doch noch Wissenslücken, wenn es darum geht, Nahrungsmittel bestmöglich zu kombinieren. Diese Lücken zu schließen bedeutet, das vegetarische Erfahrungsspektrum zu vergrößern und optimalen Nutzen aus dem Genuß zu ziehen.

Wenn Sie als Vegetarier aufgewachsen sind, sorgen Sie vermutlich bereits aus Gewohnheit dafür, daß der Nährstoffbedarf Ihres Körpers befriedigt wird. Diejenigen aber, die von fleischhaltiger auf fleischlose Kost umsteigen, sollten sich dabei über einige wichtige Dinge im klaren sein.

- Es ist möglich und auch nicht einmal schwierig, mit rein vegetarischer Nahrung gesund zu leben. Wichtig dabei ist aber ein abwechslungsreicher Speiseplan: Nehmen Sie immer so viele verschiedene Nahrungsmittel wie möglich zu sich, und Ihr Körper wird alle essentiellen Nährstoffe bekommen.
- Es ist ein weit verbreiteter Irrtum anzunehmen, daß man die Nährstoffe aus Fleisch, Fisch und Geflügel »ersetzen« muß. Ein wenig Kenntnis der Nahrungsmittel, ein bewußter Umgang damit, die Aufgeschlossenheit Neuem gegenüber und der gute Wille, das eigene kulinarische Repertoire zu erweitern und köstliche vegetarische Gerichte aus aller Welt darin aufzunehmen, sind weitaus wichtiger als Expertenwissen über Ernährung.
- Wenn Sie Getreide, Hülsenfrüchte, Gemüse, Obst, und – falls Sie nicht Veganer sind – Eier und Milchprodukte auf dem Speisezettel haben, können Sie nichts falsch machen.
- Viele Studien haben gezeigt, daß bei Völkern und Gemeinschaften, die viele naturbelassene Lebensmittel und Ballaststoffe sowie wenig Salz und Zucker aufnehmen, weniger Fälle von Bluthochdruck, Herzkrankheiten, Darmerkrankungen (einschließlich Krebs), Diabetes und Gallensteinen vorkommen. Naturbelassene vollwertige Lebensmittel sind immer am besten. (Die Bezeichnung »unbehandelt« ist übrigens irreführend, da viele wertvolle Nahrungsmittel in irgendeiner Form »behandelt« werden, bevor wir sie essen: Reis und Nudeln, viele Getreidesorten und Brot zum Beispiel.)
- Kaufen Sie Lebensmittel immer so frisch wie möglich ein, damit die Nährstoffe sich noch nicht zersetzt haben. Am besten richten Sie sich mit Ihren Einkäufen und dem Speisezettel nach den Jahreszeiten, so daß Obst und Gemüse immer frisch und preiswert sind.
- Es empfiehlt sich, während der Saison Obst und Gemüse einzufrieren. Verarbeiten Sie Tomaten und roten Paprika zu Saucen, Beeren und Steinobst zu Pürees, und genießen Sie das ganze Jahr über den frischen Sommergeschmack.

KINDER VEGETARISCH ERNÄHREN?

Kinder können bei vegetarischer Ernährung geradezu aufblühen, und viele wählen diese Ernährungsform in sehr jungen Jahren sogar selbst. Wenn Sie Kinder vegetarisch ernähren, ist die Vielfalt der Nahrungsmittel ganz besonders wichtig. Auf diese Weise wird der Nährstoffbedarf der Kinder weitgehend gedeckt. Dennoch sollten Sie einige wichtige Regeln beachten:

Hülsenfrüchte in Verbindung mit Getreide, Nüssen oder Samen versorgen den Körper vollständig mit Protein, und das ist für Kinder lebenswichtig. Diese Kombination ist auch ganz einfach herzustellen: gebackene Bohnen auf Toast, Linsen mit Reis, Kichererbsenbällchen mit Brot, Kidneybohnenchili mit Tortillas oder Tacos. Heranwachsende Kinder brauchen Nahrungsmittel, die in konzentrierter Form ihren Nährstoffbedarf enthalten, und sie benötigen mehr Fett als Erwachsene. Der Fettbedarf kann aber auf viele gesunde Arten gedeckt werden: mit Avocado, Käse, Joghurt oder Nüssen. Die meisten Kinder lieben das sowieso; es gibt also keinen Grund, auf nährstoffarme Nahrungsmittel wie Kuchen, Kekse, Schokolade oder Fast Food zurückzugreifen. Geben Sie Ihren Kindern ein gutes Frühstück. Verwenden Sie dazu keine stark gezuckerten, raffinierten Frühstücksgetreide, die als Fertigprodukte angeboten werden. Wenn Sie Ihre Kinder von Anfang an an selbstgemachtes Müsli und Vollkornbrot gewöhnen, werden sie von dieser Gewohnheit ihr Leben lang profitieren.

OBEN: Vegetarische Ernährung muß nicht asketisch und puritanisch sein. Erdbeer-Passionsfrucht-Muffins (s. Seite 278) serviert man als köstliches Kaffeegebäck oder zu einem ganz ausgefallenen Frühstück.

DIE GESUNDE LEBENSMITTELPYRAMIDE

Bei einer rein vegetarischen Ernährung kann es aber genauso zu Mangelerscheinungen kommen wie beim übermäßigen Verzehr von tierischen Produkten. Die vegetarische Ernährungspyramide gibt Ihnen einen guten Einblick, wie ausgewogen Ihre Ernährung ist. Das Prinzip ist ganz einfach:

- **REICHLICH VERZEHREN**

GETREIDE: *Weizen, Reis, Graupen, Mais, Haferprodukte, Roggen, Hirse, Buchweizen*
LEBENSMITTEL AUS GETREIDE: *Nudeln, Brot, Vollkorn, Müsli*
OBST UND GEMÜSE

- **MASSVOLL VERZEHREN**

MILCHPRODUKTE: *Milch, Joghurt, Käse*
HÜLSENFRÜCHTE: *Erbsen, alle Bohnen, Linsen*
NÜSSE
EIER

- **SPARSAM VERZEHREN**

ZUCKER, HONIG
BUTTER, SAHNE
MARGARINE, ÖL
ALKOHOL, TEE, KAFFEE

Es ist einfacher, Ihren Speisezettel zusammenzustellen, wenn Sie dabei die Ernährungspyramide zu Hilfe nehmen. Der überwiegende Teil der Lebensmittel sollte täglich aus der untersten Pyramidenschicht stammen: Obst, Getreide und Vollkornbrot zum Frühstück, als Hauptmahlzeit Gerichte auf Nudel- oder Reisbasis mit frischem Brot oder Vollkornbrötchen und Obst zum Nachtisch (oder als Zwischenmahlzeit), und als dritte große Mahlzeit Brot oder Vollkornbrötchen mit Salat oder gekochtem Gemüse und Obst.

Wenn Sie kein Veganer sind, können Sie Ihren Speisezettel mit kleinen Portionen an Milchprodukten aus der mittleren Gruppe anreichern: Joghurt zum Frühstück oder Abendessen, etwas Käse zum Mittag- oder Abendessen. Die Hauptmahlzeit kann aus sättigenden Gerichten und herzhaften Suppen mit getrockneten Bohnen und Linsen bestehen oder aus würzigen Eiergerichten. Nüsse sind ein hervorragender Imbiß.

Die Kategorie »sparsam verzehren« an der Pyramidenspitze ist genauso gemeint: etwas Butter oder Margarine auf das Frühstücksbrot, ein wenig kaltgepreßtes Olivenöl am Salat oder an den kurzgebratenen Zwiebeln für das Abendessen, hin und wieder ein Glas Wein zum Essen. Gelegentlich darf auch einmal genascht werden, wenn es nicht zur Gewohnheit wird, und Tee und Kaffee können in Maßen genossen werden.

Sie können den Nährstoffgehalt Ihrer täglichen Mahlzeiten so ausgleichen, daß er im wesentlichen den Richtlinien der Pyramide entspricht. Kompensieren Sie ein fettreiches Mittagessen zum Beispiel mit einem Abendessen aus Gemüse, Getreide und Obst.

Wenn Sie im Restaurant essen, denken Sie bei Ihrer Bestellung an die Ernährungspyramide (Salate, Hauptgänge, Suppen und Brot, und Obst und Käse anstelle eines Desserts). Gleichen Sie unausgewogene Mahlzeiten zu Hause wieder aus.

Unsere lebenslangen Gewohnheiten können wir nicht über Nacht ändern. Wenn Ihr jetziger Speiseplan kaum etwas mit der Ernährungspyramide gemeinsam hat, gehen Sie Schritt für Schritt zu einer gesünderen Ernährungsweise über. Es macht nichts, wenn noch nicht alle Mahlzeiten ganz ausgewogen sind. Sie können sich Woche für Woche einen Schritt vorwagen, immer mehr gesündere Lebensmittel kaufen und zubereiten und mit neuen Gerichten experimentieren. Ersetzen Sie raffinierte Lebensmittel durch vollwertige, und die stark fetthaltigen durch fettreduzierte. Achten Sie bei den Etiketten auf Salz, Zucker, Fettgehalt und Lebensmittelzusätze. Auf diese Weise kontrollieren Sie, was Ihr Körper aufnimmt.

Kinder essen im allgemeinen gerne gesund. Nudeln, Obst, Joghurt, Käse, Milch und Nüsse werden gerne verzehrt. Schwierig wird es nur, wenn Sie sie von schlechten Gewohnheiten abbringen wollen: Auch hier ist schrittweises Vorgehen zu empfehlen.

MENÜPLANUNG

Nutzen Sie die Ernährungspyramide als Richtlinie, um gesund einzukaufen und zu essen. Kaufen Sie verschiedene Sorten Reis und Pasta, Couscous, Brot (frieren Sie Brotlaibe ein, wenn Sie genug Platz haben), Frühstücksgetreide und Mehlsorten.

Gewöhnen Sie sich an, Ihre Vorräte regelmäßig systematisch aufzufrischen. Überlegen Sie vor dem Einkaufen, was Sie in der nächsten Woche kochen wollen; vermeiden Sie aber jegliche Verschwendung von Lebensmitteln. Größere Mengen an Saisonprodukten zu kaufen ist nur sinnvoll, wenn Sie sie auch problemlos verwenden können. Gestalten Sie den Speisezettel vielseitig, und versuchen Sie, die Nährstoffe bestmöglich zu kombinieren.

Kaufen Sie Käse, Milch, Joghurt und Eier regelmäßig, aber überlegen Sie gut, wieviel Sie brauchen. Verwenden Sie nicht zuviel Fett.

Wenn Sie Bohnen nicht selbst einweichen und kochen wollen, werden Ihnen Konserven viel Zeit sparen. Tomatenpürees und Dosentomaten sind ebenfalls sehr hilfreich. Olivenöl – für Salate nur die beste Qualität, natives Olivenöl extra – und andere Pflanzenöle sollten Sie immer zur Hand haben. Saucen wie Pesto, Nudelsaucen und Chilisauce in Gläsern und Flaschen sind unverzichtbare Geschmacksverstärker.

VEGETARISCHE PYRAMIDE

Die vegetarische Ernährungspyramide zeigt, wie groß die Auswahl an Lebensmitteln ist. Mit wenigen Grundregeln können Sie gesund leben und gutes Essen genießen.

KOHLENHYDRATE

Es kann gar nicht oft genug darauf hingewiesen werden, wie wichtig komplexe Kohlenhydrate in einer ausgewogenen Ernährung sind. Sie sind für die Energiezufuhr unerläßlich. Sie kommen in Form von Stärke und Zucker in Getreide und Getreideprodukten wie Mehl, Brot und Nudeln vor; außerdem in Kartoffeln, Hülsenfrüchten und in geringerem Maße in Nüssen sowie in Obst und Zucker.

Vermutlich denken manche Menschen immer noch, daß Kartoffeln dick machen. Heute wissen wir jedoch, wie wichtig ein hoher Anteil von stärkereichen Lebensmitteln wie Nudeln, Reis, Brot, Getreide und Kartoffeln in unserer Ernährung ist. Es ist gar nicht so einfach, von diesen Lebensmitteln zuviel zu essen, und Übergewicht entsteht eher durch eine zu große Aufnahme »leerer« zuckerhaltiger Kohlenhydrate und Fett.

In letzter Zeit hält eine ganze Reihe schmackhafter Getreidesorten Einzug in unsere Küchen: Couscous, Buchweizen, Hirse und Quinoa, Dinkel und Grünkern. Vieles davon gibt es auch in Flokkenform – bringen Sie damit Abwechslung in Ihr Frühstücksmüsli!

Auch beim Reis sind mittlerweile viele Varianten erhältlich: der aromatische Basmati- und Jasminreis; der runde Arborio, der das Risotto so berühmt gemacht hat, und Wildreis, der kein Reis im eigentlichen Sinne ist, sondern die Saat eines Wassergrases. Wildreis ist teuer, er wird aber häufig mit anderem Reis gemischt angeboten. Probieren Sie es aus!

Ein weiteres Plus der Kohlenhydrate ist ihr Ballaststoffanteil; je weniger die Nahrungsmittel raffiniert wurden, desto größer ist ihr Ballaststoffanteil. Ballaststoffe sorgen dafür, daß die in stärkehaltigen Nahrungsmitteln enthaltene Glucose nur mit Verzögerung ins Blut abgegeben wird. Bei raffiniertem Zucker und zuckerreichen Produkten gelangt der Zucker schnell ins Blut und wird sofort verbraucht. Die Energiespeicher des Körpers bleiben also leer zurück (»leere« Kalorien). Daher ist man nach einer süßen Mahlzeit häufig zuerst in bester Stimmung, wird dann aber schnell ein wenig lethargisch. Komplexe Kohlenhydrate liefern dagegen länger Energie und sorgen so für mehr Ausdauer.

LEBENSMITTEL MIT VIELEN KOMPLEXEN KOHLENHYDRATEN

- VOLLKORNBROT
- KARTOFFELN
- REIS
- WEIZEN
- GERSTE
- MAIS
- BUCHWEIZEN
- ROGGEN
- GETROCKNETE BOHNEN
- LINSEN
- BANANEN
- VOLLKORNNUDELN

UNTEN: Nudeln gehören zu den besten Kohlenhydratlieferanten. Kombiniert mit frischem und gefrorenem grünem Gemüse wie bei diesen Spaghetti mit Frühlingssauce (s. Seite 116), sind Nudeln eine schnell zubereitete, köstliche Energiequelle.

TEE- UND KAFFEE-ERSATZ

Wenn Sie Ihre Koffeinzufuhr verringern wollen, stehen Ihnen dafür eine Reihe wohlschmeckender Alternativen zur Verfügung. Viele davon sind auch im Supermarkt, die meisten im Reformhaus oder im Naturkostladen erhältlich. Kaffeesorten, die mittels Wasserentzug entkoffeiniert wurden, sind chemisch behandelten Produkten vorzuziehen. Getreidekaffees werden in verschiedenen Zusammensetzungen angeboten: Einige sind vielleicht gewöhnungsbedürftig, aber viele schmecken gut. Denken Sie beim Tee daran, daß chinesischer Tee besonders wenig Koffein enthält und sehr erfrischend schmeckt. Auch die Palette an aromatischen Kräutertees ist reichhaltig; sie schmecken pur oder mit Honig und Zitrone sehr lecker. Karobpulver kann den koffeinhaltigen Kakao in der Trinkschokolade ersetzen. Versuchen Sie es statt Cola oder Limonade doch einmal mit Fruchtsaft, mit Mineralwasser gemischt, oder trinken Sie Mineralwasser mit einem Schuß frischem Zitronen- oder Limettensaft – eine wunderbare Erfrischung an einem heißen Sommertag. Im Mixer lassen sich viele erfrischende Getränke aus Fruchtsaft oder Joghurt und zerstoßenem Eis zaubern. Sättigend und sehr gesund ist zum Beispiel ein Mixgetränk aus Milch, Joghurt, reifen Bananen und etwas Muskatnuß. Oder probieren Sie einmal einen Frappé: zerstoßenes Eis und frisches Obst werden in einem Mixer zerkleinert. Ein Mango-Frappé (siehe Seite 290) gehört wirklich zu den kleinen Freuden des Lebens.

BALLASTSTOFFE

Bei Ballaststoffen handelt es sich um pflanzliche Nahrungsbestandteile wie Zellulose und Quellstoffe. Tierische Produkte wie Fleisch, Fisch und Milchprodukte enthalten keinerlei Ballaststoffe. Eine ausgewogene vegetarische Ernährung garantiert jedoch einen hohen Ballaststoffanteil.

Eine wichtige Funktion der Ballaststoffe ist es, die Verdauung zu fördern und die Darmtätigkeit anzuregen. Ballaststoffe verhindern Verstopfung und verringern somit auch die Gefahr von Darmkrebs oder anderer Magen-Darm-Erkrankungen und -Fehlfunktionen.

Da verschiedene Gruppen von Ballaststoffen auch unterschiedliche Funktionen erfüllen, ist es wichtig, sich so abwechslungsreich wie möglich zu ernähren. Einige senken zum Beispiel den Cholesterinspiegel (vor allem Obst und Gemüse). Es genügt allerdings nicht, sich morgens ein paar Löffel naturbelassene Weizenkleie über die Cornflakes zu streuen. Abgesehen von den unangenehmen Nebenwirkungen, die Ihr Körper bei dieser ungewohnten Attacke zeigen könnte, enthält unverarbeitete Kleie Phytinsäure, die im Körper die Aufnahme von Eisen verhindert. Da Vegetarier ihren Eisenbedarf jedoch aus pflanzlichen Quellen decken müssen, sollte dies unbedingt vermieden werden. Ballaststoffreiche Lebensmittel sollten Bestandteil jeder Mahlzeit sein.

BALLASTSTOFFREICHE LEBENSMITTEL

- GETROCKNETE ERBSEN UND BOHNEN
- FRISCHE GRÜNE BOHNEN UND ERBSEN
- KOHL
- MÖHREN
- KARTOFFELN (BESONDERS MIT SCHALE)
- SPINAT
- MAIS
- VOLLKORNGETREIDE WIE HAFER UND WEIZEN
- GETREIDEPRODUKTE (WIE VOLLKORNBROT)
- DÖRROBST (BESONDERS APRIKOSEN)
- FRISCHES OBST *(vor allem Äpfel, Bananen und Orangen. Wichtig dabei: Man soll immer die ganze Frucht verzehren und nicht nur den Saft trinken.)*

ZUCKER

Ein zu hoher Zuckeranteil in der Nahrung beeinträchtigt den Fettstoffwechsel des Körpers. Wenn Sie viel Zucker essen, wird Ihr Körper das Fett in Ihrer Nahrung schneller einlagern, statt es bei körperlicher Aktivität zu verbrennen.

Nur wenige Menschen sind bereit, ganz auf den Genuß von Zucker zu verzichten. Wie bei allen anderen Dingen auch, kommt es beim Zucker auf die Dosierung an. Ein köstlicher Pudding oder eine Nascherei zu einer besonderen Gelegenheit richtet keinen Schaden an. Probleme entstehen nur dann, wenn die Süßigkeiten andere Lebensmittel mit einem höheren Nährwert vom Speiseplan verdrängen.

Was den Gehalt an Vitaminen und Mineralien betrifft, so ist Rohrzucker völlig wertlos. Wer eine Leidenschaft für Süßes hat, kann seine Wahl je nach Saison aus einer Fülle verschiedener Obstsorten treffen: Außer dem Fruchtzucker sind darin auch Ballaststoffe und andere Nährstoffe enthalten. Weil Obst schneller sättigt als Süßigkeiten, ißt man davon nur selten zuviel.

EINKAUFTIPS

- NIEMALS Lebensmittel einkaufen, wenn Sie hungrig sind. Stark zucker- oder fetthaltige Lebensmittel sind immer dann ganz besonders verführerisch, wenn Sie »dringend einen Happen essen« müssen.
- WIDERSTEHEN SIE süßen und fettreichen Lebensmitteln gleich im Supermarkt, und Sie sparen sich den Kampf zu Hause, wenn Sie vor dem Fernseher sitzen und Verlangen nach einem Schokoladenkeks haben.
- KEINE UNGESUNDEN Lebensmittel einzukaufen bedeutet, daß Ihre Kinder gesünder aufwachsen. Wenn keine Kartoffelchips im Haus sind, werden sie Obst essen.
- LESEN SIE die Etiketten. Nehmen Sie sich im Supermarkt die Zeit zu lesen, was in gefrorenen oder konservierten Nahrungsmitteln enthalten ist. Sie werden sich wundern, wieviel Salz, Zucker, Öl und Zusatzstoffe einige dieser Gläser, Dosen und Tiefkühlpackungen enthalten. Zum Beispiel sind nicht alle Fertigtomatensaucen gleich: Einige enthalten Zucker, andere nicht.

OBEN: Auch wenn Vollkornbrot mehr Ballaststoffe enthält als Weißbrot, lassen sich sogar im Weißbrot noch welche finden. Zitronenpfefferbrot (s. Seite 228) ist ein Beispiel für ein rasch zubereitetes hefeloses Brot. Es hat eine leckere Kruste, ein wunderbares Käsearoma und enthält viele Ballaststoffe.

KOHLENHYDRATE

Kohlenhydrate sättigen und reichern Ihre Ernährung mit Vitaminen, Mineralien und nur wenig Fett an. Sie sind leicht verwertbar, schmackhaft und sollten etwa 50 Prozent Ihrer täglichen Energieaufnahme ausmachen.

Kidneybohnen, gekocht
Kohlenhydrate pro 100 g: 9 g
Fett pro 100 g: 0,5 g

Perlgraupen, gekocht
Kohlenhydrate pro 100 g: 21 g
Fett pro 100 g: 0,9 g

Polenta, gekocht
Kohlenhydrate pro 100 g: 40 g
Fett pro 100 g: 1 g

Limabohnen, gekocht
Kohlenhydrate pro 100 g: 10,2 g
Fett pro 100 g: 0,3 g

Bulgur, eingeweicht
Kohlenhydrate pro 100 g: 30 g
Fett pro 100 g: 0,9 g

Haferflocken, roh
Kohlenhydrate pro 100 g: 61 g
Fett pro 100 g: 8,5 g

Kichererbsen, gekocht
Kohlenhydrate pro 100 g: 13 g
Fett pro 100 g: 2 g

Puffhirse
Kohlenhydrate pro 100 g: 77 g
Fett pro 100 g: 2,9 g

Linsen, gekocht
Kohlenhydrate pro 100 g: 9,5 g
Fett pro 100 g: 0,4 g

Kartoffeln, gekocht
Kohlenhydrate pro 100 g: 10 g
Fett pro 100 g: 0,1 g

Süsskartoffeln, gekocht
Kohlenhydrate pro 100 g: 16,7 g
Fett pro 100 g: 0,1 g

Nudeln, gekocht
Kohlenhydrate pro 100 g: 24,6 g
Fett pro 100 g: 0,3 g

Reis, gekocht
Kohlenhydrate pro 100 g: 28 g
Fett pro 100 g: 0,2 g

Gebackene Bohnen
Kohlenhydrate pro 100 g: 11,2 g
Fett pro 100 g: 0,5 g

Mais, gekocht
Kohlenhydrate pro 100 g: 20 g
Fett pro 100 g: 1 g

Quinoa, trocken
Kohlenhydrate pro 100 g: 70 g
Fett pro 100 g: 3 g

Weissbrot
Kohlenhydrate pro 100 g: 47,3 g
Fett pro 100 g: 2,5 g

BALLASTSTOFFE

Wie wichtig Ballaststoffe für unsere Verdauung und für die Unterstützung unseres Immunsystems sind, haben viele Studien ergeben. Eine Aufnahme von 25–30 g täglich wird empfohlen.

HAFERFLOCKEN, GEKOCHT
Ballaststoffe pro 100 g: 1,0 g
Fett pro 100 g: 2,2 g

KLEIEFRÜHSTÜCKSGETREIDE
Ballaststoffe pro 100 g: 28 g
Fett pro 100 g: 4 g

HASELNÜSSE
Ballaststoffe pro 100 g: 10 g
Fett pro 100 g: 61 g

ERDNÜSSE
Ballastst. pro 100 g: 8 g
Fett pro 100 g: 52 g

SPALTERBSEN, GEKOCHT
Ballaststoffe pro 100 g: 4 g
Fett pro 100 g: 0,3 g

LINSEN, GEKOCHT
Ballaststoffe pro 100 g: 3,5 g
Fett pro 100 g: 0,7 g

WALNÜSSE
Ballaststoffe pro 100 g: 6 g
Fett pro 100 g: 70 g

PISTAZIEN
Ballastst. pro 100 g: 10 g
Fett pro 100 g: 50 g

SOJABOHNEN, GEKOCHT
Ballaststoffe pro 100 g: 7 g
Fett pro 100 g: 7 g

WEISSE BOHNENKERNE, GEKOCHT
Ballaststoffe pro 100 g: 8 g
Fett pro 100 g: 2,2 g

PINIENKERNE
Ballaststoffe pro 100 g: 15 g
Fett pro 100 g: 70 g

KÜRBISKERNE
Ballastst. pro 100 g: 25 g
Fett pro 100 g: 15 g

KIDNEYBOHNEN, GEKOCHT
Ballaststoffe pro 100 g: 11 g
Fett pro 100 g: 0,3 g

NATUR-/WILDREIS, GEKOCHT
Ballaststoffe pro 100 g: 2 g
Fett pro 100 g: 0,9 g

SONNENBLUMENKERNE
Ballaststoffe pro 100 g: 3,3 g
Fett pro 100 g: 47 g

SESAMKÖRNER
Ballastst. pro 100 g: 10 g
Fett pro 100 g: 55 g

Aprikosen, getrocknet
Ballaststoffe pro 100 g: 10 g
Fett pro 100 g: 0 g

Datteln, getrocknet
Ballaststoffe pro 100 g: 10 g
Fett pro 100 g: 0 g

Erbsen, frisch
Ballaststoffe pro 100 g: 7 g
Fett pro 100 g: 0,6 g

Mais aus der Dose
Ballaststoffe pro 100 g: 3,2 g
Fett pro 100 g: 1,2 g

Feigen, getrocknet
Ballaststoffe pro 100 g: 14 g
Fett pro 100 g: 1 g

Pflaumen, getrocknet
Ballaststoffe pro 100 g: 8 g
Fett pro 100 g: 0 g

Puffbohnen
Ballaststoffe pro 100 g: 4,2 g
Fett pro 100 g: 0 g

Rosenkohl, gekocht
Ballaststoffe pro 100 g: 3,5 g
Fett pro 100 g: 0 g

Rosinen
Ballaststoffe pro 100 g: 5 g
Fett pro 100 g: 1,0 g

Tamarillo
Ballaststoffe pro 100 g: 4,6 g
Fett pro 100 g: 0 g

Mangold, gekocht
Ballaststoffe pro 100 g: 3,3 g
Fett pro 100 g: 0 g

Tomaten
Ballaststoffe pro 100 g: 1 g
Fett pro 100 g: 0 g

Sultaninen
Ballaststoffe pro 100 g: 5 g
Fett pro 100 g: 0 g

Kokosnuss, frisch
Ballaststoffe pro 100 g: 8 g
Fett pro 100 g: 29 g

Erdbeeren
Ballaststoffe pro 100 g: 2,4 g
Fett pro 100 g: 0 g

Kürbis, gekocht
Ballaststoffe pro 100 g: 1,8 g
Fett pro 100 g: 0,5 g

Petersilie
Ballaststoffe pro 100 g: 5 g
Fett pro 100 g: 0 g

PROTEINE

Niemand benötigt riesige Mengen an Protein (Eiweiß), ganz gleich aus welcher Quelle, aber ganz ohne Protein kommen wir nicht aus. Kinder und Schwangere haben einen leicht erhöhten Proteinbedarf.

Der Körper benötigt Protein für das Zellwachstum, für die Neubildung und Regeneration des Gewebes und für die Ausbildung des komplizierten Immunsystems. Unser täglicher Bedarf an Proteinen ist jedoch relativ gering.

Die eher übertriebene Furcht vor Eiweißmangel ist vermutlich ein Relikt aus den Zeiten des übermäßigen Fleischkonsums. Tatsächlich nehmen aber die meisten Menschen in der westlichen Welt täglich weit mehr Protein auf, als sie benötigen. Dieser Überschuß an Protein wird vom Körper in Fett umgewandelt. In Wohlstandsgesellschaften sind Fälle von Proteinmangel daher wirklich selten, selbst in Bevölkerungsgruppen, die nicht auf ausgewogene Ernährung achten und in erster Linie von Fast Food leben. Das wirkliche Problem heißt zuviel Fett, Zucker und Salz.

Bei der Aufnahme pflanzlichen Proteins sorgt der hohe Gehalt an Ballaststoffen in Gemüse und Getreide durch seinen sättigenden Effekt für eine geringere Nahrungsaufnahme.

VOLLWERTIGES PROTEIN – KOMBINATION VON NAHRUNGSMITTELN

Proteine bestehen aus 23 verschiedenen Aminosäuren. Das sind ebenfalls lebensnotwendige Substanzen, die in ihrer Kombination ein vollwertiges, »komplettes«, Protein bilden. Beim Verdauungsvorgang werden diese vollwertigen Proteine in kleinere Einheiten aufgespalten, aus denen der Körper wiederum eigene Proteine aufbaut oder erneuert. Der menschliche Körper benötigt vollwertiges Protein. Aminosäuren kommen in unterschiedlicher Zusammensetzung in den verschiedenen Lebensmitteln vor. Bei einer ausgewogenen Kost kann der Körper die meisten Proteine selbst produzieren. Es gibt allerdings 8 essentielle Aminosäuren, die der Körper nicht selbst aufbauen kann und die aus diesem Grund über die Nahrung zugeführt werden müssen. Einige Nahrungsmittel enthalten diese essentiellen Aminosäuren in der genau richtigen Zusammensetzung, so daß der Körper sie sofort verwerten kann.

Protein aus tierischen Nahrungsquellen – Fleisch, Eier, Käse, Fisch, Geflügel, Milch und Joghurt – enthält alle essentiellen Aminosäuren und wird daher als »vollwertig« bezeichnet. Dennoch sollte unser Speiseplan aber nicht zu viele dieser tierischen Produkte enthalten, da sonst der Fettanteil insgesamt zu hoch wird. Für Veganer kommt diese Möglichkeit ohnehin nicht in Frage. Abhilfe bei diesem Problem schafft eine Kombination von Nahrungsmitteln.

Getreide und Hülsenfrüchte enthalten nur einige essentielle Aminosäuren. Wenn man sie jedoch miteinander kombiniert (zum Beispiel Bohnen oder Erbsen mit Reis), erhöht sich ihre Wertigkeit, und der Körper bekommt, was er benötigt.

Die meisten Vegetarier wissen, daß sie Protein über verschiedene Nahrungsquellen zu sich nehmen müssen. Die Kombination der Nahrungsmittel ist ganz einfach und ausgesprochen lecker, wenn man dabei einige einfache Grundregeln befolgt. Die Aminosäuren in Milchprodukten, Nüssen und Samen, Hülsenfrüchten und Getreide sind komplementär. Kombinieren Sie Ihre Mahlzeit aus zwei oder mehr dieser Gruppen, erhält Ihr Körper ausreichend verwertbares Protein.

In den meisten Ländern haben solche Kombinationen bereits eine lange Küchentradition: Denken Sie nur an die indische Kombination Dhal (Linsen) mit Reis, das italienische Risibisi (Reis mit Erbsen, Butter und Käse) oder an Pellkartoffeln mit Kräuterquark. Weitere Kombinationsmöglichkeiten sind zum Beispiel:

- ERDNUSSBUTTER AUF VOLLKORNBROT
- GEBACKENE BOHNEN AUF VOLLKORNTOAST
- ERBSENSUPPE MIT BRÖTCHEN
- NATURREIS MIT KICHERERBSEN
- REIS UND TOFU
- MAIS-TACOS MIT KIDNEYBOHNEN
- LINSENBRATLING AUF BRÖTCHEN
- NUDELN MIT KÄSE
- MÜSLI MIT MILCH
- BOHNEN MIT GEMÜSE
- TABBOULEH
- GEMÜSEKUCHEN: KARTOFFELN, SPINAT
- MÜSLI MIT NÜSSEN UND KÖRNERN
- KICHERERBSEN MIT COUSCOUS

UNTEN: Milchprodukte enthalten vollwertige Proteine. Bei einer Kombination mit Getreide und Gemüse, wie hier bei der Naturreistorte mit frischer Tomatenfüllung (s. Seite 148), bekommen Sie mit einem köstlichen Gericht viele Vitamine und Kohlenhydrate.

Tofu, andere Sojabohnenprodukte, Weizenkeime und Hafermehl sind die einzigen pflanzlichen Produkte, die nahe an vollwertige Proteine herankommen. Deshalb werden sie von Vegetariern so sehr geschätzt. Veganer können ihren Proteinbedarf durch die Kombination vieler pflanzlicher Nahrungsmittel decken.

PROTEINQUELLEN

- MILCHPRODUKTE: *Käse, Milch, Joghurt*
- NÜSSE UND SAMEN: *Sonnenblumenkerne, Sesamkörner, Kürbiskerne, Pekan- und Paranüsse, Mandeln, Hasel- und Walnüsse, Cashew- und Pinienkerne*
- HÜLSENFRÜCHTE: *Erdnüsse, Erbsen, Bohnen, Linsen, Sojabohnen und Sojabohnenprodukte wie Tofu und Tempeh*
- GETREIDE: *Reis, Hafer, Mais, Hirse, Weizen, Weizenvollkornprodukte, Couscous, Dinkel, Grünkern, Roggen, Gerste*

Die Kombination von Nahrungsmitteln aus mindestens zwei der obengenannten Gruppen erhöht die Wertigkeit des Nahrungsproteins für den Körper. Sie brauchen jedoch keine komplizierten Berechnungen anzustellen – ernähren Sie sich vielseitig und abwechslungsreich, und Sie bekommen genug Protein.

VEGANER

Veganer verzehren nur Lebensmittel pflanzlichen Ursprungs (keine Eier, keine Milchprodukte). Dennoch können sie mit geschickter Planung ihren Proteinbedarf komplett decken. Besondere Sorgfalt ist bei Kindern geboten, da ihre Bedürfnisse im Wachstum von denen der Erwachsenen abweichen. Auch hier ist Abwechslung der Schlüssel zur Lösung des Problems. Veganer sollten darauf achten, aus den folgenden Nahrungsmittelgruppen täglich eine ausreichende Auswahl zu sich zu nehmen:

- GETREIDE *in Form von Brot, Getreideprodukten, Nudeln und Reis*
- HÜLSENFRÜCHTE, NÜSSE UND SAMEN *wie Erdnußbutter und Sesampaste, Bohnen aller Art, Kichererbsen, Sojaprodukte (Tofu, Tempeh, Sojamilch – mit Calcium und Vitamin B12 angereichert), vor allem für Kinder*
- GEMÜSE
- FRISCHES OBST *und Säfte*

Veganer sollten unbedingt darauf achten, genug Vitamin B12 aufzunehmen, das bei ovo-lacto-vegetabiler Ernährung durch Eier und Milchprodukte aufgenommen wird. Eventuell ist eine Vitaminergänzung vorzunehmen, zum Beispiel durch angereicherte Sojagetränke. Pilze enthalten ebenso wie Tofu viel Vitamin B12.

Sojamilch, einige grüne Gemüse, Sesamkörner und Sesam-Mus, Mandeln, Brot und Frühstücksgetreide versorgen den Körper mit Calcium.

Eisen, das in Fleisch vorhanden ist und von Ovo-Lacto-Vegetariern mit Eiern aufgenommen wird, ist auch in Hülsenfrüchten, Sojaprodukten, grünem Gemüse, Frühstücksgetreide, Dörrobst, Nüssen und Samen enthalten. Kombinieren Sie diese Produkte mit Vitamin-C-haltigen Nahrungsmitteln wie Orangen, schwarzen Johannisbeeren, Paprikaschoten oder Petersilie – der Körper kann das Eisen dann besser verwerten.

Kinder müssen mehr Fett als Erwachsene zu sich nehmen, weil ihr Körper in der Wachstumsphase mehr Energie benötigt. Hier kann auf Erdnußbutter, Nüsse, Pflanzenöl, Sesam-Mus und Avocados zurückgegriffen werden.

Als Zwischenmahlzeit eignen sich Nüsse, Samen, Dörrobst und frisch gepreßter Fruchtsaft.

BEISPIEL FÜR EIN VEGANISCHES TAGESMENÜ

- FRÜHSTÜCK: Getreidebrei oder Müsli mit Obst und Sojamilch/Vollkornbrot mit Konfitüre oder Erdnußbutter
- HAUPTMAHLZEIT: Getreide und Hülsenfrüchte mit Gemüse. Oder Gemüsegericht mit Vollkornbrot, oder Reis- oder Nudelgericht mit Salat
- DESSERT: Obst
- LEICHTE ABEND- ODER MITTAGSMAHLZEIT: Vollkornbrot mit Salat. Oder Kichererbsen-Reis-Salat
- ZWISCHENMAHLZEITEN: frisches oder getrocknetes Obst, Vollkornkräcker, Nüsse, rohe Gemüsestäbchen

OBEN: Kichererbsencurry (s. Seite 134) ist ein gutes Beispiel für veganische Gerichte. Wenn man es mit Chapatti oder Naan serviert, ist es eine ausgewogene Mahlzeit – und die Kombination von Hülsenfrüchten mit Getreide versorgt Sie mit vollwertigen Proteinen.

PROTEINE KOMBINIEREN

Kombinieren Sie Hülsenfrüchte mit Getreide, Nüssen oder Samen, und Sie nehmen auf diese Weise alle Aminosäuren auf, die für ein vollwertiges Protein wichtig sind.

ROTE BOHNEN MIT REIS

HUMMUS UND LAVASHBROT

SPALTERBSENSUPPE MIT BROT

KICHERERBSEN MIT COUSCOUS

BOHNENSALAT MIT TABBOULEH

Dhal mit Pitabrot

Linsenbratling auf Brötchen

Erdnussbutter auf Toast

Falafel (Kichererbsenbällchen) mit Pitabrot

Bohnen mit Tortillachips

Gebackene Bohnen
auf Vollkorntoast

VITAMINE UND MINERALIEN

Vegetarier, die durch geschickte Lebensmittelkombinationen genug Proteine aufnehmen, können dennoch unter einem Mangel an Eisen, Zink, Calcium oder Vitamin B12 leiden.

Wenn Sie Eier und Milchprodukte auf Ihrem Speisezettel haben, nehmen Sie im allgemeinen eine ausreichende Menge an Protein, Riboflavin (Vitamin B2), Calcium, Eisen, Vitaminen und Mineralien zu sich. Veganer müssen auf die Zufuhr dieser Stoffe ganz besonders achten.

Wichtig ist, Obst und Gemüse immer frisch zu kaufen. Zwar sind die Nährstoffe in schockgefrostetem Gemüse in der Regel recht gut erhalten, aber der Geschmack läßt meist etwas zu wünschen übrig.

Es hat auch wenig Sinn, Vitamin- und Mineraltabletten zu nehmen, wenn Ihre Ernährung nicht ausgewogen ist. Erhält der Körper nicht die richtigen Nahrungsmittel, kann er auch die künstlich zugeführten Stoffe nicht effektiv verwerten.

OBEN: Gemüse-Bohnen-Mischungen wie Minestrone (s. Seite 40) enthalten viele Vitamine und wertvolle Mineralstoffe. Mit etwas Parmesan garniert, bekommen Sie sogar noch Protein.

VITAMINE

Unser Körper braucht B-Vitamine für die Stoffwechselvorgänge und für ein gut funktionierendes Nervensystem. Diese Vitamine sind in Frühstücksgetreide, Brot und Vollkornnudeln, Nüssen und Samen, Erbsen, Bohnen, grünem Blattgemüse, Kartoffeln, Obst, Avocados und Hefeextrakt enthalten.
Vitamin B12, enthalten in Milchprodukten, Eiern, Hefeextrakt, Alfalfa, Seegras und angereicherter Sojamilch, ist für die Bildung der roten Blutkörperchen und für die Nervenzellen lebenswichtig. Wenn bei Vegetariern Vitaminmangelerscheinungen auftreten, ist es in der Regel Mangel an Vitamin B12.
Vitamin B1 (Thiamin) ist in Sojabohnen, Weizenkeimen, Sonnenblumenkernen, Paranüssen, Erbsen und Bohnen enthalten.
Vitamin B2 (Riboflavin) wird mit Milchprodukten, Pilzen, Sojabohnen, grünen Blattgemüsen, Mandeln, Pflaumen und Datteln aufgenommen.
Vitamin B3 (Niacin) ist in Pilzen, Sesamkörnern und Sonnenblumenkernen enthalten.
Vitamin B6 (Pyridoxin) kommt in Johannisbeeren, Sultaninen, Rosinen, Bananen, Sonnenblumenkernen und Sojabohnen vor.
Folsäure ist in grünem Salat, Endivien, Orangen, Walnüssen, Mandeln und Avocados enthalten.
Vitamin C schützt den Körper vor Infektionen, es unterstützt die Rekonvaleszenz und ist notwendig für die Aufnahme von Eisen im Körper. Vitamin C ist in grünem Blattgemüse, Tomaten, Paprika, schwarzen Johannisbeeren, Orangen, Erdbeeren und Kiwis enthalten.
Vitamine A, D, E und K sind fettlösliche Vitamine. Sie sind in Milch, Butter, Käse, Margarine, Pflanzenöl, Nüssen und Samen enthalten. Mangelerscheinungen sind selten.

Wenn der Körper dem Sonnenlicht ausgesetzt ist, produziert er Vitamin D, das für die Aufnahme von Calcium in den Körper erforderlich ist. Vitamin A wird für die Augen, gesunde Haut, Haare, Fingernägel und Schleimhäute und zur Infektionsabwehr benötigt. Es ist in Milchprodukten, grünem und gelbem Gemüse (vor allem in Möhren) und in Aprikosen, roten Paprikaschoten, Petersilie und Spinat enthalten. Wie Sie sehen, ist es gar nicht so

GEMÜSE ZUM KOCHEN VORBEREITEN

DAMIT VITAMINE und Mineralien des frischen Gemüses erhalten bleiben, sollte man das Gemüse nur kurz waschen (nicht einweichen), abtrocknen und im Gemüsefach des Kühlschranks aufbewahren. Soweit das möglich ist, sollte Gemüse immer ungeschält verwendet werden. Wurzelgemüse mit der Bürste abschrubben, statt es zu schälen. Angeschnittene Flächen beträufelt man am besten mit Zitronensaft, damit sie nicht braun werden. Gemüseschalen und Möhrenköpfe können Sie gut zum Kochen von Gemüsebrühe verwenden. Das Gemüse in Edelstahltöpfen kochen.

Viele Vitamine werden beim Kochen leider zerstört. Deshalb sollte man sie möglichst dämpfen (statt Kochen) oder in der Mikrowelle in kurzer Zeit mit wenig Wasser garen. Farbe und Nährstoffe bleiben dabei erhalten. Gemüse schmeckt bißfest meist besser als zu weich. Das Kochwasser kann man für Suppen und Saucen aufbewahren.

ALTERNATIVEN ZU SALZ

DIE MEISTEN Menschen essen wesentlich mehr Salz, als ihr Körper benötigt. Übermäßiger Salzkonsum wird mit Bluthochdruck und der Neigung zu Schlaganfall in Verbindung gebracht. Verwenden Sie Salz nur sparsam; man kann sich durchaus an weniger Salz gewöhnen. In der Übergangsphase hat sich Kräutersalz bewährt. Statt mit Salz können Salate und Gemüse mit gehackten frischen Kräutern, Gewürzen, Zitronen- oder Limettensaft abgeschmeckt werden. Oder ersetzen Sie Salz durch *Gomasio*; diese Würzmischung besteht zur Hälfte aus Salz, zur anderen Hälfte aus zerstoßenen Sesamkörnern.

leicht, bei einer guten, ausgewogenen vegetarischen Ernährung Mangelerscheinungen zu bekommen. Vitamin E ist ein wichtiges Antioxidanz, das die Zellen vor Zerstörung schützt. Vitamin K wird für die Blutgerinnung gebraucht.

Vegetarier sollten keine Vitamintabletten einnehmen – höchstens auf ärztlichen Rat. Abwechslung ist das ganze Geheimnis. Wenn Sie sich ausgewogen vegetarisch ernähren, brauchen Sie keine künstliche und unnatürliche Vitaminzufuhr.

MINERALIEN

Eisen ist zur Bildung der roten Blutkörperchen erforderlich. Anämie (Blutarmut) hervorgerufen durch Eisenmangel ist eine der größten Gefahren für Nicht-Fleischesser. Frauen sind dabei mehr gefährdet als Männer. Ein abwechslungsreicher vegetarischer Speiseplan versorgt Sie aber mit ausreichend Eisen: vor allem durch Linsen und Sojabohnen, Getreide und Vollkornprodukte, Nüsse und Samen (Pistazien, Kürbiskerne, Sesamkörner). Dunkelgrünes Blattgemüse, Brauhefe, Weizenkeime, Eigelb, Dörrobst (vor allem Aprikosen und Pflaumen) und Seegras sind ebenfalls gute Eisenlieferanten.

Anzeichen für Eisenmangel können Müdigkeit, Lethargie, Blässe und Kurzatmigkeit sein (diese Symptome können aber auch auf andere Krankheiten hinweisen).

Calcium wird vom Körper für gute Zähne und Knochen und gesunde Muskeln (vor allem des Herzmuskels) und Nerven benötigt. Käse, Milch, Joghurt und Sahne sind sehr gute Calciumlieferanten. Falls Sie sich wegen des Fettanteils Ihrer Nahrung Sorgen machen, denken Sie daran, daß entrahmte und teilentrahmte Milchprodukte denselben Calciumgehalt haben wie Vollmilchprodukte. Auch Eier enthalten Calcium.

Für Veganer gibt es viele pflanzliche Calciumquellen. Eine der besten sind Sesamkörner, die man über Salate oder Müslis streut oder als Sesampaste (die Grundzutat für Hummus) zu sich nimmt. Calcium ist auch in Sojabohnen, Mehl, Feigen und anderem Dörrobst, in Mandeln, Sonnenblumenkernen, dunkelgrünem Gemüse, Brokkoli, Brauhefe, Karob, Melasse und Seegras enthalten. Veganer sollten diese Nahrungsmittel essen, um Mangelerscheinungen vorzubeugen.

Frauen haben einen höheren Calciumbedarf als Männer und sollten bereits als junge Erwachsene immer Sorge dafür tragen. Eine regelmäßige Calciumversorgung stärkt die Knochendichte für die Zeit nach der Menopause, in der es häufig durch Calciummangel zu Osteoporose, der schmerzhaften und manchmal völlig entstellenden Knochenschwäche kommt. Man kann der Osteoporose vorbeugen, sie aber nicht heilen.

Zink braucht der Körper für Wachstum und Heilungsprozesse sowie für seinen Protein- und Kohlenhydratstoffwechsel. Mangelerscheinungen machen sich durch weiße Flecken auf den Nägeln und durch Hautprobleme bemerkbar.

Zink ist enthalten in Weizenkeimen, Hafermehl, Käse, entrahmter Milch, Brauhefe, getrockneten Feigen, Erdnüssen, Nüssen, Sesamkörnern, Kürbiskernen, Mais, Erbsen, Mangos, Spinat und in Spargel.

Magnesium wird ebenfalls für den Kohlenhydratstoffwechsel benötigt. Es wird durch Hitze nicht zerstört, ist aber wasserlöslich. Kochwasser sollte man deshalb immer für Saucen und Suppen weiterverwenden. Magnesiummangel kommt selten vor. Frisches Obst und Gemüse, Nüsse und Samen, Brauhefe, Getreidekörner, Dörrobst, Hülsenfrüchte und Sojabohnen sind gute Magnesiumlieferanten.

Jod ist für die Funktion der Schilddrüse unverzichtbar. Es wird nur in winzigen Mengen benötigt und ist in Jodsalz und Seegras enthalten.

MEERESGEMÜSE

Es gibt viele Arten von eßbarem Seegras, die man sich ruhig einmal näher anschauen sollte, denn sie sind hervorragende Protein- und Vitaminquellen (einschließlich Vitamin B12); außerdem enthalten sie Calcium, Natrium, Kalium, Jod und Eisen. Nori, aus dem man Sushi macht, kann gekocht und im Salat verwendet werden. Wakame reicht man als Gringemüse. Mit Kombu können Sie Brühen und Suppen süßen. Im Reformhaus sind sie getrocknet erhältlich.

UNTEN: Wenn Sie ausgewogene Gerichte aus einer großen Palette von Nahrungsmitteln zusammenstellen, können Sie Ihren Tagesbedarf an Vitaminen und Mineralien problemlos decken. Linsensalat nach Mittelmeerart (s. Seite 146) ist ein ungewöhnliches, sehr delikates Linsengericht.

UNTEN: Wenn Sie den Fettanteil Ihrer Nahrung einschränken wollen, essen Sie am besten nicht nur weniger Fett, sondern auch mehr Hülsenfrüchte, Getreide und Gemüse, die gehaltvoll sind und lange sättigen. Borlottibohnen-Moussaka (s. Seite 152) enthält Joghurt, Eier und Käse, aber jede Portion liefert auch so viele Nährstoffe, daß Sie zu diesem Gericht bestimmt kein Fett mehr benötigen.

DIE »FETTFALLE«

Passionierte Fleischesser haben häufig das Problem, daß sie zuviel tierisches Fett aufnehmen. Tierische Fette stehen im Verdacht, bei übermäßigem Verzehr ernstzunehmende gesundheitliche Probleme zu verursachen.

Vegetarier leiden dagegen selten an Übergewicht, und bei ausgewogener vegetarischer Ernährung kommt es auch nicht zu einer übermäßigen Aufnahme gesättigter Fettsäuren. Es ist jedoch wichtig zu wissen, daß es auch viele pflanzliche Quellen für gesättigte Fettsäuren gibt, die deshalb nur in Maßen verzehrt werden sollten. Ein Beispiel dafür ist das Kokosöl, das in kommerziell hergestellten Backwaren häufig vorkommt. Auch Kokoscreme oder Kokosmilch, die gerne für die Zubereitung von Currys verwendet werden, enthalten gesättigte Fettsäuren.

Kinder brauchen für ein gesundes Wachstum mehr Fett als Erwachsene. Sie können ihren Bedarf gut mit vegetarischen Nahrungsmitteln wie Milch, Avocados, Erdnußbutter, Joghurt und Käse decken.

Jeder Mensch braucht Fett, da Fettsäuren für die Zellbildung im Körper – speziell für das Nervensystem – unerläßlich sind. Es wäre gefährlich, sich fettlos ernähren zu wollen. Ein abwechslungsreicher Speiseplan versorgt sie problemlos mit genug Fett.

GESUNDE FETTE

Nahrungsfette stammen aus zwei Quellen: von Tieren und von Pflanzen. Von den tierischen Quellen können Vegetarier (mit Ausnahme der Veganer) zum Beispiel Butter, Käse, Sahne, Joghurt und Eigelb nutzen. Aus Pflanzen werden Öle, Margarine und aus diesen wiederum gehärtete Pflanzenfette gewonnen. Fett, daß essentielle Fettsäuren enthält und in Lebensmitteln enthalten ist, die auch noch andere Nährstoffe liefern (wie Olivenöl und andere Pflanzenöle, Nüsse, Samen, Avocados, Getreide), sind eine bessere Quelle für den Körper als das Fett in Kuchen, Plätzchen, Fettgebackenem, Fritiertem oder Schokolade.

ARTEN VON FETT

- Gesättigte Fette werden bei Zimmertemperatur fest. Bei den meisten tierischen Fetten handelt es sich um gesättigte Fette. Beispiele dafür sind Schmalz, Butter und Bratfett. Man nimmt an, daß gesättigte Fette die schädlichen Cholesterine im Blut erhöhen und den Anteil der nützlichen Cholesterine verringern. Sie werden auch für einige Krebsarten verantwortlich gemacht.
- Mehrfach ungesättigte Fette beinhalten Pflanzenöle wie Distelöl, Sonnenblumenöl, Maiskeimöl und Sojaöl. Diese vermindern den Cholesterinspiegel im Blut. Sie sind bei Zimmertemperatur flüssig und können mit chemischen Verfahren zu Margarine verarbeitet werden.

Die Wirkung großer Mengen mehrfach ungesättigter Fette auf den Körper werden immer noch untersucht. Ursprünglich nahm man an, daß sie einen positiven Effekt auf die Cholesterinart im Blut haben, aber heute weiß man, daß sie nützliche wie schädliche Cholesterine gleichermaßen reduzieren.

Man vermutet, daß große Mengen Margarine auf dem Speiseplan eine bestimmte Fettsäure beisteuern, die mit Herzerkrankungen in Verbindung gebracht wird. Große Mengen mehrfach ungesättigter Fette können durch Oxidation sogenannte freie Radikale bilden, die für Gewebszerstörungen und Kalkablagerungen in den Arterien verantwortlich sind. Große Mengen an Obst und Gemüse in der Nahrung wirken diesem Effekt entgegen, weil diese Antioxidantien enthalten.

- Einfach ungesättigte Fettsäuren werden in der letzten Zeit aus einer Reihe von Gründen immer beliebter. Als bekannt wurde, daß in Ländern wie Spanien, Italien und Griechenland die Herzinfarktrate der Bevölkerung viel niedriger ist als in nordwesteuropäischen Ländern oder den USA, führte man das vor allem darauf zurück, daß die Menschen in den Mittelmeerländern allgemein wenig tierische Fette, aber viel Olivenöl zu sich nehmen.

Einfach ungesättigte Fettsäuren sind zum Beispiel in Raps- und Olivenöl in großer Menge vorhanden. Diese Fette reduzieren den schädlichen Cholesterinanteil im Blut und erhöhen den nützlichen; somit schützen sie vor Herzerkrankungen. Man hat außerdem festgestellt, daß Menschen, die ihren Fettbedarf vor allem mit Olivenöl decken, seltener an Brust- und Darmkrebs erkranken. Eine Erklärung gibt es dafür bislang noch nicht.

FETT IN UNSERER ERNÄHRUNG

Die verschiedenen Fettarten kommen gewöhnlich in kombinierter Form in den Lebensmitteln vor. Achten Sie immer auf den Gesamt-Fettgehalt ihrer Kost; das ist wichtiger, als sich über die Zusammensetzung der Fette Gedanken zu machen. Richten Sie Ihr Augenmerk vor allem auf »versteckte« Fette in Pasteten, Fritiertem, Schokolade und Karob-Riegeln, in Kuchen, Plätzchen und anderen Fertigprodukten. Viele Leute machen sich zwar über den Zuckergehalt dieser Produkte Gedanken, sie vergessen aber das Fett.

Wenn Sie häufiger ins Restaurant gehen, viele Fertiggerichte zu sich nehmen oder öfter mal am Imbißstand essen, kann es leicht zu einem Überschuß an Fett in Ihrer Kost kommen. Daher gilt: Nehmen Sie nach Möglichkeit nicht mehr als ein Viertel Ihres täglichen Kalorienbedarfs in Form von Fett zu sich. Bei Frauen oder Kindern sind das etwa 30–40 g täglich; bei Männern 40–60 g. Körperlich sehr aktive Erwachsene und Jugendliche benötigen etwa 70 g täglich; Sportler und Schwerarbeiter 70–80 g.

In vielen »unschuldig« wirkenden »gesunden« Lebensmitteln ist aber ebenfalls Fett verborgen: So enthält zum Beispiel geröstetes Müsli viel Pflanzenöl. Avocados und Nüsse sollten in Maßen verzehrt werden, weil sie viel Fett enthalten. Denken Sie daran, daß Lebensmittel mit niedrigem Cholesteringehalt durchaus viel Fett enthalten können.

Unser Körper benötigt nur geringe Fettmengen, und bei der in Westeuropa und in Nordamerika üblichen Ernährungsweise besteht für niemanden die Gefahr eines Fettmangels. Vegetarier und Fleischesser sollten gleichermaßen auf ihre tägliche Fettzufuhr achten. Die »Fettfallen« sind für Vegetarier allerdings ganz andere.

Manche Vegetarier geben sich der Illusion hin, daß sie sich gesund ernähren, weil sie Fleisch und Wurst mit ihren verborgenen und nicht-verborgenen Fetten vom Speisezettel gestrichen haben. Wer jedoch im Überfluß Sahne, Schmand, Käse und Butter oder Pflanzenöl zu sich nimmt, lebt genauso ungesund wie ein maßloser Fleischesser.

Wenn Sie viel Fritiertes essen, führt das immer zu Gewichtszunahme – unabhängig davon, ob die Speisen in tierischem oder pflanzlichem Fett fritiert werden. Der einzige Unterschied ist, daß Ihr Cholesterinspiegel – wenn Sie zum Beispiel in Olivenöl fritieren und das Fett nicht durch Bewegung abarbeiten– niedriger ist als bei einem Fleischesser, der dieselbe Fettmenge zu sich nimmt.

Wenn Sie Gewichtsprobleme haben, reduzieren Sie am besten Ihre tägliche Fettaufnahme, anstatt, wie es früher üblich war, die Kalorien aller Lebensmittel zu zählen. Zu viele Kalorien in Form von Fett in der Nahrung werden vom Körper bereitwillig als Körperfett eingelagert; Kalorien aus Kohlenhydraten dagegen stehen dem Körper immer als Energie zur Verfügung.

ENERGIESPENDER

Einige Nahrungsmittel der vegetarischen Speisekarte gelten als besonders gute Energiespender, weil sie lebenswichtige Nährstoffe enthalten, die Fleischesser im Überfluß zu sich nehmen. Nehmen Sie diese Nahrungsmittel in Ihren Speiseplan auf, damit es nicht zu Mangelerscheinungen kommt.

- LINSEN enthalten Protein, Ballaststoffe, komplexe Kohlenhydrate und B-Vitamine; außerdem Kalium, Magnesium und Zink.
- SOJABOHNEN enthalten von allen Hülsenfrüchten das hochwertigste Protein, einige B-Vitamine, mehrfach ungesättigte Fettsäuren und Ballaststoffe.
- HAFERFLOCKEN sind ein guter Lieferant von Protein, Thiamin (Vitamin B1), Niacin und Eisen, Ballaststoffen und Kohlenhydraten.
- WEIZENKLEIE ist eine hervorragende Quelle für lösliche Ballaststoffe, Eisen, Thiamin und Niacin.
- EIER versorgen uns mit Eisen, Phosphor, den Vitaminen B12, A und D sowie Protein.
- GETROCKNETE APRIKOSEN enthalten Betakarotin (die Vorstufe von Vitamin A), Ballaststoffe und Vitamin C. Mandeln sind eine gute Quelle für einfach ungesättigtes Öl, Ballaststoffe und Vitamin E.
- MILCH, JOGHURT UND KÄSE versorgen uns mit Calcium, Phosphor, Protein und Vitamin A. In Milch und Joghurt sind auch noch die B-Vitamine enthalten, die bei der Käseherstellung verlorengehen.
- SPINAT enthält Ballaststoffe und die meisten der Vitamine und Mineralien, die normalerweise in Fleisch enthalten sind.
- UNGESCHÄLTE SESAMKÖRNER sind reich an Calcium und enthalten außerdem Vitamin E, Magnesium, Phosphat und Zink.
- TOFU UND TEMPEH liefern Magnesium, Calcium, Phosphor, Eisen sowie Protein.
- HEFEEXTRAKT ist eine konzentrierte Quelle für B-Vitamine.

OBEN: Eine der besten Gelegenheiten für Vegetarier, eine gute Nährstoffversorgung sicherzustellen, ist ein gutes Frühstück. Knuspriges Nußmüsli (s. Seite 151) ist genau der richtige Start in den Tag und ein wunderbarer Energiespender.

FETTGEHALT

Wir alle benötigen Fett für unsere Ernährung, aber die meisten von uns nehmen zuviel davon zu sich. Die empfohlene Tagesmenge für Männer liegt bei 70 g, für Frauen bei 50 g.

Croissant
Fett pro 100 g: 23,6 g

Ei
Fett pro 100 g: 10 g

Mandeln
Fett pro 100 g: 54,7 g

Pommes frites, dick
Fett pro 100 g: 10 g

Brot
Fett pro 100 g: 2,5 g

Pekannüsse
Fett pro 100 g: 72 g

Macadamianüsse
Fett pro 100 g: 7,6 g

Salzbrezeln
Fett pro 100 g: 7,2 g

Avocados
Fett pro 100 g: 22,6 g

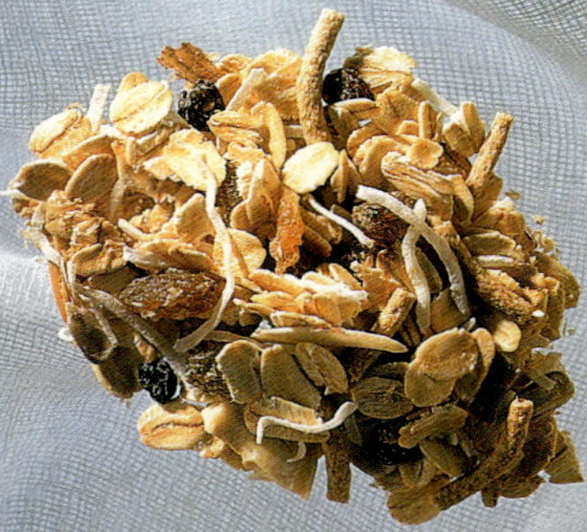

Müsli
Fett pro 100 g: 9 g

Pommes frites, dünn
Fett pro 100 g: 20 g

Ofenkartoffel mit Schale
Fett pro 100 g: 0,1 g

Tortillachips
Fett pro 100 g: 26,7 g

Geröstetes Müsli
Fett pro 100 g: 16,6 g

VOLLMILCH
Fett pro 100 g: 3,8 g
ENTRAHMTE MILCH
Fett pro 100 g: 0,1 g
RICOTTA, FETTARM
Fett pro 100 g: 4 g
RICOTTA
Fett pro 100 g: 11,3 g
CHEDDARKÄSE
Fett pro 100 g: 33,8 g
BRIE
Fett pro 100 g: 29 g
NATURJOGHURT
Fett pro 100 g: 3,7 g
NATURJOGHURT, FETTARM
Fett pro 100 g: 0,2 g
BUTTER
Fett pro 100 g: 80 g
MARGARINE
Fett pro 100 g: 80 g
ÖL, ALLE SORTEN
Fett pro 100 g: 100 g
CRÈME FRAÎCHE
Fett pro 100 g: 37,7 g
KOKOSCREME
Fett pro 100 g: 20 g

ENERGIESPENDER

Die hier abgebildeten Lebensmittel enthalten viele Nährstoffe, die in einer vegetarischen Kost unverzichtbar sind. Die empfohlene Tagesdosis ist auf Seite 31 unten angegeben.

HAFERFLOCKEN, ROH
Protein pro 100 g: 10,7 g
Eisen pro 100 g: 3,7 mg
Zink pro 100 g: 1,9 mg

SOJABOHNEN, GEKOCHT
Protein pro 100 g: 13,5 g
Calcium pro 100 g: 76 mg
Eisen pro 100 g: 2,2 mg
Zink pro 100 g: 1,6 mg

MANDELN
Protein pro 100 g: 20 g
Calcium pro 100 g: 250 mg
Eisen pro 100 g: 3,9 mg
Zink pro 100 g: 3,8 mg
Folsäure pro 100 g: 96 µg

SONNENBLUMENKERNE
Protein pro 100 g: 22,7 g
Calcium pro 100 g: 100 mg
Eisen pro 100 g: 4,6 mg
Zink pro 100 g: 6,4 mg

SESAMKÖRNER
Protein pro 100 g: 22,2 g
Calcium pro 100 g: 62 mg
Eisen pro 100 g: 5,2 mg
Zink pro 100 g: 5,5 mg

PETERSILIE
Calcium pro 100 g: 200 mg
Eisen pro 100 g: 9,4 mg

ENDIVIE
Folsäure pro 100 g: 330 µg

WEIZENKLEIE
Eisen pro 100 g: 12 mg
Zink pro 100 g: 4,7 mg
Folsäure pro 100 g: 260 µg

LINSEN, GEKOCHT
Protein pro 100 g: 6,8 g
Calcium pro 100 g: 17 mg
Eisen pro 100 g: 2 mg

Hefeextrakt
Protein pro 100 g: 24,4 g
Zink pro 100 g: 5,1 mg
Vitamin B12 pro 100 g: 5 µg

Joghurt
Protein pro 100 g: 5,8 g
Calcium pro 100 g: 195 mg

Eier
Protein pro 100 g: 13,2 g
Calcium pro 100 g: 43 mg
Eisen pro 100 g: 1,8 mg
Vitamin B12 pro 100 g: 1,7 µg

Tempeh
Protein pro 100 g: 19 g

Spinat
Calcium pro 100 g: 53 mg
Eisen pro 100 g: 3,2 mg
Zink pro 100 g: 0,6 mg
Folsäure pro 100 g: 120 µg

Cheddarkäse
Protein pro 100 g: 26 g
Vitamin B12 pro 100 g: 1,5 µg
Folsäure pro 100 g: 60 µg

Tofu
Protein pro 100 g: 10 g

getrocknete Aprikosen
Calcium pro 100 g: 67 mg
Eisen pro 100 g: 3,1 mg
Zink pro 100 g: 0,8 mg

Milch
Protein pro 100 g: 3,3 g
Calcium pro 100 g: 120 mg

Empfohlene Tagesmenge: Eisen 7 mg (Männer), 12–16 mg (Frauen), Vitamin B12 2 µg, Folsäure 200 µg, Protein 55 g (Männer), 45 g (Frauen), Calcium 800 mg, Zink 12–16 mg.
(Schwangere und stillende Frauen sowie Frauen über 54 Jahre benötigen andere Mengen.)

OBEN: Eine der Freuden der vegetarischen Ernährung besteht darin, immer wieder neue Lebensmittel oder Lebensmittelkombinationen auszuprobieren. Bei derart vielen frischen Produkten kann man gar nicht in Langeweile verfallen. Wenn Sie Kürbis bisher nur gebacken oder püriert kannten, probieren Sie doch einmal den wunderbaren, von der asiatischen Küche inspirierten Kürbis mit Chili und Avocado (s. Seite 199).

DIE WELT DER AROMEN

Die vegetarische Küche begeistert nicht zuletzt wegen ihrer Vielseitigkeit. Viele exotische Ausflüge in die Länderküchen der ganzen Welt können Ihren kulinarischen Horizont und Ihre Kochkünste erweitern. Die bisherigen Einschränkungen unserer westlichen Ernährungsweise werden dadurch rasch sichtbar.

Viele Kulturen pflegen in ihrer Ernährung ein stark vegetarisches Element, andere leben sogar rein vegetarisch; diesen Traditionen liegen meist ökonomische wie auch religiöse Ursachen zugrunde. Diese Küchen sind eine echte Fundgrube für köstliche, nahrhafte Gerichte, die leicht nachzukochen sind.

Einige Gerichte sind geradezu klassische Beispiele gesunder, schmackhafter Kombinationen: Tortillas mit Bohnen aus Mexiko, Tofu, Tempeh und Reis aus Asien, Hummus mit Lavash- oder Pitabrot aus dem vorderen Orient, Couscous und Kichererbsen aus Nordafrika und aus der Mittelmeerregion. Dies ist nur eine kleine Auswahl der Möglichkeiten.

Asiatische Gerichte sind eine der besten und interessantesten Quellen vegetarischer Ernährung. Falls Sie die asiatische Küche noch nicht kennen, ist dies eine wunderbare Gelegenheit, sie kennenzulernen.

Viele exotische vegetarische Gerichte können als Beilage, Hauptgericht oder leichter Imbiß serviert werden. Sie brauchen nur ein wenig Kenntnis von Gewürzen, Aromen und der Beschaffenheit der Nahrungsmittel sowie einige interessante Zutaten. Schon offenbart sich Ihnen der wohl größte Vorteil der vegetarischen Küche: die Möglichkeit, mit einer wunderbaren Vielfalt an Gewürzen, Aromen und unterschiedlichen Zutaten zu kochen. Vegetarische Kost wird einfach nie langweilig.

WECKEN SIE IHRE GESCHMACKS-KNOSPEN AUF

Der unvergleichliche Geschmack frischer Nahrungsmittel kann durch Gewürze und Pasten noch abgerundet werden: Harissa, Chermoula, Chilipasten und Currymischungen. Kräuter und eingelegtes Gemüse sind unverzichtbar. Chutneys, Relishes, Saucen und Senf können zum Würzen verschiedener Gerichte verwendet werden.

Manche Kräuter und Gewürze harmonieren mit bestimmten Lebensmitteln ganz besonders gut:

- BASILIKUM *mit Tomaten und Käse*
- ZIMT, KARDAMOM, NELKEN *mit Joghurt, Sahne und Milchgerichten*
- NELKEN *mit Orangen*
- SCHNITTLAUCH *mit Suppen, Dips, Salaten, belegten Broten und Saucen; zu Eiern, Kartoffeln und Käse*
- DILL *mit Gurken, Salaten, Kartoffeln und Käse*
- GEHACKTE KRÄUTER *mit Nudeln und Reis*
- INGWER *mit Möhren*
- ZITRONENGRAS *mit Reisgerichten und asiatischen Saucen*
- ZITRONENTHYMIAN *mit Salaten und gekochten Gemüsen*
- OREGANO UND MAJORAN *mit Eiern, Salaten und Marinaden, Blumenkohl und Tomaten*
- MINZE *mit Kartoffeln, Tabbouleh und Reis*
- PAPRIKA *mit Eiern, Käse und in Eintöpfen*
- PETERSILIE *mit Salaten und Tomaten*
- ROSMARIN *mit Auberginen, Tomaten und Zucchini*
- SALBEI *mit Bohnen, Salaten, Käse- oder Eiergerichten*
- KNOBLAUCH *mit allen pikanten Gerichten*

Füllen Sie Ihre Vorräte auf, bevor Sie sich auf die vegetarische Abenteuerreise begeben, damit Sie die gewünschten Zutaten immer zur Hand haben und das Gericht auch so schmeckt, wie es das Rezept verheißt.

Die meisten großen Supermärkte haben heutzutage ein großes Angebot an Getreide und Gewürzen; sehen Sie sich aber auch in Naturkostläden, in asiatischen Lebensmittelshops und in anderen Geschäften um, die sich auf den Export ausländischer Lebensmittel spezialisiert haben. Getreide, Hülsenfrüchte, exotische Gewürze und Würzsaucen beispielsweise bekommen Sie dort unter Umständen günstiger und in besserer Qualität als im Supermarkt.

EIN VEGETARISCHES MENÜ ZUSAMMENSTELLEN

Alte Gewohnheiten legt man bekanntlich nur schwer wieder ab; vor allem, wenn man gewohnt ist, Fleisch mit Gemüse und Kartoffeln auf den Tisch zu bringen. Dabei ist es eigentlich viel einfacher zu kochen, wenn Fleisch, Fisch oder Geflügel nicht Hauptbestandteil der Mahlzeit sind. Wie in vielen Länderküchen üblich können Sie mehrere

Gerichte in einer Art Büfett servieren, und Ihre Gäste nehmen sich, was sie am liebsten mögen.

Dadurch werden die vegetarischen Mahlzeiten zu einem echten Erlebnis: Sie können alle Regeln brechen und Vorspeisen als Hauptgerichte servieren, oder Hauptgerichte in Vorspeisen verwandeln. Oder wählen Sie eine Suppe zum Hauptbestandteil des Menüs aus. Dieses Buch teilt die Gerichte nicht traditionell in Vorspeisen und Hauptgerichte ein, sondern will dazu ermuntern, einzelne Speisen frei zusammenzustellen. Eine Ausnahme bildet das Kapitel »Suppen und Vorspeisen«, das eine große Bandbreite leichter Mahlzeiten vorstellt.

Denken Sie aber bei der Zusammenstellung der Mahlzeit nicht nur an Nährwerte und Geschmack, sondern auch an Farbe und Konsistenz. Servieren Sie Apfel-Kartoffel-Schichtauflauf (S. 164) oder Blumenkohlauflauf mit Nudeln (S. 166) mit einem grünen Salat oder bißfest gekochtem grünem Gemüse wie grünem Spargel oder Zuckererbsen; das sieht gut aus und schmeckt herzhaft. Verfeinern Sie schlichte Gemüsegerichte und Salate mit gehackten Nüssen oder Samen – etwa mit einer Mischung aus Kürbiskernen und Sesamkörnern, in Sojasauce getaucht und im Backofen geröstet. Das schmeckt sehr gut zu Gurkensalat oder grünem Salat und hält sich in einem luftdichten Glas monatelang im Kühlschrank. Reichen Sie zu den Mahlzeiten verschiedene Sorten Vollkornbrot, und probieren Sie auch Fladenbrote wie Tortillas, Chapattis und Pitabrot.

ZU DIESEM BUCH

REZEPTFORMAT
Die Rezepte sind in einzelne Arbeitsschritte untergliedert, um das Nachkochen zu erleichtern.

SCHNELLGERICHTE
Alle Schnellgerichte können innerhalb von 30 Minuten zubereitet werden. Sie finden Sie im Register unter dem Stichwort »Schnellgerichte« alle auf einen Blick.

MARGINALSPALTE
Links und rechts neben den Rezepten finden Sie in der Randspalte interessante Informationen über verschiedene Lebensmittel, Arbeitshinweise oder auch kleine Rezepte.

SCHRITT FÜR SCHRITT LERNEN
Durch das ganze Buch zieht sich eine Reihe von Arbeitsanleitungen, die Schritt für Schritt fotografisch dokumentiert sind und Ihnen bei der Vorbereitung und beim Kochen vegetarischer Gerichte hilfreich sind.

SPEZIALSEITEN
Zwölf Doppelseiten dieses Buches haben als Schwerpunkt bestimmte vegetarische Lebensmittel, deren Genuß wir Ihnen näher vorstellen wollen.

ESSLÖFFEL
Die Eßlöffelangaben beziehen sich auf die Eßlöffel mit 20 ml Fassungsvermögen. Falls Sie kleinere Eßlöffel (mit 15 ml Fassungsvermögen) benutzen, ergibt sich bei den meisten Rezepten aber kein nennenswerter Unterschied. Nur, wenn es um Natron, Backpulver oder kleine Mengen Mehl, Maismehl oder Stärke geht, sollten Sie pro angegebenen Eßlöffel noch einen Teelöffel (5 ml) dazugeben.

BACKOFENTEMPERATUR
Die Backzeiten können abhängig vom Backofen, den Sie benutzen, etwas variieren. Lesen Sie die Herstelleranweisung, und stellen Sie die Temperatur korrekt ein. Wenn Sie ganz sicher gehen wollen, besorgen Sie sich im Elektrofachhandel ein Backofenthermometer. Bei Heißluftherden wird die Temperatur im allgemeinen um 20 °C niedriger eingestellt. Richten Sie sich grundsätzlich immer nach den Anweisungen des Herstellers. Wenn Sie im Gasofen backen, orientieren Sie sich an der Umrechnungstabelle des Herstellers.

Die jeweiligen Angaben für die Mikrowelle beziehen sich auf Geräte mit einer Leistung von 850 Watt.

DIE BEWERTUNG DER REZEPTE
Beim Testen unserer Rezepte bewerten wir auch, wie leicht oder wie schwierig sie zuzubereiten sind. Die Sterne, die Sie in den Rezepten finden, haben folgende Bedeutung:

☆ Ein Stern steht für ein einfaches Gericht, das leicht und schnell zuzubereiten ist – ideal für Anfänger.

☆☆ Zwei Sterne bedeuten, daß etwas mehr Sorgfalt oder auch ein wenig mehr Zeit erforderlich ist.

☆☆☆ Drei Sterne stehen für besondere Gerichte, die Koch oder Köchin mehr Zeit, Geduld und Sorgfalt abverlangen – das Ergebnis lohnt jedoch jede Mühe! Diese Gerichte können auch von Anfängern gekocht werden, wenn sie sich genau an die Rezeptanweisungen halten.

SUPPEN UND VORSPEISEN

Wer von uns wollte im Restaurant nicht schon einmal lieber verschiedene Vorspeisen bestellen als eine Vorspeise und ein Hauptgericht? Vorspeisen klingen meist viel interessanter, und für Vegetarier ist die Auswahl an Vorspeisen häufig größer als die an Hauptgerichten. Hier haben Sie freie Hand, Ihren Bedürfnissen nachzugehen: Versuchen Sie zum Beispiel eine kräftige Suppe mit leckeren Antipasti. Wie auch immer Sie die folgenden Rezepte kombinieren, Sie werden bestimmt viel Freude am Essen haben.

OBEN: Soupe au Pistou

SOUPE AU PISTOU
(GEMÜSESUPPE MIT BASILIKUM-SAUCE)

Vorbereitungszeit: 45 Minuten
Kochzeit: 35–40 Minuten
Für 6–8 Personen

☆

- 2 mittelgroße Zwiebeln
- 1 Stange Lauch
- 3 Stengel frische Petersilie
- 1 großer frischer Rosmarinzweig
- 1 großer frischer Thymianzweig
- 1 großer frischer Majoranzweig
- 3 EL Olivenöl
- 1 Lorbeerblatt
- 375 g Kürbis, in kleine Stücke geschnitten
- 250 g Kartoffeln, in kleine Stücke geschnitten
- 1 mittelgroße Möhre, längs halbiert und in dünne Scheiben geschnitten
- 2 kleine Zucchini, in Scheiben geschnitten
- 1 TL Salz
- 2 l Wasser oder Gemüsebrühe
- 90 g Puffbohnen, frisch oder tiefgefroren
- 80 g Erbsen, frisch oder gefroren
- 2 Tomaten, enthäutet und grobgehackt
- 50 g Muschelnudeln

Pistou (Basilikumsauce)

- 20 g frische Basilikumblätter
- 2 große Knoblauchzehen, zerdrückt
- 1/2 TL schwarzer Pfeffer
- 3 EL frisch geriebener Parmesan
- 4 EL Olivenöl

1 Zwiebeln und Lauch in dünne Ringe schneiden. Petersilie, Rosmarin, Thymian und Majoran zusammenbinden. Öl in einem gußeisernen Topf erhitzen; Zwiebeln und Lauch zugeben. Bei schwacher Hitze in 10 Minuten weich dünsten.

2 Kräutersträußchen, Lorbeerblatt, Kürbis, Kartoffeln, Möhren, Zucchini, Salz und Wasser oder Brühe zufügen. Abgedeckt etwa 10 Minuten garen, bis das Gemüse fast weich ist.

3 Puffbohnen, Erbsen, Tomaten und Nudeln zugeben. Gemüse und Pasta bei aufgelegtem Deckel in ca. 15 Minuten garkochen (evtl. mehr Wasser zufügen). Kräuter und Lorbeerblatt herausnehmen.

4 **Für die Basilikumsauce:** Basilikum, Knoblauch, Pfeffer und Käse in der Küchenmaschine in 20 Sekunden fein hacken. Nach und nach Öl angießen; dann einarbeiten, bis eine einheitliche Masse entsteht. Kalt stellen. Suppe erhitzen und in die Mitte einen Löffel Basilikumsauce geben. Anschließend servieren.

BRUNNENKRESSESUPPE

Vorbereitungszeit: 15 Minuten
Kochzeit: 15–20 Minuten
Für 4–6 Personen

☆

1 Zwiebel
4 Frühlingszwiebeln
450 g Brunnenkresse
100 g Butter
40 g Weizenmehl
750 ml Gemüsebrühe
320 ml Wasser
Salz und Pfeffer
Saure Sahne oder Sahne zum Servieren

1 Zwiebel, Frühlingszwiebeln und Brunnenkresse grob hacken. Butter in einem großen Topf erhitzen und Zwiebel, Frühlingszwiebeln und Brunnenkresse zugeben. Bei schwacher Hitze etwa 3 Minuten dünsten.
2 Mehl hineingeben und unterrühren. Nach und nach Brühe und Wasser angießen; dann glattrühren. Unter Rühren aufkochen und eindicken lassen. Bei schwacher Hitze abgedeckt 10 Minuten garen. Dann etwas abkühlen lassen.
3 Mischung in der Küchenmaschine portionsweise pürieren. Vor dem Servieren vorsichtig erhitzen und mit Salz und Pfeffer abschmecken. Mit einem Schuß saurer Sahne oder Sahne servieren und mit frischer Brunnenkresse garnieren.

GEMÜSEBRÜHE

BACKOFEN AUF 210 °C VORHEIZEN.

2 EL Öl in einer großen Auflaufform erhitzen. Die folgenden Gemüsesorten (ungeschält und in Scheiben) zufügen: 4 große braune Zwiebeln, 5 große Möhren und 2 große Pastinaken. In der Form wenden, bis sie mit Öl bedeckt sind. 30 Minuten braten. Die gebratenen Gemüse in einen großen gußeisernen Topf geben. 5 gehackte Selleriestangen (mit Blättern), 2 Lorbeerblätter, ein frisches Bouquet garni, 1 TL schwarze Pfefferkörner (ganz) und 3 l Wasser zufügen. Langsam zum Kochen bringen, die Hitze reduzieren und im offenen Topf 1 Stunde kochen, bis die Flüssigkeit um die Hälfte reduziert ist. Die Brühe durch ein feines Sieb gießen und das Gemüse wegwerfen. Abkühlen lassen und kalt stellen. Fett abschöpfen. Ergibt 1,5 l.

MAIS-CHOWDER

Vorbereitungszeit: 15 Minuten
Kochzeit: 30 Minuten
Für 8 Personen

☆

90 g Butter
2 große Zwiebeln, feingehackt
1 Knoblauchzehe, zerdrückt
2 TL Kreuzkümmelsamen
1 l Gemüsebrühe
2 mittelgroße Kartoffeln, geschält, in Stücken
250 g Mais aus der Dose
400 g frische Maiskörner
3 EL frische Petersilie, gehackt
125 g geriebener Cheddar oder mittelalter Gouda
Salz und frisch gemahlener schwarzer Pfeffer
3 EL Sahne
2 EL frischer Schnittlauch, gehackt, zum Garnieren

1 Butter in einem großen Topf erhitzen. Zwiebeln zufügen und bei mittlerer Hitze in 5 Minuten goldgelb braten. Knoblauch und Kreuzkümmel zugeben und 1 Minute unter ständigem Rühren mitbraten. Brühe angießen und aufkochen. Kartoffeln zufügen; die Hitze reduzieren und 10 Minuten im offenen Topf garen.
2 Mais und Petersilie dazugeben. Aufkochen, Hitze reduzieren und 10 Minuten garen. Käse und Sahne einrühren und salzen und pfeffern. Langsam erhitzen, bis der Käse schmilzt. Mit gehacktem Schnittlauch bestreuen und sofort servieren.

CHOWDER

Bei einer Chowder handelt es sich um eine dicke Suppe, meistens auf Milchbasis, mit Gemüse, Fisch oder Huhn. Der Name stammt vom französischen *chaudière*, dem Kupfertopf, in dem die Frauen der Fischer mit einem Teil des Fangs für die ganze Gemeinde Suppe kochten, um auf diese Weise auch die Heimkehr der Fischer zu feiern.

OBEN: Mais-Chowder

GAZPACHO (KALTE SPANISCHE TOMATEN-GURKEN-SUPPE)

Vorbereitungszeit: 20 Minuten
Kochzeit: 10–15 Minuten
Für 6–8 Personen

✯

1 rote Zwiebel
3 Tomaten
1/2 mittelgroße Gurke
1/2 grüne Paprikaschote, entkernt
1/2 rote Paprikaschote, entkernt
1 Knoblauchzehe, zerdrückt
ca. 850 ml Tomatensaft
1/2 TL Zucker
Salz und Pfeffer
3 EL Olivenöl
3 EL Weißweinessig

Knoblauchcroûtons
6 Scheiben Weißbrot
3 EL Olivenöl
1 Knoblauchzehe, zerdrückt

1 Zwiebel, Tomaten, Gurke und Paprikaschoten fein hacken und mit dem Knoblauch in eine große Schüssel geben.
2 Saft, Zucker, Salz und Pfeffer sowie die verrührte Essig-Öl-Mischung zugeben. Alles gut mischen und kalt stellen. Die Suppe kalt servieren und die Knoblauchcroûtons dazu reichen.
3 **Für die Knoblauchcroûtons:** Backofen auf 180 °C vorheizen. Die Kruste vom Brot entfernen und das Brot in 1 cm große Würfel schneiden. Öl und Knoblauch mischen und die Würfel damit beträufeln. Gut vermischen. Auf ein Backblech legen und in 10–15 Minuten goldbraun backen. Dabei zweimal wenden.

SCHNELLE ZUCCHINISUPPE

EINE FEINGEHACKTE ZWIEBEL in 30 g Butter in einem mittelgroßen Topf andünsten. 4 geriebene Zucchini und 2 zerdrückte Knoblauchzehen zugeben und unter Rühren 2–3 Minuten weich dünsten. Dann 1 l Gemüsebrühe angießen, aufkochen, die Hitze etwas reduzieren und im offenen Topf 10 Minuten garen. 60 ml frische Sahne hineinrühren und mit Salz und Pfeffer abschmekken. Sofort servieren. Für 4 Personen.

SCHNELLE, WÜRZIGE BOHNENSUPPE

EINE GEHACKTE ZWIEBEL in einem mittelgroßen Topf in etwas Öl weich dünsten. 2 zerdrückte Knoblauchzehen und 1/2 TL Chilipulver zugeben und 1 Minute unter Rühren braten; dann 850 g gemischte Bohnen aus der Dose (abgespült und abgetropft) zufügen. 500 ml Gemüsebrühe und 400 g Tomatenpüree aus der Dose einrühren und erhitzen. Salzen und pfeffern. Mit einer Mischung aus feingehackten gekochten Eiern und feingehackter Petersilie servieren. Für 4 Personen.
Hinweis: Gemischte Bohnen (z. B. Kidneybohnen, Cannelli-Bohnen und grüne Bohnen) sind in Dosen erhältlich. Sie können sich aber auch auf eine Sorte Bohnen beschränken.

SPINATSUPPE MIT LINSEN

Vorbereitungszeit: 10 Minuten
Kochzeit: 1 Stunde 25 Minuten
Für 4–6 Personen

✯

370 g braune Linsen
1 1/4 l Wasser
2 TL Olivenöl
1 mittelgroße Zwiebel, feingehackt
2 Knoblauchzehen, zerdrückt
20 große Spinatblätter, Mittelrippe entfernt und Blätter in feine Streifen geschnitten
1 TL gemahlener Kreuzkümmel
1 TL abgeriebene Zitronenschale
1/2 l Gemüsebrühe
1/2 l Wasser
2 EL Koriandergrün, feingehackt

1 Linsen mit Wasser in einen großen Topf geben. Aufkochen und im offenen Topf 1 Stunde garen. Abgießen und abtropfen lassen; beiseite stellen. In einem anderen Topf Öl erhitzen; Zwiebel und Knoblauch zufügen. Bei mittlerer Hitze goldgelb anbraten. Dann den Spinat zugeben und weitere 2 Minuten braten.
2 Linsen, Kreuzkümmel, Zitronenschale, Brühe und Wasser in den Topf geben. Im offenen Topf 15 Minuten garen. Koriandergrün dazugeben und unterrühren. Sofort servieren.

TROCKENBOHNEN ODER SPALTERBSEN VORBEREITEN

1 Bohnen in einer großen Schüssel mit viel Wasser bedecken (sie gehen auf). 4 Stunden oder nach Anweisung einweichen; dann abgießen.

2 Bohnen in einen Topf geben, mit frischem Wasser bedecken und aufkochen. Bei schwacher Hitze gar ziehen lassen. Den entstehenden Schaum von der Oberfläche abschöpfen.

3 Falls zuviel Wasser verdampft, kochendes Wasser auffüllen. Wenn die Bohnen gar sind, in ein Sieb gießen und wie vorgesehen weiterverwenden, zum Beispiel für eine schnelle, würzige Bohnensuppe.

GEGENÜBER: Gazpacho

MINESTRONE

Vorbereitungszeit: 30 Minuten + Einweichzeit über Nacht
Kochzeit: 2 Stunden 45 Minuten
Für 6–8 Personen

☆

250 g weiße Bohnenkerne
2 EL Öl
2 Zwiebeln, gehackt
2 Knoblauchzehen, zerdrückt
4 Tomaten, enthäutet und gehackt
3 EL Petersilie, gehackt
2 1/4 l Gemüsebrühe
3 EL Rotwein
1 Möhre, gehackt
1 weiße Rübe, gehackt
2 Kartoffeln, in Stücke geschnitten
1 Bleichselleriestange, gehackt
3 EL Tomatenmark
1 Zucchini, in Scheiben geschnitten
60 g grüne Bohnen, in Stücke geschnitten
80 g Hörnchennudeln
Salz und Pfeffer
dünn gehobelte Parmesanscheiben zum Servieren

1 Weiße Bohnen über Nacht in Wasser einweichen; abtropfen lassen. In einen Topf mit kochendem Wasser geben und 15 Minuten garen. Abgießen. Öl in einem Topf erhitzen. Zwiebeln und Knoblauch zugeben. Unter Rühren weich dünsten.
2 Tomaten, Petersilie, weiße Bohnen, Brühe und Wein zufügen. Abgedeckt bei schwacher Hitze 2 Stunden garen.
3 Möhre, Rübe, Kartoffeln, Sellerie und Tomatenmark zufügen. Abgedeckt etwa 15–20 Minuten garen.
4 Zucchini, grüne Bohnen und Nudeln dazugeben. Abgedeckt in 10–15 Minuten gar kochen. Mit Salz und Pfeffer abschmecken. Vor dem Servieren mit dünn gehobeltem Parmesan bestreuen.

UNTEN: Minestrone

KÜRBISSUPPE MIT HARISSA

Vorbereitungszeit: 10–40 Minuten
Kochzeit: 20 Minuten
Für 6 Personen

☆

2,5 kg Kürbis
750 ml Gemüsebrühe
750 ml Milch
Salz und schwarzer Pfeffer

Harissa
250 g frische oder getrocknete kleine rote Chilischoten
1 EL Kümmelsamen
1 EL Koriandersamen
2 TL Kreuzkümmelsamen
4–6 Knoblauchzehen, geschält
1 EL getrocknete Minze
1 TL Salz
125 ml kaltgepreßtes Olivenöl

1 Den Kürbis schälen, entkernen und von Fasern befreien; würfeln. In einem großen Topf mit Brühe und Milch in 15–20 Minuten weich kochen. Etwas abkühlen lassen.
2 Die Mischung portionsweise in der Küchenmaschine zu einer glatten Masse verarbeiten. Mit etwas Zucker und schwarzem Pfeffer abschmecken.
3 Für die Harissa: Die Chilischoten mit Gummihandschuhen entstielen, halbieren, entkernen und das Fruchtfleisch 5 Minuten in heißem Wasser einweichen (30 Minuten bei getrockneten Chillies). Abgießen und in die Küchenmaschine geben. Während die Chillies weichen, Kümmel-, Koriander- und Kreuzkümmelsamen in einer trockenen Pfanne rösten, bis sich das Aroma entfaltet (1–2 Minuten). Die drei Gewürze (Knoblauch, Minze und Salz) in die Küchenmaschine geben und zu einer dicken, glatten Paste verarbeiten; dabei langsam das Olivenöl angießen. Harissa je nach Geschmack in die Suppenteller geben.

SAHNIGE MAIS-TOMATEN-SUPPE

Vorbereitungszeit: 20 Minuten
Kochzeit: 15 Minuten
Für 4–6 Personen

✯

1 TL Olivenöl
1 TL Instant-Gemüsebrühe
1 mittelgroße Zwiebel, feingehackt
3 mittelgroße Tomaten
425 g passierte Tomaten aus der Dose
310 g Mais aus der Dose
125 g Maiskörner aus der Dose, abgetropft
Chilipulver
Saure Sahne und Tortillas zum Servieren

1 Das Öl in einem großen Topf erhitzen. Dann Instantpulver und Zwiebel zugeben und die Zwiebel weich dünsten.
2 Die Tomaten enthäuten, Kerne mit einem Löffel herausnehmen und das Fruchtfleisch hacken. Mit den passierten Tomaten und dem Mais in den Topf geben und mit Chilipulver abschmecken. Das Ganze unter Rühren erhitzen. Anschließend mit einem Klecks saurer Sahne und warmen Tortillas servieren.

GRÜNE ERBSENSUPPE

Vorbereitungszeit: 20 Minuten + 2 Stunden Einweichzeit
Kochzeit: 1 Stunde 40 Minuten
Für 4–6 Personen

✯

330 g grüne Spalterbsen
2 EL Öl
1 mittelgroße Zwiebel, feingehackt
1 Selleriestange, in dünne Scheiben geschnitten
1 mittelgroße Möhre, in feinen Scheiben
1 EL gemahlener Kreuzkümmel
1 EL gemahlener Koriander
2 TL frischer Ingwer, gerieben
1 1/4 l Gemüsebrühe
300 g grüne Erbsen, tiefgefroren
Salz und frisch gemahlener schwarzer Pfeffer
1 EL frische Minze, gehackt
4 EL Naturjoghurt oder saure Sahne

1 Spalterbsen 2 Stunden in kaltem Wasser einweichen. Gut abtropfen lassen. Öl in einem großen gußeisernen Topf erhitzen; Zwiebel, Sellerie und Möhre zugeben. Bei mittlerer Hitze 3 Minuten dünsten; gelegentlich umrühren. Kreuzkümmel, Koriander und Ingwer einrühren und 1 Minute dünsten.
2 Spalterbsen und Brühe in den Topf geben. Aufkochen und Hitze reduzieren. Im geschlossenen Topf 1 1/2 Stunden garen; dabei gelegentlich umrühren.
3 Gefrorene Erbsen einrühren. Beiseite stellen. Abgekühlte Suppe portionsweise in der Küchenmaschine pürieren. In den Topf geben und vorsichtig erhitzen. Salzen und pfeffern; Minze einrühren. In Suppenschüsseln anrichten und mit einem Löffel Joghurt oder saurer Sahne servieren.

SUPPE EINFRIEREN

Manche Suppen haben eine derart lange Zubereitungszeit, daß es sich empfiehlt, größere Mengen zu kochen und sofort einzufrieren. Frieren Sie Mengen ein, die Sie später auch benötigen – ein, zwei oder fünf Portionen –, denn sobald die Suppe einmal aufgetaut ist, sollte man sie nicht mehr einfrieren. Die Suppe abkühlen lassen und in luftdichte Behälter füllen. Nach dem Erkalten den Behälter schließen, beschriften und einfrieren. Zum Auftauen bis zu 24 Stunden vor der Verwendung vom Gefrierschrank in den Kühlschrank stellen. Dann in einem Topf auf dem Herd langsam erhitzen. Wenn Sie es eilig haben, können Sie die Suppe auch gefroren in den Topf geben oder in der Mikrowelle erwärmen.

OBEN: Sahnige Mais-Tomaten-Suppe
UNTEN: Grüne Erbsensuppe

ANTIPASTI

Einladend für das Auge, verführerisch für den Gaumen und mit einem unwiderstehlichen Duft: Diese Gerichte können wir mit allen Sinnen genießen, ob als Vorspeise oder als Hauptmahlzeit.

MARINIERTE, GEGRILLTE PAPRIKASCHOTEN

Je 1 große rote, grüne, gelbe und, falls erhältlich, eine violette Paprikaschote grillen, bis die Haut Blasen wirft und schwarz wird. Paprikaschoten mit einem Küchentuch bedecken und vor dem Schälen etwas abkühlen lassen. Paprikaschoten in breite Streifen schneiden und mit 2 zerdrückten Knoblauchzehen, 2 EL Balsamessig, 2 EL frischen, feingeschnittenen Basilikumstreifen und 3 EL Olivenöl in eine Schüssel geben. Abgedeckt 3 Stunden in den Kühlschrank stellen. Rechtzeitig herausnehmen und mit Zimmertemperatur servieren. Dazu getoastete Bruschetta oder Focaccia reichen. Für 4–6 Personen.

SÜSS-SAURE ZWIEBELN

3 mittelgroße rote Zwiebeln vorsichtig schälen. Die Enden unversehrt lassen, damit die Lagen nicht auseinanderfallen. Zwiebeln achteln und in eine beschichtete Backform geben. 2 EL körnigen Senf, 2 EL Honig, 2 EL Rotweinessig und 2 EL Öl verrühren. Die Zwiebeln damit einpinseln. Form abdecken und im vorgeheizten

Backofen bei 220 °C 20 Minuten backen. Die Abdeckung entfernen und weitere 15–20 Minuten backen, bis die Zwiebeln weich und karamelisiert sind. Für 4–6 Personen.

FRITIERTER ZIEGENKÄSE

250 g Ziegenkäse in 5 mm dicke Scheiben schneiden. Mit gewürztem Mehl (Pfeffer und Paprika) leicht bestäuben. 2 Eier leicht verquirlen; 80 g Semmelbrösel, 50 g geriebenen Pecorino-Käse und 1 TL Paprika edelsüß mischen. Die Käsescheiben in Ei tauchen und in der Mischung wälzen. Für 1 Stunde kalt stellen. Die panierten Scheiben in heißem Öl in 2 Minuten knusprig goldgelb fritieren. Mit einem Relish oder einer süßen Dipsauce servieren. Für dieses Rezept verwendet man Ziegenkäse in kleinen Rollen. Für 4 Personen.

FRÜHLINGSZWIEBELN UND GRÜNER SPARGEL VOM HOLZKOHLEGRILL

110 g grüner Spargel und 12 Frühlingszwiebeln in 12 cm lange Stücke schneiden. Frühlingszwiebeln und Spargel leicht mit Macadamianußöl bestreichen und auf dem vorgeheizten Holzkohlegrill in etwa 3 Minuten gar grillen. Mit Balsamessig beträufeln, mit Pfeffer bestreuen und mit gehobeltem Parmesan belegen. Für 4–6 Personen.

CHAMPIGNONS MIT LIMETTEN UND CHILLIES

250 g kleine Champignons mit Öl bepinseln. Unter dem vorgeheizten Grill weich garen. 1 EL Chiliflocken, 1 EL Limettenschale, in feine Streifen geschnitten, 1 zerdrückte Knoblauchzehe, 1 EL gehacktes Koriandergrün, 1 TL feinen braunen Zucker, 2 EL Limettensaft und 3 EL Olivenöl in einer Schüssel mischen. Champignons in der Limetten-Chili-Mischung wälzen und vor dem Servieren 1 Stunde kalt stellen. Für 2–4 Personen.

IM UHRZEIGERSINN VON OBEN LINKS: Fritierter Ziegenkäse, Marinierte, gegrillte Paprikaschoten, Süß-saure Zwiebeln, Frühlingszwiebeln und grüner Spargel vom Holzkohlegrill, Champignons mit Limetten und Chillies

SUPPE PÜRIEREN
Vorsicht beim Pürieren heißer Suppen: Wenn sie aus der Küchenmaschine spritzen, können Sie sich daran verbrühen! Lassen Sie die Suppe also möglichst vorher abkühlen. Falls Sie heiße Suppe pürieren, nehmen Sie nur kleine Portionen. Dünne Suppen können auch herauslaufen – am besten nehmen Sie das Gemüse mit einem Schaumlöffel aus der Brühe. Pürieren Sie mit einem oder zwei Eßlöffeln Brühe. Anschließend geben Sie das pürierte Gemüse wieder in den Topf.

OBEN: Rote-Paprika-Suppe

ROTE-PAPRIKA-SUPPE

Vorbereitungszeit: 20 Minuten
Kochzeit: 30 Minuten
Für 6 Personen

☆☆

4 mittelgroße rote Paprikaschoten
4 mittelgroße Tomaten
3 EL Öl
1/2 TL getrockneter Majoran
1/2 TL getrocknete gemischte Kräuter
2 Knoblauchzehen, zerdrückt
1 TL milde Currypaste
1 mittelgroße rote Zwiebel, in Ringe geschnitten
1 mittelgroße Lauchstange, in Ringe geschnitten (nur die weißen Teile)
250 g Grünkohl, in feine Stücke geschnitten
1 l Wasser
1 TL süße Chilisauce
Salz und frisch gemahlener schwarzer Pfeffer

1 Paprikaschoten vierteln. Kerne und Zwischenwände entfernen. Grillen, bis die Haut schwarz wird und Blasen wirft. Auf ein Schneidbrett legen, mit einem Küchentuch abdecken und vor dem Enthäuten abkühlen lassen. In jede Tomate ein kleines Kreuz ritzen. Tomaten in eine Schüssel geben und mit kochendem Wasser übergießen. 2 Minuten ziehen lassen, abgießen und abkühlen lassen. Enthäuten. Tomaten halbieren und mit einem kleinen Löffel die Kerne herausnehmen.

2 Das Öl in einem großen Topf erhitzen; Kräuter, Knoblauch und Currypaste zugeben. Bei schwacher Hitze 1 Minute rühren, bis das Aroma freigesetzt wird. Zwiebel und Lauch dazugeben und in 3 Minuten goldgelb anbraten. Kohl, Tomaten, rote Paprikaschoten und Wasser hineingeben. Aufkochen, Hitze reduzieren und 20 Minuten garen. Vom Herd nehmen und etwas abkühlen lassen.

3 Die Suppe in mehreren Portionen in der Küchenmaschine in 30 Sekunden zu einer glatten Masse verarbeiten. In einen sauberen Topf geben, Chilisauce hineinrühren und mit Salz und Pfeffer abschmecken. Vorsichtig erhitzen und heiß servieren.

SCHNELLE CHAMPIGNONSUPPE

2 GEHACKTE ZWIEBELN in 60 g Butter goldgelb braten. 500 g kleingeschnittene Champignons dazugeben und 5 Minuten unter Rühren braten. 30 g Mehl darüberstäuben und 1 Minute rühren. 500 ml Milch und 375 ml Gemüsebrühe einrühren. Dann die Temperatur zurückschalten; im offenen Topf 10–15 Minuten garen, bis die Suppe eindickt und die Champignons gar sind. Mit einem Klecks saurer Sahne und gehackter Petersilie servieren. Für 4 Personen.

TOMATENSUPPE MIT NUDELN UND BASILIKUM

Vorbereitungszeit: 25 Minuten
Kochzeit: 35 Minuten
Für 4 Personen

✯

3 große reife Tomaten (750 g)
2 EL Olivenöl
1 mittelgroße Zwiebel, feingehackt
1 Knoblauchzehe, zerdrückt
1 kleine rote Paprikaschote, feingehackt
1 l Gemüsebrühe
3 EL Tomatenmark
Salz und Pfeffer
1 TL Zucker
ca. 7 g Basilikumblätter oder 1 1/2 TL getrocknetes Basilikum
150 g kleine Muschelnudeln oder Röhrennudeln
frische Basilikumblätter zum Garnieren

1 Ein Kreuz in jede Tomate ritzen. Die Tomaten in eine Schüssel geben und mit kochendem Wasser übergießen. 2 Minuten ziehen lassen, abgießen und abkühlen lassen. Enthäuten. Das Fleisch grob hacken. Öl in einem gußeisernen Topf erhitzen. Zwiebel, Knoblauch und rote Paprikaschote darin unter Rühren in 10 Minuten weich dünsten. Tomaten dazugeben und weitere 10 Minuten garen.
2 Brühe, Tomatenmark, Salz, Pfeffer und Zucker zufügen. Abgedeckt 15 Minuten garen. Vom Herd nehmen und Basilikum zufügen. Abkühlen lassen. In der Küchenmaschine portionsweise zu einer glatten Masse verarbeiten. Wieder in den Topf geben und vorsichtig erhitzen.

3 Nudeln in einem separaten Topf in sprudelndem Salzwasser bißfest kochen; abgießen. Dann in die Suppe geben und warm werden lassen. Mit frischem Basilikum bestreuen und servieren.

KÜRBISSUPPE MIT NUDELN

Vorbereitungszeit: 25 Minuten
Kochzeit: 20 Minuten
Für 4–6 Personen

✯

1 große Zwiebel
750 g Kürbis
2 mittelgroße Kartoffeln
1 EL Olivenöl
30 g Butter
2 Knoblauchzehen, zerdrückt
3 l Gemüsebrühe
125 g kleine Nudeln oder Risoni
evtl. 1 EL frische Petersilie, gehackt, zum Servieren

1 Zwiebel schälen und fein hacken. Kürbis und Kartoffeln schälen und in kleine Würfel schneiden. Öl und Butter in einem großen Topf erhitzen. Knoblauch und Zwiebel hineingeben; anschließend 5 Minuten bei schwacher Hitze unter Rühren dünsten.
2 Kürbis, Kartoffeln und Brühe zufügen. Die Hitzezufuhr erhöhen, den Topf abdecken und das Gemüse in etwa 10 Minuten gar kochen.
3 Nudeln dazugeben und in 5 Minuten bißfest kochen; dabei gelegentlich umrühren. Sofort servieren. Nach Wunsch mit gehackter Petersilie bestreuen.

SUPPEN GARNIEREN

Damit Suppen interessanter und aromatischer werden, können Sie folgendes ausprobieren: Ein Klecks Knoblauchpesto paßt sehr gut zu einer herzhaften Tomatensuppe, und eine Kürbissuppe wird durch etwas Harissa feuriger. Für Croûtons einen Tag altes Brot mit Olivenöl bepinseln, würfeln und bei mittlerer Hitze 10–15 Minuten im Backofen backen. Oder aber die Brotwürfel in mit Knoblauch aromatisiertem Olivenöl fritieren.

LINKS: Tomatensuppe mit Nudeln und Basilikum
OBEN: Kürbissuppe mit Nudeln

TOAST »MELBA«

Dünne Scheiben Weißbrot oder Roggenbrot mit Kruste von beiden Seiten goldbraun rösten. Mit einem gezackten Messer die Kruste abschneiden und dann das Brot vorsichtig horizontal halbieren, so daß zwei Scheiben mit je einer gerösteten und einer ungerösteten Seite entstehen. Die weiche, ungeröstete Seite abschaben und die Brote mit der ungerösteten Seite nach oben auf ein Backblech legen. Im mäßig warmen Backofen backen, bis sie goldgelb werden und sich aufrollen. Den Toast können Sie zu Suppen, Salaten oder auch mit einem Belag als Partyhäppchen servieren.

OBEN:
Möhren-Orangen-Suppe

MÖHREN-ORANGEN-SUPPE

Vorbereitungszeit: 20 Minuten
Kochzeit: 35 Minuten
Für 4 Personen

☆

500 g Möhren
30 g Butter
125 ml Orangensaft
1–1 1/4 l Gemüsebrühe
1 kleine Zwiebel, grobgehackt
3–4 TL frischer Thymian, gehackt, oder
1 TL getrockneter Thymian
Salz und Pfeffer
Saure Sahne und Muskatnuß, zum Servieren

1 Möhren schälen und in Scheiben schneiden. Möhren und Butter in einen gußeisernen Topf geben und bei schwacher Hitze 10 Minuten braten; dabei gelegentlich umrühren.
2 Orangensaft, Zwiebel und Brühe dazugeben. Zum Kochen bringen und Thymian, Salz und Pfeffer hineingeben. Hitze reduzieren; Möhren abgedeckt in etwa 20 Minuten gar kochen. Abkühlen lassen.
3 Die Mischung portionsweise in der Küchenmaschine zu einer glatten Masse verarbeiten. Wieder in den Topf geben und aufwärmen. Anschließend in Suppenschüsseln servieren; dazu mit einem Klecks saurer Sahne und etwas Muskatnuß garnieren. Nach Wunsch noch einen Thymianzweig dazulegen.

FRANZÖSISCHE ZWIEBELSUPPE

Vorbereitungszeit: 20 Minuten
Kochzeit: 1 Stunde 45 Minuten
Für 4–6 Personen

☆

1 kg Zwiebeln
60 g Butter
1 TL Zucker
3 EL Mehl
2 1/4 l Gemüsebrühe
Salz und Pfeffer
1 Baguette
60 g geriebener Greyerzer, Cheddar oder mittelalter Gouda
zusätzlich geriebener Käse zum Servieren

1 Zwiebel schälen und in feine Ringe schneiden. Butter in einem großen Topf erhitzen, Zwiebeln dazugeben und bei schwacher Hitze in 20 Minuten weich braten. Zucker und Mehl hineingeben und unter Rühren 1–2 Minuten weiter braten, bis die Mischung goldgelb wird.
2 Brühe angießen und bei abgedecktem Topf und schwacher Hitze 1 Stunde garen. Mit Salz und Pfeffer würzen.
3 Backofen auf 180 °C vorheizen. Brot in 1 cm dicke Scheiben schneiden. In 20 Minuten goldgelb und trocken backen; dabei einmal wenden. Jede Scheibe mit geriebenem Käse bestreuen und unter den Grill legen, bis der Käse geschmolzen ist. Die Suppe mit gerösteten Käsecroûtons servieren und mit geriebenem Käse bestreuen.

GEGRILLTES GEMÜSE MIT KNOBLAUCHMAYONNAISE

Vorbereitungszeit: 30 Minuten
Kochzeit: 15 Minuten
Für 8 Personen

☆☆

2 mittelgroße Auberginen, in dünne Scheiben geschnitten
Salz
4 kleine Lauchstangen, längs halbiert
2 mittelgroße rote Paprikaschoten, geachtelt
4 kleine Zucchini, längs halbiert
8 große, flache Champignons

Dressing
1 EL Balsamessig
2 EL Dijon-Senf
2 TL getrockneter Oregano
250 ml Olivenöl

Knoblauchmayonnaise
2 Eigelb
1 EL Zitronensaft
2 Knoblauchzehen, zerdrückt
250 ml Olivenöl
1 EL frischer Schnittlauch, gehackt
1 EL frische Petersilie, gehackt
1 EL Wasser

1 Die Auberginenscheiben mit Salz bestreuen und 30 Minuten ziehen lassen. Unter kaltem Wasser abspülen; anschließend mit Küchenpapier trockentupfen.
2 Auberginen, Lauch, rote Paprikaschoten und Zucchini nebeneinander auf einen Grillrost legen und mit Dressing bepinseln. Für 5 Minuten bei höchster Stufe unter den vorgeheizten Grill schieben; dabei einmal wenden. Gelegentlich mit dem Dressing bepinseln. Schließlich mit Knoblauchmayonnaise servieren.
3 **Für das Dressing:** Essig, Senf und Oregano in einer Schüssel mischen; nach und nach das Öl unterziehen.
4 **Für die Knoblauchmayonnaise:** Eigelb, Zitronensaft und Knoblauch im Mixer oder in der Küchenmaschine in 5 Sekunden zu einer glatten Masse verarbeiten. Bei laufender Maschine langsam und gleichmäßig das Öl angießen, bis das gesamte Öl aufgebraucht und die Mayonnaise dick und cremig geworden ist. Dann Schnittlauch, Petersilie und Wasser hinzugeben und 3 Sekunden verarbeiten.

Hinweis: Knoblauchmayonnaise kann einige Tage im voraus zubereitet und im Kühlschrank aufbewahrt werden. Keine Sorge, wenn das Dressing nicht bindet – pinseln Sie ruhig weiter.

SCHNELLE NUDELSUPPE

2 GEHACKTE FRÜHLINGSZWIEBELN, 150 g in Stücke geschnittene Zuckererbsen und 200 g Champignons in Scheiben einige Minuten lang in etwas Öl anbraten, bis die Zutaten bißfest sind. 2 zerdrückte Knoblauchzehen und 1 TL geriebenen frischen Ingwer zufügen und 1 Minute weiter braten. 1 l Gemüsebrühe angießen und zum Kochen bringen. Dann 150 g Fadennudeln oder Engelshaar zugeben und 3 Minuten mitkochen, bis sie bißfest sind. Sofort servieren. Für 4 Personen.

Hinweis: »Engelshaar« nennt man hauchdünne Fadennudeln in Spaghetti-Länge. In Italien heißen sie »capelli d'angelo« und werden für Suppen verwendet.

OBEN: Gegrilltes Gemüse mit Knoblauchmayonnaise

AROMATISIERTE BUTTER
Weiche Butter kann mit frischen gehackten Kräutern, Knoblauch, Blauschimmelkäse oder Senf verfeinert werden, um damit gedämpftem oder gebratenem Gemüse besonderen Pfiff zu verleihen. Die aromatisierte Butter auf ein Stück Klarsichtfolie legen, aufrollen und die Butterrolle fest verpackt kalt stellen. Die kalte Butter in Scheiben schneiden und auf heißem Gemüse servieren.

OBEN: Champignons mit Nuß-Kräuterbutter

CHAMPIGNONS MIT NUSS-KRÄUTERBUTTER

Vorbereitungszeit: 20 Minuten
Kochzeit: 20 Minuten
Für 4–6 Personen

☆

12 große Champignons
1 EL Olivenöl
1 kleine Zwiebel, feingehackt
40 g blanchierte Mandeln
1 Knoblauchzehe, geschält und gehackt
1 EL Zitronensaft
3 EL Petersilienzweige
3 TL frischer Thymian, gehackt oder 1 TL getrockneter Thymian
3 TL frischer Rosmarin, gehackt oder 1 TL getrockneter Rosmarin
1 EL frischer Schnittlauch, gehackt
1/2 TL Salz
1/4 TL schwarzer Pfeffer
75 g Butter, in kleine Stücke geschnitten

1 Den Backofen auf 180 °C vorheizen. Eine flache Auflaufform mit Öl oder zerlassener Butter einpinseln. Die Champignonstiele entfernen und fein hacken. Öl in einer kleinen Pfanne erhitzen und die Zwiebel zugeben. Bei mittlerer Hitze in etwa 2–3 Minuten goldgelb und weich dünsten. Dann gehackte Champignonstiele dazugeben. In ca. 2 Minuten weich dünsten und vom Herd nehmen.

2 Anschließend Mandeln, Knoblauch, Zitronensaft, Petersilie, Thymian, Rosmarin, Schnittlauch, Salz, Pfeffer und Butter in einer Küchenmaschine in 20–30 Sekunden zu einer glatten Masse verarbeiten.

3 Die Champignonköpfe in die Auflaufform legen und gleichmäßig mit der Zwiebel-Champignonmischung füllen. 10–15 Minuten backen, bis die Champignons gar und die Butter zerlaufen ist.

Hinweis: Champignons bereitet man am besten kurz vor dem Servieren zu. Füllen Sie die Pilze bis zu 2 Stunden vor dem Servieren, und bewahren Sie sie abgedeckt auf einer flachen Platte im Kühlschrank auf.

SCHNELLE CHAMPIGNON-PASTETCHEN

1 PLATTE TIEFGEFRORENEN BLÄTTERTEIG ausrollen und in 4 Quadrate schneiden. Mit zerlassener Butter bepinseln, mit Sesamkörnern bestreuen und bei 200 °C in 15 Minuten goldbraun backen. In der Zwischenzeit 40 g Butter in einer Bratpfanne zerlassen. Dann 400 g in Scheiben geschnittene kleine Champignons darin gar dünsten. 170 ml Sahne angießen und mit Salz und Pfeffer abschmekken. Anschließend die Blätterteigpasteten quer halbieren und jeweils die untere Hälfte mit den Pilzen belegen. Mit Parmesan bestreuen, den Deckel aufsetzen und sofort servieren. Für 4 Personen.

AUBERGINEN-ZUCCHINI-TÖPFCHEN MIT PAPRIKA-RELISH

Vorbereitungszeit: 30 Minuten + 20 Minuten Ruhezeit
Kochzeit: 1 Stunde 15 Minuten
Für 6 Personen

☆☆

1 große Aubergine, in 1 cm große Würfel geschnitten
1 EL Salz
200 g frischer Ricottakäse
300 g saure Sahne
3 Eier
1 EL Maismehl
140 g Zucchini, geraspelt
1/2 TL zerstoßene schwarze Pfefferkörner

Paprika-Relish
180 ml brauner Essig
90 g Zucker
1 TL gelbe Senfkörner
1 grüner Apfel, geschält und in Stücke geschnitten
1 Birne, geschält und in Stücke geschnitten
1 rote Paprikaschote, in Stücke geschnitten
1 grüne Paprikaschote, in Stücke geschnitten

1 Den Backofen auf 210 °C vorheizen. 6 Souffléförmchen mit je 125–200 ml Fassungsvermögen mit Öl einpinseln. Aubergine in ein Sieb geben, mit Salz bestreuen und 20 Minuten ruhen lassen. Unter kaltem Wasser abspülen und gut abtropfen lassen.
2 Mit dem Handrührgerät Ricotta und saure Sahne in einer kleinen Schüssel leicht und cremig aufschlagen. Eier und Maismehl zugeben und glattrühren. In eine große Schüssel umfüllen und Aubergine, Zucchini und schwarzen Pfeffer unterheben.
3 Die Mischung gleichmäßig auf die vorbereiteten Formen verteilen. Die Formen in eine tiefe Auflaufform stellen. Auflaufform so weit mit warmem Wasser auffüllen, daß die Förmchen zu zwei Dritteln bedeckt sind; lose mit Alufolie abdecken. Etwa 40 Minuten backen (Nadelprobe!). Vor dem Servieren Paprika-Relish mit dem Löffel darüber geben oder separat dazu reichen.
4 Für das Paprika-Relish: Essig, Zucker und Senfkörner in einem Topf 5 Minuten erhitzen, bis sich der Zucker aufgelöst hat und die Mischung kocht. Dann die restlichen Zutaten hineingeben. Aufkochen, Hitze reduzieren und im offenen Topf 30 Minuten garen.

KARTOFFELPFANNKUCHEN

Vorbereitungszeit: 20 Minuten
Kochzeit: 15 Minuten
Für 4–6 Personen

☆

4 große Kartoffeln, geschält und abgetrocknet
3 Eier, leicht verquirlt
4 Frühlingszwiebeln, in feine Ringe geschnitten
3 EL Maismehl
2 EL Haferkleie
Öl zum Braten
60 g Frühlingszwiebeln, in feine Streifen geschnitten, geriebene frische rote Beete und saure Sahne zum Servieren (nach Wunsch)

1 Kartoffeln grob reiben. Masse mit den Händen ausdrücken, damit die Flüssigkeit abläuft. Anschließend gut mit Küchentüchern trocknen. Kartoffelmasse in eine große Schüssel geben. Dann Eier, Frühlingszwiebeln, Maismehl und Haferkleie dazugeben und gut vermischen.
2 Gehäufte Eßlöffel der Masse in eine gut geölte Pfanne geben und etwas flachdrücken. Bei mittlerer Hitze gar und auf beiden Seiten goldbraun braten. Auf Küchenpapier abtropfen lassen.
3 Heiß servieren und mit Frühlingszwiebeln garnieren; oder rote Bete und einen Klecks saure Sahne dazu reichen.

KARTOFFELN REIBEN
Aus geriebenen Kartoffeln kann man gut Pfannkuchen (siehe Rezept links) oder Schweizer Rösti zubereiten. In eine Pfanne mit heißer Butter oder heißem Öl geriebene Kartoffeln geben und zu einem flachen Fladen drücken. Auf einer Seite bräunen, wenden und die andere Seite bräunen. Die Kartoffeln müssen unbedingt trocken sein, damit sie nicht dünsten, sondern braten. Zuerst die ganze geschälte Kartoffel trockentupfen, dann reiben, in ein Sieb geben und mehrmals ausdrücken, bis die gesamte Flüssigkeit heraus ist. Die geriebenen Kartoffeln im Küchentuch oder mit Küchenpapier trocknen. Sie brauchen vermutlich viele Tücher, aber nur trockene Kartoffeln lassen sich wirklich knusprig braten.

OBEN: Auberginen-Zucchini-Töpfchen mit Paprika-Relish

SPARGEL SCHÄLEN
Nicht jede Spargelsorte muß geschält werden – bei sehr dünnem Spargel würde nichts mehr zum Essen übrigbleiben. Auch sehr frischer dicker Spargel muß nicht immer geschält werden; wenn Sie sich nicht sicher sind, schälen Sie. Verwenden Sie einen Gemüseschäler, beginnen Sie knapp unterhalb des Kopfes, und schälen Sie zum unteren Ende hin. Einfacher geht das, wenn der Spargel auf einem Brett liegt. Das untere Ende schneiden Sie ab, es ist meistens holzig.

OBEN: Grüner Spargel mit Zitrus-Hollandaise

GRÜNER SPARGEL MIT ZITRUS-HOLLANDAISE

Vorbereitungszeit: 15 Minuten
Kochzeit: 8 Minuten
Ergibt 6 Portionen

★

350–450 g grüne Spargelstangen
180 g Butter
2 EL Wasser
4 Eigelb
1–2 EL Zitronen-, Limetten- oder Orangensaft
Salz und Pfeffer
nach Wunsch gehobelter Parmesan oder Pecorinokäse

1 Spargel von holzigen Enden befreien. In einen Topf mit kochendem Wasser geben und in 1–2 Minuten bißfest kochen. Dann abtropfen lassen.
2 Butter in einem kleinen Topf zerlassen. Aufkochen und Schaum abschöpfen. Butter abkühlen lassen. Wasser und Eigelb in einem kleinen Topf 30 Sekunden durchrühren, bis die Mischung hell und cremig ist. Topf ins Wasserbad stellen und weitere 3 Minuten schlagen, bis die Mischung eindickt.
3 Vom Herd nehmen; nach und nach unter ständigem Schlagen kalte Butter zugeben (die Molke am Boden des Topfes lassen). Jetzt den Saft einrühren und abschmecken. Sauce über den Spargel gießen. Nach Wunsch mit gehobeltem Käse garnieren.

CHILI-WINDBEUTEL MIT CURRYGEMÜSE

Vorbereitungszeit: 35 Minuten
Kochzeit: 65 Minuten
Ergibt 12 Stück

★★

Brandteig
90 g Butter
300 ml Wasser
150 g gesiebtes Mehl
1/4 TL Chilipulver
4 Eier

Currygemüse
4 gelbe Squashkürbisse
100 g Zuckererbsen
1 Möhre
50 g Butter
2 mittelgroße Zwiebeln, in Ringe geschnitten
2 EL milde Currypaste
300 g kleine Austernpilze
1 EL Zitronensaft

1 Backofen auf 240 °C vorheizen. Ein Backblech mit Wasser beträufeln.
2 Für den Brandteig: Butter und Wasser in einen mittelgroßen Topf geben und bei schwacher Hitze 5 Minuten erwärmen, bis die Butter schmilzt und die Mischung zu kochen beginnt. Vom Herd

nehmen. Mehl und Chilipulver auf einmal dazugeben und mit einem Holzlöffel verrühren.

3 Den Topf wieder auf den Herd stellen und den Teig unter ständigem Rühren 3 Minuten »abbrennen«, bis er einen Kloß bildet und sich gut vom Topf löst. Den Teig in eine Rührschüssel umfüllen und mit dem Handrührgerät nach und nach die Eier einzeln einarbeiten. Der Teig soll steif und glänzend werden.

4 Je 2 EL Brandteig pro Windbeutel auf das Backblech häufen; dabei 10 cm Abstand zwischen den Teighäufchen lassen. Mit etwas Wasser beträufeln und 20 Minuten backen. Hitze auf 210 °C reduzieren und weitere 30 Minuten backen, bis die Windbeutel knusprig und braun sind. (Nach der Hälfte des Backvorgangs einen Schlitz in die Windbeutel schneiden, damit der Dampf entweichen und der Windbeutel innen trocknen kann). Anschließend die Windbeutel auf einem Kuchendraht abkühlen lassen.

5 Für das Currygemüse: Den Kürbis in feine Scheiben schneiden und die Zuckererbsen diagonal halbieren. Möhre in dünne Streifen schneiden. Die Butter in einer mittelgroßen Pfanne erhitzen und die Zwiebeln zufügen. Bei schwacher Hitze in 5 Minuten goldgelb dünsten; Currypaste einrühren. Pilze und vorbereitetes Gemüse dazugeben und bei starker Hitze 1 Minute unter Rühren braten. Den Zitronensaft dazugeben, vom Herd nehmen und umrühren. Windbeutel halbieren (eventuell nicht durchgebackenen Teig mit einem Löffel entfernen). Zum Schluß mit Gemüse füllen und sofort servieren.

GEGRILLTE TOMATEN MIT BRUSCHETTA

Vorbereitungszeit: 15 Minuten
Kochzeit: 35 Minuten
Für 4 Personen

★

- 1 Laib italienisches Weißbrot
- 4 große, reife Tomaten
- 1/2 TL getrocknete Majoranblätter
- Salz und frisch gemahlener schwarzer Pfeffer
- 4 EL Olivenöl
- 2 EL Rotweinessig
- 1 TL feiner brauner Zucker
- 1 Knoblauchzehe, halbiert
- 100 g marinierte Artischocken, gehackt
- 1 EL glatte Petersilie, gehackt

1 Das Brot in dicke Scheiben schneiden und den Grill vorheizen. Tomaten halbieren und die Kerne vorsichtig herausdrücken. Tomaten mit der Schnittfläche nach unten in eine flache, feuerfeste Form füllen. Majoran, Salz, Pfeffer, Öl, Essig und Zucker zu einer Sauce verrühren. Die Hälfte davon über die Tomaten geben.

2 Tomaten für 30 Minuten unter den heißen Grill schieben; nach der Hälfte der Zeit wenden. Die restliche Sauce über die Tomaten geben. Aus dem Grill nehmen und warm halten.

3 Die Brotscheiben großzügig von beiden Seiten mit Öl bepinseln und goldgelb rösten. Mit der Schnittfläche der Knoblauchzehe über das Brot reiben. Gegrillte Tomaten auf die Brote setzen, mit Artischocken belegen und mit Petersilie bestreuen.

SCHNELLE UND EINFACHE VORSPEISEN
Kleine Lauchstangen, in Butter gedünstet und dann in Filoteig gebacken; gedämpfte Zuckererbsen mit Kräutersahne; Spargel mit zerlassener Butter und Parmesan; gedämpfte Bohnen mit Knoblauchbutter; geröstete Knoblauchzehen, geschält und auf Brot gestrichen; Rauke mit gehobeltem Parmesan und Zitronenvinaigrette; gekochte Muschelnudeln mit Erbsen in einer Knoblauch-Sahne-Sauce.

LINKS: Chili-Windbeutel mit Currygemüse
OBEN: Gegrillte Tomaten mit Bruschetta

ZIEGENKÄSE

Auch wenn die meisten Käsesorten aus Kuhmilch hergestellt werden, gibt es doch auch einige berühmte Käse aus anderen Milchsorten. Ziegenkäse oder *chèvre* hat einen sehr charakteristischen, herben Geschmack, der gewöhnungsbedürftig sein kann. Je nach Alter variiert seine Beschaffenheit von frisch und weich bis zu krümelig trokken. Sehr junger Käse ist noch streichfähig; er reift mit der Zeit zu kreidiger Konsistenz.

RECHTS: Ziegenkäsesalat

ZIEGENKÄSESALAT

Vorbereitungszeit: 20 Minuten
Kochzeit: 15 Minuten
Für 4 Personen

☆

12 Scheiben Weißbrot
4 runde Ziegenkäse à 100 g
60 g gemischte Salatblätter
60 g Rauke
250 g Kirschtomaten, halbiert
1 EL Weißweinessig
3 EL Olivenöl
1/2 TL Körnersenf

1 Den Backofen auf 180 °C vorheizen. Mit einer runden Ausstechform aus jeder Brotscheibe die Mitte herausstechen (das Brot darf aber nicht größer als der Käse sein, weil es sonst unter dem Grill verkohlt). Das Brot nun auf ein Backblech legen und im Backofen 10 Minuten backen. Anschließend die vier Ziegenkäse in je drei Scheiben schneiden.

2 Auf jedes Brot eine Käsescheibe legen. Auf vier Desserttellern ein Bett aus Salatblättern und Rauke anrichten; die Tomatenhälften darauf legen. Käse und Brot unter dem vorgeheizten Grill 5 Minuten goldgelb überbacken. Die Salatblätter mit dem Dressing beträufeln und auf jeden Teller drei Käsebrote legen. Eventuell noch mit gehacktem Schnittlauch bestreuen.

3 Für das Dressing: Essig, Öl und Senf 1 Minute lang verrühren.

AVOCADO MIT LIMETTE UND CHILLIES

Vorbereitungszeit: 20 Minuten
Kochzeit: Keine
Für 6 Personen

☆

1 TL abgeriebene Limettenschale
2 EL Limettensaft
1 TL feiner brauner Zucker
1 EL Olivenöl
1 EL frische Petersilie, gehackt
2–3 Chilischoten, entkernt und gewürfelt
2 reife Avocados, geschält, in Scheiben

1 Limettenschale und Saft, Zucker, Öl, Petersilie und Chilischoten in einer Schüssel gut verrühren. Dann über die in Scheiben geschnittenen Avocados gießen und servieren.

Hinweis: Der Limettensaft verhindert, daß die Avocados braun werden. Sie können aber auch Zitronensaft nehmen.

AUBERGINEN IM BACKTEIG

Vorbereitungszeit: 40 Minuten + 20 Minuten Ruhezeit
Kochzeit: 15–20 Minuten
Für 4–6 Personen

☆

Joghurt-Dip
200 g Naturjoghurt
2 EL Zwiebel, feingerieben
1/2 TL getrocknete Minzeblätter
1/2 TL Salz
1/4 TL gemahlener Koriander
1 Prise gemahlener Kreuzkümmel

1 große, lange Aubergine
1 EL Salz
2 EL Kichererbsenmehl
1/4 TL schwarzer Pfeffer
30 g Weizenmehl
1/2 TL Backpulver
zusätzlich 50 g Kichererbsenmehl
2 Eier, leicht verquirlt
3 EL kaltes Bier
2 TL Zitronensaft
170 ml Olivenöl zum Ausbacken

1 **Für den Joghurt-Dip:** Alle Zutaten in einer kleinen Schüssel gründlich verrühren. Die Schüssel mit Klarsichtfolie abdecken und kalt stellen.
2 Aubergine in 20 Scheiben von 5 mm Dicke schneiden. Von beiden Seiten mit Salz bestreuen. In einem Sieb 20 Minuten ruhen lassen. Die Auberginenscheiben abspülen, abtropfen lassen und mit Küchenpapier trockentupfen.
3 Auf einem Stück Backpapier 2 EL Kichererbsenmehl mit dem Pfeffer mischen. Auberginenscheiben mit dem gewürzten Mehl bestäuben und gut abklopfen.
4 Restliches Mehl in eine mittelgroße Schüssel sieben; eine Vertiefung in die Mitte drücken. Eier, Bier und Zitronensaft auf einmal zufügen. Teig rühren, bis er keine Klümpchen mehr hat.
5 Öl in einer großen Pfanne erhitzen. Mehrere Auberginenscheiben gleichzeitig mit zwei Gabeln in den Ausbackteig tauchen und überschüssigen Teig ablaufen lassen. Bei mittlerer Hitze 2 Minuten im heißen Öl schwimmend goldgelb ausbacken, wenden und die andere Seite backen. Auf einen großen Teller legen und warm halten. Diesen Vorgang mit den restlichen Auberginenscheiben wiederholen. Schließlich die Auberginen mit kaltem Joghurt-Dip servieren.

AUBERGINEN IN CHERMOULA

Vorbereitungszeit: 40 Minuten + 1 Stunde Kühlzeit
Kochzeit: 10 Minuten
Für 4 Personen

☆

2 mittelgroße Auberginen
Salz
Olivenöl

Chermoula
2 Knoblauchzehen, zerdrückt
1 EL gemahlener Kreuzkümmel
1 TL Zimt
1/4 TL Cayennepfeffer
1 TL Piment
3 EL Zitronensaft
3 EL Koriandergrün, gehackt
2 EL frische Minze, gehackt
125 ml Olivenöl

1 Auberginen in 1 cm dicke Scheiben schneiden und mit Salz bestreuen. 30 Minuten beiseite stellen, abspülen und trockentupfen.
2 Die Auberginenscheiben großzügig mit Olivenöl bepinseln und unter dem vorgeheizten Grill auf beiden Seiten goldbraun braten. Auf Küchenpapier abtropfen lassen.
3 **Für die Chermoula:** Alle Zutaten mischen. Die Auberginen hineingeben und mischen. Abgedeckt für 1 Stunde kalt stellen. Bei Zimmertemperatur servieren.

CHERMOULA
Chermoula ist eine pikante marokkanische Gewürzmischung, die für Gemüsegerichte verwendet wird. Sie kann als Marinade für rohes oder gekochtes Gemüse verwendet oder als Sauce zu Gemüse gereicht werden.

OBEN:
Auberginen im Backteig

WIE ISST MAN ARTISCHOCKEN?
Ganze, frische Artischokken werden immer mit den Fingern gegessen; stellen Sie also für Ihre Gäste Fingerschalen bereit. Nehmen Sie immer ein Artischokkenblatt, tauchen Sie den unteren Rand in Mayonnaise, und schaben Sie den fleischigen Belag mit den Zähnen ab. Je weiter man in die Mitte gelangt, desto zarter sind die Blätter, und desto mehr davon ist eßbar. Stellen Sie eine Schüssel für die Blätter bereit.

OBEN: Marinierte Mini-Champignons

MARINIERTE MINI-CHAMPIGNONS

Vorbereitungszeit: 30 Minuten
Kochzeit: Keine
Für 6–8 Personen

☆

500 g kleine Champignons, halbiert
125 ml Olivenöl
125 ml Weißweinessig
3 Knoblauchzehen, zerdrückt
2 EL frische Petersilie, gehackt
2 TL Chilischote, gehackt
1 TL Zucker
Salz und Pfeffer

1 Die Champignons mit einem feuchten Tuch abreiben und die Stiele am Hutrand abschneiden. Pilzhüte in eine große Schüssel geben. Olivenöl, Essig, Knoblauch, Petersilie, Chilischoten, Zucker, Salz und Pfeffer gründlich zu einer Salatsauce verrühren.
2 Dann die Marinade über die Champignons gießen und gut mischen. Mit Klarsichtfolie abdekken und mindestens 1 Stunde kalt stellen. Die Pilze können bis zu 2 Tage mariniert werden; das Aroma wird mit der Zeit intensiver. Während des Marinierens gelegentlich wenden.
3 Pilze mit Zimmertemperatur servieren, zum Beispiel mit anderen marinierten Gemüsen als Teil einer Vorspeisenplatte.

ARTISCHOCKEN MIT ESTRAGONMAYONNAISE

Vorbereitungszeit: 30 Minuten
Kochzeit: 30 Minuten
Für 4 Personen

☆☆

4 mittelgroße, großköpfige Artischocken
3 EL Zitronensaft

Estragonmayonnaise
1 Eigelb
1 EL Estragonessig
1/2 TL französischer Senf
170 ml Olivenöl
Salz und weißer Pfeffer

1 Artischockenstiele abtrennen. Die Spitzen der harten Blätter mit der Schere abschneiden. Dann mit einem Messer die Spitzen etwas kürzen. Alle Schnittflächen der Artischocken mit Zitronensaft bepinseln, damit sie sich nicht verfärben.
2 Artischocken in 30 Minuten weich dämpfen; eventuell den Topf mit kochendem Wasser auffüllen. Vom Herd nehmen und abkühlen lassen.
3 **Für die Estragonmayonnaise:** Eigelb, Essig und Senf in einer mittelgroßen Rührschüssel mit dem Schneebesen 1 Minute schlagen. Anfangs das Öl teelöffelweise unter ständigem Schlagen zugeben, bis die Mischung dick und sahnig wird. Sobald die Mayonnaise dicker wird, Öl in dünnem, gleichmäßigem Strahl angießen. Weiterschlagen, bis das ganze Öl aufgenommen ist. Abschmecken. Zum Servieren auf jeden Teller eine abgekühlte

Artischocke legen und mit dem Löffel etwas Estragonmayonnaise dazu geben.
Hinweis: Die Artischocken können bis zu 4 Stunden im voraus gekocht werden. Die Mayonnaise sollte nach der Fertigstellung 2 Stunden abgedeckt im Kühlschrank stehen.

CRUDITÉS MIT KNOBLAUCH-SAUCE

Vorbereitungszeit: 30 Minuten
Kochzeit: 20 Minuten
Für 4–6 Personen

☆

eine Auswahl frischer Gemüse, in Stäbchen geschnitten

Knoblauchsauce
2 große alte Kartoffeln, geschält und gewürfelt
4–5 Knoblauchzehen, zerdrückt
1 EL Weißweinessig
frisch gemahlener weißer Pfeffer
Zitronensaft
Salz
4 EL Olivenöl

1 Das vorbereitetes Gemüse abdecken und kalt stellen.
2 **Für die Knoblauchsauce:** Kartoffeln in einem Topf mit sprudelndem Wasser gar kochen. Probe mit einer Gabel oder mit einem scharfen Messer machen. Wenn das Messer leicht wieder herausgleitet, ist die Kartoffel zum Zerdrücken weich genug. Die Kartoffeln abgießen, abtropfen lassen und in eine Schüssel geben. Dann zerdrücken. Knoblauch und Essig zufügen und gut mischen. Mit Pfeffer, etwas Zitronensaft und Salz abschmecken.
3 Nach und nach einige Tropfen Olivenöl dazugeben; dabei kräftig rühren. Immer mehr Öl zufügen und weiter schlagen, bis die Mischung glatt und dick geworden ist – das dauert etwa 5 Minuten. Die Sauce warm zu den Gemüsestäbchen servieren und Krustenbrot oder geröstetes Fladenbrot dazu servieren.
Hinweis: Diese Knoblauchsauce wird oft mit Mandeln und eingeweichtem Weißbrot anstelle von Kartoffeln zubereitet. Dazu 4 EL gemahlene Mandeln und 90 g altes Weißbrot (eingeweicht und ausgedrückt) in der Küchenmaschine zerkleinern. Nach und nach bei laufendem Gerät Öl hineintröpfeln. Die Sauce sollte die Konsistenz einer dicken Mayonnaise haben. Wenn sie zu dick ist, können Sie etwas Öl oder Zitronensaft dazugießen.

SCHNELLE SALSA-TOASTS

EIN KLEINES STANGENBROT diagonal in 4 cm dicke Scheiben schneiden (ergibt etwa 6 Scheiben). Auf einer Seite unter dem vorgeheizten Grill goldbraun rösten. Auf der ungetoasteten Seite das Brot etwas aushöhlen. 2 kleine, reife Tomaten, eine kleine, rote Zwiebel und einige entsteinte schwarze Oliven fein hacken. Mischen, Tomatenmischung in das ausgehöhlte Brot füllen, mit 125 g zerbröckeltem Fetakäse und frischen Thymianblättern belegen. Mit etwas Olivenöl beträufeln und grillen, bis die Oberfläche goldbraun ist.

OBEN: Crudités mit Knoblauchsauce

1 Backofen auf 210 °C vorheizen. Ein Backblech mit zerlassener Butter oder Öl bepinseln. Die Spinatblätter gründlich waschen und in der Mikrowelle oder im Topf dämpfen, bis sie fast gar sind. Die Flüssigkeit ausdrücken und die Blätter zum Trocknen ausbreiten.

2 Öl in einer Pfanne erhitzen, Zwiebel zugeben und bei mittlerer Hitze 3 Minuten anbraten. Dann Paprikaschoten, Zucchini und Auberginen hineingeben; unter Rühren weitere 5 Minuten braten. Anschließend abschmecken und zum Abkühlen beiseite stellen.

3 1 Lage Filoteig mit zerlassener Butter bestreichen; eine zweite Lage darauf legen. Mit dem restlichen Teig ebenso verfahren; jede Zwischenlage mit Butter bepinseln. Spinat, abgekühlte Gemüsemischung, Basilikum und Käse entlang der langen Seite 5 cm vom Rand auf den Teig legen. Beide Seiten über die Füllung schlagen, den schmalen Rand einschlagen und fest aufrollen.

4 Strudel mit der Nahtstelle nach unten auf das Blech legen. Mit der restlichen Butter bepinseln und mit Sesamkörnern bestreuen. In 25 Minuten goldbraun und knusprig backen.

Hinweis: Dieses Gericht bereiten Sie am besten direkt vor dem Servieren zu. In Scheiben geschnitten als Vorspeise oder mit einem grünen Salat als Hauptgericht servieren.

OBEN: Gemüsestrudel

GEMÜSESTRUDEL

Vorbereitungszeit: 30 Minuten
Kochzeit: 35 Minuten
Für 4–6 Personen

☆☆

12 große Spinatblätter
2 EL Olivenöl
1 mittelgroße Zwiebel, in feine Ringe geschnitten
1 mittelgroße rote Paprikaschote, in Streifen
1 mittelgroße grüne Paprikaschote, in Streifen
2 mittelgroße Zucchini, in Scheiben geschnitten
2 schlanke Auberginen, in Scheiben geschnitten
Salz und Pfeffer
6 Blätter Filoteig (Phylloteig)
40 g Butter, zerlassen
20 g Basilikumblätter, in feinen Streifen
60 g geriebener Cheddar oder mittelalter Gouda
2 EL Sesamkörner

SAMOSAS

Vorbereitungszeit: 30 Minuten
Kochzeit: 10 Minuten
Ergibt 24 Stück

☆

2 Kartoffeln, geschält
80 g Erbsen, tiefgefroren
3 EL Korinthen
2 EL Koriandergrün, gehackt
2 EL Zitronensaft
1 EL Sojasauce
1 TL gemahlener Kreuzkümmel
1 TL Chilipulver
1/2 TL frische Chilischoten, gehackt
1/4 TL Zimt
700–750 g tiefgefrorener Blätterteig, aufgetaut und ausgerollt
Öl, zum Ausbacken

Minzsauce
125 g Naturjoghurt
125 ml Buttermilch
3 EL frische Minze, gehackt
1/2 TL gemahlener Kreuzkümmel

1 Kartoffeln gar kochen und in kleine Stücke schneiden. Kartoffeln, Erbsen, Korinthen, Koriandergrün, Zitronensaft, Sojasauce, Kreuzkümmel, Chilipulver und Chillies mit Zimt in einer Schüssel mischen.
2 Aus dem Teig Kreise von 10 cm Durchmesser ausstechen. Gehäufte Teelöffel der Mischung auf eine Hälfte des Kreises legen. Die andere Hälfte umklappen, so daß ein Halbkreis entsteht. Ränder mit einer Gabel fest zusammendrücken.
3 Die Pasteten in der Friteuse auf jeder Seite 2–3 Minuten ausbacken, bis sie goldbraun sind und der Teig gut aufgegangen ist. Auf Küchenpapier abtropfen lassen. Mit Minzsauce oder Pfirsich-Relish servieren.
4 **Für die Minzsauce:** Alle Zutaten gut verrühren.

SCHNELLES PFIRSICH-RELISH

IN EINEN GROSSEN TOPF 6 große, geschälte und grobgehackte Pfirsiche geben. 1 EL feingehackten, eingemachten Ingwer, 2 EL feinen braunen Zucker, 2 feingehackte Frühlingszwiebeln, 1/4 TL Lebkuchengewürz, 2 ganze Nelken, 4 ganze schwarze Pfefferkörner, 2 EL braunen Essig und 2 TL Sojasauce zugeben. Bei mittlerer Hitze rühren, bis sich der Zucker auflöst. Im geschlossenen Topf etwa 15 Minuten gar ziehen lassen, bis die Mischung weich und musartig wird. Dann vom Herd nehmen, Nelken und Pfefferkörner entfernen. Abkühlen lassen. Mit Samosas oder Pakoras servieren. Reste luftdicht verschlossen im Kühlschrank aufbewahren. Ergibt ca. 750 ml.

GEMÜSE-PAKORAS

Vorbereitungszeit: 15 Minuten
Kochzeit: 10 Minuten
Für 4 Personen

☆

100 g Kichererbsenmehl
1/2 TL gemahlener Koriander
1 TL Salz
1/2 TL Kurkuma
1/2 TL Chilipulver
1/2 TL Garam Masala
1–2 Knoblauchzehen, zerdrückt
180 ml Wasser
1/2 Blumenkohl, in Röschen geteilt
2 Zwiebeln, in Ringe geschnitten (siehe Hinweis)
Öl, zum Fritieren

1 Mehl in eine Schüssel sieben; Koriander, Salz, Kurkuma, Chilipulver, Garam Masala und Knoblauch zufügen.
2 Eine Vertiefung in die Mitte drücken. Nach und nach Wasser angießen und mit dem Mehl zu einem dicken, geschmeidigen Teig verarbeiten.
3 Blumenkohl und Zwiebeln in den Teig tauchen. Blumenkohl und Zwiebeln portionsweise in eine Friteuse geben. In 4–5 Minuten goldgelb fritieren. Auf Küchenpapier abtropfen lassen und mit Minzsauce (s. Rezept für Samosas), Chilisauce oder Pfirsich-Relish (s. links) servieren.
Hinweis: Kleine Zwiebeln sind für Pakoras sehr gut geeignet. Sie können auch dicke Auberginen- und Kartoffelscheiben verwenden.

KICHERERBSENMEHL
Kichererbsenmehl (auch *Besan* genannt) wird aus getrockneten Kichererbsen hergestellt und ist sehr aromatisch. Man verwendet es in der indischen Küche. Es wurde vor allem durch die Zubereitung von Pakoras bekannt.

OBEN: Samosas
UNTEN: Gemüse-Pakoras

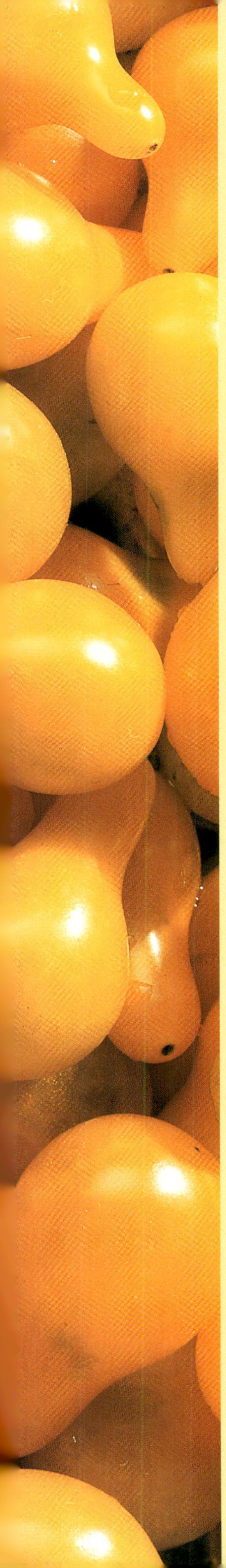

SNACKS UND PARTYHAPPEN

Ein hübsch präsentiertes Partybüfett ist immer ein Blickfang, auch das vegetarische Büfett macht da keine Ausnahme. Vergessen Sie Schinkenplatten und belegte Brote, und beeindrukken Sie Ihre Gäste mit den wundervollen, verführerischen Kreationen, die Sie in diesem Kapitel kennenlernen werden. Am nächsten Tag, wenn die Party vorbei ist, setzen Sie sich mit Ihrer Familie zusammen, genießen das, was übrigblieb, und erinnern sich an ein geglücktes Fest.

OBEN: Gemüse-Omelett mit Pitabrot

GEMÜSE-OMELETT MIT PITABROT

Vorbereitungszeit: 50 Minuten
Kochzeit: 20 Minuten
Für 4 Personen

☆

4 kleine rote Bete, geschält und geraspelt
2 1/2 TL frischer Ingwer, gerieben
2 Knoblauchzehen, zerdrückt
1 TL Reisessig
1 TL Sesamöl
4–5 TL Sojasauce
2 Frühlingszwiebeln, feingehackt
einige Spritzer Tabascosauce
3 EL Erdnußöl
1 Zwiebel, in feine Ringe geschnitten
1 rote Paprikaschote, in dünne Streifen geschnitten
1 mittelgroße Möhre, geschält und geraspelt
4 kleine Paksoi- oder Chinakohlblätter, in feine Streifen geschnitten
1 EL süße Chilisauce
3 Eier, leicht verquirlt
1 EL Maismehl
8 runde Pitabrote

1 Rote Bete, 1/2 TL Ingwer, 1 Knoblauchzehe, Reisessig, Sesamöl, 1 TL Sojasauce, Frühlingszwiebeln und Tabascosauce in einer Schüssel gut mischen. Beiseite stellen.
2 Die Hälfte des Erdnußöls im Wok oder in einer Pfanne erhitzen. Zwiebel und restlichen Knoblauch zufügen und bei mittlerer Hitze 1 Minute braten. Paprikaschote, Möhre, Kohl, restlichen Ingwer und Chilisauce dazugeben. In 1–2 Minuten gar braten. Vom Herd nehmen und die Mischung in eine große Schüssel geben; leicht abkühlen lassen. Dann Eier, Maismehl und Sojasauce verrühren und mit dem abgekühlten Gemüse mischen.
3 Das restliche Öl in einer Pfanne erhitzen. Ein Viertel der Eier-Gemüse-Mischung hineingeben und zu einer runden, dicken Lage formen. Auf jeder Seite 1–2 Minuten braten. Dasselbe mit der restlichen Mischung wiederholen.
4 Pitabrote von beiden Seiten leicht rösten. Überschüssige Flüssigkeit von der Rote-Bete-Mischung abgießen. Vier Pitabrote auf Servierteller verteilen. Auf jedes Brot ein Gemüseomelett legen und darauf rote Bete geben. Eventuell mit gelber Paprikaschote garnieren. Dazu restliches Brot reichen.

SPINATKROKETTEN MIT JOGHURTSAUCE

Vorbereitungszeit: 50 Minuten + 1 Stunde Kühlzeit
Kochzeit: 25 Minuten
Ergibt 18 Stück

☆☆

280 g Rundkornreis
250 g Fetakäse, zerbröckelt
25 g geriebener Parmesankäse
2 Eier, leicht verquirlt
1 Knoblauchzehe, zerdrückt
2 TL abgeriebene Zitronenschale
40 g Frühlingszwiebeln, gehackt
250 g Tiefkühlspinat, aufgetaut und ausgedrückt
1 EL frischer Dill, gehackt
200 g Semmelbrösel
zusätzlich 2 Eier, leicht verquirlt
Öl, zum Fritieren

Joghurtsauce mit Minze
200 g Naturjoghurt
2 EL frische Minze, gehackt
2 EL Zitronensaft
Salz und frisch gemahlener schwarzer Pfeffer

1 Den Reis in einem großen Topf mit sprudelndem Wasser bißfest kochen. Abgießen, unter kaltem Wasser abbrausen und abtropfen lassen. Dann Reis, Käse, Eier, Knoblauch, Zitronenschale, Frühlingszwiebeln, Spinat und Dill in einer großen Schüssel mischen. Die Mischung mit feuchten Händen in 18 Portionen teilen und gleichmäßige Kroketten formen. Auf einem Backblech 30 Minuten kalt stellen.
2 Semmelbrösel auf einer Lage Backpapier ausstreuen. Kroketten in die zusätzlichen verquirlten Eier tauchen, dann in den Bröseln wälzen. 30 Minuten kalt stellen.
3 Für die Joghurtsauce: Joghurt, frische Minze, Zitronensaft, Salz und Pfeffer in einer Schüssel gut verrühren. Bis zum Verzehr kalt stellen.
4 Öl in einem tiefen gußeisernen Topf auf mittlerer Temperatur erhitzen. Die Kroketten portionsweise vorsichtig ins Öl geben. In etwa 2–3 Minuten goldgelb und knusprig ausbacken. Anschließend auf Küchenpapier abtropfen lassen. Mit den restlichen Kroketten wiederholen. Die Kroketten heiß oder kalt mit Joghurtsauce servieren.

KARTOFFELSCHNITZE NACH CAJUN-ART

Vorbereitungszeit: 10 Minuten
Kochzeit: 25–30 Minuten
Für 4 Personen

☆

Pflanzenöl
4 mittelgroße Kartoffeln
1–2 EL Cajun-Gewürzmischung

1 Backofen auf 190 °C vorheizen. In eine Auflaufform 1 cm hoch Öl gießen und im Backofen in etwa 5 Minuten heiß werden lassen.
2 Kartoffeln in Schnitze oder Keile schneiden. Dann in der Gewürzmischung wälzen, bis sie gut damit überzogen sind.
3 Kartoffeln ins heiße Öl geben und darin wenden. In 20–25 Minuten goldbraun backen; dabei gelegentlich wenden. Auf Küchenpapier abtropfen lassen. Sofort servieren. Dazu zum Beispiel Tomatensalsa (Fertigprodukt) und saure Sahne reichen.
Hinweis: Cajun-Gewürz ist leider nicht überall zu bekommen. Sie können es aber ganz einfach selber mischen (siehe Randspalte rechts).

CAJUN-GEWÜRZE
Spezielle Gewürzmischungen verleihen den Gerichten der Cajun-Küche ihr einzigartiges Aroma. Kreieren Sie Ihre eigene Mischung aus 1 EL Knoblauchpulver, 1 EL Zwiebelpulver, je 2 TL weißem und schwarzem zerstoßenem Pfeffer, 2 TL getrocknetem Thymian, 1/2 TL getrocknetem Oregano und 1 1/2 TL Cayennepfeffer.

OBEN: Kartoffelschnitze nach Cajun-Art

SCHWEIZER KÄSE
Greyerzer und Emmentaler werden oft unter dem Begriff *Schweizer Käse* zusammengefaßt. Sie unterscheiden sich aber deutlich: Greyerzer hat nur wenige erbsengroße Löcher, die vielen Löcher im Emmentaler sind dagegen kirschgroß. Aus der Sicht des Kochs besteht der Unterschied vor allem in der Art, wie sich der Käse beim Kochen verhält: Greyerzer wird oft bevorzugt, weil Emmentaler beim Schmelzen Fäden zieht.

KÄSE-PILZ-TASCHEN

Vorbereitungszeit: 40 Minuten
Kochzeit: 30 Minuten
Ergibt 6 Stück

☆☆

- 40 g Butter
- 2 Knoblauchzehen, zerdrückt
- 500 g kleine Champignons, in Scheiben geschnitten
- 1 kleine rote Paprikaschote, feingehackt
- 150 g saure Sahne
- 3 TL Körnersenf
- 60 g geriebener Greyerzer, Cheddar oder mittelalter Gouda
- 1 kg Blätterteig, ausgerollt
- zusätzlich 65 g geriebener Greyerzer, Cheddar oder mittelalter Gouda
- 1 Ei, leicht verquirlt

1 Backofen auf 190 °C vorheizen. Backblech dünn mit zerlassener Butter oder Öl einfetten. Butter in einem großen Topf erhitzen. Knoblauch und Champignons zugeben und bei mittlerer Hitze unter gelegentlichem Rühren garkochen. Die Flüssigkeit der Champignons soll verdampfen. Dann vom Herd nehmen und abkühlen lassen. Rote Paprikaschote einrühren.

2 Saure Sahne, Senf und Käse in einer kleinen Schüssel gut verrühren. Aus dem Teig 12 Kreise von 14 cm Durchmesser ausstechen. 6 Teigkreise mit der Sahnemischung bestreichen; dabei einen Rand von 1 cm lassen. Nun die Champignonfüllung darauf geben.

3 Mit je 2 TL zusätzlichem Käse bestreuen. Den äußeren Rand mit verquirltem Ei bestreichen, restliche Teigkreise darauf legen und den Rand mit einer Gabel andrücken. Die Oberfläche mit Ei bestreichen und mit restlichem Käse bestreuen. Auf das Blech legen und im Backofen 20 Minuten backen.

POLENTA-CHILLIES

Vorbereitungszeit: 30 Minuten + 2 Stunden Kühlzeit
Backzeit: 2–3 Minuten pro Portion
Für 6 Personen

☆☆

- 330 g milde, ganze Chilischoten im Glas
- 60 g geriebener Cheddar oder mittelalter Gouda
- 100 g weicher Frischkäse
- 40 g Mehl
- 2 Eier, leicht verquirlt
- 110 g Stärkemehl
- 80 g Semmelbrösel
- Öl, zum Fritieren
- nach Wunsch saure Sahne, zum Servieren

1 Zwölf große Chillies gleicher Größe aus dem Glas nehmen. Gut abtropfen lassen und mit

RECHTS: *Käse-Pilz-Taschen*

Küchenpapier trockentupfen. Mit einem scharfen Messer der Länge nach einschneiden. Kerne und weiße Trennwände herausschneiden. Dann Käse und Frischkäse mischen. Die Chillies mit der Käsemischung füllen.

2 Mehl auf einen großen Teller und die verquirlten Eier in eine kleine Schüssel geben. Das Maismehl mit Semmelbröseln mischen und auf einen großen Teller geben. Jede Chilischote in Mehl wälzen, abklopfen, in Ei tauchen und anschließend in der Stärkemehl-Semmelbrösel-Mischung wälzen. 1 Stunde kalt stellen. Anschließend erneut in Ei tauchen und in den Bröseln wälzen. Dann nochmals 1 Stunde kalt stellen.

3 Öl in einem mittelgroßen Topf erhitzen. Einen kleinen Brotwürfel hineingeben: Wenn er in 30 Sekunden braun ist, hat das Öl die richtige Temperatur. Chilischoten portionsweise goldgelb fritieren und auf Küchenpapier abtropfen lassen.

Hinweis: Dieses Gericht schmeckt sehr gut mit saurer Sahne und Salsa.

SCHNELLE BAGUETTE

ZWEI DIAGONALE SCHEIBEN Baguette mit Butter bestreichen. Auf eine davon eine Scheibe Schweizer Käse und etwas gekörnten Senf geben Die andere Scheibe darauf legen und fest zusammendrücken. 1 Ei mit etwas Milch, Salz und Pfeffer verrühren. Feingehackte frische Kräuter zugeben. Das Brot von beiden Seiten in die Eiermasse tunken. In einer Pfanne etwas Butter erhitzen. Die Baguette darin rundherum in 2–3 Minuten goldgelb braten. Sofort servieren. Nach Wunsch Salat dazu reichen. Für 1 Person.

GEMÜSE-FRÜHLINGSROLLEN

Vorbereitungszeit: 40 Minuten
Kochzeit: Keine
Ergibt 12 Stück

☆☆

- 150 g Möhren, geraspelt
- 100 g Zuckererbsen, in Scheiben geschnitten
- 90 g Bohnensprossen
- 30 g Reisfadennudeln, eingeweicht, abgetropft und abgekühlt
- 2 EL Koriandergrün, gehackt
- 2 EL frische Minze, gehackt
- 40 g trocken geröstete Erdnüsse, gehackt
- 12 Blatt rundes Reispapier (23 cm Durchmesser)

Dip

- 1 EL Zucker
- 3 EL warmes Wasser
- 2 EL Fischsauce (nach Wunsch)
- 1 Knoblauchzehe, zerdrückt
- 3 EL Limettensaft
- 1 kleine frische Chilischote, in feine Ringe geschnitten
- 1 EL Koriandergrün, gehackt

1 Möhren, Zuckererbsen und Bohnensprossen in eine große Schüssel geben. Gekochte bzw. eingeweichte Nudeln grob hacken und mit Koriander, Minze und Erdnüssen dazugeben.

2 Jedes Reispapierblatt 1 Minute in eine Schüssel mit warmem Wasser tauchen, bis es weich wird. Vorsichtig herausnehmen und auf eine saubere, glatte Arbeitsfläche legen. Etwa 2 gestrichene EL Gemüsefüllung auf die untere Hälfte des Reispapiers geben und vorsichtig zu einer festen Frühlingsrolle aufrollen (das nasse Reispapier klebt beim Rollen an sich selbst fest). Schließlich mit dem Dip servieren.

3 Für den Dip: Zucker in eine Schüssel geben; Wasser zugeben und rühren, bis sich der Zucker aufgelöst hat. Dann die restlichen Zutaten einrühren.

Hinweis: Für dieses Rezept sollte man die Reisfadennudeln 30 Sekunden in kochendem Wasser einweichen. Reispapierblätter sind in asiatischen Lebensmittelgeschäften abgepackt erhältlich.

REIS-VERMICELLI (REISFADENNUDELN)
Reis-Vermicelli sind weiß und werden zu Blöcken zusammengelegt. Dicke und Breite variieren. Meistens werden sie für kurz gebratene Gerichte und Suppen verwendet. Vor der Verwendung werden sie kurz in heißem Wasser eingeweicht oder weichgekocht, dann läßt man sie abtropfen. Richten Sie sich nach den Herstelleranweisungen auf der Packung. Für einige Rezepte werden die Fadennudeln fritiert. Dabei lösen sie sich voneinander und gehen stark auf. Fritieren Sie daher immer nur in kleinen Portionen.

OBEN: Polenta-Chillies

PINIENKERNE
Diese eiweißreichsten Vertreter unter den Nüssen stammen aus den Zapfen bestimmter Kiefernarten – vor allem der Pinie und Schirmpinie. Die Schirmpinie ist der bezaubernde, schirmförmige Baum, der häufig auf italienischen Landschaftsgemälden abgebildet ist. Pinienkerne werden meist blanchiert verkauft, sie bekommen aber ein besseres Aroma, wenn man sie bei mittlerer Hitze brät oder im Backofen röstet. Aber Vorsicht, sie verkohlen leicht!

OBEN:
Oliven-Spinat-Taschen

OLIVEN-SPINAT-TASCHEN

Vorbereitungszeit: 1 Stunde 20 Minuten + 1 Stunde Kühlzeit
Kochzeit: 15 Minuten
Ergibt 30 Stück

☆☆☆

250 g Mehl
200 g Butter, in kleine Würfel geschnitten
180 ml Wasser
1 Ei, leicht verquirlt, zum Bepinseln

Füllung
60 g große Spinatblätter
100 g Fetakäse, zerbröckelt
2 EL entkernte schwarze Oliven, gehackt
2 TL frischer Rosmarin, gehackt
1 Knoblauchzehe, zerdrückt
2 EL grüne Pistazienkerne
1 Ei, leicht verquirlt

1 Mehl in eine große Schüssel sieben und die gewürfelte Butter dazugeben. Kurz verrühren. Eine Vertiefung in die Mitte drücken, fast das gesamte Wasser zugeben und mit dem Messer zu einem leicht klebrigen Teig verarbeiten. Evtl. noch etwas Wasser angießen. Anschließend den Teig zusammendrücken.
2 Auf einer bemehlten Arbeitsfläche zusammendrücken, bis er geschmeidig ist, aber nicht zu lange bearbeiten. Zu einem ordentlichen Rechteck von 20 x 40 cm ausrollen. Das obere Drittel des Teiges nach unten falten, das untere Drittel nach oben darüberschlagen. Den Teig um 90 Grad nach rechts drehen. Dann erneut auf 20 x 40 cm ausrollen und nochmals falten. In Klarsichtfolie wickeln und 30 Minuten kalt stellen.
3 Arbeitsvorgänge wiederholen: noch zweimal ausrollen, falten und drehen; anschließend 30 Minuten kalt stellen. Durch das häufige Falten und Rollen wird der Teig besonders luftig. Nun den Teig auf einer gut bemehlten Arbeitsfläche 3 mm dick ausrollen und 30 Kreise von 8 cm Durchmesser ausstechen.
4 Backofen auf 180 °C vorheizen. Backblech mit zerlassener Butter oder Öl bepinseln.
5 **Für die Füllung:** Spinatblätter waschen und gut abtrocknen. In feine Streifen schneiden und in eine Schüssel geben. Feta darübergeben, Oliven, Rosmarin und Knoblauch zugeben. Pistazienkerne auf ein Blech geben und bei mittlerer Hitze 1–2 Minuten rösten. Dann abkühlen lassen und fein hacken. Mit dem verquirlten Ei zur Spinatmischung geben und gut verrühren.
6 In die Mitte jedes Teigkreises 2 TL von der Füllung geben; zusammenklappen und die Ränder fest zusammendrücken. Auf das Backblech legen, mit Ei bepinseln und in 15 Minuten goldgelb und knusprig backen. Heiß servieren.

SCHNELLE BRUSCHETTA MIT KRÄUTERN UND KAPERN

EIN ODER ZWEI dicke Scheiben italienisches Krustenbrot oder Böden einer Minipizza auf beiden Seiten goldgelb rösten. Jede Scheibe mit zerdrücktem Knoblauch einreiben. In Stücke geschnittene Eiertomaten daraufgeben und mit Salz und frisch zerstoßenem Pfeffer würzen. Mit frischen Kräutern wie Basilikum oder Zitronenthymian bestreuen. Ein paar Kapern fritieren, bis sie knusprig sind und sich wie Blüten öffnen. Die Kapern abtropfen lassen und auf das Tomatenbrot streuen. Sofort mit gehobeltem Parmesan oder saurer Sahne servieren. Für 1 Person.

AUBERGINEN-PAPRIKA-SCHNITTEN

Vorbereitungszeit: 20 Minuten
Kochzeit: 8 Minuten
Für 4 Personen

☆

- 2 EL Öl
- 1 kleine Aubergine, in 1 cm dicke Scheiben geschnitten
- 1 große Focaccia von 30 x 30 cm (italienisches Hefefladenbrot)
- 4 EL Tomatenmark
- 1 kleine Zwiebel, in feine Ringe geschnitten
- 1 kleine rote Paprikaschote, in dünne Streifen geschnitten
- 3 EL frische Korianderblätter, gehackt
- 60 g geriebener Cheddar oder mittelalter Gouda
- 3 EL in Streifen gehobelter Parmesan

1 Öl in einer großen Pfanne erhitzen. Auberginenscheiben darin in 2 Minuten goldgelb braten. Auf Küchenpapier abtropfen lassen.
2 Foccacia in vier Quadrate teilen, dann horizontal durchschneiden. Jede Seite goldgelb rösten und mit Tomatenmark bestreichen.
3 Aubergine, Zwiebel, Paprikaschote, Koriander und den gemischten Käse auf die Quadrate verteilen. Bei mittlerer Hitze etwa 2–3 Minuten in den Grill schieben, bis der Käse zerlaufen ist. Sofort servieren.

KNUSPERECKEN

Vorbereitungszeit: 40 Minuten
Kochzeit: 15 Minuten
Ergibt 28 Stück

☆☆

- 125 g Fetakäse
- 125 g Ricotta
- 2 EL frisches Basilikum, gehackt
- 3 EL Pinienkerne, geröstet
- 1 Ei, leicht verquirlt
- Salz und Pfeffer
- 14 Platten Filo-Teig
- 125 g Butter, zerlassen

1 Backofen auf 190 °C vorheizen. Käse, Basilikum, Pinienkerne und Ei in einer Schüssel mischen. Mit Salz und Pfeffer abschmecken.
2 Eine der Filoplatten auf eine Arbeitsfläche legen und mit zerlassener Butter bepinseln. Den Teig längs in vier Streifen schneiden.
3 Auf das Ende jedes Teigstreifens 3 gestrichene TL der Füllung geben. Den Teig so umschlagen, daß er die Füllung einschließt und ein Dreieck bildet. Dann die Dreiecke mit Butter bepinseln und auf leicht gefettete Backbleche legen. Diesen Arbeitsvorgang mit den restlichen Teigplatten und der Füllung wiederholen. Anschließend die Dreiecke in 15 Minuten goldbraun backen und heiß servieren.
Variante: 1 EL Öl in einem Topf erhitzen. 1 feingehackte Zwiebel, 2 zerdrückte Knoblauchzehen und 2 feingehackte rote Chilischoten dazugeben. Bei mittlerer Hitze 2–3 Minuten braten. 425 g abgetropfte und pürierte Pinto- oder Kidneybohnen aus der Dose, 250 g Tomatensalsa (Fertigprodukt) und 2 EL gehacktes Koriandergrün zugeben. Gut mischen. Auf jeden Teigstreifen etwas von der Bohnenmischung geben (siehe oben). Mit geriebenem Cheddar oder Gouda bestreuen. Zu Dreiecken falten und backen. Diese Variation schmeckt hervorragend mit saurer Sahne und Guacamole als Dip.

FILOTEIG (PHYLLOTEIG)
Wenn Sie mit Filoteig arbeiten, brauchen Sie recht flinke Finger: Die Teigplatten müssen schnell und vorsichtig verarbeitet werden, weil sie sonst an der Luft trocken und brüchig werden. Arbeiten Sie stets nur mit einer Teigplatte, und decken Sie die anderen mit einem feuchten Küchentuch ab.

LINKS: Auberginen-Paprika-Schnitten

TOMATEN

Vielseitig, zuverlässig und das ganze Jahr erhältlich; in Scheiben auf einem Butterbrot oder als Basis für eine Vielzahl von Gerichten – nur wenige Nahrungsmittel sind so beliebt wie die rote sonnengereifte Tomate.

TOMATENSALAT

Eiertomatenscheiben und in Scheiben geschnittenen Mozzarella auf einem Teller anrichten. Mit Basilikumstreifen bestreuen und mit dem besten Olivenöl beträufeln, das Sie sich leisten können. Evtl. mit grobem Salz und frisch zerstoßenem schwarzem Pfeffer bestreuen und mit Raukeblättern und frischem Krustenbrot servieren.

SELBSTGETROCKNETE TOMATEN

500 g runde oder Eiertomaten halbieren. Mit der Schnittfläche nach oben nebeneinander auf ein Backblech legen. Mit Salz bestreuen und anschließend im vorgeheizten Backofen bei 120 °C trocknen lassen (Eiertomaten 7–8 Stunden, runde Tomaten bis zu 10 Stunden). Die Tomaten werden dabei schrumpelig und dunkler. Abkühlen lassen, in saubere, sterilisierte Gläser füllen, etwas frische gehackte Petersilie dazugeben, mit Olivenöl auffüllen. Kühl aufbewahren. **Geröstete Tomaten** werden genauso zubereitet, bleiben aber nur 4–5 Stunden im Backofen. Noch am selben Tag mit zerstoßenem schwarzem Pfeffer und Olivenöl servieren.

TOMATEN-PIZZETTAS

Selbstgemachte oder fertig gekaufte kleine Pizzateigböden mit frischer Tomatensauce bestreichen. Mit in Scheiben geschnittenen reifen Tomaten, halbierten schwarzen Oliven und eventuell Anchovisstückchen belegen. Dann mit Mozarellastückchen und zerbröckeltem Ziegenkäse bestreuen und auf ein Backblech legen. Bei 220 °C in 15–20 Minuten knusprig backen. Vor dem Servieren mit Oreganoblättern bestreuen.

WARME TOMATENSAUCE

3 EL Olivenöl in einer Pfanne erhitzen. 6 feingehackte Frühlingszwiebeln zufügen. Bei schwacher Hitze in 5 Minuten weich dünsten; die Zwiebeln sollen dabei nicht braun werden. 3 reife Tomaten an der Unterseite kreuzförmig einschneiden. 2 Minuten lang in ein Gefäß mit kochendem Wasser legen. In kaltes Wasser tauchen, herausnehmen und enthäuten. Dann fein hacken und in die Pfanne geben. 5 Minuten garen. 3 EL Rotweinessig, 2 zerdrückte Knoblauchzehen und 170 ml trockenen Weißwein zugeben; mit Salz und Pfeffer abschmecken. Kurz vor dem Servieren 2 EL feingehackte Gewürzgurken und 1 EL gehackte Kapern zufügen. Mit gebratenen oder gegrillten Zucchini oder Auberginen servieren. Für 4 Personen.

BRUSCHETTA MIT TOMATE

500 g reife Tomaten enthäuten: die Unterseiten kreuzförmig einschneiden und 2 Minuten in kochendes Wasser legen. Dann in kaltes Wasser tauchen, herausnehmen und enthäuten. Die Tomaten halbieren. Kerne vorsichtig herausdrücken und das Fruchtfleisch hacken. In eine Schüssel geben und mit 3 EL Olivenöl begießen. 8 feingehackte frische Basilikumblätter dazugeben; mit Salz und frisch gemahlenem schwarzem Pfeffer abschmecken. 8 dicke Scheiben italienisches Krustenbrot rösten und beide Seiten mit angeschnittenen Knoblauchzehen einreiben. Anschließend die Tomaten auf das warme Brot geben und servieren. Für 4 Personen.

IM UHRZEIGERSINN VON OBEN LINKS: Bruschetta mit Tomate; warme Tomatensauce (mit gegrillter Aubergine); Tomaten-Pizzettas; geröstete Tomaten; Tomatensalat; selbstgetrocknete Tomaten

LAVASH-BROT
Diese großen, dünnen, rechteckigen Weißbrotscheiben sind in Feinkostgeschäften erhältlich. Man rollt eine Füllung hinein und ißt sie kalt als Sandwich, oder man verwendet sie für Burritos. Eine andere Möglichkeit ist, sie mit Öl oder Butter zu bepinseln, mit Salz, zerdrücktem Knoblauch oder Kräutern zu bestreuen und im Backofen knusprig zu backen. Dann bricht man sie in Stücke und serviert sie mit Dips. Lavash-Brot eignet sich auch als (dünner) Pizzaboden.

OBEN: Kräuterecken mit Käsedip
RECHTS: Gefüllte Weinblätter

KRÄUTERECKEN MIT KÄSEDIP

Vorbereitungszeit: 30 Minuten
Kochzeit: 5 Minuten
Für 10 Personen

☆

4 Scheiben Lavash-Brot
90 g Butter, zerlassen
Kräuter-Pfeffer-Gewürzmischung (s. Hinweis)
1 EL frischer Schnittlauch, feingehackt

Käsedip
250 g Blauschimmelkäse, in kleinen Stücken
60 g weiche Butter
1 EL lieblicher Weißwein
2 TL frische Minze, gehackt
1 TL frischer Rosmarin, gehackt
2 TL frischer Oregano, gehackt
90 g saure Sahne oder Crème fraîche
Salz und Pfeffer

1 Backofen auf 180 °C vorheizen. Jede Scheibe Lavash-Brot mit Butter bepinseln. Dann mit der Gewürzmischung und Schnittlauch bestreuen.
2 Jede Brotscheibe in 20 Quadrate teilen. Dann jedes Quadrat in zwei Dreiecke schneiden. Die Dreiecke auf ein Backblech legen. In 5 Minuten knusprig backen. Herausnehmen und abkühlen lassen. Mit Käsedip servieren.
3 **Für den Käsedip:** Käse und Butter mit dem Mixer glatt und geschmeidig rühren. Wein, Minze, Rosmarin und Oregano zufügen und gut mischen. Saure Sahne oder Crème fraîche unterheben. Abschmecken. Die Mischung in Servierschälchen füllen.
Hinweis: Für die Kräuter-Pfeffer-Gewürzmischung verrühren Sie je 15 g gemahlenen weißen und schwarzen Pfeffer, 5 g getrocknete pulverisierte Zwiebeln, 15 g gemischte getrocknete Kräuter (Oregano, Thymian, Majoran) und je 5 g Mohn- und Sesamsamen. Die knusprigen Lavash-Ecken können in einem luftdichten Behälter bis zu zwei Wochen aufbewahrt werden.

GEFÜLLTE WEINBLÄTTER (DOLMADES)

Vorbereitungszeit: 40 Minuten + 1 Stunde Einweichzeit
Kochzeit: 50 Minuten
Ergibt 35 Stück

☆☆☆

250 g Weinblätter in Lake
180 ml Olivenöl
2 große Zwiebeln, feingehackt
4 EL frischer Dill, grobgehackt
160 g Rundkornreis
6 Frühlingszwiebeln, gehackt
1 EL frische Minze, feingehackt
Salz und frisch gemahlener schwarzer Pfeffer
1 EL Zitronensaft

1 Die Weinblätter unter kaltem Wasser abspülen und 1 Stunde in warmem Wasser einweichen lassen. Abgießen. 120 ml Öl in einem kleinen Topf erhitzen. Zwiebeln zugeben und bei schwacher Hitze 5 Minuten braten. Dann vom Herd nehmen, und abgedeckt 5 Minuten beiseite stellen. Reis, Frühlingszwiebeln, Kräuter, Salz und Pfeffer zufügen und gut mischen.
2 Ein Weinblatt mit der geäderten Seite nach oben auf einen Teller legen. 3 TL der Reismischung in die Mitte geben. Die Seiten einklappen und dann zur Blattspitze hin aufrollen. Den Vorgang mit der restlichen Füllung und den Blättern wiederholen.
3 Den Boden eines mittelgroßen Topfes mit fünf Weinblättern auslegen. Die gefüllten Weinblätter in zwei Lagen in den Topf geben und mit dem restlichen Olivenöl beträufeln. Einen feuerfesten Teller auf die Weinblätter legen und mit Wasser bedecken. Zum Kochen bringen, Temperatur reduzieren und abgedeckt etwa 45 Minuten gar ziehen lassen. Den Teller herausnehmen, die Dolmades abtropfen lassen und mit Zitronensaft beträufeln. Warm oder kalt servieren.
Hinweis: Statt eingelegter können auch frische Weinblätter verwendet werden. Man sollte kleine Blätter wählen und sie vor der Verarbeitung kurz blanchieren.

MITTELMEERSCHNITTEN

Vorbereitungszeit: 15 Minuten
Kochzeit: 15 Minuten
Ergibt etwa 20 Stück

☆

- 1 mittelgroße rote Zwiebel
- 3 EL schwarze Oliven, entkernt
- 1 mittelgroße rote Paprikaschote
- 1 mittelgroße grüne Paprikaschote
- 2 EL frische Basilikumblätter
- 3 TL Balsamessig
- 2 Knoblauchzehen, zerdrückt
- 3 EL Öl
- zusätzlich 3 Knoblauchzehen, zerdrückt
- 1 großes Stück Focaccia (italienisches Hefefladenbrot) von 30 x 40 cm Größe
- 90 g geriebener Cheddar oder mittelalter Gouda

1 Den Backofen auf 180 °C vorheizen und das Backblech mit Alufolie auslegen. Oliven und Zwiebeln in Ringe schneiden. Die Paprikaschoten halbieren, Kerne und Trennwände entfernen und das Fruchtfleisch in schmale Streifen schneiden. Anschließend das Basilikum ebenfalls in feine Streifen schneiden.
2 Dann Zwiebel, Oliven, Paprika, Basilikum, Essig und Knoblauch in einer Schüssel gut vermischen, abdecken und beiseite stellen.
3 Öl und zusätzlichen Knoblauch in eine kleine Schüssel geben. Mit einem gezackten Messer die Focaccia in der Mitte durchschneiden. Die Hälften mit der Öl-Knoblauch-Mischung bepinseln. Die Paprikamischung gleichmäßig auf der unteren Brothälfte verteilen und mit Käse bestreuen. Die obere Brothälfte auflegen. Auf dem vorbereiteten Blech etwa 15 Minuten backen, bis der Käse verläuft. In Quadrate schneiden und heiß oder mit Zimmertemperatur servieren.

SCHNELLE, PIKANTE HÄPPCHEN

700 G BLÄTTERTEIGPLATTEN mit zerlassener Butter oder Öl bepinseln und auf gefettete Backbleche verteilen. 2 Teigplatten mit Tomatenmark, 2 mit Dijonsenf bestreichen. Auf den Tomatenplatten 140 g marinierte, geviertelte Artischockenherzen, 40 g in Ringe geschnittene schwarze Oliven, feine Basilikumstreifen und etwas geraspelten Mozzarella verteilen. Mit zerdrücktem Knoblauch bestreuen. Auf die Senfplatten geachtelte oder noch kleiner geschnittene Eiertomaten, gehackte frische Kräuter und dünne Camembertscheiben legen. Bei 210 °C etwa 10–15 Minuten backen. Zum Servieren in Dreiecke schneiden. Für 2–6 Personen.

BALSAMESSIG
Balsamessig (Aceto balsamico) hat ein intensives, süßliches Aroma und eine leicht sirupartige Konsistenz. Er wird sparsam für Saucen, vor allem für Salatsaucen verwendet. Der echte Balsamessig stammt aus Modena, Italien, und seine Produktion ist strengen Regeln unterworfen. Er reift wie Whisky in Holzfässern drei bis zwölf Jahre. Je älter er ist, desto milder wird sein Aroma (und desto höher auch der Preis).

OBEN: Mittelmeerschnitten

KNOBLAUCH SCHÄLEN

1 Die Knoblauchzehe auf ein Brett legen. Ein breites Messer auf die Zehe legen und mit dem Handballen kurz und fest daraufschlagen.

2 Die papierdünne Schale kann jetzt leicht entfernt werden.

OBEN: Scharfer Tomatendip mit Pita-Knusperecken

SCHARFER TOMATENDIP MIT PITA-KNUSPERECKEN

Vorbereitungszeit: 20 Minuten
Kochzeit: 20 Minuten
Ergibt ca. 500 ml

☆

2 EL Öl
1 Zwiebel, gehackt
2 Knoblauchzehen, zerdrückt
2 kleine rote Chilischoten, gehackt
425 g Tomaten aus der Dose, zerdrückt
2 Pimientos, gehackt, oder 2 milde eingelegte Peperoni, entkernt und gehackt
2 EL Zitronensaft
4 EL frische Petersilie, gehackt
3 Pitabrote
3 EL saure Sahne

1 Den Backofen auf 180 °C vorheizen. Öl in einem Topf erhitzen und Zwiebel, Knoblauch und Chillies hineingeben. Bei mittlerer Hitze 2 Minuten rühren, bis die Zwiebel weich ist.
2 Tomaten, Pimientos und Zitronensaft zugeben; aufkochen, Hitze stark reduzieren; im offenen Topf 5 Minuten garen, bis die Masse eindickt. Vom Herd nehmen und die Petersilie unterheben.
3 Die Pitabrote halbieren und jede Hälfte in 8 Dreiecke schneiden. Mit etwas Öl bepinseln. Nebeneinander auf ein Backblech legen und in ca. 10 Minuten knusprig goldgelb backen. Dann den Tomatendip in eine Schüssel geben und mit saurer Sahne garnieren. Warm oder kalt als Dip zu den Pita-Knusperecken servieren.

BABA GHANNOUJ (AUBERGINENDIP)

Vorbereitungszeit: 20 Minuten + 15 Minuten Ruhezeit
Kochzeit: 20 Minuten
Für 6–8 Personen

☆

2 kleine Auberginen, längs halbiert
Salz
2 Knoblauchzehen, zerdrückt
2 EL Zitronensaft
3 EL Tahin-Paste (Sesampaste)
1 EL Olivenöl
1 EL frische Minze, feingehackt

1 Den Backofen auf 190 °C vorheizen. Das Auberginenfleisch mit Salz bestreuen und 15 Minuten ziehen lassen. Salz abspülen und Auberginen mit Küchenpapier trockentupfen.
2 Auberginen mit der Schnittfläche nach oben auf ein Backblech legen. Etwa 20 Minuten backen, bis das Fleisch weich ist. Haut abziehen und wegwerfen.
3 Auberginenfleisch, Knoblauch, Zitronensaft, Tahin-Paste und Olivenöl in eine Küchenmaschine geben. In 30 Sekunden zu einer glatten Paste verarbeiten. Mit Salz abschmecken. Mit Minze garnieren und mit Pita- oder Lavash-Brot servieren.
Hinweis: Dieser Dip ist im Vorderen Orient als Vorspeise sehr beliebt. Er kann im voraus zubereitet und gut verschlossen im Kühlschrank aufbewahrt werden. Tahin-Paste wird aus gemahlenen, gerösteten Sesamkörnern hergestellt. Sie ist in Supermärkten und in Naturkostläden erhältlich.

KARTOFFEL-CASHEW-SAMOSAS

Vorbereitungszeit: 20 Minuten + Kühlzeit
Kochzeit: 40 Minuten
Ergibt 16 Stück

✯✯

- 1 EL Olivenöl
- 2 TL frischer Ingwer, gehackt
- 3 mittelgroße Kartoffeln, geschält und kleingewürfelt
- 90 g geröstete Cashewkerne, gehackt
- 1 EL Kokosraspel
- 3 EL Kokoscreme
- 3 EL frische Korianderblätter, gehackt
- Salz und frisch gemahlener schwarzer Pfeffer
- 750 g Mürbeteig, ausgerollt
- Öl, zum Fritieren

1 Öl in einer großen Pfanne erhitzen und Ingwer und Kartoffeln darin bei mittlerer Hitze unter ständigem Rühren 8 Minuten braten. Cashewkerne, Kokoscreme, Kokosraspel und Koriander zugeben und gut mischen. Abschmecken und abkühlen lassen.
2 Teig in 16 gleich große Quadrate schneiden. Die Füllung gleichmäßig auf alle Teigstücke verteilen: In die Mitte legen und die Ränder mit Wasser bepinseln. Dann zu einem Dreieck falten und die Ränder fest zusammendrehen. 15 Minuten kalt stellen.
3 Öl in einem tiefen Topf erhitzen. Samosas darin portionsweise in 6 Minuten goldgelb und knusprig fritieren. Auf Küchenpapier abtropfen lassen und sofort servieren. Dazu einen Dip aus Naturjoghurt, feingehackter Gurke, gehackten Chilischoten und eventuell frischer gehackter Minze servieren.

AVOCADO-SALSA

Vorbereitungszeit: 15 Minuten
Kochzeit: 1 Minute
Für 6 Personen

✯

- 1 mittelgroße rote Zwiebel
- 2 große Avocados
- 1 EL Limettensaft
- 1 mittelgroße Tomate
- 1 kleine rote Paprikaschote
- 1 TL gemahlener Koriander
- 1 TL gemahlener Kreuzkümmel
- 3 EL frische Korianderblätter, gehackt
- 2 EL Olivenöl
- 4–5 Tropfen Tabasco

1 Zwiebel fein hacken. Die Avocados halbieren, Steine entfernen und vorsichtig schälen. Das Avocadofleisch fein hacken; in eine Schüssel geben und mit Limettensaft beträufeln.
2 Die Tomaten quer halbieren. Vorsichtig die Kerne herausdrücken; das Fleisch fein hacken. Die Paprikaschote entkernen und dabei die weißen Trennwände entfernen. Dann fein hacken.
3 Gemahlenen Koriander und Kreuzkümmel in einer Pfanne bei mittlerer Hitze 1 Minute verrühren, bis sich das Aroma entfaltet. Dann abkühlen lassen. Alle Zutaten zu den Avocados in die Schüssel geben und vorsichtig mischen; die Avocado soll nicht zerquetscht werden. Bis kurz vor dem Verzehr kalt stellen. Bei Zimmertemperatur mit Maischips (Tortillachips) servieren.

AVOCADOS KAUFEN
Eine reife Avocado sollte fest sein und auf sanften Druck nur leicht nachgeben. Die Schale sollte keine Beschädigungen aufweisen. Die drei bekanntesten Avocado-Sorten sind Hass (mit rauher, knotiger Schale, die sich von grün zu schwarz-purpur verändert), Fuerte (birnenförmig, mit dünnerer, glatterer und grüner Schale) und die Cocktail-Avocado, die nur etwa 5 cm mißt.

LINKS: Kartoffel-Cashew-Samosas
OBEN: Avocado-Salsa

KRÄUTEREISWÜRFEL
Legen Sie einige Minze- oder Basilikumblätter (oder andere großblättrige Kräuter Ihrer Wahl) in eine Eiswürfelform, bedecken Sie sie mit Wasser, und frieren Sie sie ein. Diese Eiswürfel sehen in Sommercocktails sehr hübsch aus – besonders Borretschblüten sind dafür gut geeignet.

NACHOS MIT GUACAMOLE

Vorbereitungszeit: 20 Minuten
Kochzeit: 3–5 Minuten
Für 4 Personen

☆

440 g Kidneybohnen aus der Dose, abgespült und abgetropft
4 EL Tomatensalsa (Fertigprodukt)
250 g Maischips (Tortillachips)
250 g geriebener Cheddar oder mittelalter Gouda
zusätzlich 375 g Tomatensalsa (Fertigprodukt)
4 EL saure Sahne

Guacamole
1 große Avocado
1 Frühlingszwiebel, feingehackt
1 kleine Tomate, feingehackt
1 EL Zitronensaft
frisch gemahlener schwarzer Pfeffer

1 Backofen auf 180 °C vorheizen. Bohnen und Salsa mischen; auf vier kleine Auflaufformen verteilen. Mit Maischips bedecken und mit geriebenem Käse bestreuen. 3–5 Minuten im Backofen überbacken, bis der Käse zerlaufen ist.
2 Vor dem Servieren zusätzliche Salsa auf den zerlaufenen Käse geben; anschließend Guacamole und saure Sahne mit dem Löffel darübergeben.
3 **Für die Guacamole:** Avocado halbieren. Schale und Stein entfernen. Das Fleisch mit einer Gabel zerdrücken und mit Frühlingszwiebel, Tomate, Zitronensaft und Pfeffer mischen.

UNTEN: Nachos mit Guacamole

SCHNELLE, KNUSPRIGE KÄSESTANGEN

500 G KEFALOTYRI-KÄSE (oder Greyerzer oder Romano) in 1 cm dicke Stangen schneiden. In Wasser tauchen und in einer Mischung aus 125 g Mehl, 100 g Semmelbrösel, 2 EL Paprika edelsüß, 1 TL gemahlenem Kreuzkümmel und 1 EL gehackter frischer Petersilie wälzen. Den Vorgang einmal wiederholen.
Die Käsestangen in Klarsichtfolie wickeln und bis zur Weiterverarbeitung kalt stellen. In heißem Öl schwimmend ausbacken, bis die Stangen knusprig sind. Nicht zu lange fritieren, sonst beginnt der Käse zu schmelzen.
Für 6–8 Personen.

KRÄUTERTÖRTCHEN

Vorbereitungszeit: 20 Minuten
Kochzeit: 35 Minuten
Ergibt 18 Stück

☆

18 Scheiben Weißbrot, ohne Kruste
40 g weiche Butter

Füllung
2 Eier
2 EL Milch
125 ml Sahne
2 TL frischer Schnittlauch, gehackt
1 TL frischer Dill, gehackt
1 TL frischer Thymian, gehackt
1 EL frische Petersilie, gehackt
2 EL frisch geriebener Parmesan

1 Den Backofen auf 210 °C vorheizen. Zwei 12er-Muffinformen oder Pastetchenformen mit zerlassener Butter oder Öl bepinseln. Aus dem Brot runde Stücke von 7 cm Durchmesser ausstechen. Mit einem Nudelholz flachdrücken.
2 Beide Seiten des Brotes mit Butter bestreichen und vorsichtig in die Formen drücken. In knapp 10 Minuten hellbraun und knusprig backen. Nicht zu lange im Backofen lassen.
3 **Für die Füllung:** Backofenhitze auf 180 °C reduzieren. Eier, Milch, Sahne und Kräuter in einer Schüssel gut verrühren. Eiermischung in die Brotförmchen gießen und mit Parmesan bestreuen. Etwa 25 Minuten backen, bis die Füllung stockt und leicht gebräunt ist. Sofort servieren.

CHAMPIGNONCROÛTONS

Vorbereitungszeit: 40 Minuten
Kochzeit: 20–25 Minuten
Ergibt 48 Stück

☆

- 8 Scheiben Weißbrot
- 90 g Butter, zerlassen
- 1 EL Olivenöl
- 1 Knoblauchzehe, zerdrückt
- 1/2 kleine Zwiebel, feingehackt
- 375 g kleine Champignons, in dünnen Scheiben
- Salz und Pfeffer
- 1 EL trockener Sherry
- 2 TL Stärkemehl
- 90 g saure Sahne
- 1 EL frische Petersilie, feingehackt
- 1 TL frischer Thymian, feingehackt
- 3 EL feingehobelter Parmesankäse

1 Backofen auf 180 °C vorheizen. Brotkrusten abschneiden. Brot von beiden Seiten mit zerlassener Butter bepinseln. Jede Scheibe längs halbieren, dann die Hälften quer dritteln. Croûtons auf ein mit Alufolie ausgelegtes Blech legen. In 5–10 Minuten goldgelb und knusprig braten.

2 Öl in einer großen Pfanne erhitzen; Knoblauch und Zwiebel zufügen. Bei schwacher Hitze die Zwiebel weich braten. Dann die Champignons zugeben. Bei mittlerer Hitze in etwa 5 Minuten gar braten. Mit Salz und Pfeffer abschmecken.

3 Sherry angießen. Stärkemehl mit saurer Sahne verrühren und zu den Champignons geben. Unter Rühren eindicken lassen. Dann vom Herd nehmen, Petersilie und Thymian einrühren und abkühlen lassen.

4 Auf jedes Croûton etwas von der Champignonmischung geben. Mit Parmesankäse bestreuen. Auf das Blech legen und etwa 5 Minuten im Backofen überbacken.

SCHNELLE PARMESANPUFFER

100 G HOCHWERTIGEN Parmesankäse fein reiben. In einer kleinen Schüssel mit je 1 EL frischer, feingehackter Petersilie und Schnittlauch und 1/4 TL Paprika mischen. Eine antihaftbeschichtete Pfanne auf mittlerer Stufe erhitzen. 1 gehäuften EL Käsemischung in die Pfanne geben und mit dem Löffel zu einem Puffer von 5 cm Durchmesser flachdrücken. Backen, bis der Käse schmilzt und Blasen wirft. Pfanne vom Herd nehmen. Sobald der Käse etwas fester wird und keine Blasen mehr wirft, die Käsepuffer mit einem Pfannenwender herausnehmen und auf Küchenpapier abtropfen lassen. Das Ganze mit der restlichen Mischung wiederholen. Ergibt 8 Käsepuffer.

CHAMPIGNONS
Wenn Sie Champignons säubern, verwenden Sie dazu ein feuchtes Tuch; durch Waschen werden sie nämlich recht unansehnlich. Champignons sollte man im Kühlschrank stets in einer Papiertüte aufbewahren. In einer Plastiktüte oder in einem Kunststoffbehälter beginnen sie zu schwitzen und zu verfallen.

OBEN: Champignoncroûtons

EINE VEGETARISCHE PARTY
Frische, farbenfrohe vegetarische Gerichte eignen sich hervorragend für Parties. Sie können Pizza aus Lavash-Brot mit sonnengetrockneten Tomaten und Oliven zubereiten. Servieren Sie die Pizza geschnitten zu Erfrischungsgetränken mit Kräutereiswürfeln. Reichen Sie große Platten mit gegrilltem und mariniertem Gemüse wie zum Beispiel Paprikaschoten, Zucchinis und Auberginen. Sie schmecken bei Zimmertemperatur genauso gut oder sogar besser als heiß. Schneiden Sie das Gemüse in Stücke, und reichen Sie es mit vielen verschiedenen Brotsorten.

OBEN: Auberginensandwich

AUBERGINENSANDWICH

Vorbereitungszeit: 30 Minuten + 30 Minuten Ruhezeit
Kochzeit: 25–30 Minuten
Für 4 Personen

☆

3 mittelgroße Auberginen
Olivenöl zum Braten
Salz und zerstoßener schwarzer Pfeffer
nach Wunsch Kreuzkümmel, gemahlen
2 rote Paprikaschoten
10–12 getrocknete Tomaten
200 g Ricotta oder Ziegenkäse
4 EL kleine, frische Basilikumblätter
zusätzlich frische Basilikumblätter

1 Die Auberginen längs in 1 cm dicke Scheiben schneiden. Die 8 größten Scheiben auf ein Blech oder einen Teller legen. Restliche Auberginen kalt stellen (s. Hinweis). Die 8 Scheiben mit Salz bestreuen und 30 Minuten ziehen lassen. Gut abspülen und mit Küchenpapier trockentupfen.

2 Eine große Pfanne auf mittlerer Stufe erhitzen. Soviel Öl hineingießen, daß es den Boden bedeckt. Auberginenscheiben portionsweise ins heiße Öl legen und auf jeder Seite 2–3 Minuten braten. Auf Küchenpapier abtropfen lassen und mit Salz und Pfeffer würzen. Nach Wunsch mit Kreuzkümmel bestreuen.

3 Die Paprikaschoten längs halbieren. Kerne und weiße Trennwände entfernen und das Fleisch in große, möglichst flache Stücke schneiden. Grillen, bis die Haut schwarz wird und Blasen wirft. Auf einem Schneidbrett mit einem feuchten Küchentuch bedecken und abkühlen lassen. Paprika enthäuten und das Fleisch in Streifen schneiden.

4 Getrocknete Tomaten in Streifen schneiden. Auf 4 Teller je 1 Auberginenscheibe legen. Mit Ricotta oder Ziegenkäse bestreichen. Getrocknete Tomaten und Paprika darauf verteilen; etwas davon zum Garnieren zurückbehalten. Anschließend mit Basilikumblättern bestreuen und mit der zweiten Auberginenscheibe abdecken. Den Sandwich mit Paprikastreifen, getrockneten Tomaten und Basilikumblättern garnieren.

Hinweis: Übrige Auberginenscheiben halten sich 1–2 Tage im Kühlschrank. Auberginenscheiben kann man zum Beispiel fein hacken, mit zerdrücktem Knoblauch in Olivenöl bräunen und mit Salz und Pfeffer abschmecken. Als Brotaufstrich, auf Pitabrot, als Imbiß oder als Würze für eine Suppe oder einen Eintopf ist die Masse gut geeignet.

SÜSS-PIKANTE NÜSSE

Vorbereitungszeit: 20 Minuten
Kochzeit: 15 Minuten
Für 6–8 Personen

☆

250 g blanchierte Mandeln
250 g Pekannüsse
3 EL Zucker
1 TL Salz
1/2 TL gemahlener schwarzer Pfeffer
1 TL Zimt
eine Prise gemahlene Nelken
1/2 TL Curry
1/4 TL Kreuzkümmel, gemahlen

1 Den Backofen auf 180 °C vorheizen. Mandeln und Pekannüsse auf ein Backblech legen. In 5–10 Minuten goldgelb und knusprig backen. Herausnehmen und abkühlen lassen.
2 Zucker, Salz, Pfeffer und Gewürze in einer kleinen Schüssel gut verrühren.
3 Eine große Pfanne erhitzen. Die Mandeln und die Pekannüsse zugeben. Die Gewürzmischung über die Nüsse streuen. Bei mittlerer Hitze unter ständigem Rühren 5 Minuten rösten, bis die Nüsse goldbraun werden. Der Zucker schmilzt und überzieht die Nüsse. Die Pfanne dabei immer wieder schütteln, damit die Nüsse gleichmäßig geröstet werden. Falls sie zusammenkleben, mit einem Holzlöffel trennen. Dann vom Herd nehmen und zum Abkühlen auf ein leicht geöltes Blech legen.

PESTO-PARMESAN-TOASTS

Vorbereitungszeit: 30 Minuten
Kochzeit: 5 Minuten
Ergibt etwa 40 Stück

☆

1 Stangenweißbrot
16 große getrocknete Tomaten, in dünne Streifen geschnitten
150 g frischer Parmesan, in dünne Scheiben gehobelt

Pesto
50 g frische Basilikumblätter
2 EL frischer Schnittlauch, gehackt
4 EL Pinienkerne
2–3 Knoblauchzehen, geschält
3 EL Olivenöl

1 Das Stangenbrot tiefgefrieren, bis es fest ist. Dann mit einem scharfen, gezackten Messer in dünne Scheiben schneiden. Das Brot anschließend unter dem heißen Grill von beiden Seiten goldbraun rösten.
2 Für den Pesto: Basilikumblätter, Schnittlauch, Pinienkerne, Knoblauch und Olivenöl in der Küchenmaschine in 20–30 Sekunden zu einer glatten Masse verarbeiten.
3 Pesto gleichmäßig auf die gerösteten Brotscheiben streichen. Mit Tomatenstreifen und gehobeltem Parmesan belegen.

LINKS: Süß-pikante Nüsse
OBEN: Pesto-Parmesan-toasts

PIES, FLANS UND PIZZA

Frisches Gemüse mit knusprigem Teig und einer sahnigen Sauce zu verbinden macht den Reiz dieser köstlichen und vertrauten Gerichte aus: Selbstgebackene Pies und Pasteten stimmen immer auch ein wenig nostalgisch. Die folgenden Teigspezialitäten – ob es sich um einen klassischen Zwiebelkuchen oder um eine pikante Tomaten-Pizzetta handelt – sind ideal fürs Picknick, bei einer Party oder als Mittagsimbiß – und man kann sie wunderbar transportieren.

PICKNICK-PIES
Die meisten Gemüse-Pies schmecken bei Zimmertemperatur genauso gut wie heiß und eignen sich daher vorzüglich für ein Picknick. Wenn sie vorher im Kühlschrank standen, können Sie sie im Backofen aufwärmen, kurz bevor Sie das Haus verlassen. Für unterwegs schlagen Sie sie am besten in Alufolie ein.

OBEN: Gemüse-Pastetchen mit üppiger Tomatensauce

GEMÜSE-PASTETCHEN MIT ÜPPIGER TOMATENSAUCE

Vorbereitungszeit: 40 Minuten
Kochzeit: 50 Minuten
Ergibt 12 Stück

☆

1 Kartoffel
1 Möhre
1 Pastinake
100 g Kürbis
2 TL Öl
1 Zwiebel, feingehackt
125 ml Gemüsebrühe
50 g Erbsen, frisch oder tiefgefroren
1 EL frische Petersilie, feingehackt
550 g Blätterteig, aufgetaut und ausgerollt
1 Ei, leicht verquirlt

Tomatensauce
1 EL Öl
1 kleine Zwiebel, gehackt
1 Knoblauchzehe, zerdrückt
2 Tomaten, enthäutet und gehackt
3 EL Rotwein guter Qualität
3 EL Gemüsebrühe
2 EL Tomatenmark
1/2 TL getrocknetes Basilikum
1/2 TL getrockneter Oregano

1 Backofen auf 210 °C vorheizen. Ein Backblech mit zerlassener Butter oder Öl bepinseln. Kartoffel, Möhre, Pastinake und Kürbis schälen und in 1 cm große Würfel schneiden. Öl in einer Pfanne erhitzen und die Zwiebel bei mittlerer Hitze darin in 2 Minuten weich braten. Kartoffel, Möhre, Pastinake, Kürbis und Brühe zugeben und zum Kochen bringen. Die Hitze reduzieren und 10 Minuten garen, bis das Gemüse weich und die Flüssigkeit verdampft ist. Dabei gelegentlich umrühren. Erbsen und Petersilie einrühren und abkühlen lassen.
2 Aus dem Teig 12 Kreise von 12 cm Durchmesser ausschneiden (einen Teller als Maß nehmen). Je 1 EL Füllung in die Mitte geben, den Teigrand mit Wasser bestreichen und Teig darüberklappen, so daß ein Halbmond entsteht. Die Ränder mit einem dekorativen Muster versiegeln. Mit verquirltem Ei bestreichen und auf das Backblech legen. In etwa 25 Minuten goldbraun backen.
3 **Für die Tomatensauce:** Öl in einem kleinen Topf erhitzen. Zwiebel und Knoblauch hineingeben. Bei mittlerer Hitze in 2 Minuten weich braten. Tomaten, Wein und Brühe dazugeben und zum Kochen bringen. Die Hitze reduzieren und 15 Minuten garen; dabei gelegentlich umrühren. Dann vom Herd nehmen; abkühlen lassen. Die Tomatenmischung in der Küchenmaschine glatt mixen. Wieder in den Topf geben, Tomatenmark, Basilikum und Oregano zufügen und unter Rühren heiß werden lassen. Heiß oder kalt servieren.

SPINAT-PIE

Vorbereitungszeit: 35 Minuten
Kochzeit: 40 Minuten
Für 6–8 Personen

☆

500 g frischer Blattspinat
1 EL Öl
6 Frühlingszwiebeln, feingehackt
125 g Fetakäse, zerbröckelt
90 g geriebener Cheddar oder mittelalter Gouda
5 Eier, leicht verquirlt
Salz und frisch gemahlener schwarzer Pfeffer
16 Platten Filo-Teig
4 EL Olivenöl
zusätzlich 1 Ei, leicht verquirlt, zum Bestreichen
1 EL Mohnsamen

1 Backofen auf 210 °C vorheizen. Eine Auflaufform von 30 x 25 cm mit Öl bepinseln. Den Spinat gründlich waschen und in feine Streifen schneiden. Noch naß in einen Topf geben und abgedeckt 2 Minuten kochen, bis er zusammenfällt. Abkühlen lassen, Wasser ausdrücken und die Blätter wieder auseinanderlegen.

2 Öl in einem kleinen Topf erhitzen. Frühlingszwiebeln darin in 3 Minuten weich braten. In eine große Schüssel geben und mit Spinat, Käse, Eiern, Salz und Pfeffer gründlich mischen.

3 1 Teigplatte in die Auflaufform legen, die Ränder überhängen lassen. Den restlichen Teig mit einem sauberen, feuchten Tuch bedecken, damit er nicht austrocknet. Teig in der Form mit Öl bepinseln. Mit weiteren 7 Teigplatten ebenso verfahren; jede mit Öl bepinseln.

4 Füllung auf dem Teig verteilen und die Teigränder nach innen klappen. Die restlichen Teigplatten mit Öl bepinseln und auf die Füllung legen. Die Ränder in die Form einschlagen. Die Oberfläche mit Ei bepinseln und mit Mohnsamen bestreuen. In 35–40 Minuten goldgelb backen und sofort servieren.

Hinweis: Statt Mohnsamen können Sie auch Sesamkörner verwenden.

KLEINE GEMÜSE-PIES

Vorbereitungszeit: 40 Minuten
Kochzeit: 45 Minuten
Ergibt 6 Stück

☆

- 1 mittelgroße Kartoffel, geschält und kleingewürfelt
- 150 g Kürbis, geschält und in 1 cm große Würfel geschnitten
- 1 große Möhre, geschält und in 1 cm große Würfel geschnitten
- 150 g Brokkoli, in kleinen Röschen
- 1 EL Öl
- 1 Zwiebel, feingehackt
- 1 rote Paprikaschote, in 1 cm großen Quadraten
- 50 g Butter
- 2 EL Mehl
- 375 ml Milch
- 125 g geriebener Cheddar oder mittelalter Gouda
- 2 Eigelb
- Salz und Cayennepfeffer
- 350 g Blätterteig, ausgerollt
- 1 Ei, leicht verquirlt
- 1 TL Mohnsamen

1 Backofen auf 210 °C vorheizen. 6 Soufflé- oder Auflaufförmchen von 250 ml Fassungsvermögen mit Öl auspinseln. Kartoffel, Kürbis, Möhre und Brokkoli bißfest dämpfen. Gut abtropfen lassen und in eine Schüssel geben. Öl in einer Pfanne erhitzen; Zwiebel und Paprikaschote darin in 2 Minuten weich braten. Dann in die Schüssel geben.

2 Butter in einem Topf erhitzen und Mehl dazugeben. Unter Rühren 2 Minuten bräunen. Nach und nach Milch angießen; rühren, bis die Mischung glatt ist. Bei mittlerer Hitze unter ständigem Rühren zum Kochen bringen (etwa 3 Minuten) und eindicken lassen. Noch 1 Minute kochen, dann vom Herd nehmen und etwas abkühlen lassen. Käse und Eigelb unterheben und die Sauce abschmecken.

3 Die Sauce über das Gemüse geben und alles gut verrühren. Auf die Förmchen verteilen. Aus dem Teig 6 Kreise in passender Größe ausschneiden und als Deckel auf die Förmchen legen. Die Ränder festdrücken. Dann mit verquirltem Ei bestreichen und mit Mohn bestreuen. In 30 Minuten goldbraun backen.

Hinweis: Diese Pies schmecken am Tag der Zubereitung am besten.

OBEN: Kleine Gemüse-Pies

KLEINE TEIGGEHEIMNISSE

Ein Teig wird leicht und knusprig, wenn er nicht zu lange bearbeitet wird. Ob man die Zutaten mit der Hand oder mit der Küchenmaschine mischt, ist egal – Hauptsache es geht schnell: Dann läßt sich der Teig gut ausrollen und formen. Wieviel Flüssigkeit benötigt wird, hängt von der Bindefähigkeit des Mehls ab. Flüssigkeit deshalb nach und nach angießen, bis der Teig gerade eben bindet. Dann den Teig zu einer Kugel formen, in Klarsichtfolie wickeln und im Kühlschrank ruhen lassen. Den Teig immer im vorgeheizten Backofen backen; niemals vor dem Erreichen der gewünschten Temperatur in den Backofen schieben.

OBEN: Mangold-Pie

MANGOLD-PIE

Vorbereitungszeit: 40 Minuten + Kühlzeit
Kochzeit: 45–50 Minuten
Für 6–8 Personen

☆

Teig

250 g Weizenmehl, Type 405
80 g Weizenvollkornmehl
125 g Butter, in kleine Stücke geschnitten
4 EL Eiswasser

Füllung

800 g frischer Mangold
60 g Pistazien, gehackt
3 EL Rosinen, gehackt
40 g Parmesan, frisch gerieben
60 g geriebener Cheddar oder mittelalter Gouda
4 Eier
170 ml Sahne
1/4 TL Muskatnuß

1 Für den Teig: Das Mehl in eine große Schüssel sieben und Butter zufügen. Die Butter mit den Fingerspitzen ins Mehl kneten, bis feine Brösel entstehen. Genug Wasser zugießen, um einen festen Teig herzustellen. Dann den Teig auf eine leicht bemehlte Arbeitsfläche geben und fest zusammendrücken. Zwei Drittel des Teiges ausrollen und eine Pieform (oder Auflauf- oder Springform) von 23 cm Durchmesser damit auslegen. Den restlichen Teig in Klarsichtfolie einschlagen und für 20 Minuten kalt stellen.

2 Für die Füllung: Den Backofen auf 180 °C vorheizen. Mangoldstiele entfernen und die Blätter gründlich waschen. In feine Streifen schneiden. Anschließend in etwa 3 Minuten gar dämpfen. Abkühlen lassen, ausdrücken und zum Trocknen auseinanderlegen.

3 Jetzt die Pistazien auf den Teigboden streuen. Mangold, Rosinen und Käse mischen und auf den Pistazien verteilen. 3 Eier mit Sahne und Muskat verrühren und über die Mangoldmischung gießen.

4 Aus dem restlichen Teig einen Deckel ausrollen und den Pie damit bedecken. Ränder mit einem scharfen Messer abschneiden. Aus den Teigresten Verzierungen für den Deckel herstellen. Das vierte Ei verquirlen und die Pie-Oberfläche damit bepinseln. In 45 Minuten goldgelb backen. Warm mit Tomatensalat servieren.

Hinweis: Am Tag der Zubereitung schmeckt dieser Pie am besten.

HARVEST-PIE

Vorbereitungszeit: 40 Minuten + Kühlzeit
Kochzeit: 1 Stunde
Für 6 Personen

★

175 g Butter
250 g Weizenmehl
3 EL Eiswasser
1 EL Öl
1 Zwiebel, feingehackt
1 kleine rote Paprikaschote, gehackt
1 kleine grüne Paprikaschote, gehackt
150 g Kürbis, gehackt
1 kleine Kartoffel, gehackt
100 g Brokkoli, in kleinen Röschen
1 Möhre, gehackt
30 g Mehl
250 ml Milch
2 Eigelb
60 g geriebener Cheddar oder mittelalter Gouda
1 Ei, leicht verquirlt, zum Bestreichen

1 Backofen auf 180 °C vorheizen. 125 g Butter in kleine Stücke schneiden. Das Mehl in eine große Schüssel sieben und Butterstücke dazugeben. Dann mit den Fingerspitzen zu einer feinbröseligen Mischung verarbeiten. Fast das gesamte Wasser angießen und mit einem Messer zu einem festen Teig verarbeiten; eventuell mehr Wasser angießen. Auf eine leicht bemehlte Arbeitsfläche geben und zusammendrücken, bis der Teig glatt ist.
2 Teig in zwei Hälften teilen. Eine Portion ausrollen und eine Form mit gewelltem Rand (21 cm Durchmesser) damit auslegen. 20 Minuten kalt stellen. Den restlichen Teig zu einem Kreis von 25 cm Durchmesser ausrollen. In Streifen schneiden und die Hälfte davon auf ein Backpapier legen; dabei 1 cm Abstand zwischen den Streifen lassen. Die übrigen Streifen einarbeiten, so daß ein Gittermuster entsteht (siehe Abbildung). Mit Klarsichtfolie abdecken und auf einer flachen Unterlage kalt stellen, bis der Teig fest geworden ist.
3 Nun ein Stück Backpapier auf die Größe der Pieform zurechtschneiden. Auf den Boden der Form drücken, eine Lage getrocknete Bohnen oder Reis einfüllen und 10 Minuten backen. Papier und Bohnen oder Reis entfernen. In weiteren 10 Minuten goldgelb backen und abkühlen lassen.
4 Öl in einer Pfanne erhitzen. Zwiebel darin in 2 Minuten weich braten. Paprikaschoten zugeben und weitere 3 Minuten braten. Das restliche Gemüse bißfest garen oder dämpfen, abgießen und abkühlen lassen. Zwiebel, Paprikaschoten und Gemüse in einer Schüssel mischen.

5 Die übrige Butter in einem kleinen Topf erhitzen. Mehl zufügen und unter Rühren 2 Minuten anschwitzen lassen. Dann nach und nach Milch angießen; dabei zwischendurch so lange rühren, bis die Flüssigkeit keine Klümpchen mehr enthält. Bei mittlerer Hitze unter ständigem Rühren aufkochen und eindicken lassen. 1 Minute kochen, dann vom Herd nehmen. Eigelb hineingeben und glattrühren. Nun die Sauce über das Gemüse gießen und gut durchheben. Die Mischung in die Teigform geben und die Teigränder mit Ei bepinseln. Mit Hilfe des Backpapiers Teiggitter auf das Gemüse legen, die Ränder gerade schneiden und mit etwas verquirltem Ei an der Teigform festkleben. Gitter mit Ei bepinseln und den Pie in 30 Minuten goldbraun backen.

PIES DEKORIEREN
Ursprünglich wurden herzhafte Pies dekoriert, während man süße Pies mit glatter Oberfläche servierte, so daß die Gäste sie bei einem Buffet leicht unterscheiden konnten. Kleine Ein-Portionen-Pies für Kinder können mit den aus Teigresten gelegten Anfangsbuchstaben oder mit dem Vornamen verziert werden.

OBEN: Harvest-Pie

KARTOFFELN haben in ihrer langen Geschichte nicht nur Hungersnöte verhindert und Familien zusammengehalten, sondern sie zeichnen sich auch durch ihre vielfältigen Sorten und Zubereitungsmöglichkeiten aus.

KNUSPRIGE KARTOFFEL-SCHNITZE

8 mittelgroße festkochende Kartoffeln abbürsten, trockentupfen und in dicke Schnitze schneiden. Die Schnitze mit Olivenöl bepinseln und mit Meersalz und Paprika edelsüß (oder Chilipulver, wenn es schärfer sein soll) bestreuen. Im vorgeheizten Backofen bei 220 °C in 35–40 Minuten knusprig goldbraun backen. Für 4 Personen.

KLASSISCHE KARTOFFELGNOCCHI

1,2 kg ungeschälte mehligkochende Kartoffeln in Salzwasser gar kochen. Abgießen und etwas abkühlen lassen; dann schälen und zerdrücken (aber bitte nicht in der Küchenmaschine zerkleinern!). Zerdrückte Kartoffeln auf eine leicht bemehlte Oberfläche geben. Eine Mulde in die Mitte drücken und 2 Eigelb und 125 g Mehl dazugeben. Zu einem weichen Teig formen. Klebt der Teig zu sehr, geben Sie etwas Mehl dazu. Die Menge hängt von der Kartoffelsorte ab. Die Hände mit Mehl bestäuben, Mischung in 8 Portionen teilen und in 3 cm dicke und etwa 22 cm lange Rollen formen. Rollen in 1 cm lange Stücke schneiden und diese über die Zinken einer leicht bemehlten Gabel rollen. Die Gnocchi in einem großen Topf mit

sprudelndem Salzwasser kochen – wenn sie an die Oberfläche kommen, sind sie gar. Mit Pastasauce servieren. Für 4 Personen.

ROSMARIN-OFENKARTOFFELN

500 g neue Kartoffeln in 1 cm große Würfel schneiden. Die Kartoffelwürfel in eine beschichtete Auflaufform geben, mit 3 EL Olivenöl beträufeln und großzügig mit Meersalz und frisch gemahlenem schwarzem Pfeffer bestreuen. Dann noch 2 EL frische Rosmarinnadeln unterrühren. Im vorgeheizten Backofen bei 220 °C in etwa 45 Minuten knusprig goldgelb backen. Dabei öfters umrühren. Für 4 Personen.

WARMER GEWÜRZ-KARTOFFELSALAT

1 kg vorwiegend festkochende Kartoffeln schälen und in dicke Scheiben schneiden. 125 ml Olivenöl in einer großen beschichteten Pfanne erhitzen. Kartoffeln zugeben sowie 2 EL Tomatenmark, 1/2 TL Kurkuma und je 1 TL Chiliflocken, Safranfäden, schwarze Senfkörner und Kreuzkümmelkörner. Bei mittlerer Hitze 5 Minuten braten. 375 ml Gemüsebrühe angießen und 2 Lorbeerblätter dazugeben. Zum Kochen bringen, die Hitze reduzieren und im geschlossenen Topf 30 Minuten garen lassen. 3 EL gehackte frische Minze unterrühren. Nach Wunsch mit Naturjoghurt servieren. Für 4–6 Personen.

KARTOFFELN MIT CRÈME FRAÎCHE UND AVOCADO-SALSA

500 g neue Kartoffeln auf ein großes beschichtetes Backblech legen, mit 3 EL Olivenöl beträufeln und mit Meersalz bestreuen. Im vorgeheizten Backofen bei 200 °C in 40 Minuten knusprig goldgelb backen. Für die Avocado-Salsa 1 zerdrückte Knoblauchzehe, 1 kleine feingehackte rote Chilischote, 1 kleine feingehackte rote Zwiebel, 1 zerkleinerte Avocado, 1 EL Limettensaft, 2 EL gehacktes Koriandergrün, 1 feingehackte Tomate und 1 feingehackten Pfirsich in einer Schüssel mischen. Die Kartoffeln mit je 1 EL saurer Sahne und Avocado-Salsa servieren. Für 4 Personen.

IM UHRZEIGERSINN VON OBEN LINKS: Kartoffeln mit Crème fraîche und Avocado-Salsa; knusprige Kartoffelschnitze; warmer Gewürz-Kartoffelsalat; Rosmarin-Ofenkartoffeln; klassische Kartoffel-Gnocchi

BOCCONCINI
Bocconcini sind kleine, runde, frische Mozarellakäse. Sie werden wegen ihrer zarten Konsistenz gern in Salaten verwendet. Beim Backen sollten Sie auf eine kurze Zubereitungszeit achten, andernfalls werden sie trocken und zäh.

GANZ OBEN: Tomaten-Bocconcini-Flan

TOMATEN-BOCCONCINI-FLAN

Vorbereitungszeit: 30 Minuten + Kühlzeit
Kochzeit: 50 Minuten
Für 6 Personen

★

180 g Mehl
100 g Butter, in kleine Stücke geschnitten
1 Ei
2 EL kaltes Wasser
5–6 Eiertomaten
Salz
1 EL Olivenöl
8 Bocconcini (kleine, runde Mozzarellakäse, insgesamt 220 g), in Scheiben geschnitten
6 Frühlingszwiebeln, gehackt
2 EL frischer Rosmarin, gehackt
Salz und Pfeffer

1 Mehl und Butter in der Küchenmaschine in ca. 10 Sekunden zu einer feinkrümeligen Masse verarbeiten. Die Eier mit dem Wasser verrühren und bei laufender Maschine zum Mehl geben; verarbeiten, bis die Masse bindet. Auf eine leicht bemehlte Arbeitsfläche geben und zu einem glatten Teig verarbeiten. In Klarsichtfolie wickeln und 20 Minuten kalt stellen.
2 Backofen auf 210 °C vorheizen. Auf einer bemehlten Fläche den Teig kreisförmig ausrollen und Boden und Ränder einer Flanform (möglichst Springform) von 23 cm Durchmesser damit auslegen. Die Ränder begradigen. Den Teig mit einer Lage Backpapier abdecken, mit getrockneten Bohnen oder Reis gleichmäßig auslegen und 15 Minuten backen. Dann Bohnen und Papier entfernen und weitere 10 Minuten backen, bis der Teig etwas Farbe bekommt. Abkühlen lassen und die Temperatur auf 180 °C zurückschalten.
3 Die Tomaten halbieren; mit Salz bestreuen und mit Öl beträufeln. In einer Auflaufform mit der Schnittfläche nach oben 15 Minuten backen. Anschließend die Tomaten mit der Schnittfläche nach oben auf dem vorgebackenen Teig verteilen. Nun die Mozzarellascheiben und die Frühlingszwiebeln zwischen die Tomaten legen. Mit Rosmarin, Salz und Pfeffer bestreuen. Dann 10 Minuten backen. Aus dem Backofen nehmen und vor dem Servieren noch 10 Minuten abkühlen lassen.

MINI-QUICHES MIT KÜRBIS UND CURRY

Vorbereitungszeit: 30 Minuten + 30 Minuten Kühlzeit
Kochzeit: 40 Minuten
Ergibt 8 Stück

★★

Frischkäseteig
180 g Mehl
125 g Frischkäse, in Stücke geschnitten
125 g Butter, in Scheiben geschnitten

Füllung
1 EL Öl
2 Zwiebeln, feingehackt
3 Knoblauchzehen, zerdrückt
1 TL Curry
3 Eier
125 ml Crème fraîche
350 g Kürbis (Rohgewicht), gekocht und püriert
2 TL Kreuzkümmel

1 Für den Teig: Backofen auf 210 °C vorheizen. Mehl in eine große Schüssel sieben, Butter und Käse hineingeben. Die Zutaten mit den Fingerspitzen verreiben, bis sie binden und der Teig sich zu einer Kugel formen läßt.
2 Den Teig auf einer leicht bemehlten Arbeitsfläche ca. 10 Sekunden durchkneten. In Klarsichtfolie wickeln und 30 Minuten kalt stellen. Teig in 8 gleich große Portionen teilen, diese ausrollen und 8 tiefe, gefettete Flanförmchen (10 cm Durchmesser) damit auslegen. In 15 Minuten Backzeit leicht bräunen lassen. Aus dem Herd nehmen und die Temperatur auf 180 °C reduzieren.

3 Für die Füllung: Öl in einem kleinen Topf erhitzen. Zwiebel und Knoblauch darin bei schwacher Hitze unter Rühren in 5 Minuten weich braten. Curry einrühren und auf den Böden der Förmchen verteilen.

4 Eier, Sahne und Kürbis in einer Schüssel glattrühren. Über die Zwiebelmischung geben und mit Kreuzkümmel bestreuen. 20 Minuten backen, bis die Füllung fest wird.

QUICHE MIT RAUKE, BASILIKUM UND LAUCH

Vorbereitungszeit: 30 Minuten + Kühlzeit
Kochzeit: 1 Stunde 10 Minuten
Ergibt eine Quiche von 23 cm Durchmesser

☆☆

150 g Rauke, die Stiele entfernt
180 g Mehl
125 g Butter, in kleine Stücke geschnitten
1–2 EL Wasser
1 EL Öl
1 große Lauchstange, nur die weißen Teile, in feine Ringe geschnitten
2 Knoblauchzehen, zerdrückt
2 Eier
125 ml Milch
125 ml Sahne

1 Den Backofen auf 210 °C vorheizen. Rauke waschen und gut abschütteln; in feine Streifen schneiden.

2 Mehl in eine Schüssel sieben. Mit den Fingerspitzen die Butter 2 Minuten hineinreiben, bis die Mischung krümelig wird. Dann Wasser zufügen und einen weichen Teig herstellen. Auf einer bemehlten Arbeitsfläche in kurzer Zeit geschmeidig kneten. In Klarsichtfolie wickeln und 30 Minuten kalt stellen.

3 Den Teig zwischen 2 Lagen Klarsichtfolie ausrollen und damit Boden und Ränder der Quicheform auskleiden. Mit Backpapier bedecken und mit Reis oder getrockneten Bohnen füllen. 10 Minuten backen, Reis und Backpapier entfernen und in weiteren 5 Minuten goldgelb backen. Dann herausnehmen und die Temperatur auf 180 °C zurückschalten.

4 Öl in einer Pfanne erhitzen. Lauch und Knoblauch darin bei schwacher Hitze unter Rühren in 5 Minuten weich braten. Nun die Rauke hineingeben und 1 Minute mitbraten. Vom Herd nehmen und abkühlen lassen. Dann auf dem Teigboden verteilen. Eier, Milch und Sahne in einer Schüssel glattrühren und in die vorgebackene Teigform gießen. Etwa 50 Minuten backen, bis die Füllung fest und goldbraun ist. Zum Servieren mit Basilikumblättern und nach Wunsch mit gehobeltem Parmesan bestreuen.

RAUKE

Rauke, auch *Rucola* genannt, ist ein Blattsalat mit herbem, pfefferähnlichem Geschmack. Mit Parmesanspänen vermischt und mit einem Zitronen-Olivenöl-Dressing beträufelt, entsteht daraus ein einfacher, aber sehr köstlicher Salat. Falls Ihnen Rauke zu streng schmeckt, mischen Sie sie mit anderen Blattsalaten.

OBEN: Mini-Quiches mit Kürbis und Curry
UNTEN: Quiche mit Rauke, Basilikum und Lauch

OLIVEN
Die goldene Regel beim Olivenkauf lautet: Nehmen Sie die besten, die Sie sich leisten können. Zu den köstlichsten Sorten gehören die purpurschwarze griechische Kalamata und die kleine, dunkelbraune Niçoise aus Frankreich. Wenn in einem Rezept eine bestimmte Olivensorte vorgesehen ist, versuchen Sie möglichst, diese Oliven zu bekommen.

TOMATEN-OLIVEN-FLAN

Vorbereitungszeit: 30 Minuten + 30 Minuten Kühlzeit
Kochzeit: 30–35 Minuten
Ergibt einen Flan von 20 cm Durchmesser

★

Teig
250 g Mehl
90 g Butter, in Stücke geschnitten
1 Eigelb
1 EL Wasser

Füllung
2 EL Olivenöl
1–2 EL französischer Senf
20 g Butter
6 kleine Tomaten, enthäutet und gehackt
3 große Zwiebeln, in feine Ringe geschnitten
1 TL Zucker
2 EL frisches Basilikum, in feinen Streifen
125 g schwarze Oliven, ohne Stein, in Ringe geschnitten
220 g geriebener Greyerzer Käse

1 Backofen auf 210 °C vorheizen. Eine tiefe Flanform oder Springform von 20 cm Durchmesser mit zerlassener Butter oder Öl bepinseln. Boden und Ränder gleichmäßig mit Mehl bestäuben; überschüssiges Mehl abschütteln.
2 **Für den Teig:** Mehl und Butter in einer Küchenmaschine in etwa 30 Sekunden zu feinen Krümeln verarbeiten. Eigelb und Wasser mischen und hineingeben. Weitere 30 Sekunden verarbeiten, bis sich die Zutaten verbinden. Auf einer leicht bemehlten Arbeitsfläche zu einer Kugel formen, in Klarsichtfolie wickeln und 30 Minuten kalt stellen.
3 **Für die Füllung:** Öl und Senf glattrühren.
4 Den Teig auf die richtige Größe ausrollen und die Form damit auslegen. Mit Backpapier abdecken, mit getrockneten Bohnen füllen und 15 Minuten blindbacken. Aus dem Backofen nehmen, Papier und Bohnen entfernen und den Teig abkühlen lassen. Die Senfmischung auf den Boden streichen. Butter in einem Topf erhitzen. Tomaten und Zwiebeln darin weich braten. Dann vom Herd nehmen und die Flüssigkeit abgießen. Mischung auf dem vorgebackenen Teig verteilen. Zucker, Basilikum und Oliven mischen und auf den Tomaten verteilen. Käse darüber streuen. Den Flan in 20 Minuten knusprig und braun backen.

RECHTS:
Tomaten-Oliven-Flan

DREI-KÄSE-FLAN

Vorbereitungszeit: 20 Minuten
Kochzeit: 35 Minuten
Für 6 Personen

★

6 Platten Filo-Teig
60 g Butter, zerlassen

Füllung
30 g geriebener Cheddar oder mittelalter Gouda
60 g Räucherkäse, gerieben
60 g Greyerzer Käse, gerieben
3 Eier, leicht verquirlt
125 ml Milch
180 ml Sahne
1 EL frischer Schnittlauch, gehackt
2 EL frische Petersilie, gehackt

1 Den Backofen auf 180 °C vorheizen. Den Filoteig auslegen und mit feuchten Küchentüchern abdecken, damit er nicht austrocknet. Nun eine Platte mit Butter bepinseln. Mit einer weiteren Platte abdecken, diese ebenfalls mit Butter bepinseln. Diesen Vorgang mit den restlichen Platten wiederholen.
2 Eine Flanform von 23 cm Durchmesser mit zerlassener Butter oder Öl bepinseln. Mit dem Teig auskleiden, dabei die Ecken einschlagen.
3 **Für die Füllung:** Alle Zutaten gut mischen. In die Form gießen und 35 Minuten backen, bis die Füllung fest und leicht gebräunt ist.

SCHWEIZER ZWIEBEL-TARTE

Vorbereitungszeit: 30 Minuten
Kochzeit: 1 Stunde 10 Minuten
Für 4 Personen

★

350 g Mürbeteig, gefroren
2 EL Öl
3 mittelgroße Zwiebeln, in Ringe geschnitten
125 g saure Sahne
2 Eier
70 g Greyerzer Käse, feingerieben
Cayennepfeffer

1 Backofen auf 210 °C vorheizen. Den Teig auftauen lassen und eine Flanform von 20 cm Durchmesser damit auskleiden; überstehende Ränder einschlagen. Die Form mit einer Lage Backpapier auslegen und mit einer Lage getrockneter Bohnen oder Reis füllen. Den Teig 10 Minuten backen. Danach Backpapier und Bohnen oder Reis entfernen und weitere 5 Minuten backen. Die Backofentemperatur auf 180 °C reduzieren.
2 Öl in einer Pfanne erhitzen. Die Zwiebeln darin bei schwacher Hitze unter häufigem Rühren in 15 Minuten hellbraun und weich braten. Dann auf dem vorgebackenen Teigboden verteilen.
3 Saure Sahne und Eier in einer Schüssel glattrühren. Käse zugeben und gut mischen. Nun die Flanform auf ein Backblech stellen. Eiermischung über die Zwiebeln gießen und sparsam mit Cayennepfeffer bestreuen. Etwa 40 Minuten backen, bis die Füllung gestockt ist. Warm oder kalt servieren.
Hinweis: Der Teig kann einen Tag zuvor gebacken und abgedeckt kalt gestellt werden. Die Zwiebeln kann man einige Stunden im voraus kochen, die Füllung ebenfalls im voraus zubereiten. Die Zutaten abgedeckt kalt stellen und die Tarte kurz vor dem Servieren füllen und backen.

BLINDBACKEN
Blindbacken macht den Teigboden knusprig und gar. Wenn der Teig in der Form ist, eine dünne Lage Backpapier darauflegen, so daß Boden und Rand bedeckt sind. Dann füllt man eine Lage ungekochten Reis, getrocknete Bohnen oder Erbsen ein. Anschließend im vorgeheizten Backofen backen; danach Papier und Reis oder Bohnen entfernen. Teig wieder in den Backofen stellen, bis er goldgelb ist; dann nach Rezept füllen. Den Reis oder die Bohnen (auch Kichererbsen sind geeignet) in einem Glas aufbewahren und immer wieder verwenden.

OBEN: Schweizer Zwiebel-Tarte

HEFETEIG
Hefeteig kann bis zu dem Zeitpunkt, wo er ruhen muß, um zu doppelter Größe aufzugehen, vorbereitet werden: Teig in eine leicht geölte Schüssel legen, mit Klarsichtfolie bedecken und bis zu 8 Stunden in den Kühlschrank stellen. Der Teig wird trotzdem aufgehen, aber bei den kühlen Temperaturen geht das viel langsamer vonstatten. Den Teig sollte man niemals in einer sehr heißen Umgebung aufgehen lassen, um den Vorgang zu beschleunigen. Die Hefe wird dann sauer oder stirbt bei zu hohen Temperaturen ab.

OBEN: Kartoffelpizza mit Zwiebeln und Ziegenkäse

KARTOFFELPIZZA MIT ZWIEBELN UND ZIEGENKÄSE

Vorbereitungszeit: 40 Minuten + Ruhezeit
Kochzeit: 55 Minuten
Für 4 Personen

☆

125 ml lauwarme Milch
50 g frische Hefe oder 2 Beutel Trockenhefe (à 7 g)
1/2 TL Zucker
Salz
160 g Kartoffeln, zerdrückt
125 g Mehl
2 EL frische Petersilie, gehackt
frisch gemahlener schwarzer Pfeffer

Belag
2 EL Olivenöl
1 kg rote Zwiebeln, in feine Ringe geschnitten
200 g gegrillte rote Paprikaschote, in dünne Streifen geschnitten
90 g schwarze Oliven
50 g Ziegenkäse, in kleine Stücke geschnitten
zerstoßener schwarzer Pfeffer

1 Milch und zerbröckelte Hefe mit Zucker und Salz in einer kleinen Schüssel verrühren. Dann abdecken und an einem warmen Platz stehen lassen, bis sich Blasen bilden. Zerdrückte Kartoffeln, Mehl, Petersilie, Salz, Pfeffer und Hefemischung in einer großen Schüssel zu einem weichen Teig verrühren. Auf eine bemehlte Arbeitsfläche legen und in 10 Minuten zu einem glatten, elastischen Teig verarbeiten.
2 Den Teig in eine saubere, leicht gefettete Schüssel geben und abgedeckt an einem warmen Ort bis zur doppelten Größe aufgehen lassen (ca. 1–1 1/2 Stunden).
3 Für den Belag: Öl in einem gußeisernen Topf auf kleiner Stufe erhitzen. Zwiebeln zugeben und im geschlossenen Topf unter gelegentlichem Rühren in 20–30 Minuten glasig dünsten. Dann vom Herd nehmen.
4 Backofen auf 210 °C vorheizen. Den Teig auf einer bemehlten Arbeitsfläche noch einmal 2 Minuten kneten. Nun ein Backblech großzügig mit Öl bepinseln und den Teig in der gewünschten Dicke auf das Blech drücken. Den Pizzaboden mit Zwiebeln, Paprikaschote, Oliven und Ziegenkäse belegen und mit zerstoßenem schwarzen Pfeffer bestreuen. 20–25 Minuten backen und sofort servieren.
Hinweis: Die glasierten Zwiebeln können am Tag zuvor zubereitet werden. Man sollte unbedingt darauf achten, daß die Zwiebeln bei schwacher Hitze dünsten, damit sie süßlich schmecken. Wenn sie anbrennen, werden sie bitter.

PIZZA SPANISCHE ART

Vorbereitungszeit: 30 Minuten + Ruhezeit
Kochzeit: 35 Minuten
Für 4–6 Personen

☆

Boden
1 Beutel Trockenhefe (7 g)
1 TL Zucker
280 g Mehl
250 ml lauwarmes Wasser

Belag
10 große Spinatblätter, in schmale Streifen geschnitten
1 EL Olivenöl
2 Knoblauchzehen, zerdrückt
2 Zwiebeln, gehackt
450 g Tomaten, aus der Dose, abgetropft und zerdrückt
1/4 TL gemahlener Pfeffer
12 schwarze Oliven, entsteint und gehackt

1 Backofen auf 210 °C vorheizen. Ein Back- oder ein Biskuitrollenblech von 30 x 25 cm mit zerlassener Butter oder Öl bepinseln.
2 **Für den Boden:** Hefe, Zucker und Mehl in einer großen Schüssel mischen. Nach und nach warmes Wasser angießen und glattrühren. Teig auf einer leicht bemehlten Fläche kneten, bis er geschmeidig und elastisch ist. Dann in einen leicht gefetteten Behälter geben, mit einem Küchentuch abdecken und an einem warmen Ort 15 Minuten gehen lassen (der Teig verdoppelt dabei fast sein Volumen).
3 **Für den Belag:** Spinat in einem großen Topf abgedeckt 3 Minuten kochen. Dann abgießen und abkühlen lassen. Den Spinat mit den Händen ausdrücken und beiseite stellen.
4 Öl in einem Topf erhitzen. Knoblauch und Zwiebeln darin bei schwacher Hitze 5–6 Minuten braten. Tomaten und Pfeffer zugeben und 5 Minuten garen.
5 Den Teig flachdrücken, aus der Schüssel nehmen und auf einer leicht bemehlten Fläche 2–3 Minuten kneten. Teig ausrollen und die Form damit auslegen (oder auf dem Blech auf etwa 30 x 25 cm ausrollen). Den Boden mit Spinat und Tomatenmischung belegen und die Oliven darüber streuen.
6 25–30 Minuten backen. In kleine Stücke schneiden und heiß oder kalt servieren.

MINI-PIZZAS

Vorbereitungszeit: 20 Minuten
Kochzeit: 20–25 Minuten
Für 4 Personen

☆

1 EL Öl
1 kleine grüne Paprikaschote, in kurze, dünne Streifen geschnitten
150 g Champignons, in feine Scheiben geschnitten
1 Zucchini, in feine Scheiben geschnitten
4 Fertigböden für Mini-Pizzen
160 g Sauce für Pasta Napolitana (Fertigprodukt)
410 g Artischocken aus der Dose, abgetropft und geviertelt
130 g Maiskörner aus der Dose, abgetropft
150 g Mozzarella, gerieben

1 Backofen auf 210 °C vorheizen. Ein Backblech mit zerlassener Butter oder Öl bepinseln. In einer Pfanne Öl erhitzen und Paprikaschote, Champignons und Zucchini hineingeben. Bei mittlerer Hitze unter Rühren 3 Minuten braten; abkühlen lassen.
2 Pizzaböden mit der Sauce bestreichen. Mit gekochtem Gemüse, Artischocken und Mais belegen. Mit Mozzarella bestreuen. Auf das Blech legen.
3 Etwa 15–20 Minuten backen, bis der Käse verlaufen und die Böden knusprig sind. Die Pizzas anschließend sofort servieren.

PIZZATEIG
Ursprünglich wurde die Pizza mit dem Brotteig gebacken, den der Bäcker übrig hatte. Statt Hefeteig kann man aber auch Mürbeteig, Pitabrot, Lavash oder türkisches Fladenbrot verwenden.

LINKS:
Pizza spanische Art

ITALIENISCHE PIZZA
Die Pizza wurde im süditalienischen Neapel erfunden, wo Straßenverkäufer im 19. Jahrhundert miteinander um die Gunst der Kundschaft wetteiferten. Die klassische neapolitanische Pizza hat einen dünnen, knusprigen Boden und einen Belag aus Mozzarella und Tomaten. In Rom wird Pizza auf rechteckigen Blechen gebacken, in Stücke geschnitten und nach Gewicht verkauft. Die Pfannenpizza mit ihrer dicken Kruste stammt aus Sizilien: Sie wird dicker ausgerollt als das neapolitanische Original und in einer gefetteten Pfanne gebacken.

GEGENÜBER: Tomaten-Pizza mit Saurer Sahne (oben); Santa-Fe-Pizzetta

TOMATEN-PIZZA MIT SAURER SAHNE

Vorbereitungszeit: 30 Minuten + 90 Minuten Ruhezeit
Kochzeit: 40 Minuten
Für 4 Personen

☆☆

1 TL Trockenhefe
1 TL Zucker
170 ml lauwarmes Wasser
250 g Mehl
1 Prise Salz
125 ml Olivenöl

Belag
125 g saure Sahne
90 g Ricotta
2 EL frische Kräuter (Basilikum, Zitronenthymian, Salbei), gehackt
2 EL Öl
2 mittelgroße Zwiebeln, in feine Ringe geschnitten
5 reife Tomaten, in Scheiben geschnitten
2 Knoblauchzehen, in dünnen Scheiben
50 g eingelegte Niçoise-Oliven
10 Zweige frischer Zitronenthymian
frisch zerstoßener schwarzer Pfeffer

1 Backofen auf 200 °C vorheizen. Für den Boden Hefe, Zucker und Wasser in einer Schüssel verrühren, bis sich der Zucker aufgelöst hat. An einem warmen, zugluftgeschützten Platz 5 Minuten gehen lassen.
2 Mehl und Salz in die Küchenmaschine geben, Olivenöl hineingeben und die Hefemischung bei laufender Maschine hineingießen. Zu einem groben Teig verarbeiten. Auf einer leicht bemehlten Arbeitsfläche zu einem elastischen Teig kneten. Dann in einer leicht geölten Schüssel an einem warmen Platz 1 1/2 Stunden gehen lassen. Den Teig zusammendrücken und aus der Schüssel nehmen. Kneten und zu einem Kreis von 30 cm oder zu vier Kreisen à 14 cm Durchmesser ausrollen. Auf ein beschichtetes Backblech legen.
3 Saure Sahne, Ricotta und Kräuter verrühren und auf dem Boden verteilen; dabei einen Rand von 1 cm lassen.
4 Öl in einer Pfanne erhitzen und die Zwiebeln darin in 10 Minuten glasig dünsten. Etwas abkühlen lassen, auf die Ricottamischung geben und mit Tomatenscheiben, Knoblauch, Oliven und Zitronenthymian belegen. Mit Pfeffer bestreuen. Je nach Größe 15–30 Minuten backen, bis der Boden knusprig goldbraun ist.

SANTA-FE-PIZZETTA

Vorbereitungszeit: 15 Minuten
Kochzeit: 15 Minuten
Für 6 Personen

☆

6 Fertigböden für Mini-Pizzas
180 g scharfe Tomatensalsa (Fertigprodukt)
4 Frühlingszwiebeln, in Ringe geschnitten
1 rote Paprikaschote, in Streifen geschnitten
440 g rote Bohnen aus der Dose, abgespült und abgetropft
2 EL frisches Basilikum, gehackt
80 g Mozzarella, geraspelt
30 g geriebener Cheddar oder mittelalter Gouda
125 g saure Sahne
125 g Tortillachips (Maischips)

Guacamole
1 Knoblauchzehe, zerdrückt
1 kleine rote Zwiebel, feingehackt
1 große Avocado, zerdrückt
1 TL Zitronensaft
1 EL Tomatensalsa (Fertigprodukt)
2 EL saure Sahne

1 Backofen auf 200 °C vorheizen. Pizzaböden mit der scharfen Tomatensalsa bestreichen.
2 Die Böden mit Frühlingszwiebeln, Paprikaschote, Bohnen und Basilikum belegen.
3 Mit geriebenem Käse bestreuen. Dann 15 Minuten backen, bis der Käse goldbraun und die Böden knusprig sind. Vor dem Servieren die Pizzetta mit Tortillachips, Guacamole und saurer Sahne garnieren.
4 **Für die Guacamole:** Alle Zutaten in eine Schüssel geben und sorgfältig verrühren.

BRATLINGE, PFANNKUCHEN UND OMELETTS

Diese köstlichen, wunderbaren Gerichte sind sehr vielseitig und als gehaltvoller Blitzstart in einen hektischen Samstag genauso geeignet wie als später Imbiß nach einem Kinobesuch mit Freunden. Wann immer Sie den ersten Stapel aromatischer Kartoffelpuffer oder eine scharfe Chili-Frittata servieren, Ihre Gäste werden begeistert sein.

CHAMPIGNONS

Obwohl es verschiedene Sorten gibt, werden Wiesen- und kleine Zuchtchampignons am häufigsten verwendet. Kleine Zuchtchampignons und die etwas größeren Sorten haben ein köstliches Aroma und sind deshalb für verschiedene Füllungen und Nudelsaucen besonders gut geeignet. Die großen Wiesenchampignons empfehlen sich wegen ihres wesentlich kräftigeren Geschmacks zum Grillen und Schmoren; sie sollten allerdings mit anderen kräftigen Zutaten wie Basilikum, Senf, Rotwein, Parmesan, Zitronensaft oder Knoblauch gewürzt werden.

OBEN: Knusprig gebratene Champignoncrêpes (links) und Paprika-Oliven-Pfannkuchen

KNUSPRIG GEBRATENE CHAMPIGNONCRÊPES

Vorbereitungszeit: 25 Minuten + 20 Minuten Ruhezeit
Kochzeit: 35 Minuten
Ergibt 12 Stück

☆

90 g Mehl
1 Prise Salz
3 Eier, leicht verquirlt
180 ml Milch
1 EL Olivenöl
2 EL frischer Schnittlauch, feingehackt
160 g frische Semmelbrösel
Öl zum Braten

Champignonfüllung
1 EL Olivenöl
1 mittelgroße Zwiebel, feingehackt
400 g Champignons, feingehackt
1 EL Sahne
1/4 TL Salz und 1/2 TL Pfeffer
2 EL frisch geriebener Parmesan

1 Mehl und Salz in eine Schüssel sieben; eine Vertiefung in die Mitte drücken. Eier und Milch mischen und nach und nach einrühren. Dann so lange rühren, bis die Flüssigkeit vom Mehl aufgenommen wurde und der Teig keine Klümpchen mehr hat. Öl und Schnittlauch zufügen. Abdecken und 20 Minuten ruhen lassen. 80 ml Teig in ein Gefäß füllen und beiseite stellen. Dann vom restlichen Teig 2–3 EL in eine leicht gefettete Omelettpfanne geben und gleichmäßig darin verteilen. Bei mittlerer Hitze 1 Minute backen. Dann wenden und die andere Seite goldgelb backen.
Auf einen Teller legen, mit einem Küchentuch abdecken und warm halten. Den Vorgang mit dem übrigen Teig wiederholen; falls nötig, die Pfanne erneut einfetten.

2 Für die Champignonfüllung: Öl in einer Pfanne erhitzen und darin die Zwiebel bei mittlerer Hitze weich dünsten. Champignons zufügen und 2–3 Minuten braten. Sahne, Salz, Pfeffer und Käse einrühren; abkühlen lassen.

3 Die Crêpes einzeln auf einen Teller legen. 1 EL Füllung auf die Hälfte jeder Crêpe legen, gleichmäßig verteilen und einen Rand von 1 cm belassen. Den Rand mit etwas zurückbehaltenem Teig bestreichen. Ungefüllte Hälfte der Crêpe über die Champignonmischung legen. Den Vorgang wiederholen, bis alle Crêpes gefüllt sind. Jede Crêpe mit etwas Teig bepinseln und mit Semmelbröseln bestreuen. Den restlichen Teig mit Semmelbröseln mischen und die Crêpes damit dick bestreichen.

4 Den Boden einer großen Pfanne mit Öl ausgießen und erhitzen. Die gefüllten Crêpes darin von einer Seite goldbraun backen, wenden und die andere Seite backen. Auf Küchenpapier abtropfen lassen.
Hinweis: Altes Brot eignet sich für Semmelbrösel am besten. Servieren Sie die Crêpes pur, mit einer Tomatensauce oder einer italienischen Pastasauce (Fertigprodukt).

PAPRIKA-OLIVEN-PFANNKUCHEN

Vorbereitungszeit: 15 Minuten + 20 Minuten Ruhezeit
Kochzeit: 15 Minuten
Ergibt 16 Stück

☆

2 mittelgroße rote Paprikaschoten
125 ml Milch
60 g Mehl + 1 TL Backpulver
1/2 TL Salz
1/4 TL schwarzer Pfeffer
3 Eier, leicht verquirlt
2 EL schwarze Oliven, feingehackt
1 EL Basilikum, feingehackt
Olivenöl zum Braten

1 Die Paprikaschoten halbieren, Kerne entfernen und die Hälften flachdrücken. Dann mit der Außenseite nach oben etwa 10 Minuten unter den vorgeheizten Grill schieben, bis die Haut schwarz wird und Blasen wirft. Nun mit einem feuchten Küchentuch abdecken, beiseite stellen und abkühlen lassen. Anschließend die Haut abziehen und das Fleisch grob hacken.
2 Die gegrillte Paprika mit der Milch im Mixer oder in der Küchenmaschine verarbeiten.
3 Mehl mit Salz in eine Schüssel sieben, schwarzen Pfeffer zugeben und eine Vertiefung in die Mitte drücken. Eier und Paprikamischung dazugeben. Alle Zutaten gründlich verrühren; der Teig darf anschließend keine Klümpchen mehr haben. Nun Oliven und Basilikum einrühren. Das Ganze abgedeckt 20 Minuten ruhen lassen.
4 Eine kleine Pfanne mit Öl auspinseln. In das heiße Öl 1–2 EL Teig geben und bei mittlerer Temperatur backen, bis die Unterseite goldgelb ist. Dann wenden und die andere Seite backen. Diesen Vorgang mit dem restlichen Teig wiederholen. Anschließend die Pfannkuchen mit Ziegenkäse und frischen Kräutern servieren.

KRÄUTER-KARTOFFELPUFFER

Vorbereitungszeit: 10 Minuten
Kochzeit: 12 Minuten
Ergibt 10–12 Stück

☆

2 EL frischer Schnittlauch, gehackt
2 EL frischer Estragon oder Petersilie, gehackt
Salz und schwarzer Pfeffer
3 mittelgroße Kartoffeln (ca. 600 g), geschält
60 g Butter
2 EL Olivenöl

1 Kräuter, Salz und Pfeffer in einer Schüssel mischen. Die Kartoffeln grob reiben und die Flüssigkeit ausdrücken. Dann zu den Kräutern geben und gut mischen.
2 Die Hälfte der Butter und des Öls in einer großen beschichteten Pfanne auf mittlerer Stufe erhitzen, bis sich Blasen bilden. Je 1 gehäuften EL Kartoffelmasse pro Puffer in die Pfanne geben und 2 Minuten backen. Wenden und in 2–3 Minuten goldbraun backen. Auf Küchenpapier abtropfen lassen und warm halten. Restliche Butter und Öl in die Pfanne geben. Diesen Vorgang wiederholen und den restlichen Teig aufbrauchen.
Hinweis: Die Puffer können, mit Alufolie bedeckt, bei 120 °C im Backofen bis zu 30 Minuten warm gehalten werden. *Variante*: eine Kartoffel durch eine Pastinake oder Möhre ersetzen. Statt Petersilie oder Estragon kann man auch Dill verwenden.

ESTRAGON
Französischer Estragon (*Artemisia dracunculus*) ist für Anbau und Einkauf die Sorte der Wahl. Das besondere Estragon-Aroma paßt gut zu Omeletts und Kartoffeln; berühmt geworden ist es aber in der Verbindung mit Hühnerfleisch. Estragon-Essig kann als Salatsauce verwendet werden. Verwechseln Sie aber nicht den russischen Estragon (*Artemisia dracunculoides*) mit dem französischen – er sieht ähnlich aus, hat aber fast keinerlei Aroma.

LINKS: Kräuter-Kartoffelpuffer

POLENTA
Die hellgelbe Polenta (Maismehl) wird aus gemahlenem, getrocknetem Mais hergestellt. Aber auch das mit Maismehl bereitete Gericht nennt man *Polenta*: Es handelt sich dabei um eine dicke, breiige Mischung, die man gewöhnlich fest werden läßt, mit Öl bepinselt, dann in Stücke schneidet und grillt oder in der Pfanne brät.

SEITE GEGENÜBER: Mexikanische Maispfannkuchen mit Avocado (oben); Kartoffel-Kürbis-Pfannkuchen

MEXIKANISCHE MAISPFANNKUCHEN MIT AVOCADO

Vorbereitungszeit: 30 Minuten + 20 Minuten Kühlzeit
Kochzeit: 20 Minuten
Für 4–6 Personen

✯

50 g Maismehl
60 g Weizenmehl
1/4 TL Backpulver
1/4 TL Salz
1 TL Zucker
250 ml Buttermilch
2 Eier
30 g Butter, zerlassen
Pflanzenöl
160 g saure Sahne zum Servieren

Avocadofüllung
1 große, reife Avocado
8 Frühlingszwiebeln, feingehackt
2 reife Tomaten, entkernt und feingehackt
1 TL Chilisauce (nach Wunsch)
2 TL Zitronensaft
1/4–1/2 TL Salz
Pfeffer

1 Maismehl, Weizenmehl, Backpulver, Salz und Zucker in eine Schüssel sieben. Eine Vertiefung in die Mitte drücken. Buttermilch, Eier und Butter in einer Schüssel glattrühren und zu den trockenen Zutaten geben. Kräftig rühren, bis ein glatter Teig ohne Klümpchen entsteht. Beiseite stellen und abgedeckt 20 Minuten ruhen lassen.
2 **Für die Avocadofüllung:** Avocado längs aufschneiden, den Stein entfernen und das Fleisch in eine Schüssel geben. Mit einer Gabel zerdrücken. Die Hälfte der Frühlingszwiebeln dazugeben. Tomaten, Chilisauce, Zitronensaft, Salz und Pfeffer einrühren. Gut vermischen und 20 Minuten kalt stellen.
3 Eine kleine Pfanne mit Öl auspinseln. Dann in die heiße Pfanne soviel Teig gießen, daß der Boden dünn bedeckt ist. Bei mittlerer Hitze goldgelb backen. Pfannkuchen umdrehen und die andere Seite backen. Anschließend auf einen Teller legen, mit einem Küchentuch abdecken und warm halten. Das Ganze mit dem restlichen Teig wiederholen; die Pfanne eventuell nachfetten. Etwas von der Avocadofüllung auf die Hälfte jedes Pfannkuchens geben und zusammenklappen. Mit saurer Sahne servieren und mit den restlichen Frühlingszwiebeln bestreuen.

KARTOFFEL-KÜRBIS-PFANNKUCHEN

Vorbereitungszeit: 25 Minuten
Kochzeit: 25 Minuten
Ergibt 10 Stück

✯

250 g Kartoffeln, gekocht und zerdrückt
250 g Kürbis, gekocht und zerdrückt
30 g Butter
3 Frühlingszwiebeln, feingehackt
2 Eier, leicht verquirlt
90 g Mehl
1/4 TL Backpulver
1/4 TL Muskatnuß, gerieben
1 Prise Cayennepfeffer
1/4 TL Salz
zusätzlich 30 g Butter

1 Kartoffeln, Kürbis und Butter in der Küchenmaschine zu einer glatten Masse verarbeiten. In eine Schüssel geben; Frühlingszwiebeln und Eier zufügen.
2 Mehl, Gewürze und Salz in eine Schüssel sieben. Kürbismischung zugeben und gründlich mischen.
3 Zusätzliche Butter in einer beschichteten Pfanne erhitzen. Pro Pfannkuchen 1 gehäuften EL der Mischung in die Pfanne geben und 2 Minuten braten. Dann wenden und in etwa 2–3 Minuten goldbraun backen. Auf Küchenpapier abtropfen lassen.
4 Vorgang mit der restlichen Teigmischung wiederholen. Im Backofen warm halten. Nach Wunsch Joghurt oder Butter dazu reichen.

SCHNELLE THAI-PFANNKUCHEN

KÖRNER VON 2 frischen Maiskolben in eine Schüssel geben. 2 feingehackte Frühlingszwiebeln, 2 EL feingehackte Korianderstiele, 2 zerdrückte Knoblauchzehen, 2 TL eingelegte grüne Pfefferkörner (abgetropft und zerstoßen), 2 EL Maismehl, 2 verquirlte Eier, eventuell 1 EL Fischsauce und 2 TL feinen braunen Zucker dazugeben. Dann mit einem Holzlöffel gut durchmischen. Nun etwas Öl in einer gußeisernen Pfanne auf mittlerer Stufe erhitzen. Die Pfannkuchenmischung eßlöffelweise in die Pfanne geben. Nun die Pfannkuchen portionsweise auf beiden Seiten goldbraun backen und auf Küchenpapier abtropfen lassen. Anschließend sofort servieren. Für 4–6 Personen.

MAISBRATLINGE

Vorbereitungszeit: 20 Minuten
Kochzeit: 20 Minuten
Für 4–6 Personen

☆

150 g Weizenmehl
1 1/2 TL Backpulver
1/2 TL gemahlener Koriander
1/4 TL gemahlener Kreuzkümmel
250 g Mais aus der Dose
125 ml Milch
2 Eier, leicht verquirlt
2 EL frischer Schnittlauch, gehackt
Salz und Pfeffer
125 ml Olivenöl

Dip
1 EL brauner Essig
3 TL feiner brauner Zucker
1 TL Sambal Oelek oder Chilisauce
1 EL frischer Schnittlauch, gehackt
1/2 TL Sojasauce

1 Mehl, Backpulver, Koriander und Kreuzkümmel in eine Schüssel sieben; eine Vertiefung in die Mitte drücken. Maiskörner, Milch, Eier, Schnittlauch, Salz und Pfeffer zufügen und gut verrühren.
2 Öl in einer großen beschichteten Pfanne erhitzen. Schwach gehäufte Eßlöffel der Mischung in die Pfanne geben und flachdrücken; 2 cm Abstand einhalten. Bei mittlerer Hitze in 2 Minuten goldgelb backen. Dann wenden und die andere Seite backen. Herausnehmen und auf Küchenpapier abtropfen lassen. Mit der restlichen Mischung ebenso verfahren. Mit einem Dip servieren.
3 Für den Dip: Alle Zutaten in einem kleinen Topf 1–2 Minuten erhitzen, bis sich der Zucker aufgelöst hat.

UNTEN: Maisbratlinge

GEMÜSEBRATLINGE MIT TOMATENSAUCE

Vorbereitungszeit: 30 Minuten
Kochzeit: 30 Minuten
Für 4 Personen

☆

2 mittelgroße Kartoffeln, geschält
1 mittelgroße Möhre, geschält
2 mittelgroße Zucchini
125 g Süßkartoffeln, geschält
1 kleine Lauchstange
2 EL Mehl
3 Eier, leicht verquirlt
Öl zum Ausbacken

Frische Tomatensauce
1 EL Öl
1 kleine Zwiebel, feingehackt
1 Knoblauchzehe, zerdrückt
1/2 TL Paprikapulver
3 reife, mittelgroße Tomaten, enthäutet und feingehackt
3 EL frisches Basilikum, in feine Streifen geschnitten

1 Kartoffeln, Möhre, Zucchini und Süßkartoffel fein raspeln. Den Lauch in feine Ringe schneiden (nur die weißen Teile). Mit den Händen möglichst viel Flüssigkeit aus dem geriebenen Gemüse pressen. Gemüse in einer Schüssel mit dem Lauch mischen.
2 Mehl über das Gemüse stäuben und vermischen. Eier unterrühren. In einer großen Pfanne 5 mm hoch Öl erhitzen. 2–3 gleich große Teighäufchen in die Pfanne geben und aus jedem mit der Gabel einen Bratling von 10 cm Durchmesser formen. Auf jeder Seite in 3 Minuten goldgelb und knusprig braten. Anschließend auf Küchenpapier abtropfen lassen und warm halten. Den Vorgang mit der restlichen Mischung wiederholen.
3 Für die Tomatensauce: Öl in einem Topf erhitzen. Zwiebel, Knoblauch und Paprika zufügen und bei mittlerer Hitze in 3 Minuten weich dünsten. Tomaten zufügen, Temperatur reduzieren und 10 Minuten kochen; dabei gelegentlich umrühren. Basilikum einrühren und warm servieren.

GEBRATENE GRÜNE TOMATEN

Vorbereitungszeit: 15 Minuten
Kochzeit: 12 Minuten
Für 4–6 Personen

☆☆

90 g Mehl
1 TL Salz
1/2 TL weißer Pfeffer
40 g Maismehl
1 Ei
180 ml Milch
4 mittelgroße grüne Tomaten (ca. 1/2 kg)
Öl zum Ausbacken

1 Mehl, Salz und Pfeffer in eine Schüssel sieben. Maismehl einrühren. Eine Vertiefung in die Mitte drücken.
2 Ei und Milch verrühren und nach und nach zur Mehlmischung geben. Nur so lange rühren, bis sich die Zutaten gut verbunden haben.
3 Tomaten in dicke Scheiben schneiden. In einer Pfanne ca. 1 cm hoch Öl eingießen und erhitzen.
4 Tomaten in den Teig tauchen; etwas abtropfen lassen und auf jeder Seite 1 Minute schwimmend ausbacken; mit der Zange umdrehen, dann herausnehmen, auf Küchenpapier abtropfen lassen und sofort servieren.
Hinweis: Sie können auch rote Tomaten nehmen.

KARTOFFEL-KRÄUTER-BRATLINGE

Vorbereitungszeit: 25 Minuten
Kochzeit: 8 Minuten
Für 4–6 Personen

☆

600 g Kartoffeln, feingerieben
180 g orangefarbene Süßkartoffeln, feingerieben
3 EL frischer Schnittlauch, feingehackt
1 EL frischer Oregano, feingehackt
2 EL frische Petersilie, feingehackt
2 Eier, leicht verquirlt
30 g Mehl
1 EL Olivenöl
250 g saure Sahne
frische Dillzweige zum Garnieren

1 Kartoffeln, Süßkartoffeln, Kräuter, Eier und das gesiebte Mehl in einer Schüssel mit einem Holzlöffel verrühren, bis die Zutaten sich zu einer homogenen Masse binden.
2 Öl in einer gußeisernen Pfanne erhitzen. Gehäufte Eßlöffel der Mischung in die Pfanne geben. Bei mittlerer Hitze auf jeder Seite in 4 Minuten goldgelb braten. Warm mit saurer Sahne und Dillzweigen servieren.

GRÜNE TOMATEN

Grüne Tomaten sind keine besondere Sorte, sondern lediglich unreife Tomaten. Sie waren in der Zeit der Depression im tiefen Süden der Vereinigten Staaten von Amerika als pikante, leichte Sommermahlzeit beliebt. Verwechseln Sie sie aber nicht mit Tomatillos: Dabei handelt es sich nämlich um kleine, grüne Früchte, die den Tomaten ähneln. Grüne Tomaten kann man braten, einlegen oder zu einer würzigen Sauce verarbeiten.

OBEN:
Gebratene grüne Tomaten

GEMÜSECHIPS

Papierdünn und hauchfein oder solide und robust – diese Gemüsechips kommen immer an. Kartoffeln sind aber nicht das einzige für Chips geeignete Gemüse, wie Sie hier sehen werden.

ROTE-BETE-CHIPS

Mit einem Gemüseschäler oder einem scharfen Messer 500 g geschälte rote Bete in papierdünne Scheiben schneiden. Dann 3/4 l Öl in einer Friteuse erhitzen und die Rote-Bete-Chips darin portionsweise knusprig braun fritieren. Anschließend auf Küchenpapier abtropfen lassen und bei 180 °C im Backofen warm halten, bis alle fertig sind. Dazu eine mit frischgehackten Kräutern gemischte Mayonnaise reichen.

KNUSPRIGE SÜSSKARTOFFELSCHEIBEN

500 g orangefarbene Süßkartoffeln mit dem Gemüseschäler oder einem scharfen Messer schälen und in dünne Scheiben schneiden. 3/4 l Öl in einer Friteuse erhitzen und die Süßkartoffelscheiben darin portionsweise schön knusprig fritieren. Die Scheiben auf Küchenpapier abtropfen lassen und im vorgeheizten Backofen bei 180 °C warm halten, bis alle fertig fritiert sind. Anschließend mit einer Mischung aus Mayonnaise, Limettensaft und Curry servieren.

ZUCCHINISTREIFEN

Mit einem Gemüseschäler 500 g große Zucchini längs in Streifen schneiden. Die Streifen in eine Schüssel mit 4 verquirlten Eiern, dann in eine Mischung aus 100 g Semmelbröseln und 1 EL frischgehackten Kräutern tauchen. In der Friteuse die panierten Zucchinistreifen portionsweise in 3/4 l heißem Öl goldgelb fritieren. Auf Küchenpapier abtropfen lassen und im vorgeheizten Backofen bei 180 °C warm halten, bis alle fertig sind. Köstlich schmeckt dazu ein Dip aus gehackten getrockneten Tomaten und Naturjoghurt.

GOLDENE KARTOFFELSCHNITZE

Zuerst 500 g gewaschene alte Kartoffeln in Schnitze schneiden. Dann 3/4 l Öl in einer Friteuse erhitzen und die Kartoffeln darin goldgelb fritieren; auf Küchenpapier abtropfen lassen. Wenn alle fertig sind, die Schnitze kurz vor dem Servieren noch einmal ins Öl geben und knusprig goldbraun fritieren. Eventuell mit Meersalz bestreuen und mit Essig beträufeln.

KÜRBISCHIPS

500 g Kürbisfleisch mit einem Buntmesser in Scheiben schneiden. Dann 3/4 l Öl in einer Friteuse erhitzen und die Scheiben darin portionsweise knusprig und goldbraun fritieren. Anschließend auf Küchenpapier abtropfen lassen und im vorgeheizten Backofen bei 180 °C warm halten, bis alle fertig sind.

MÖHREN-KRÄUTER-STREIFEN

Von 500 g Möhren mit dem Gemüseschäler lange Bänder schälen. 50 g große Basilikumblätter abwaschen und trockentupfen. In 3/4 l Öl in einer Friteuse mit den Möhrenbändern portionsweise knusprig fritieren. Auf Küchenpapier abtropfen lassen und im vorgeheizten Backofen bei 180 °C warm halten, bis alles fertig ist. Dann mit einem Dip aus süßer Chilisauce, Limettensaft und frischem gehacktem Koriandergrün servieren.

IM UHRZEIGERSINN VON OBEN LINKS: Goldene Kartoffelschnitze; Zucchinistreifen; Rote-Bete-Chips; Kürbischips; Möhren-Kräuter-Streifen; Knusprige Süßkartoffelscheiben

FRITTATA
Eine frische, heiße Frittata schmeckt wunderbar zum Brunch oder als leichtes Mittagessen, ist aber auch gut für ein Picknick geeignet. Frittata läßt sich problemlos transportieren und kann mit der Gabel oder mit den Fingern gegessen werden. Bereiten Sie Frittata einen Tag im voraus zu, und stellen Sie sie in den Kühlschrank. Bei Zimmertemperatur servieren.

OBEN: Lauch-Zucchini-Käse-Frittata

LAUCH-ZUCCHINI-KÄSE-FRITTATA

Vorbereitungszeit: 20 Minuten
Kochzeit: 40 Minuten
Für 4 Personen

☆

2 EL Olivenöl
3 Lauchstangen, in dünne Ringe geschnitten
2 mittelgroße Zucchini, gestiftelt
1 Knoblauchzehe, zerdrückt
Salz und Pfeffer
5 Eier, leicht verquirlt
4 EL frisch geriebener Parmesan
4 EL Schweizer Käse, kleingewürfelt

1 In einer kleinen Pfanne 1 EL Öl erhitzen. Den Lauch darin unter Rühren bei schwacher Hitze anbraten; abgedeckt 10 Minuten dünsten. Zucchini und Knoblauch zufügen und noch 10 Minuten dünsten. Dann in eine Schüssel geben und abkühlen lassen. Salz, Pfeffer, Eier und Käse zufügen.
2 Das restliche Öl in der Pfanne erhitzen. Die Eiermischung hineingießen und die Oberfläche glätten. Bei schwacher Hitze in 15 Minuten stocken lassen.
3 Unter dem vorgeheizten Grill 2–3 Minuten überbacken. Vor dem Anschneiden 5 Minuten ruhen lassen. Mit einem frischen grünen Salat als leichte Mahlzeit servieren.

SCHNELLE KARTOFFELPUFFER MIT LIMETTEN-CHILI-SAUCE

4 GROSSE KARTOFFELN schälen und in ein Sieb reiben. Unter kaltem Wasser gut abspülen und mit Küchenpapier trockentupfen. Flüssigkeit ausdrücken. In einer Schüssel mit 3 feingehackten Frühlingszwiebeln, 2 zerdrückten Knoblauchzehen, 3 EL feingehacktem Koriandergrün, 2 leicht verquirlten Eiern und 40 g Mehl mischen. Salzen und pfeffern. Je 2 EL Olivenöl und Butter in einer Pfanne erhitzen. 3 EL der Mischung in die Pfanne geben und flachdrücken. Die Puffer portionsweise in 3–4 Minuten pro Seite goldbraun backen. Zum Servieren einen Klecks Mascarpone daraufgeben. Etwas süße Chilisauce, frischen Limettensaft und feingeriebene Limettenrinde mit einer Prise braunem Zucker verrühren und über die Puffer gießen.
Für 4 Personen.

GEMÜSE-FRITTATA

Vorbereitungszeit: 25 Minuten
Kochzeit: 18 Minuten
Für 2–4 Personen

☆

3 EL Olivenöl
1 Zwiebel, feingehackt
1 kleine Möhre, geraspelt
1 kleine Zucchini, geraspelt
125 g Kürbisfleisch, geraspelt
4 EL Jarlsburg, Cheddar oder mittelalter Gouda, kleingewürfelt
1/2 TL Salz
1/2 TL gemahlener schwarzer Pfeffer
5 Eier

1 In einer Pfanne 2 EL Öl erhitzen. Zwiebel darin in 5 Minuten weich dünsten. Möhre, Zucchini und Kürbis hineingeben; bei aufgelegtem Deckel 3 Minuten dünsten.
2 In eine Schüssel geben und abkühlen lassen. Käse, Salz und Pfeffer einrühren. Die Eier verquirlen und über das Gemüse geben.
3 Das restliche Öl in einer kleinen Pfanne erhitzen. Eiermischung hineingeben und die Pfanne schütteln, damit die Mischung sich gleichmäßig verteilt. Temperatur reduzieren und in 3 Minuten stocken lassen. Dabei gelegentlich die Pfanne kippen und die Ränder der Frittata anheben, damit evtl. noch flüssige Eiermasse darunterlaufen kann. In Stücke schneiden und sofort servieren.

CHILI-KORIANDER-FRITTATA

Vorbereitungszeit: 25 Minuten
Kochzeit: 30 Minuten
Für 6 Personen

☆

3 mittelgroße Kartoffeln, geschält und kleingewürfelt
2 mittelgroße Bananen-Chillies
2 EL Olivenöl
1 mittelgroße Zwiebel, feingehackt
1 kleine rote Chilischote, feingehackt
1 EL Korianderblätter
5 Eier, leicht verquirlt

1 Die Kartoffeln in einem großen Topf mit sprudelndem Wasser gar, aber nicht zu weich kochen. Gut abtropfen lassen. Die Kerne der Bananen-Chillies entfernen und das Fleisch in Ringe schneiden. Nun die Hälfte des Öls in einer beschichteten Pfanne erhitzen und die Chillies darin bei mittlerer Temperatur 2 Minuten weich dünsten. Aus der Pfanne nehmen und beiseite stellen. Nun das restliche Öl erhitzen. Die Zwiebel und die kleine rote Chilischote darin bei mittlerer Hitze 3 Minuten braten.
2 Kartoffeln hineingeben und gut umrühren. Aus der Pfanne nehmen und beiseite stellen. Die Hälfte der Bananen-Chillies in die Pfanne geben und mit Korianderblättern bestreuen. Schichtweise die Hälfte der Kartoffelmischung, die restlichen Bananen-Chillies und den Rest der Kartoffelmischung in die Pfanne geben.
3 Nun die Eier hineingießen und die Pfanne etwas drehen, damit sie sich gleichmäßig verteilen. Bei schwacher bis mittlerer Hitze in 8 Minuten fast vollständig stocken lassen; zum Schluß noch 5 Minuten unter den heißen Grill schieben. Frittata auf einen Teller stürzen und in Stücke schneiden. Heiß oder kalt, mit frischen Kräutern garniert, servieren.

OBEN: Chili-Koriander-Frittata

EIER
Viele Vegetarier verzehren Eier und Milchprodukte, wodurch sie einen großen Teil ihres Calcium- und Eiweißbedarfs decken. Freilandeier stammen aus Betrieben, in denen die Hühner nicht in Legebatterien gezwängt werden, sondern frei herumlaufen und natürliches Futter bekommen. Diese Eier werden von denjenigen bevorzugt, die hygienische und humanitäre Bedenken gegen die Legebatterien haben.

OBEN: Sahne-Omelett (links); Omelettröllchen

SAHNE-OMELETT

Vorbereitungszeit: 5 Minuten
Kochzeit: 5 Minuten
Für 2 Personen

☆

3 Eier
60 ml Sahne
Salz und Pfeffer
20 g Butter

1 Eier, Sahne, Salz und Pfeffer in einer Schüssel mit dem Schneebesen 2 Minuten gründlich verrühren.
2 Butter in einer kleinen beschichteten Pfanne auf mittlerer Stufe erhitzen. Sobald die Butter schäumt, die Eier-Sahne-Mischung in die Pfanne gießen. Mit einem Holzlöffel 15 Sekunden rühren.
3 Das Omelett stocken lassen; dabei die Pfanne hin und wieder kippen und die Ränder des Omeletts anheben, damit die flüssige Eiermasse darunterlaufen kann. Sobald die Masse beinahe gestockt ist, das Omelett mit einem Pfannenmesser oder einem Schaber zusammenfalten. Das Omelett sollte jetzt in der Mitte feucht und sahnig sein.
Alternative: Das Omelett nicht falten, sondern den Deckel auf die Pfanne setzen und das Omelett auf diese Weise 2 Minuten garen. Mit frischen Kräutern servieren und nach Wunsch Avocadoscheiben dazu reichen.

OMELETTRÖLLCHEN

Vorbereitungszeit: 15 Minuten
Kochzeit: 10 Minuten
Ergibt 5 Stück

☆

4 Eier
2 EL Wasser
2 TL Sojasauce
2 TL Erdnußöl

1 Eier, Wasser und Sojasauce in einer Schüssel 2 Minuten mit dem Schneebesen schlagen.
2 Den Boden einer Omelettpfanne mit Öl bepinseln und die Pfanne stark erhitzen. Ein Fünftel der Mischung in die Pfanne gießen und gleichmäßig darin verteilen. 20 Sekunden erhitzen, bis die Masse fast gestockt ist. Dann vom Herd nehmen. Mit einem Schaber oder einem Pfannenmesser das Omelett von einem Ende her aufrollen. Auf einen vorgewärmten Teller geben und mit einem Küchentuch abdecken.
3 Diesen Vorgang mit der übrigen Eiermischung wiederholen. Auf diese Weise fünf Omeletts backen.
Hinweis: Köstlich schmecken die Röllchen, wenn man sie vor dem Aufrollen mit Pesto, Olivenpaste oder einer anderen Füllung bestreicht. Rollen Sie sie fest zusammen, und schneiden Sie sie zum Servieren in Scheiben.

OMELETTS

Omeletts gibt es in vielen Formen und Größen, und jedes Land pflegt seine traditionelle Variante. Die Franzosen füllen ihre gefalteten Omeletts süß oder herzhaft. Die Italiener lieben die Frittata, ein herzhafteres Gericht, das von beiden Seiten gebraten und vor dem Servieren in Stücke geschnitten wird. Die spanische Variante nennt man *Tortilla* (aber nicht mit der mexikanischen Tortilla zu verwechseln); sie wird aus Kartoffeln und Eiern zubereitet und ist sehr sättigend.

KÄSESOUFFLÉ-OMELETT

Vorbereitungszeit: 10 Minuten
Kochzeit: 5 Minuten
Für 2–4 Personen

☆

5 Eier, getrennt
2 TL Wasser
2 TL Zitronensaft
Salz und Pfeffer
20 g Butter
80–90 g grobgeraspelter Cheddar oder mittelalter Gouda

1 Eigelb, Wasser, Saft, Salz und Pfeffer in einer Schüssel mit dem Handrührgerät auf höchster Stufe schlagen, bis die Mischung hell und cremig ist.
2 Eiweiß in einem kleinen, trockenen Gefäß mit dem Schneebesen oder dem Handrührgerät sehr steif schlagen und mit einem Metallöffel unter die Eigelbmischung heben. Dann den Grill auf höchster Stufe vorheizen.
3 Butter in einer beschichteten Pfanne auf hoher Stufe erhitzen. Sobald sie schäumt, die Omelettmischung hineingeben und gleichmäßig in der Pfanne verteilen. Bei starker Hitze 1 Minute backen, aber nicht umrühren. Dann vom Herd nehmen und mit Käse bestreuen.
4 Anschließend für 2–3 Minuten unter den heißen Grill schieben, bis das Omelett aufgegangen und goldgelb ist. In Portionen teilen und sofort servieren, weil es leicht zusammenfällt. Evtl. gehackte frische Kräuter dazu reichen.
Hinweis: Zu diesem Omelett schmecken sehr gut: gegrillte oder gebratene Champignons oder halbierte Tomaten, mit Käse bestreut und gegrillt.

OBEN: Käsesoufflé-Omelett

OBEN: Omelettstreifen mit frischer Tomatensauce
RECHTS: Zucchini-Sahne-Omelett

OMELETTSTREIFEN MIT FRISCHER TOMATENSAUCE

Vorbereitungszeit: 25 Minuten
Kochzeit: 12 Minuten
Für 2 Personen

Tomatensauce
3 reife Tomaten, enthäutet und grobgehackt
1/2 TL Salz
1/2 TL Pfeffer
1 TL Zucker
2 EL Basilikum, in feine Streifen geschnitten

4 Eier
2 TL Sojasauce
1/4 TL weißer Pfeffer
1 EL Wasser
Olivenöl

1 Für die Tomatensauce: Tomaten in einem kleinen Topf mit Salz, Pfeffer und Zucker 5 Minuten kochen, bis die Flüssigkeit verdampft ist. Dann Basilikum zugeben.
2 Mit dem Schneebesen die Eier mit der Sojasauce, dem Pfeffer und dem Wasser verrühren.
3 Eine leicht geölte Pfanne erhitzen. Genug von der Eiermischung hineingießen, um den Boden zu bedecken. Einige Sekunden backen; dann auf einen Teller gleiten lassen. Die Pfanne mit Öl bepinseln und 3 weitere Omeletts backen.
4 Die Omeletts aufeinanderlegen und zu einem Zylinder rollen. Mit einem scharfen Messer in dünne Streifen schneiden.
5 Jetzt die Sauce erhitzen und anschließend die Omelettstreifen darin vorsichtig erwärmen. Umrühren, bis alle Omelettstreifen gut mit der Tomatensauce überzogen sind. Nach Wunsch mit zusätzlichem Basilikum und zerstoßenem Pfeffer servieren.
Hinweis: Servieren Sie die Omelettstreifen mit einem Salat oder zu gegrilltem Hähnchen. Man kann sie auch gut in Suppen, Pfannengerichten oder Salaten verwenden.

ZUCCHINI-SAHNE-OMELETT

Vorbereitungszeit: 5–10 Minuten
Kochzeit: 12 Minuten
Für 2 Personen

2 mittelgroße Zucchini
2 EL Olivenöl
60 g Butter
1 Knoblauchzehe, feingehackt
5 Eier
2 EL Sahne
1/2 TL Salz
1/4 TL Pfeffer
2 EL frisch geriebener Parmesan

1 Zucchini-Enden abschneiden und die Zucchini in sehr dünne Scheiben schneiden. Die Hälfte der

Butter und des Öls in einer Pfanne erhitzen. Wenn die Butter zerlaufen ist, die Zucchini darin in etwa 2–3 Minuten goldgelb braten. Knoblauch darüberstreuen und vorsichtig vermischen. Noch weitere 30 Sekunden braten. Anschließend mit dem Schaumlöffel auf einen Teller heben. Die Pfanne mit Küchenpapier auswischen.

2 Die Eier mit Sahne, Salz und Pfeffer verquirlen. Die Pfanne wieder erhitzen, restliches Öl und Butter hineingeben und sehr heiß werden lassen. Nun die Eier dazugeben und mit dem Gabelrücken gut verrühren. Noch 1 Minute backen; dabei hin und wieder die Pfanne kippen, die Omelettränder anheben und das flüssige Ei unter die feste Masse laufen lassen.

3 Sobald die Mischung teilweise gestockt ist, die Zucchini gleichmäßig darauf verteilen. Temperatur reduzieren und weitere 5 Minuten backen. Dann vom Herd nehmen, mit Parmesan bestreuen und mit einem Deckel abdecken. Das Omelett 2 Minuten in der Pfanne ruhen lassen. Anschließend auf einen Teller gleiten lassen und in Portionen teilen. Dazu Salat reichen.

Hinweis: Kaufen Sie Parmesankäse am Stück, und reiben Sie ihn selbst – so hat er viel mehr Aroma als fertig geriebener Parmesan.

SPANISCHES OMELETT

Vorbereitungszeit: 20 Minuten
Kochzeit: 40 Minuten
Für 4–6 Personen

☆☆

1 kg Kartoffeln, geschält
Salz
2 große rote Zwiebeln
50 g Butter
2 EL Olivenöl
1 Knoblauchzehe, zerdrückt
2 EL frische Petersilie, feingehackt
4 Eier, leicht verquirlt

1 Die geschälten Kartoffeln klein würfeln, in einem großen Topf mit Salzwasser bedecken und zum Kochen bringen; dann im offenen Topf 3 Minuten kochen. Den Topf vom Herd nehmen, abdecken und 8 Minuten ziehen lassen, bis die Kartoffeln beinahe gar sind. Gut abtropfen lassen.

2 Die Zwiebeln grob hacken. Butter und Öl in einer tiefen beschichteten Pfanne auf mittlerer Stufe erhitzen. Die Zwiebeln und den Knoblauch darin unter gelegentlichem Rühren 8 Minuten braten. Jetzt Kartoffeln hineingeben und weitere 5 Minuten braten. Das Gemüse mit dem Schaumlöffel herausnehmen und in eine Schüssel geben. Gehackte Petersilie und Eier zufügen und mischen.

3 Die Mischung in die heiße, geölte Pfanne geben, Temperatur zurückschalten und auf kleiner Stufe bei aufgelegtem Deckel etwa 10 Minuten backen, bis die Unterseite goldgelb ist. Nach Wunsch können Sie die Oberseite noch unter dem heißen Grill bräunen.

Hinweis: Servieren Sie das Spanische Omelett mit Oliven, Blattsalat und roten Zwiebeln, und garnieren Sie es mit frischen Kräuterzweigen.

SCHNELLES CHAMPIGNON-OMELETT MIT KRÄUTERN

20 G BUTTER in einer beschichteten Pfanne erhitzen. 6 in dünne Scheiben geschnittene Champignons zufügen. Bei mittlerer Hitze unter Rühren weich dünsten. 1 zerdrückte Knoblauchzehe, 2 Eier, 1 EL Milch und etwas frisch geriebenen Parmesan verrühren. Über die Champignons gießen und mit 3–4 EL feingehacktem frischem Basilikum und Schnittlauch bestreuen. Mit Salz und Pfeffer würzen. 4 Minuten backen, bis das Omelett fast gestockt ist. Dann unter den vorgeheizten Grill schieben. Sofort servieren. Evtl. mit einem Klecks saurer Sahne servieren.
Für 1 Person.

ROTE ZWIEBELN
Rote Zwiebeln sind im allgemeinen weniger scharf als weiße oder braune, daher eignen sie sich gut für Salate. Beim Kochen verlieren sie nämlich leider ihre kräftige Farbe. Jede Sorte geschnittener oder gehackter Zwiebeln riecht ziemlich unangenehm, wenn sie eine Zeitlang steht. Wenn Sie Zwiebeln vorbereiten wollen, braten Sie sie in Butter, und bewahren Sie sie anschließend am besten im Kühlschrank auf.

OBEN:
Spanisches Omelett

NUDELN UND PASTA

Bereits seit den Tagen des alten Rom erfreuen sich Italiener an Spaghetti und Makkaroni, aber erst in den letzten Jahrzehnten fanden Nudeln in allen Formen und Variationen ihren Weg in die Küchen der Welt. Jede Nudelsorte erinnert uns beim Garnieren und Servieren an die vielen anderen Möglichkeiten, die sich uns noch bieten. Dieses Kapitel gibt Ihnen einen Einblick in die endlosen Zubereitungsvarianten der Nudel – von scharfen orientalischen Nudelgerichten bis hin zu einfacheren Spaghettigerichten mit Rauke.

RAVIOLI
Ravioliteig sollte so dünn wie möglich ausgerollt werden, er muß dabei aber noch dick genug bleiben, um bei der Weiterverarbeitung nicht zu reißen. Sobald Sie Ravioli einige Male zubereitet haben, entwickeln Sie von selbst das Gespür für die richtige Beschaffenheit des Teigs.

OBEN:
Kürbis-Kräuter-Ravioli

KÜRBIS-KRÄUTER-RAVIOLI

Vorbereitungszeit: 50 Minuten + 30 Minuten Ruhezeit
Kochzeit: 1 Stunde 15 Minuten
Für 6 Personen

☆☆

500 g Kürbis, geschält und in Stücke geschnitten
220 g Mehl
3 Eier, leicht verquirlt
1/4 TL Muskatnuß
15 Salbeiblätter
15 Blätter frische, glatte Petersilie
Salz und Pfeffer
125 g Butter, zerlassen
60 g frisch geriebener Parmesan

1 Backofen auf 180 °C vorheizen. Den Kürbis auf ein geöltes Backblech geben und in ca. 1 Stunde im Backofen gar werden lassen. Abkühlen lassen und die Haut abziehen. Mehl und Eier in der Küchenmaschine in 30 Sekunden zu einem Teig mischen. Auf eine leicht bemehlte Arbeitsfläche geben und in 3 Minuten zu einem elastischen, glatten Teig kneten. Anschließend mit einem sauberen Tuch abdecken und 30 Minuten ruhen lassen.

2 Den Kürbis in einer Schüssel mit Muskat bestreuen und mit einer Gabel zerdrücken. Die Hälfte des Teigs zu einem 2 mm dicken Rechteck ausrollen. Nun den restlichen Teig zu einem etwas größeren Rechteck ausrollen.

3 Auf das erste Rechteck senkrecht untereinander und in Reihen nebeneinander mit 5 cm Abstand gehäufte Teelöffel von der Kürbismischung geben. Häufchen flachdrücken; dann ein ganzes Salbei- oder Petersilienblatt auf die Mischung legen.

4 Den Teig zwischen der Füllung mit Wasser bepinseln. Die zweite Teiglage obenauf legen. Nun die Teiglagen zwischen den Häufchen aufeinanderdrücken. Mit einem Messer oder mit einem Teigrad in Quadrate schneiden. Dann einen großen Topf mit Salzwasser zum Kochen bringen und die Ravioli darin portionsweise in 4 Minuten bißfest kochen. Gut abtropfen lassen. Zum Servieren mit zerlassener Butter begießen und mit Parmesan, Salz und Pfeffer bestreuen.

Hinweis: Ravioli können schon einige Stunden im voraus zubereitet werden. Bis zur Weiterverarbeitung bewahrt man sie am besten im Kühlschrank auf. Die Lagen kann man mit Pergamentpapier trennen. Nach dem Kochen sollte man die Ravioli sofort servieren.

TAGLIATELLE MIT GRÜNEN OLIVEN UND AUBERGINE

Vorbereitungszeit: 20 Minuten + evtl. 30 Minuten Ruhezeit
Kochzeit: 20 Minuten
Für 4 Personen

☆

500 g Tagliatelle oder Fettucine
175 g grüne Oliven
1 große Aubergine
2 EL Olivenöl
2 Knoblauchzehen, zerdrückt
125 ml Zitronensaft
Salz und Pfeffer
2 EL frische Petersilie, gehackt
50 g frisch geriebener Parmesan

1 Die Nudeln in einem großen Topf mit sprudelndem Salzwasser bißfest kochen. Abgießen und erneut in den Topf geben. Während die Nudeln kochen, die Oliven entkernen und hacken; die Aubergine in kleine Würfel schneiden.
2 Öl in einer gußeisernen Pfanne erhitzen. Den Knoblauch darin 30 Sekunden unter Rühren braten. Die Aubergine hineingeben und bei mittlerer Hitze unter häufigem Rühren etwa 6 Minuten braten.
3 Oliven, Zitronensaft, Salz und Pfeffer zugeben. Die Sauce zu den Nudeln geben und gut mischen. Mit Petersilie und Parmesankäse bestreuen und in vorgewärmten Pastaschüsseln servieren.
Hinweis: Nach Wunsch können Sie die zerkleinerte Aubergine vorher großzügig salzen, 30 Minuten ruhen lassen und vor der Weiterverarbeitung gründlich abspülen. Auf diese Weise werden die Bitterstoffe entfernt.

FETTUCINE MIT ZUCCHINI

Vorbereitungszeit: 20 Minuten
Kochzeit: 15 Minuten
Für 4–6 Personen

☆

500 g Fettucine
60 g Butter
2 Knoblauchzehen, zerdrückt
500 g Zucchini, geraspelt
80 g frisch geriebener Parmesan
250 ml Olivenöl
16 mittelgroße Basilikumblätter

1 Die Nudeln in einem großen Topf mit sprudelndem Salzwasser bißfest kochen. Abgießen und erneut in den Topf geben. Während die Nudeln kochen, die Butter in einem tiefen Topf auf kleiner Stufe erhitzen, bis sie schäumt. Den Knoblauch darin 1 Minute braten. Die Zucchini hineingeben und für 1–2 Minuten braten; dabei gelegentlich umrühren.
2 Die Zucchinisauce und den Parmesan zu den Nudeln geben und gut vermischen.
3 Basilikumblätter werden knusprig, wenn man immer 2 Blätter gleichzeitig 1 Minute in Öl fritiert. Mit einem Schaumlöffel herausnehmen und auf Küchenpapier abtropfen lassen. Wenn alle Blätter fertig sind, die Nudeln auf vorgewärmte Teller verteilen und mit den Blättern garnieren. Servieren.

BANDNUDELN

Bandnudeln gibt es in verschiedenen Breiten. Tagliatelle und Fettucine sind sich recht ähnlich und können in den Rezepten gegeneinander ausgetauscht werden. Tagliatelle sind traditionell breiter als Fettucine, Pappardelle noch breiter; bei Tagliolini handelt es sich um die schmalsten Bandnudeln, die es zur Zeit gibt.

LINKS: Tagliatelle mit grünen Oliven und Aubergine
OBEN: Fettucine mit Zucchini

RICOTTA
Bei Ricotta handelt es sich um einen ungereiften italienischen Käse; er wird aus der Molke hergestellt, die bei der Herstellung von Doppelrahmkäse übrigbleibt. Das Eiweiß in der Molke gerinnt beim Erhitzen. Ricotta hat ein sahniges, zartes Aroma und eignet sich gut zum Kochen mit Pasta. Mit Zucker gesüßt, wird er sehr gerne für Obsttorten oder Pudding verwendet. Ricotta hat genau den richtigen Feuchtigkeitsgehalt, um ihn wie Quark für Käsekuchen verwenden zu können.

OBEN: Nudeln mit Ricotta, Chillies und Kräutern

NUDELN MIT RICOTTA, CHILLIES UND KRÄUTERN

Vorbereitungszeit: 25 Minuten
Kochzeit: 25 Minuten
Für 4 Personen

☆

500 g Spiralnudeln oder Penne
3 EL Olivenöl
3 Knoblauchzehen, zerdrückt
2 TL frische rote Chilischote, sehr fein gehackt
20 g Petersilie, grobgehackt
20 g frische Basilikumblätter, in Streifen
20 g frische Oreganoblätter, grobgehackt
Salz und Pfeffer
200 g frischer Ricottakäse, in kleine Würfel geschnitten

1 Die Nudeln in einem großen Topf mit sprudelndem Salzwasser bißfest kochen. Abgießen und erneut in den Topf geben. Wenn die Nudeln fast gar sind, Öl in einer beschichteten Pfanne erhitzen. Knoblauch und Chili darin 1 Minute lang bei schwacher Hitze unter Rühren braten.
2 Ölmischung, Petersilie, Basilikum, Oregano, Salz und Pfeffer zu den Nudeln geben. Sorgfältig vermischen, bis alle Nudeln gut mit dem Öl überzogen sind. Nun die Ricottawürfel vorsichtig unterheben und sofort servieren.

FETTUCINE ALFREDO

Vorbereitungszeit: 10 Minuten
Kochzeit: 15 Minuten
Für 4–6 Personen

☆

500 g Fettucine
100 g Butter
150 g frisch geriebener Parmesan
300 ml Sahne
3 EL frische Petersilie, gehackt
Salz und Pfeffer

1 Die Nudeln in einem großen Topf mit sprudelndem Salzwasser bißfest kochen. Dann abgießen und wieder in den Topf geben.
2 Während die Nudeln kochen, die Butter in einer mittelgroßen Pfanne auf kleiner Stufe erhitzen. Parmesan und Sahne zufügen und unter Rühren zum Kochen bringen.
3 Petersilie, Salz und Pfeffer einrühren. Über die Nudeln gießen und gut mischen. Sofort servieren.
Hinweis: Dieses Gericht reicht für 8 Personen als Vorspeise. Nach Wunsch mit zusätzlichem Parmesan bestreuen.

BUCATINI MIT BAUERN-SAUCE

Vorbereitungszeit: 20 Minuten
Kochzeit: 25 Minuten
Für 4–6 Personen

☆

2 EL Olivenöl
250 g Champignons
1 mittelgroße Aubergine
2 Knoblauchzehen, zerdrückt
ca. 800 g Tomaten aus der Dose
500 g Bucatini oder Spaghetti
Salz und Pfeffer
3 EL frische Petersilie, gehackt

1 Öl in einem Topf erhitzen. Die Champignons mit einem Küchentuch abwischen und in Scheiben schneiden. Die Aubergine in kleine Würfel schneiden.

2 Champignons, Auberginenwürfel und Knoblauch in den Topf geben und unter ständigem Rühren 4 Minuten braten. Nun die zerdrückten Tomaten mit Flüssigkeit hineingeben; im geschlossenen Topf 15 Minuten garen.

3 Während die Sauce kocht, die Nudeln in einem großen Topf mit sprudelndem Salzwasser bißfest kochen. Abgießen und wieder in den Topf geben. Die Sauce mit Salz und Pfeffer würzen. Gehackte Petersilie einrühren. Anschließend die Sauce über die Nudeln gießen und gut mischen. Sofort in vorgewärmten Tellern servieren.

Hinweis: Wenn Sie die Nudeln nicht sofort servieren, geben Sie nach dem Abgießen etwas Öl in den Topf, und mischen Sie es gut unter die Nudeln. Dann kleben sie nicht zusammen.

SCHNELLE TOMATEN-KRÄUTER-NUDELN

150 G FARFALLE oder Penne in einem großen Topf mit sprudelndem Wasser bei mittlerer Hitze 5 Minuten kochen. Herdplatte ausschalten und den Deckel auflegen; die Nudeln kochen noch etwas weiter. Je 3 EL Olivenöl und Balsamessig, 1 Spritzer Zitronensaft, 1 Prise feinen braunen Zucker, 1–2 zerdrückte Knoblauchzehen, Salz und frisch gemahlenen schwarzen Pfeffer miteinander verrühren. Die Nudeln gut abtropfen lassen und mit der Sauce vermengen. 1 große, reife Tomate, gehackt, ein paar Gurkenscheiben und 60 g gemischte gehackte Kräuter (Petersilie, Basilikum, Koriander und Zitronenthymian) hineingeben. Alles gut mischen und sofort mit gehobeltem Parmesan servieren. Dazu schmecken frische blanchierte Gemüse wie Spargel, Brokkoli, Zuckererbsen oder Bohnen. Für 2–4 Personen.

BUCATINI
Bucatini sind dünne, spaghettiähnliche Nudeln, die wie ein Strohhalm innen hohl sind. Die etwas dikkere Form nennt man *Bucatoni.*

OBEN: Bucatini mit Bauernsauce

TAGLIATELLE MIT GRÜNEM SPARGEL UND KRÄUTERN

Vorbereitungszeit: 15 Minuten
Kochzeit: 15 Minuten
Für 4–6 Personen

☆

500 g Tagliatelle
150 g grüner Spargel
40 g Butter
1 EL frische Petersilie, gehackt
1 EL frisches Basilikum, gehackt
300 ml Sahne
Salz und Pfeffer
50 g frisch geriebener Parmesan

1 Die Nudeln in einem großen Topf mit sprudelndem Salzwasser bißfest kochen. Abgießen und erneut in den Topf geben. Während die Nudeln kochen, den Spargel in kleine Stücke schneiden.
2 Butter in einem Topf erhitzen. Den Spargel darin bei mittlerer Hitze in 2 Minuten bißfest dünsten. Petersilie und Basilikum, Sahne, Salz und Pfeffer hineingeben und 2 Minuten kochen.
3 Parmesan in den Topf geben und gut verrühren. Anschließend die Sauce über die warme Pasta gießen und sorgfältig vermengen. Anschließend auf vorgewärmten Tellern mit gehobeltem Parmesankäse servieren. Als Vorspeise reicht dieses Gericht für 8 Personen.

OBEN: Tagliatelle mit grünem Spargel und Kräutern

TAGLIATELLE MIT KÄSESAUCE

Vorbereitungszeit: 15 Minuten
Kochzeit: 20 Minuten
Für 6 Personen

☆

30 g Butter
2 Zucchini, in Scheiben geschnitten
1 Knoblauchzehe, zerdrückt
100 ml Weißwein
100 g Blauschimmelkäse, zerbröckelt
300 ml Sahne
1 Prise schwarzer Pfeffer
500 g weiße oder grüne Tagliatelle
2–3 EL frisch geriebener Parmesan
frische, gehackte Petersilie zum Garnieren

1 Butter in einer Pfanne zerlassen. Die Zucchini und den Knoblauch darin braten, bis die Zucchini weich sind. Dann Wein, Käse, Sahne und Pfeffer einrühren. 10 Minuten garen.
2 Die Nudeln in einem großen Topf mit sprudelndem Salzwasser 6–8 Minuten kochen. Abgießen, unter warmem Wasser abspülen und nochmals abgießen.
3 Nudeln wieder in den Topf geben. Die Sauce zufügen und einige Minuten bei schwacher Hitze unter die Nudeln rühren. Zum Servieren mit Petersilie und Parmesan bestreuen.

SCHNELLE CHAMPIGNON-MASCARPONE-NUDELN

30 G BUTTER in einer beschichteten Pfanne erhitzen. 10 mittelgroße, in dünne Scheiben geschnittene Champignons zugeben und bei mittlerer Hitze goldbraun braten. Dann 1–2 zerdrückte Knoblauchzehen und 125 g Mascarpone einrühren. Bei schwacher Hitze rühren, bis der Mascarpone verlaufen und die Sauce glatt ist. Ist sie noch zu dick, etwas Sahne zufügen. Mit Salz und Pfeffer abschmecken; nun frische, gehackte Petersilie zugeben. Mit 250 g heißen, frisch gekochten und abgetropften Nudeln vermengen und sofort servieren. Für 2 Personen.

SPAGHETTI MIT FRISCHER TOMATENSAUCE

Vorbereitungszeit: 15 Minuten + Kühlzeit
Kochzeit: 10–15 Minuten
Für 4 Personen

☆

4 Frühlingszwiebeln
4 feste, reife Tomaten
8 grüne Oliven, mit Paprika gefüllt
2 EL Kapern
2 Knoblauchzehen, zerdrückt
1/2 TL getrockneter Oregano
4 EL frische Petersilie, gehackt
4 EL Olivenöl
500 g Spaghetti

1 Die Frühlingszwiebeln fein hacken und die Tomaten in kleine Stücke schneiden. Oliven und Kapern hacken. Alle Zutaten mit Ausnahme der Nudeln in einer Schüssel gut mischen. Abgedeckt mindestens 2 Stunden kalt stellen.
2 Nudeln in einem großen Topf mit sprudelndem Salzwasser bißfest kochen. Abgießen und wieder in den Topf geben.
3 Die kalte Sauce zu den heißen Nudeln geben und gut mischen. *Variante*: 30 g frische Basilikumblätter dazugeben.

KÄSE-TORTELLINI MIT NUSS-KRÄUTER-SAUCE

Vorbereitungszeit: 15 Minuten
Kochzeit: 15 Minuten
Für 4–6 Personen

☆

500 g frische oder getrocknete Tortellini oder Ravioli, mit Ricotta gefüllt
100 g Walnüsse
60 g Butter
100 g Pinienkerne
2 EL frische Petersilie, gehackt
2 TL frischer Thymian
Salz und Pfeffer
60 g frischer Ricotta
3 EL Sahne

1 Nudeln in einem großen Topf mit sprudelndem Salzwasser bißfest kochen. Abgießen und wieder in den Topf geben.
2 Walnüsse klein hacken. Während die Nudeln kochen, Butter in einer gußeisernen Pfanne auf mittlerer Stufe erhitzen, bis sie schäumt. Die Walnüsse und Pinienkerne zufügen und in 5 Minuten goldbraun rösten. Kräuter, Salz und Pfeffer zufügen.
3 Ricotta mit Sahne glattrühren. Die Sauce zu den Nudeln geben und gut vermengen. Mit einem Klecks Ricotta garnieren und sofort servieren.
Hinweis: Das beste Aroma erhalten Sie, wenn Sie Pastasaucen so oft wie möglich mit frischen Kräutern zubereiten.

THYMIAN

Thymian (*Thymus vulgaris*) ist ein kräftiges Gewürz mit winzigen Blättern, das gut zu Auberginen, Zucchini und Paprikaschoten paßt. Zitronenthymian (*Thymus citriodorus*) eignet sich hervorragend zum Würzen von Füllungen. Thymian kann man an einem sonnigen Plätzchen sogar im kleinsten Garten leicht anbauen, und die geringe Mühe lohnt sich – selbst getrockneter oder tiefgefrorener Thymian schmeckt wesentlich besser als die kommerziellen getrockneten oder pulverisierten Kräuter. Und so trocknet man Thymian: In Bündeln an einem warmen Ort aufhängen, die getrockneten Blätter von den Stengeln abstreifen und in ein luftdichtes Glas füllen.

OBEN: Spaghetti mit frischer Tomatensauce
UNTEN: Käse-Tortellini mit Nuß-Kräuter-Sauce

PARMESANKÄSE

Parmesan (*parmigiano reggiano*) gehört zu einer Gruppe italienischer Käse, die als »grana-Käse« bekannt sind. Er ist wesentlicher Bestandteil vieler der besten und charakteristischsten Gerichte Norditaliens. Achten Sie darauf, daß der Parmesan beim Kauf strohfarben und spröde ist. Er darf niemals schwitzen oder grau bzw. wächsern aussehen und soll immer frisch duften. Geriebener Parmesan in der Fertigpackung ist übrigens nur ein drittklassiger Ersatz für das Original.

SPAGHETTI MIT FRÜHLINGSSAUCE

Vorbereitungszeit: 25 Minuten
Kochzeit: 15 Minuten
Für 4–6 Personen

☆

500 g Spaghetti
150 g frischer grüner Spargel
170 g Puffbohnen, tiefgefroren
40 g Butter
1 Stange Staudensellerie, in Scheiben geschnitten
150 g grüne Erbsen, tiefgefroren
300 ml Sahne
50 g frisch geriebener Parmesan
Salz und Pfeffer

1 Nudeln in einem großen Topf mit sprudelndem Salzwasser bißfest kochen. Abgießen und wieder in den Topf geben.
2 Während die Nudeln kochen, den Spargel in kleine Stücke schneiden und in einem Topf mit kochendem Wasser 2 Minuten blanchieren. Mit einem Schaumlöffel herausnehmen und in kaltes Wasser tauchen.
3 Puffbohnen in einen Topf mit kochendem Wasser geben. Sofort wieder herausnehmen und in kaltem Wasser abkühlen lassen. Abgießen und völlig erkalten lassen. Die Schalen entfernen.
4 Butter in einer gußeisernen Pfanne erhitzen. Den Sellerie darin unter Rühren 2 Minuten braten. Erbsen und Sahne zufügen; 3 Minuten kochen. Spargel, Puffbohnen, Parmesan, Salz und Pfeffer hineingeben und zum Kochen bringen. 1 Minute kochen. Die Sauce über die Nudeln gießen und die Spaghetti sofort auf vorgewärmten Tellern servieren.
Hinweis: Als Variante können Sie auch andere Gemüse verwenden wie Lauch, Zucchini und Zuckererbsen. Nach Wunsch frischen, gehackten Dill oder Basilikum zufügen.

UNTEN: Spaghetti mit Frühlingssauce

TORTELLINI MIT CHAMPIGNONSAUCE

Vorbereitungszeit: 40 Minuten + 30 Minuten Ruhezeit
Kochzeit: 35–40 Minuten
Für 4 Personen

☆☆

Pasta
250 g Mehl
1 Prise Salz
3 Eier
1 EL Olivenöl
3 EL Wasser

Füllung
125 g tiefgefrorener Blattspinat, aufgetaut und ausgedrückt
125 g Ricotta oder Quark
2 EL frisch geriebener Parmesan
1 Ei, verquirlt
Salz und frisch gemahlener schwarzer Pfeffer

Sauce
1 EL Olivenöl
1 Knoblauchzehe, zerdrückt
125 g Champignons, in Scheiben geschnitten
250 ml Sahne
3 EL frisch geriebener Parmesan
Salz und frisch gemahlener schwarzer Pfeffer

1 Für den Nudelteig: Mehl und Salz auf ein Brett sieben. Eine Vertiefung in die Mitte drücken. Dann Eier, Öl und 1 EL Wasser verrühren. Die Mischung nach und nach zum Mehl geben, mit den Händen einarbeiten, bis sich der Teig zu einer Kugel formen läßt. Evtl. zusätzliches Wasser verwenden. Den Teig auf einer leicht bemehlten Arbeitsfläche in 5 Minuten geschmeidig und ela-

stisch kneten. Anschließend in eine leicht geölte Schüssel geben und abgedeckt 30 Minuten ruhen lassen.
2 Für die Füllung: Alle Zutaten in einer Schüssel verrühren. Dann beiseite stellen.
3 Für die Sauce: Öl in einer Pfanne erhitzen. Den Knoblauch darin 30 Sekunden bei schwacher Hitze unter Rühren anbraten. Die Champignons hineingeben und 3 Minuten braten. Sahne zufügen und beiseite stellen.
4 Den Teig auf einer leicht bemehlten Arbeitsfläche sehr dünn ausrollen. Mit einer bemehlten Form Kreise von 5 cm Durchmesser ausstechen. etwa 1 Teelöffel Füllung in die Mitte jedes Teigkreises geben. Den Rand ringsherum mit Wasser bepinseln. Die Teigstücke zusammenklappen, so daß ein Halbkreis entsteht. Die Ränder fest andrücken. Jeden Halbkreis um den Zeigefinger legen, so daß Sie eine Ringform erhalten. Die Teig-Enden fest aufeinanderpressen.
5 Die Tortellini portionsweise in einem großen Topf mit sprudelndem Salzwasser bißfest kochen. Abgießen und erneut in den Topf geben. Anschließend warm halten.
6 Die Sauce auf mittlerer Stufe zum Kochen bringen. Temperatur reduzieren und 3 Minuten garen. Parmesan, Salz und Pfeffer zufügen und gut vermischen. Tortellini und Sauce auf vorgewärmte Teller verteilen.

SPAGHETTI SIRACUSANI

Vorbereitungszeit: 20 Minuten
Kochzeit: 25 Minuten
Für 4–6 Personen

☆

1 große grüne Paprikaschote
2 EL Olivenöl
2 Knoblauchzehen, zerdrückt
850 g Tomaten aus der Dose
125 ml Wasser
2 mittelgroße Zucchini, gehackt
1 EL Kapern, gehackt
3 EL schwarze Oliven, entsteint und halbiert
2 EL frische Basilikumblätter, gehackt
Salz und Pfeffer
500 g Spaghetti oder Linguine
50 g frisch geriebener Parmesan zum Servieren

1 Die Paprikaschote putzen und in dünne Streifen schneiden. Öl in einem großen, tiefen Topf erhitzen. Den Knoblauch darin bei schwacher Hitze etwa 30 Sekunden anbraten. Paprikastreifen, zerdrückte Tomaten mit Saft, Wasser, Zucchini, Kapern und Oliven hineingeben und 20 Minuten kochen; dabei gelegentlich rühren.
2 Basilikum, Salz und Pfeffer einrühren. In der Zwischenzeit Nudeln in einem großen Topf mit sprudelndem Salzwasser bißfest kochen; abgießen. In vorgewärmten Schüsseln anrichten, mit Sauce begießen und mit Parmesan bestreuen.

KAPERN
Die kleinen, grünen Blütenknospen entwickeln eingelegt ein wundervoll pikantes Aroma. Sie werden als Gewürz oder Zutat häufig in der italienischen und provenzalischen Küche verwendet. 2 EL gehackte Kapern in der Mayonnaise sorgen für ein peppiges Aroma – und bilden die Grundlage für Sauce Tartare.

OBEN: Tortellini mit Champignonsauce
UNTEN: Spaghetti Siracusani

GRÜNE BOHNEN

Bei grünen Bohnen ist die Auswahl der Sorten groß. Aber welche Sorte Sie auch wählen, die Bohnen sollten hell und fest sein. Kaufen Sie keine zu weichen oder überreifen Bohnen mit zähen Hülsen: Die Bohne muß auseinanderbrechen, wenn man sie biegt. Bei den meisten Bohnen müssen die Stielansätze und die Spitzen gekappt werden; und bei einigen müssen Sie immer noch Fäden ziehen.

OBEN: Fettucine mit Champignons und Bohnen in Sahnesauce

FETTUCINE MIT CHAMPIGNONS UND BOHNEN IN SAHNESAUCE

Vorbereitungszeit: 20 Minuten
Kochzeit: 20 Minuten
Für 4 Personen

☆

100 g Pinienkerne
300 g Fettucine
250 g grüne Bohnen
2 EL Öl
1 Zwiebel, gehackt
2 Knoblauchzehen, zerdrückt
250 g Champignons, in dünne Scheiben geschnitten
125 ml Weißwein
300 ml Sahne
125 ml Gemüsebrühe
1 Ei
3 EL frisches Basilikum, gehackt
40 g getrocknete Tomaten, in dünne Streifen geschnitten
Salz und frisch gemahlener schwarzer Pfeffer
50 g Parmesan, gehobelt

1 Die Pinienkerne in einer kleinen Pfanne bei mittlerer Hitze unter Rühren goldbraun rösten. Beiseite stellen. Die Fettucine in einem großen Topf mit sprudelndem Salzwasser bißfest kochen. Abgießen und warm halten.

2 Die Bohnen putzen und in lange Stücke schneiden. Öl in einer großen gußeisernen Pfanne erhitzen. Zwiebel und Knoblauch darin bei mittlerer Hitze 3 Minuten anbraten. Die Champignons hineingeben und 1 Minute unter Rühren mitbraten. Dann Wein, Sahne und Brühe angießen. Zum Kochen bringen, Hitze reduzieren und 10 Minuten garen.

3 Ei leicht verquirlen. Unter ständigem Rühren etwas Kochflüssigkeit dazugeben. Die Mischung langsam in die Pfanne gießen; dabei für 30 Sekunden rühren. Hitze auf geringer Stufe halten; sobald die Mischung kocht, flockt sie aus. Nun Bohnen, Basilikum, Pinienkerne und Tomaten dazugeben und rühren, bis alles heiß ist. Mit Salz und Pfeffer abschmecken. Nudeln auf vorgewärmte Teller verteilen und die Sauce darüber gießen. Mit gehobeltem Parmesan garnieren.

GRIESSGNOCCHI

Vorbereitungszeit: 20 Minuten + 1 Stunde Kühlzeit
Kochzeit: 40 Minuten
Für 4 Personen

☆

- 3/4 l Milch
- 1/2 TL Muskatnuß, gerieben
- Salz und frisch gemahlener schwarzer Pfeffer
- 90 g Grieß
- 1 Ei, verquirlt
- 150 g frisch geriebener Parmesan
- 60 g Butter, zerlassen
- 125 ml Crème fraîche
- 75 g Mozzarella, frisch geraspelt

1 Eine Biskuitrollenform von 28 x 18 x 3 cm mit Backpapier auslegen. Milch, die Hälfte der Muskatnuß, Salz und Pfeffer in einen Topf geben. Zum Kochen bringen. Hitze reduzieren und nach und nach den Grieß einrühren. Unter gelegentlichem Rühren 5–10 Minuten kochen, bis der Grieß sehr fest ist. Dann vom Herd nehmen. Ei und zwei Drittel des Parmesans unterheben. Mischung in die vorbereitete Form streichen. Dann 1 Stunde kalt stellen.
2 Backofen auf 180 °C vorheizen. Mit einer runden, bemehlten Ausstechform von 4 cm Durchmesser Teig ausstechen. Die Grießtaler in eine gefettete, flache Auflaufform geben.
3 Die zerlassene Butter darüber gießen, anschließend die Crème fraîche. Restlichen Parmesan, Mozzarella und Muskat vermischen. Über die Grießtaler streuen. In 20–25 Minuten goldgelb backen. Mit gemischtem Salat servieren.

SCHNELLE NUDELN MIT SEMMELBRÖSELSAUCE

5 SCHEIBEN DUNKLES BROT in der Küchenmaschine in 30 Sekunden zu feinen Bröseln zerkleinern. 500 g Spiralnudeln oder Farfalle in einem großen Topf mit sprudelndem Salzwasser bißfest kochen. Dann abgießen und warm halten. Während die Nudeln kochen, 3 EL Olivenöl in einer großen Pfanne auf kleiner Stufe erhitzen. Semmelbrösel und 3 zerdrückte Knoblauchzehen dazugeben. In 3 Minuten knusprig und goldbraun braten. Dann heiße Nudeln, Semmelbrösel, 2 EL feingehackte frische Petersilie und 50 g frisch geriebenen Pecorinokäse in einer Schüssel vermischen. Mit schwarzem Pfeffer abschmecken und sofort servieren. Die Nudeln nach Wunsch mit frischen Kräutern garnieren. Für 4–6 Personen.

GRIESS

Grieß ist Weizen in einem Verarbeitungsstadium zwischen Korn und Mehl. Der feinste Grieß wird für italienische Gnocchi verwendet; aus mittelfeinem Grieß stellt man zahlreiche Desserts her – von Milch- oder Fruchtpudding bis zu verschiedenen Kuchen.

OBEN: Grießgnocchi

CHAMPIGNONS sind nicht nur eine wertvolle Vitaminquelle, sondern eignen sich wegen ihrer Wandlungsfähigkeit für moderne, leichte Gerichte ebenso wie für traditionelle, rustikalere Rezepte.

CHAMPIGNONS MIT PESTO-FÜLLUNG

60 g frische Basilikumblätter, 3 zerdrückte Knoblauchzehen, 80 g geröstete Pinienkerne und 50 g geriebenen Parmesankäse in einer Küchenmaschine zu einer glatten Masse verarbeiten. Dabei nach und nach 4 EL Olivenöl angießen und verarbeiten, bis sich alle Zutaten gut verbinden. Von 14 kleinen Champignons die Stiele herausdrehen und die Pilze leicht mit Macadamianußöl bepinseln. Dann mit der Lamellenseite nach unten unter den vorgeheizten Grill legen und hellbraun werden lassen. Die Pilze wenden und in jeden einen gestrichenen Eßlöffel von der Füllung geben. Anschließend sofort servieren. Ergibt 14 gefüllte Champignons.

KNUSPRIGE PILZTORTE

Backofen auf 200 °C vorheizen. Eine Scheibe Blätterteig ausrollen und auf ein beschichtetes Backblech geben. 2 EL Öl in einer Pfanne erhitzen, 2 in dünne Scheiben geschnittene Zwiebeln und 1 EL Rotweinessig dazugeben. 10 Minuten kochen. Vom Herd nehmen und auf Küchenpapier etwas abkühlen lassen. 60 g Butter und 350 g Mischpilze in die Pfanne geben und

in 5 Minuten weich braten. Die Flüssigkeit abgießen und die Pilze auf Küchenpapier trocknen lassen. Mit Salz und Pfeffer abschmecken. Blätterteig 10 Minuten vorbacken, dann vorsichtig mit den Zwiebeln belegen. Ringsherum einen Rand von 2 cm belassen. Pilzmischung darauf geben und mit frischen Majoranblättern und 30 g geriebenem Parmesankäse bestreuen. In 10 Minuten goldgelb und knusprig backen. Für 4 Personen.

CHAMPIGNON-JOGHURT-DIP

1 EL Öl in einer Pfanne erhitzen. Dann 2 zerdrückte Knoblauchzehen und 4 feingehackte Frühlingszwiebeln darin 3 Minuten braten. 220 g gehackte kleine Champignons hineingeben. In 5 Minuten goldbraun braten. Vom Herd nehmen und die Flüssigkeit abgießen. Dann in eine Schüssel geben und mit 200 g Naturjoghurt, 1 TL gemahlenem Kreuzkümmel und 2 EL gehacktem frischem Zitronenthymian vermengen. Den Dip zu Crudités (Rohkostplatten), Grissini, Tortillachips oder zu französischer Baguette reichen.

MARINIERTE CHAMPIGNONS

250 ml Apfelessig, 125 ml Orangensaft, 1 EL Koriandersamen, 2 Rosmarinzweige und 1 Lorbeerblatt in einem Topf zum Kochen bringen. Dann 500 g kleine Champignons hineingeben und für 3 Minuten mitkochen. Herausnehmen und in ein sterilisiertes Glas füllen. Nun die Flüssigkeit auf die Hälfte einkochen. Die Rosmarinzweige und das Lorbeerblatt herausnehmen und durch frische ersetzen. Nun 4 EL Olivenöl einrühren. Flüssigkeit über die Champignons gießen und mit einer Lage Olivenöl abschließen. Kühl aufbewahrt, sind die Champignons bis zu einem Monat haltbar.

PILZFÜLLUNG

60 g Butter in einer Pfanne erhitzen. 1 feingehackte Zwiebel darin in 3 Minuten goldgelb braten. 220 g gemischte Pilze (z. B. weiße und braune Champignons, Austernpilze, japanische Enokitake-Pilze) hineingeben und 5 Minuten braten. Die Mischung in eine Schüssel geben. Mit 60 g Croûtons, 3 EL frischen gehackten Kräutern, 100 g gekochtem Naturreis, 3 EL Milch und 1 leicht verquirlten Ei sorgfältig mischen. Mit der Pilzmasse kann man Kartoffeln, Auberginen oder Paprikaschoten füllen oder sie zu Omeletts und Crêpes reichen.

IM UHRZEIGERSINN VON OBEN LINKS: Marinierte Champignons; Champignon-Joghurt-Dip; Champignons mit Pestofüllung; Knusprige Pilztorte; Pilzfüllung

DIE GESCHICHTE DER NUDELN

Es heißt, Marco Polo habe die Nudeln 1295 von China nach Italien gebracht. Mit dieser Behauptung tut man den alten Römern unrecht, da sie bereits seit den Tagen des römischen Kaiserreiches Nudeln verspeisten. Cicero selbst schätzte offensichtlich *laganum* ganz besonders, wie man die heute als *Tagliatelle* bekannten Bandnudeln seinerzeit nannte. Der Dichter Torquato Tasso berichtete im 16. Jahrhundert, wie ein Gastwirt die Tortellini in der Form des Nabels der Venus erfand. Wenn Sie also Nudeln und Pasta schätzen, befinden Sie sich immer in guter Gesellschaft.

OBEN: Nudel-Gemüse-Auflauf
RECHTS: Penne mit Pesto und Tomaten in Sahnesauce

NUDEL-GEMÜSE-AUFLAUF

Vorbereitungszeit: 20 Minuten
Kochzeit: 45–50 Minuten
Für 4 Personen

☆

1 EL Olivenöl
1 große Zwiebel, feingehackt
1 Knoblauchzehe, zerdrückt
3 mittelgroße Zucchini, in Scheiben geschnitten
100 g kleine Champignons, in Scheiben geschnitten
500 g Tomatensauce (Fertigprodukt)
150 g grüne Erbsen, tiefgefroren
Salz und Pfeffer
150 g getrocknete Nudeln (Penne oder Spiralnudeln)
4 EL frisch geriebener Parmesan

1 Den Backofen auf 150 °C vorheizen. Öl in einer Pfanne erhitzen. Zwiebeln und Knoblauch darin bei schwacher Hitze in 4 Minuten weich dünsten. Zucchini und Champignons hineingeben und 3 Minuten dünsten. Tomatensauce und Erbsen zufügen und 3 Minuten kochen. Mit Salz und Pfeffer abschmecken; dann beiseite stellen.
2 Die Nudeln in einem großen Topf mit sprudelndem Salzwasser in 10–12 Minuten bißfest kochen. Dann abgießen und zum Gemüse in die Pfanne geben.
3 Die Mischung in eine Auflaufform geben. Mit Parmesankäse bestreuen und abgedeckt etwa 20–30 Minuten backen.
Hinweis: Sie können auch gehackte frische Kräuter dazugeben und die Gemüsesorten je nach Geschmack und Jahreszeit variieren.

PENNE MIT PESTO UND TOMATEN IN SAHNESAUCE

Vorbereitungszeit: 5 Minuten
Kochzeit: 20 Minuten
Für 4 Personen

☆

375 g Penne
2 TL Öl
200 g Champignons, in Scheiben geschnitten
180 g saure Sahne
125 g Pesto (Fertigprodukt)
40 g sonnengetrocknete Tomaten, gehackt
frisch gemahlener schwarzer Pfeffer

1 Nudeln in einem großen Topf mit sprudelndem Salzwasser bißfest kochen. Abgießen.
2 Topf auf den Herd stellen, Öl hineingeben und erhitzen. Champignons hineingeben und in 4 Minuten goldbraun und gar braten. Dann saure Sahne, Pesto, Tomaten und Pfeffer zufügen. Gut mischen und 2 Minuten kochen, bis die Sauce heiß ist.
3 Nudeln in den Topf geben und gut mit der Sauce vermengen. Unter Rühren 1 Minute kochen, bis die Nudeln heiß sind. Nach Wunsch mit Tomatenscheiben und in Streifen geschnittenem Basilikum garnieren.
Hinweis: Pesto ist in Supermärkten und Feinkostgeschäften im Glas erhältlich.

KARTOFFELGNOCCHI MIT TOMATENSAUCE

Vorbereitungszeit: 35 Minuten
Kochzeit: 45–50 Minuten
Für 4 Personen

✯✯

500 g Kartoffeln, geschält und in kleine Stücke geschnitten
250 g Mehl, gesiebt
30 g frisch geriebener Parmesan
30 g Butter oder Margarine, zerlassen
Salz und frisch gemahlener schwarzer Pfeffer
zusätzlich frisch geriebener Parmesan zum Servieren

Tomatensauce

1 kg Tomaten, enthäutet und gehackt
2 Knoblauchzehen, zerdrückt
125 ml Rotwein
3 EL frisches Basilikum, feingehackt
Salz und frisch gemahlener schwarzer Pfeffer

1 Die Kartoffeln in Salzwasser in 15–20 Minuten gar kochen. Anschließend gut abtropfen lassen und sorgfältig zerdrücken. In eine Schüssel geben und etwas abkühlen lassen. Dann Mehl, Parmesan, Butter, Salz und Pfeffer zufügen. Mit einem großen Messer mit schneidenden Bewegungen zu einem festen Teig mischen. Auf einer leicht bemehlten Arbeitsfläche kurz kneten, bis der Teig geschmeidig ist. Aber nicht zu lange kneten, sonst werden die Gnocchi zu fest.

2 Gehäufte Teelöffel des Teigs zu einer ovalen Form rollen. Eine Seite mit dem Gabelrücken eindrücken. Die Gnocchi portionsweise in einem großen Topf mit sprudelndem Salzwasser kochen (etwa 3–5 Minuten pro Portion). Wenn sie gar sind, steigen sie an die Oberfläche. Die fertigen Gnocchi gut abtropfen lassen und warm halten, bis alle fertig sind. In vorgewärmten Schüsseln mit der Tomatensauce servieren und mit zusätzlichem Parmesan bestreuen.

3 **Für die Tomatensauce:** Alle Zutaten in einen Topf geben und zum Kochen bringen. Temperatur reduzieren und die Sauce 15–20 Minuten garen; dabei gelegentlich umrühren. Die Sauce soll leicht eindicken.

BASILIKUM
Basilikum (*Ocymum basilicum*) hat eine ganz charakteristische Würze und ein spezielles Aroma. In den meisten Rezepten sollte man es frisch verwenden. Geben Sie Basilikum kurz vor Ende der Kochzeit an die Gerichte, damit sein Aroma wirklich erhalten bleibt. Wenn die Blätter gehackt, in Streifen geschnitten oder zerpflückt werden müssen, sollten Sie diese Arbeit immer erst kurz vor der Verwendung durchführen, weil die Blätter sonst schwarz werden.

OBEN: Kartoffelgnocchi mit Tomatensauce

NUDELN KOCHEN
Für die perfekte Pasta benötigen Sie für 500 g getrocknete Nudeln 4 Liter Wasser. Nehmen Sie einen sehr großen Topf, damit die Nudeln im Wasser Platz zur Entfaltung haben und nicht zusammenkleben. Ob Sie Salz und Öl ins Wasser geben wollen, bleibt Ihrem persönlichen Geschmack überlassen.

OBEN: Tagliatelle mit Tomaten-Walnuß-Sauce

TAGLIATELLE MIT TOMATEN-WALNUSS-SAUCE

Vorbereitungszeit: 20 Minuten
Kochzeit: 50 Minuten
Für 4–6 Personen

✯

4 reife Tomaten
2 EL Öl
1 mittelgroße Zwiebel, feingehackt
1 Selleriestange, feingehackt
1 mittelgroße Möhre, geraspelt
2 EL frische Petersilie, gehackt
1 TL Rotweinessig
3 EL Weißwein
Salz und Pfeffer
75 g Walnüsse, grobgehackt
500 g Tagliatelle
4 EL frisch geriebener Parmesan zum Servieren

1 Mit einem scharfen Messer die Unterseiten der Tomaten kreuzförmig einschneiden. In eine Schüssel geben, mit kochendem Wasser übergießen und 2 Minuten ziehen lassen. Abgießen und abkühlen lassen. Die Haut abziehen und das Fruchtfleisch hacken.
2 Die Hälfte des Öls in einer großen Pfanne erhitzen. Zwiebeln und Sellerie bei schwacher Hitze darin unter Rühren 5 Minuten braten. Tomaten, Petersilie, Essig und Wein zufügen. Aufkochen, Hitze reduzieren und 25 Minuten garen. Mit Salz und Pfeffer abschmecken.
3 Etwa 5 Minuten bevor die Sauce fertig ist, das restliche Öl in einer Pfanne erhitzen, die Walnüsse hineingeben und bei schwacher Hitze 5 Minuten rühren.
4 Während die Sauce kocht, die Nudeln in einem großen Topf mit sprudelndem Salzwasser bißfest kochen. Abgießen und wieder in den Topf geben. Sauce darüber gießen und zum Servieren mit Walnüssen und Parmesan bestreuen.
Hinweis: In Italien werden gerne Eiertomaten für Saucen verwendet. Probieren Sie es aus, falls Sie welche bekommen können. Für dieses Rezept brauchen Sie 6–8 Stück.

FETTUCINE MIT KRÄUTERN UND PFEFFER

Vorbereitungszeit: 5 Minuten
Kochzeit: 18 Minuten
Für 4 Personen

✯

500 g Fettucine
60 g Butter
2 Knoblauchzehen, zerdrückt
2 EL frischer Salbei, feingehackt
2 EL frisches Basilikum, feingehackt
2 EL frischer Oregano, feingehackt
2 TL zerstoßener schwarzer Pfeffer
4 EL frisch geriebener Parmesan

1 Nudeln in einem großen Topf mit sprudelndem Salzwasser bißfest kochen. Abgießen.
2 Den Topf wieder auf den Herd stellen und Butter darin auf mittlerer Stufe 2 Minuten erhitzen, bis sie zu schäumen beginnt. Dann Knoblauch, Kräuter und Pfeffer zufügen.
3 Die Nudeln in den Topf geben und gut mit der Sauce vermengen. Unter Rühren noch 2 Minuten kochen. Mit Parmesan bestreuen und anschließend sofort servieren.

PASTA MIT TOMATEN-PESTO

Vorbereitungszeit: 15 Minuten
Kochzeit: 12 Minuten
Für 6 Personen

☆

150 g sonnengetrocknete Tomaten in Olivenöl
50 g frisch geriebener Parmesan
50 g Pinienkerne
25 g frische Basilikumblätter
4 EL Olivenöl
500 g Spiralnudeln
150 g Spargelspitzen, gehackt
250 g Kirschtomaten, halbiert

1 Die Tomaten abtropfen lassen und mit dem Käse, den Pinienkernen und dem Basilikum in der Küchenmaschine fein hacken. Bei laufender Maschine das Öl eingießen.
2 Nudeln in einem großen Topf mit sprudelndem Salzwasser bißfest kochen. Abgießen und in eine große Servierschüssel geben.
3 Tomatenmischung zu den Nudeln geben und gut mischen. Den Spargel in eine feuerfeste Form geben. Mit kochendem Wasser begießen, 2 Minuten ziehen lassen und abgießen. Anschließend den Spargel und die Kirschtomaten unter die Nudeln heben.

NUDELN MIT PESTO

Vorbereitungszeit: 10 Minuten
Kochzeit: 10 Minuten
Für 4 Personen

☆

500 g grüne Tagliatelle (mit Spinat)
100 g Basilikumblätter
4 Knoblauchzehen, geschält und zerdrückt
50 g Pinienkerne
100 g frisch geriebener Parmesan
180 ml Olivenöl
Salz und Pfeffer

1 Die Nudeln in einem großen Topf mit sprudelndem Salzwasser bißfest kochen. Abgießen und erneut in den Topf geben. Während die Nudeln kochen, Basilikum, Knoblauch und Pinienkerne in einer Küchenmaschine fein mahlen. Dann den Käse hineingeben und untermengen.
2 Bei laufender Maschine das Öl langsam durch den Schacht zu der Masse gießen. Genug Pesto zu den Nudeln geben, um sie damit zu bedecken. Abschmecken und nach Wunsch mit frischem Basilikum garnieren.
Hinweis: Als Variante zu diesem Gericht kann man 40 g Pinienkerne in einer trockenen Pfanne rösten und kurz vor dem Servieren zu den Nudeln geben.

TOMATEN ENTHÄUTEN

1 Tomaten kreuzförmig einschneiden. Mit kochendem Wasser begießen und 2 Minuten ruhen lassen.

2 Tomaten abgießen und abkühlen lassen. Die Haut nach unten hin in einer Bewegung abziehen; die Haut wegwerfen.

3 Um die Kerne zu entfernen, die Tomaten quer halbieren und die Kerne mit einem Löffel herausheben.

OBEN: Nudeln mit Pesto

WORCESTERSAUCE
Diese scharf gewürzte Fertigsauce wird sparsam verwendet, um vielen Gerichten eine besondere Würze zu verleihen. Sie wird nach einem alten indischen Rezept mit Essig, Sojasauce, Melasse, Chilischoten und verschiedenen tropischen Früchten und Gewürzen hergestellt. In einigen Ländern ist eine mildere Version mit Weißwein erhältlich.

OBEN: Ravioli mit Ricottafüllung und frischer Tomatensauce (links); Nudel-Gemüse-Salat

RAVIOLI MIT RICOTTA-FÜLLUNG UND FRISCHER TOMATENSAUCE

Vorbereitungszeit: 35 Minuten + 30 Minuten Ruhezeit
Kochzeit: 45–50 Minuten
Für 4–6 Personen

☆☆

Ravioliteig
125 g Mehl
1 Ei
1 EL Öl
1 TL Wasser

Füllung
500 g Ricotta
1 EL frische glatte Petersilie, gehackt
1 Eigelb

Sauce
1 EL Öl
1 Zwiebel, gehackt
2 Knoblauchzehen, zerdrückt
1 Möhre, gehackt
1 kg reife Tomaten, enthäutet und gehackt
50 g Tomatenmark
1 TL brauner Zucker
125 ml Gemüsebrühe
1 EL Worcestersauce
30 g frisches Basilikum, gehackt

1 **Für den Ravioliteig:** Mehl in eine Schüssel sieben und eine Vertiefung in die Mitte drücken. Eier, Öl und Wasser hineingeben und das Mehl langsam einarbeiten. Auf einem leicht bemehlten Brett glatt und geschmeidig kneten. Eine Kugel formen und abgedeckt 30 Minuten ruhen lassen. In der Zwischenzeit die Füllung und die Sauce zubereiten.
2 **Für die Füllung:** Ricotta, Petersilie und Eigelb gut vermischen.
3 **Für die Sauce:** Öl in einem Topf erhitzen. Zwiebel, Knoblauch und Möhre zufügen. Dann 5–7 Minuten garen. Tomaten, Tomatenmark, Zukker, Brühe, Worcestersauce und Basilikum hineingeben. Aufkochen, Temperatur zurückschalten und abgedeckt auf kleiner Flamme 30 Minuten kochen. Etwas abkühlen lassen; die Mischung dann kurz in der Küchenmaschine pürieren. Warm halten.
4 Den Teig halbieren und jede Hälfte wieder zu einer Kugel formen. Dann jede Portion zu einem Rechteck ausrollen. Auf das eine Rechteck untereinander und nebeneinander im Abstand von 5 cm je 1 TL der Füllung geben. Den Teig dazwischen mit Wasser bepinseln; das zweite Rechteck sorgfältig auflegen und den Teig neben der Füllung andrücken. Mit einem Teigrad oder einem Messer in Quadrate schneiden.
5 Ravioli in einen Topf mit sprudelndem Salzwasser geben und in 8–10 Minuten gar kochen. Mit dem Schaumlöffel herausnehmen und in eine vorgewärmte Schüssel geben. Dann die Sauce darüber gießen und servieren.

NUDEL-GEMÜSE-SALAT

Vorbereitungszeit: 15 Minuten
Kochzeit: 10 Minuten
Für 4–6 Personen als Beilage

☆

250 g Farfalle
250 g Brokkoli, in Röschen
250 g grüne Bohnen, diagonal in Stücke geschnitten
125 g Zuckererbsen, geputzt
250 g Kirschtomaten
4 EL Olivenöl
3 EL Weißweinessig
2 TL Senfpulver
1 TL Kurkuma
frisch gemahlener schwarzer Pfeffer
Zuckererbsensprossen oder Kräuter zum Garnieren

1 Die Nudeln in einem großen Topf mit sprudelndem Salzwasser bißfest kochen. Abgießen und mit kaltem Wasser abspülen; dann beiseite stellen.
2 Brokkoli, Bohnen und Zuckererbsen blanchieren und beiseite stellen. Die Tomaten waschen, halbieren und ebenfalls beiseite stellen.
3 Olivenöl, Essig, Senfpulver, Kurkuma und Pfeffer gut miteinander verrühren.
4 Nudeln, Gemüse und Salatdressing in eine Schüssel geben und gut mischen. Anschließend in Salatschüsseln füllen und mit Sprossen oder Kräutern garnieren.

SCHNELLE SPAGHETTI MIT RAUKE UND CHILLIES

500 G SPAGHETTI in einem großen Topf mit sprudelndem Salzwasser bißfest kochen. Dann abgießen und wieder in den Topf geben. Etwa 5 Minuten bevor die Nudeln gar sind, 2 EL Olivenöl in einer großen Pfanne erhitzen. 2 TL gehackte Chilischoten darin bei schwacher Hitze unter Rühren 1 Minute braten. 450 g geputzte Rauke unter Rühren 2–3 Minuten mitbraten. Mit 1 EL Zitronensaft und Salz abschmecken. Die Raukemischung zu den Nudeln geben und gut mischen. Anschließend sofort servieren. Für 4–6 Personen.

RAVIOLI MIT KRÄUTERN

Vorbereitungszeit: 15 Minuten
Kochzeit: 4–6 Minuten
Für 6 Personen

☆

2 EL Olivenöl
1 Knoblauchzehe, zerdrückt
800 g Ravioli mit Ricotta-Füllung
60 g Butter, in Stücke geschnitten
2 EL frische Petersilie, gehackt
20 g frisches Basilikum, gehackt
2 EL frischer Schnittlauch, gehackt

1 Öl und Knoblauch in eine Schüssel geben und beiseite stellen. Die Ravioli in einem großen Topf mit sprudelndem Salzwasser bißfest kochen.
2 Die Ravioli abgießen und wieder in den Topf geben. Nun Öl zu den Nudeln geben und den Knoblauch herausnehmen. (*Variante:* statt Petersilie Koriandergrün verwenden). Mit Salz und Pfeffer abschmecken. Zum Servieren nach Wunsch mit Parmesan bestreuen.

SALBEI

Salbei (*Salvia officinalis*), so hieß es früher einmal, bringe Weisheit und ein langes Leben. Heute werden die Blüten als exklusive Garnierung verwendet; die Blätter eignen sich gut für Füllungen und passen zu vielen vegetarischen Gerichten. Wenn Sie Salbei kaufen, denken Sie daran, daß frische Blätter ein runderes, milderes Aroma haben als getrocknete. Aus den getrockneten Blättern kann man auch einen sehr aromatischen Beruhigungstee kochen.

OBEN: Ravioli mit Kräutern

GRÖSSERE MENGEN KOCHEN
Wenn Sie für viele Personen kochen wollen, bereiten Sie die Nudeln am besten portionsweise vor und geben die fertige Pasta in eine feuerfeste Form. Etwas Öl durchrühren, mit einem feuchten Tuch abdecken und bei geringer Hitze im Backofen warm halten. Sie können gekochte Pasta auch in der Mikrowelle aufwärmen.

OBEN: Nudeln mit Gemüse süß-sauer

NUDELN MIT GEMÜSE SÜSS-SAUER

Vorbereitungszeit: 15 Minuten
Kochzeit: 15 Minuten
Für 4–6 Personen

☆

- 200 g frische dünne Eiernudeln
- 4 junge Maiskolben
- 3 EL Öl
- 1 grüne Paprikaschote, in Streifen geschnitten
- 1 rote Paprikaschote, in Streifen geschnitten
- 2 Stangen Staudensellerie, in diagonalen Scheiben
- 1 Möhre, diagonal in Scheiben geschnitten
- 250 g Champignons, in Scheiben geschnitten
- 3 TL Maismehl
- 2 EL brauner Essig
- 1 TL frische Chilischote, gehackt
- 2 TL Tomatenmark
- 2 Würfel Gemüsebrühe, zerbröckelt
- 1 TL Sesamöl
- 450 g Ananasstücke aus der Dose
- 3 Frühlingszwiebeln, in diagonalen Ringen

1 Die Nudeln in einem großen Topf mit sprudelndem Salzwasser 3 Minuten kochen. Abgießen. Dann den Mais diagonal in Stücke schneiden. Öl in einem Wok erhitzen. Paprikaschoten, Sellerie, Möhren und Champignons hineingeben und bei starker Hitze 5 Minuten braten.
2 Mais und Nudeln zugeben. Die Hitze reduzieren. Auf kleiner Flamme 2 Minuten kochen. Maismehl mit Essig in einer kleinen Schüssel mischen. Chillies, Tomatenmark, Brühwürfel, Öl und Ananas mit Saft beigeben und gut verrühren.
3 Nun die Ananasmischung in den Wok gießen. Bei mittlerer Hitze 5 Minuten rühren, bis die Mischung kocht und die Sauce eindickt. Frühlingszwiebeln dazugeben und sofort servieren.

SCHNELLES KÄSE-NUDEL-OMELETT

DEN INHALT EINER Packung Nudelschnellgericht (85 g) samt Würzmischung in einer Schüssel mit kochendem Wasser übergießen. 2–3 Minuten ziehen lassen, bis die Nudeln weich werden. Sehr gut abgießen. 20–30 g Butter in einer beschichteten Pfanne erhitzen. Etwas gehackte rote Paprikaschote und Zwiebel zufügen und 1–2 Minuten braten. Nudeln hineingeben und kurz braten. 3 leicht verquirlte Eier über die Nudeln gießen. Bei mittlerer Hitze 3–5 Minuten braten; dabei die Pfanne gelegentlich rütteln, damit nichts anhängt. Wenn das Omelett fast gar ist, etwa 4 EL geriebenen Cheddarkäse oder Gouda und frische Kräuter darüber streuen. Kurz unter den vorgeheizten Grill schieben, bis es goldgelb wird. Mit zerstoßenem Pfeffer bestreuen. Für 2–4 Personen.

CHILI-ERDNUSS-NUDELN

Vorbereitungszeit: 10 Minuten
Kochzeit: 10 Minuten
Für 4–6 Personen

☆

500 g frische dünne Eiernudeln
1 EL Öl
1 TL Sesamöl
4 EL frische Erdnußkerne
2 kleine rote Chilischoten
4 schlanke Auberginen, in Scheiben geschnitten
200 g Zuckererbsen
100 g Bohnensprossen
3 EL Erdnußbutter mit Nüssen
1 EL Hoisinsauce
4 EL Kokosmilch
2 EL Limettensaft
1 EL thailändische süße Chilisauce

1 Die Nudeln in einem großen Topf mit kochendem Salzwasser 3 Minuten kochen. Die Öle in einem Wok oder in einer Pfanne erhitzen. Die Erdnüsse darin unter Rühren bei starker Hitze in 1 Minute goldbraun rösten. Chillies, Auberginen und Zuckererbsen hineingeben und 2 Minuten braten. Die Temperatur auf mittlere Stufe zurückschalten; Nudeln und Sprossen hineingeben und sehr gut vermengen.
2 Erdnußbutter, Hoisinsauce, Kokosmilch, Limettensaft sowie die Chilisauce glattrühren und zu den Nudeln geben. Dann bei mittlerer Hitze unterheben, bis die Nudeln gut bedeckt sind und die Sauce heiß ist.

VEGETARISCHE REISNUDELN

Vorbereitungszeit: 20 Minuten + Einweichzeit
Kochzeit: 10 Minuten
Für 4–6 Personen

☆

8 getrocknete chinesische Pilze
250 g getrocknete Reisnudeln
2 EL Öl
3 Knoblauchzehen, zerdrückt
1 Stück frischer Ingwer (4 cm lang), gerieben
100 g Tofu, gebraten und in 2,5 cm große Würfel geschnitten
1 mittelgroße Möhre, geschält und gestiftelt

100 g grüne Bohnen, in 3 cm lange Stücke geschnitten
1/2 rote Paprikaschote, in schmalen Streifen
2 EL Golden Mountain-Sauce (siehe Hinweis)
1 EL Fischsauce (nach Wunsch)
2 TL feiner brauner Zucker
100 g Bohnensprossen
80 g Weißkohl oder Chinakohl, in feine Streifen geschnitten
zusätzlich 50 g Bohnensprossen zum Garnieren
thailändische süße Chilisauce zum Servieren

1 Pilze 20 Minuten in heißem Wasser einweichen; abgießen und in Scheiben schneiden. Kochendes Wasser über die Nudeln gießen und 1–4 Minuten einweichen. Anschließend gut abgießen.
2 Einen Wok oder eine große gußeiserne Pfanne erhitzen und Öl hineingießen. Knoblauch, Ingwer und Tofu ins heiße Öl geben. 1 Minute unter ständigem Rühren braten. Möhre, Bohnen, Paprikaschote und Pilze dazugeben und weitere 2 Minuten unter ständigem Rühren braten.
3 Saucen und Zucker zufügen, gut mischen und abgedeckt 1 Minute garen. Nudeln, Bohnensprossen und Kohl unterheben; abgedeckt noch 30 Sekunden dämpfen.
4 Die Nudeln auf einem Servierteller anrichten, mit den Bohnensprossen garnieren und sofort servieren. Chilisauce dazu reichen.
Hinweis: Golden Mountain-Sauce ist in asiatischen Lebensmittelgeschäften erhältlich.

CHINESISCHE NUDELN
Für chinesische Nudeln bringen Sie eine große Menge Wasser zum Kochen. Geben Sie weder Öl noch Salz ins Kochwasser. Die Chinesen mögen ihre Nudeln nicht al dente; sie sollten gerade über diesen Punkt hinaus sein. Um den Kochvorgang zu stoppen, die Nudeln unter kaltem Wasser abspülen und etwas Öl unter die Nudeln rühren, damit sie nicht zusammenkleben.

OBEN: Vegetarische Reisnudeln

FRÜHLINGSZWIEBELN
Achten Sie beim Kauf von Frühlingszwiebeln auf kräftige, natürliche Farben und knackige Stengel; kaufen Sie keine schlaffen, weichen Zwiebeln! Dickere Frühlingszwiebeln haben meist ein zu strenges Aroma, und sind daher für einen rohen Salat weniger geeignet. Geputzte Frühlingszwiebeln halten sich im Kühlschrank bis zu einer Woche, wenn man sie in ein feuchtes Tuch wickelt und dieses in einen Kunststoffbeutel steckt.

OBEN: Curry-Nudeln
RECHTS: Chilinudeln mit gebratenem Gemüse und Cashewkernen

CURRY-NUDELN

Vorbereitungszeit: 25 Minuten
Kochzeit: 10 Minuten
Für 4 Personen

☆

250 g frische dicke Nudeln
3 EL Öl
2 Knoblauchzehen, zerdrückt
1 Zwiebel, in dünne Ringe geschnitten
1 rote Paprikaschote, in lange, dünne Streifen geschnitten
1 kleine Gurke, ungeschält, in 4 cm lange Streifen geschnitten
2 TL milder Curry
125 ml Gemüsebrühe
2 TL trockener Sherry
1 EL Sojasauce
1/2 TL Zucker
3 Frühlingszwiebeln, diagonal in Ringe geschnitten

1 Die Nudeln in einem großen Topf mit sprudelndem Salzwasser bißfest (al dente) kochen. Dann abgießen.
2 Öl im Wok oder in einer Pfanne erhitzen; Knoblauch, Zwiebel und Paprikaschote darin bei mittlerer Hitze unter Rühren 3 Minuten braten. Dann die Gurke und den Curry zufügen und weitere 3 Minuten braten.
3 Brühe, Sherry, Sojasauce und Zucker mischen und einrühren. Zum Kochen bringen. Dann die Nudeln und die Frühlingszwiebeln hineingeben und bei schwacher Hitze 3 Minuten rühren, bis die Zutaten heiß sind. Dann servieren.

CHILINUDELN MIT GEBRATENEM GEMÜSE UND CASHEWKERNEN

Vorbereitungszeit: 15 Minuten
Kochzeit: 10 Minuten
Für 4 Personen

☆

200 g dünne kurze Nudeln
3 EL Öl
2 TL Chiliöl
3 rote Chilischoten, in Streifen geschnitten
80 g ungesalzene, geröstete Cashewkerne
1 rote Paprikaschote, in dünnen Streifen
2 Stangen Staudensellerie, diagonal in Scheiben geschnitten
225 g ganze Maiskölbchen aus der Dose, abgetropft
100 g Bohnensprossen
2 EL Frühlingszwiebeln, gehackt
1 EL Sojasauce
2 EL thailändische süße Chilisauce

1 Nudeln in einem großen Topf mit sprudelndem Salzwasser bißfest kochen. Abgießen.
2 Öle im Wok oder in der Pfanne erhitzen; die Chillies darin bei mittlerer Hitze unter Rühren 3 Minuten braten. Cashewkerne zufügen und unter Rühren in 1 Minute goldgelb braten.
3 Gemüse in die Pfanne geben und bei mittlerer Hitze in 3 Minuten gar braten. Saucen mischen. Nudeln und Saucenmischung einrühren und erhitzen. Dann servieren.

SCHWARZE BOHNEN

Bei den schwarzen Bohnen, die für asiatische Rezepte gebraucht werden, handelt es sich um fermentierte und gesalzene Sojabohnen. Sie sind weich und etwas mußig und werden meistens gehackt oder zerdrückt, damit sie ihr scharfes Aroma freisetzen. Verwechseln Sie sie nicht mit den getrockneten schwarzen Bohnen, die in der lateinamerikanischen Küche verwendet werden.

NUDELN MIT GEMÜSE UND KRÄUTERN

Vorbereitungszeit: 20 Minuten
Kochzeit: 25 Minuten
Für 4–6 Personen

✯

30 g Butter
1 Zwiebel, in Ringe geschnitten
1 kleine rote Chilischote, entkernt, in Streifen
1 Stange Staudensellerie, in Scheiben geschnitten
1 Möhre, diagonal in Scheiben geschnitten
2 Tomaten, enthäutet
1 EL Taco-Gewürzmischung
2 EL Tomatenmark
125 ml Rotwein
1 Lorbeerblatt
125 ml Gemüsebrühe
2 TL frisches Basilikum, gehackt
2 TL frische Petersilie, gehackt
375 g frische dünne Reisnudeln

1 Butter und etwas Öl in einem Topf erhitzen. Zwiebel, Chilischote, Sellerie und Möhre darin bei mittlerer Hitze 5 Minuten braten. Tomaten in dünne Keile schneiden und Kerne herausnehmen. Gewürzmischung, Tomaten, Tomatenmark, Wein, Lorbeerblatt und Brühe zufügen und aufkochen. Hitze reduzieren und im geschlossenen Topf 15 Minuten garen; dabei gelegentlich umrühren. Kräuter in die Sauce rühren.
2 Nudeln in einem großen Topf mit Salzwasser bißfest kochen. Abgießen und mit der Sauce mischen.

NUDELN IN SCHWARZER BOHNENSAUCE

Vorbereitungszeit: 10 Minuten
Kochzeit: 10–15 Minuten
Für 4 Personen

✯

375 g frische, dünne Eiernudeln
1 TL Olivenöl
1 TL Sesamöl
1 EL frischer Ingwer, gerieben
4 Knoblauchzehen, zerdrückt
1 EL getrocknete, gesalzene schwarze Bohnen (asiatische Art), gehackt
2 EL Hoisinsauce
1 EL schwarze Bohnensauce
1 EL Zucker
125 ml Gemüsebrühe
230 g Bambussprossen aus der Dose, abgetropft
3 Frühlingszwiebeln, in lange Streifen geschnitten

1 Nudeln in einem großen Topf mit sprudelndem Salzwasser bißfest kochen und abgießen.
2 Öle im Wok oder in der Pfanne erhitzen. Ingwer und Zwiebeln darin bei schwacher Hitze 2 Minuten unter Rühren braten. Gut abgespülte schwarze Bohnen zugeben und weitere 2 Minuten rühren.
3 Saucen, Zucker und Brühe zufügen. Die Flüssigkeit in 5 Minuten etwas einkochen lassen. Bambussprossen, Frühlingszwiebeln und Nudeln hineingeben. Rühren, bis alle Zutaten gut gemischt und heiß sind. Sofort servieren.

OBEN: Nudeln mit Gemüse und Kräutern (links); Nudeln in schwarzer Bohnensauce

GETREIDE UND HÜLSEN-FRÜCHTE

Diese vollwertigen Grundnahrungsmittel sind nicht nur sehr nahrhaft, sondern auch besonders lecker. Es gibt sie in einer überraschenden Vielfalt – von Couscous über rote Linsen und Kichererbsen bis zur Hirse. Kombiniert man sie miteinander oder mit Nüssen, erhält man viele wertvolle Proteine. Ihre Vielfalt bietet jedem Koch unzählige Variationsmöglichkeiten. Lassen Sie sich von den Rezepten aus aller Welt anregen.

ARBORIO-REIS

Diese Reissorte hat große, runde, perlenfarbige Körner mit einem abgesetzten harten, weißen Kern, der beim Kochen sichtbar bleibt und beim Daraufbeißen einen leichten Widerstand bietet. Das Aroma des Arborio ist ganz charakteristisch und unverwechselbar – es ist eben diese Reissorte und nicht die Zutaten, die das norditalienische Risotto so einzigartig macht.

OBEN: Kichererbsencurry

KICHERERBSENCURRY

Vorbereitungszeit: 15 Minuten
Kochzeit: 40–45 Minuten
Für 4 Personen

☆

2 Zwiebeln
4 Knoblauchzehen
1 EL geklärte Butter oder Öl
1 TL Chilipulver
1 TL Salz
1 TL Kurkuma
1 TL Paprikapulver
1 EL gemahlener Kreuzkümmel
1 EL gemahlener Koriander
880 g Kichererbsen aus der Dose, abgetropft
440 g gehackte Tomaten aus der Dose, mit Saft
1 TL Garam masala

1 Die Zwiebeln in feine Ringe schneiden und den Knoblauch zerdrücken. Öl oder Butter in einem Topf erhitzen. Zwiebeln und Knoblauch darin bei mittlerer Hitze unter Rühren weich braten.
2 Die Gewürze mit Ausnahme von Garam masala in den Topf geben und 1 Minute rühren.
3 Jetzt die Kichererbsen und die Tomaten dazugeben und gut verrühren. Bei schwacher Hitze und geschlossenem Topf 20 Minuten garen; dabei gelegentlich umrühren. Garam masala einrühren und weitere 10 Minuten garen.
Hinweis: Dieses Curry schmeckt ausgezeichnet, wenn man es in Chapattis oder Naanbrot wickelt.

CHAMPIGNONRISOTTO

Vorbereitungszeit: 10 Minuten
Kochzeit: 30–35 Minuten
Für 4 Personen

☆☆

1 l Gemüsebrühe
250 ml Weißwein
1 EL Öl
30 g Butter
2 Lauchstangen, in feine Ringe geschnitten
250 g Wiesenchampignons, in Scheiben geschnitten
450 g Arborio-Reis
250 g kleine Zuchtchampignons, in Scheiben geschnitten
2 EL frische Petersilie, gehackt
50 g frisch geriebener Parmesan

1 Brühe und Wein in einem Topf zum Kochen bringen, Hitze reduzieren und etwa auf Siedetemperatur halten.

2 Öl und Butter in einem großen Topf erhitzen. Lauch darin in 5 Minuten goldgelb braten. Die Wiesenchampignons hineingeben und 3 Minuten braten. Reis zu den Champignons geben und braten, bis die Körner glasig werden. 250 ml heiße Brühe-Wein-Mischung an den Reis gießen und bei mittlerer Hitze rühren, bis sie gut aufgenommen ist. Nach und nach jeweils 125 ml Flüssigkeit angießen. Dazwischen unter Rühren kochen, bis die Flüssigkeit aufgenommen wurde. Die letzten 125 ml aufheben.
3 Nun die kleinen Champignons dazugeben und die restliche Flüssigkeit angießen. Unter Rühren kochen, bis die Flüssigkeit aufgenommen und der Reis gar ist. Dann Petersilie und Parmesan unterziehen. Mit Salz und Pfeffer abschmecken.

GEMÜSE-COUSCOUS

Vorbereitungszeit: 40 Minuten
Kochzeit: 30 Minuten
Für 4–6 Personen

☆

2 kleine Zwiebeln
3 EL Olivenöl
1 TL Kurkuma
1/2 TL Chilipulver
2 TL frischer Ingwer, gerieben
1 Zimtstange
2 mittelgroße Möhren, in dicke Scheiben geschnitten
2 mittelgroße Pastinaken, in dicke Scheiben geschnitten
375 ml Gemüsebrühe
300 g Kürbisfleisch, in kleine Würfel geschnitten
250 g Blumenkohl, in kleine Röschen zerteilt
2 mittelgroße Zucchini, in dicke Scheiben geschnitten
425 g Kichererbsen aus der Dose, abgetropft
1 Prise Safran
2 EL Koriandergrün, gehackt
2 EL glatte Petersilie, gehackt
230 g Instant-Couscous (siehe rechte Spalte)
250 ml kochendes Wasser
30 g Butter

1 Die Zwiebeln in feine Ringe schneiden und 2 EL Öl in einem großen Topf erhitzen. Die Zwiebeln hineingeben und bei mittlerer Hitze 3 Minuten braten; dabei gelegentlich umrühren. Kurkuma, Chilipulver und Ingwer zufügen und 1 weitere Minute braten.

2 Zimtstange, Möhren, Pastinaken und Brühe in den Topf geben und alles gut verrühren. Abgedeckt zum Kochen bringen. Hitze reduzieren und im geschlossenen Topf etwa 5 Minuten garen.
3 Kürbis, Blumenkohl und Zucchini zufügen; weitere 10 Minuten garen. Kichererbsen, Safran, Koriander und Petersilie hineingeben und im offenen Topf 5 Minuten garen. Zimtstange herausnehmen.
4 Couscous in eine Schüssel geben und kochendes Wasser darüber gießen. 2 Minuten ziehen lassen. Restliches Öl und Butter zufügen und mit einer Gabel auflockern. Auf den Tellern ein Couscousbett anrichten und mit Gemüse belegen.
Hinweis: Das Gemüse kann einen Tag im voraus gekocht und kalt aufbewahrt werden. Couscous (im Feinkostgeschäft, Supermarkt und Naturkostladen erhältlich) erst kurz vor dem Servieren zubereiten.

SCHNELLE ROTE-LINSEN-SUPPE

1 FEINGEHACKTE ZWIEBEL in etwas Öl weich braten. 250 g rote Linsen, 425 g zerdrückte Tomaten aus der Dose und 1 l Gemüsebrühe zufügen. Aufkochen, Hitze reduzieren und 20 Minuten garen. Nun das gehackte Basilikum einrühren. Mit einem Klecks saurer Sahne servieren. Für 4 Personen.

COUSCOUS
Couscous wird aus Hartweizen und Grieß bereitet und zu winzigen Kügelchen gerollt. Das Grundnahrungsmittel der nordafrikanischen Küche wird dort auf traditionelle Weise über einem Eintopfgericht gedämpft. Couscous wird bei uns meistens als Instant verwendet, das nur noch mit kochendem Wasser übergossen wird und ein paar Minuten ziehen muß. Dann rührt man mit der Gabel Butter und Öl unter die Körner. Als Couscous werden auch Eintopfgerichte bezeichnet, die auf Couscouskörnern angerichtet werden.

OBEN: Gemüse-Couscous

FELAFEL (KICHERERBSENBÄLLCHEN)
Felafel sind in Israel so beliebt, daß sie beinahe den Status eines Nationalgerichts erlangt haben. Man reicht Felafel in einer Pitabrottasche mit Salat und einem pikanten Relish oder mit Salat und einer Joghurt-Kräuter-Sauce. Die kleinen, knusprigen Bällchen aus gemahlenen Kichererbsen sind eine köstliche, gesunde kleine Mahlzeit.

OBEN:
Felafel mit Tomatensalsa

FELAFEL MIT TOMATENSALSA

Vorbereitungszeit: 40 Minuten + 30 Minuten Ruhezeit + 4 Stunden Einweichzeit
Kochzeit: 20–25 Minuten
Für 6 Personen

☆☆

450 g Kichererbsen
750 ml Wasser
1 kleine Zwiebel, feingehackt
2 Knoblauchzehen, zerdrückt
2 EL frische Petersilie, gehackt
1 EL Koriandergrün, gehackt
2 TL Kreuzkümmel, gemahlen
zusätzlich 1 EL Wasser
1/2 TL Backpulver
Öl zum Fritieren

Tomatensalsa
2 mittelgroße Tomaten, enthäutet und feingehackt
1/4 Salatgurke, feingehackt
1/2 grüne Paprikaschote, feingehackt
2 EL frische Petersilie, gehackt
1 TL Zucker
2 TL Chilisauce
1/2 TL frisch gemahlener schwarzer Pfeffer
abgeriebene Schale und Saft von 1 Zitrone

1 Die Kichererbsen 4 Stunden oder über Nacht in Wasser einweichen. Abgießen und die Kichererbsen in der Küchenmaschine in etwa 30 Sekunden fein mahlen.
2 Zwiebel, Knoblauch, Petersilie, Koriander, Kreuzkümmel, zusätzliches Wasser und Backpulver dazugeben und in ca. 10 Sekunden zu einer groben Paste verarbeiten. Abgedeckt 30 Minuten ruhen lassen.
3 **Für die Tomatensalsa:** Alle Zutaten in eine Schüssel geben und gut verrühren; dann beiseite stellen.
4 Aus gehäuften Eßlöffeln der Mischung kleine Bällchen formen. Dabei die Flüssigkeit herausdrücken. Dann Öl in einem tiefen Topf auf mittlerer Stufe erhitzen. Die Kichererbsenbällchen mit einem großen Löffel hineingeben und portionsweise (je 5 Stück) in etwa 3–4 Minuten fritieren. Wenn sie schön braun sind, mit dem Schaumlöffel vorsichtig herausheben und auf Küchenpapier abtropfen lassen.
5 Felafel heiß oder kalt auf Tomatensalsa oder in Pitabrottaschen mit Salsa und Hummus servieren.
Hinweis: Wenn der Teig zu feucht zum Formen ist, noch etwas Mehl untermengen.

SÜSS-PIKANTE LINSEN

Vorbereitungszeit: 10 Minuten + Einweichzeit über Nacht
Kochzeit: 35 Minuten
Für 6 Personen

☆

140 g grüne Linsen, über Nacht eingeweicht
1 kleine Zwiebel, feingehackt
1/2 TL Kreuzkümmel, gemahlen
1/2 TL Zimt
4 Nelken
250 ml Orangensaft
180 ml Wasser

1 Die Linsen abgießen und zusammen mit den restlichen Zutaten in einen Topf geben. Zum Kochen bringen, Hitze reduzieren und im offenen Topf 30 Minuten garen, bis die Flüssigkeit aufgenommen ist und die Linsen sehr weich sind; dabei gelegentlich umrühren.
2 Nelken herausnehmen und die Linsen am besten zu einem mexikanischen Gericht servieren.

CHAMPIGNON-RISOTTO-BRATLINGE

Vorbereitungszeit: 20 Minuten + 75 Minuten Kühlzeit
Kochzeit: 35–40 Minuten
Für 4 Personen

☆☆

800 ml Gemüsebrühe
1 EL Olivenöl
20 g Butter
1 kleine Zwiebel, feingehackt
220 g Arborio- oder Rundkornreis
150 g kleine Champignons, in dünne Scheiben geschnitten
40 g frisch geriebener Parmesan
Öl zum Ausbacken

1 Die Gemüsebrühe in einem kleinen Topf zum Kochen bringen. Temperatur reduzieren und im geschlossenen Topf am Siedepunkt halten. Öl und Butter in einem Topf erhitzen. Zwiebel darin bei mittlerer Hitze in 3 Minuten weich braten. Reis dazugeben und 2 Minuten braten. Champignons zufügen und weitere 3 Minuten braten.
2 Heiße Brühe angießen (jeweils 125 ml); rühren, bis die gesamte Flüssigkeit aufgenommen ist. Diesen Vorgang mit der restlichen Brühe wiederholen; der Reis sollte nach 20 Minuten gar und cremig sein. Dann Parmesan einrühren und vom Herd nehmen.
3 Die Mischung in einer Schüssel abkühlen lassen. Anschließend mindestens 1 Stunde kalt stellen. Mit feuchten Händen flache Bratlinge formen. 15 Minuten kalt stellen.
4 Die Bratlinge in der Friteuse in etwa 3 Minuten pro Seite goldgelb und knusprig ausbacken. Dann auf Küchenpapier abtropfen lassen.

ZWIEBEL-PARMESAN-PILAW

Vorbereitungszeit: 5 Minuten
Kochzeit: 20–30 Minuten
Für 6 Personen

☆

60 g Butter
3 Zwiebeln, gehackt
2 Knoblauchzehen, zerdrückt
450 g Basmati-Reis
1 1/4 l Gemüsebrühe
240 g Erbsen
50 g frisch geriebener Parmesan
30 g frische Petersilie, gehackt

1 Butter in einem großen Topf erhitzen. Zwiebeln und Knoblauch darin bei schwacher Hitze unter Rühren in 5 Minuten goldgelb braten. Dann Reis und Brühe zufügen. Unter Rühren zum Kochen bringen. Die Hitze reduzieren und im offenen Topf 5 Minuten garen, bis die Flüssigkeit beinahe aufgenommen ist.
2 Die Erbsen hineingeben und durchrühren. Dann den Topf abdecken und den Reis bei schwacher Hitzezufuhr in 10 Minuten gar werden lassen. Anschließend Parmesan und Petersilie einrühren und servieren.

GEMÜSEBRÜHE
Gerichte, die mit Gemüsebrühe statt mit Wasser gekocht werden, haben meist ein besseres Aroma. Für die Herstellung der Gemüsebrühe sollte man das Gemüse zwar waschen, aber nicht schälen. Aromatisches Gemüse wie z. B. Lauch, Zwiebeln, Möhren und Sellerie wird am häufigsten verwendet. Stärkehaltiges Gemüse wie Erbsen und Kartoffeln ist weniger geeignet, weil es die Brühe trübt. Gemüse mit starkem Eigengeschmack wie Auberginen, Kohl oder weiße Rüben sollte nicht verwendet werden. Die Kochflüssigkeit mild-aromatischen Gemüses bildet ebenfalls eine nährstoffhaltige Brühe. Gemüsebrühe kann für Saucen, Suppen und Eintopf verwendet werden.

LINKS: Zwiebel-Parmesan-Pilaw
OBEN: Champignon-Risotto-Bratlinge

TOFU

Tofu kämpft seit jeher um sein Ansehen. Wir wissen zwar, daß er sehr nährstoffreich ist, aber nur kaum jemand ißt ihn! Tofu an sich ist völlig geschmacksneutral, er nimmt aber bereitwillig das Aroma von Marinaden und Gewürzen wie Knoblauch, Ingwer, Sojasauce und Chillies an. Mariniert und knusprig gebraten, kann er genauso gut schmecken wie etwas, was unserer Gesundheit eher abträglich ist. Falls Sie Tofu schon einmal probiert haben und er Ihnen nicht geschmeckt hat, versuchen Sie es noch einmal – Sie werden vermutlich angenehm überrascht sein.

OBEN: Wildreispfannkuchen mit Tofu und Pilzen

WILDREISPFANNKUCHEN MIT TOFU UND PILZEN

Vorbereitungszeit: 25 Minuten + 1 Stunde Ruhezeit
Kochzeit: etwa 1 Stunde
Für 6–12 Personen

☆☆

6 Eier, leicht verquirlt
750 ml Milch
180 g Butter, zerlassen
180 g Mehl
1/2 TL Backpulver
2 EL Ketjap Manis (siehe Hinweis)
2 EL Koriandergrün, gehackt
2 EL Olivenöl
2 EL frischer Ingwer, gerieben
1 frische rote Chilischote, feingehackt
2 Frühlingszwiebeln, feingehackt
100 g Wildreis, gekocht
1 TL Sesamöl
1 EL Öl
125 g Tofu, gewürfelt
300 g frische Mischpilze
2 TL weiße Misopaste
2 EL Sojasauce
1 EL Limettensaft
2 Knoblauchzehen, zerdrückt

1 Eier, Milch und 125 g Butter in einer Schüssel glattrühren.
2 Mehl und Backpulver in eine Schüssel sieben. Dann nach und nach in die Eiermischung einrühren. Ketjap Manis und Koriander dazugeben. Glattrühren. Abgedeckt 1 Stunde kalt stellen.
3 In der Zwischenzeit Olivenöl im Wok erhitzen. Ingwer, Chili und Frühlingszwiebeln bei starker Hitze unter Rühren 3 Minuten darin braten. Vom Herd nehmen, mit dem Wildreis in eine Schüssel geben und abgedeckt beiseite stellen.
4 Reis- und Pfannkuchenmischung gut miteinander verrühren. Restliche Butter in einer beschichteten Pfanne erhitzen. Etwas Teig hineingeben und die Pfanne kippen, so daß der Teig den ganzen Boden bedeckt. 2 Minuten backen, dann wenden und andere Seite goldbraun backen. So insgesamt 24 Pfannkuchen backen.
5 Die Öle im Wok erhitzen. Den Tofu darin bei starker Hitze unter Rühren in 5 Minuten goldgelb braten. Pilze, Miso, Sojasauce und Limettensaft zufügen und 4 Minuten dünsten. Nun den Knoblauch hineingeben und noch 1 Minute rühren. Als Vorspeise pro Person zwei, als Hauptgericht vier Pfannkuchen servieren.

Hinweis: Ketjap Manis ist eine dicke, dunkle, süße und aromatische Sojasauce. Sie wird traditionell mit Knoblauch, Sternanis, Galgant und Kräutern gewürzt und mit Palmsirup gesüßt.

Sie können für dieses Gericht alle Pilze nehmen, z. B. Champignons oder Austernpilze.

CHAMPIGNONS MIT QUINOA-FÜLLUNG

Vorbereitungszeit: 20 Minuten
Kochzeit: 40 Minuten
Für 4 Personen

☆

200 g Quinoa (siehe Hinweis)
500 ml Gemüsebrühe
1 Lorbeerblatt
1 Sternanis
2 EL Öl
3 Zwiebeln, in feine Ringe geschnitten
1 EL gemahlener Kreuzkümmel
1 TL Garam masala
150 g Fetakäse, zerbröckelt
1 EL frische Minze, gehackt
2 TL Zitronensaft
4 große Wiesenchampignons
zusätzlich 2 EL Olivenöl

1 Quinoa unter fließendem kaltem Wasser etwa 5 Minuten abspülen, bis das Wasser klar bleibt. Gut abtropfen lassen.
2 Quinoa, Gemüsebrühe, das Lorbeerblatt und den Sternanis in einen Topf geben. Aufkochen, Hitze reduzieren und 15 Minuten garen, bis das Getreide glasig wird. Dann vom Herd nehmen und 5 Minuten ruhen lassen; das Getreide nimmt die Flüssigkeit vollständig auf. Lorbeerblatt und Sternanis herausnehmen.
3 Öl in einer großen beschichteten Pfanne erhitzen. Die Zwiebeln darin bei mittlerer Hitze 10 Minuten dünsten.
4 Kreuzkümmel, Garam masala, Feta und Quinoa dazugeben. In 3 Minuten heiß werden lassen. Vom Herd nehmen und Minze und Zitronensaft einrühren.
5 Die Stiele von den Champignons entfernen, klein hacken und zur Quinoa-Mischung geben. Die Champignons mit zusätzlichem Öl bepinseln und mit der Lamellenseite nach unten 3 Minuten unter dem vorgeheizten Grill bräunen (je nach Champignongröße etwas mehr oder weniger). Wenden und die Champignonköpfe mit der Quinoa-Mischung füllen. Noch 5 Minuten grillen und heiß servieren; dazu Salat reichen.
Hinweis: Quinoa (auch Inkaweizen genannt) ist ein Getreide, das aus den peruanischen Anden stammt. Es ist bei Vegetariern wegen seines hohen Proteingehaltes sehr beliebt. Quinoa galt bei den Inkas als heilig und wurde bei religiösen Zeremonien verwendet. Man bekommt es im Reformhaus und in Naturkostläden.

AVOCADOSALAT MIT SCHWARZEN BOHNEN

Vorbereitungszeit: 15 Minuten + Einweichzeit über Nacht
Kochzeit: etwa 1 Stunde 30 Minuten
Für 4 Personen

☆

250 g getrocknete schwarze Bohnen
1 rote Zwiebel, gehackt
4 Eiertomaten, gehackt
1 rote Paprikaschote, gehackt
375 g Maiskörner aus der Dose, abgetropft
90 g Koriandergrün, grobgehackt
2 Avocados, geschält und gehackt
1 Mango, geschält und gehackt
150 g Rauke, Blätter abgezupft

Dressing
1 Knoblauchzehe, zerdrückt
1 kleine rote Chilischote, feingehackt
2 EL Limettensaft
3 EL Olivenöl

1 Die Bohnen über Nacht in kaltem Wasser einweichen. Abgießen, abspülen und abtropfen lassen. In einem Topf mit Wasser bedecken und zum Kochen bringen. Die Hitze reduzieren und in etwa 1 1/2 Stunden weich kochen. Abgießen und etwas abkühlen lassen.
2 Bohnen, Zwiebeln, Tomaten, Paprika, Mais, Koriander, Avocado, Mango und Rauke in einer großen Schüssel gut vermengen.
3 **Für die Sauce:** Alle Zutaten in einer Schüssel verrühren, über den Salat gießen und mischen.

SCHWARZE BOHNEN
Schwarze getrocknete Bohnen sind in Reformhäusern und Bioläden erhältlich. Sie sind wichtiger Bestandteil der mittel- und südamerikanischen, der karibischen und der mexikanischen Küche. Verwechseln Sie sie aber nicht mit den gleichnamigen chinesischen Bohnen, die gesalzen und fermentiert sind (siehe dazu Seite 131).

OBEN: Avocadosalat mit schwarzen Bohnen

KNUSPRIGE LINSENBÄLLCHEN

Vorbereitungszeit: 20 Minuten
Kochzeit: 15–20 Minuten
Ergibt etwa 30 Stück

✮✮

250 g rote Linsen
4 Frühlingszwiebeln, gehackt
2 Knoblauchzehen, zerdrückt
1 TL gemahlener Kreuzkümmel
80 g frische Semmelbrösel
125 geriebener Cheddar oder mittelalter Gouda
1 große Zucchini, geraspelt
150 g Maismehl
Öl zum Fritieren

1 Die Linsen in einem mittelgroßen Topf mit Wasser bedecken. Zum Kochen bringen, Hitze auf kleinste Stufe reduzieren und im geschlossenen Topf in 10 Minuten weich kochen. Abtropfen lassen und unter fließend kaltem Wasser abspülen.
2 Die Hälfte der Linsen mit Frühlingszwiebeln und Knoblauch in der Küchenmaschine oder mit dem Mixer 10 Sekunden pürieren. Dann in eine Schüssel geben. Restliche Linsen, Kreuzkümmel, Semmelbrösel, Käse und Zucchini dazugeben und gut mischen.
3 Mit den Händen gestrichene Eßlöffel der Mischung zu Bällchen formen und in Maismehl wälzen.
4 Öl in einem Topf bei mittlerer Temperatur erhitzen. Die Bällchen vorsichtig portionsweise ins heiße Öl geben. In 1 Minute knusprig goldbraun fritieren. Mit dem Schaumlöffel herausnehmen und auf Küchenpapier abtropfen lassen. Heiß servieren.
Hinweis: Zu diesen Bällchen paßt ein Joghurtdip oder ein Chutney ganz ausgezeichnet.

SPINATREIS

Vorbereitungszeit: 5 Minuten
Kochzeit: 50 Minuten
Für 4 Personen

✮

90 g Butter
200 g Langkornreis
500 ml Gemüsebrühe
Salz und frisch gemahlener schwarzer Pfeffer
2 EL Olivenöl
2 große Zwiebeln, feingehackt
250 g tiefgefrorener Blattspinat, aufgetaut und gehackt
4 Frühlingszwiebeln, gehackt

1 Butter in einem Topf erhitzen. Reis zufügen und bei schwacher Hitze 10 Minuten unter Rühren braten, bis die Körner goldgelb werden.
2 Brühe, Salz und Pfeffer dazugeben. Langsam unter ständigem Rühren zum Kochen bringen. Hitze reduzieren und im geschlossenen Topf 20 Minuten quellen lassen. Beiseite stellen.
3 Öl in einem kleinen Topf erhitzen. Zwiebeln darin bei mittlerer Hitze unter Rühren 5 Minuten braten. Spinat dazugeben, Hitze reduzieren und im geschlossenen Topf etwa 5–10 Minuten dünsten. Frühlingszwiebeln zugeben und 1 Minute rühren.
4 Die Spinatmischung zum Reis geben und unterrühren, bis alles gleichmäßig heiß ist.

OBEN: Spinatreis
RECHTS: Knusprige Linsenbällchen

INDISCHES DHAL MIT PITA-TOASTS

Vorbereitungszeit: 15 Minuten
Kochzeit: 20–25 Minuten
Für 4–6 Personen

☆

300 g rote Linsen
2 EL geklärte Butter
1 mittelgroße Zwiebel, feingehackt
2 Knoblauchzehen, zerdrückt
1 TL frischer Ingwer, gerieben
1 TL gemahlener Kurkuma
1 TL Garam masala
500 ml Wasser

Pitatoasts
4 runde Pitabrote
2–3 EL Olivenöl

1 Die Linsen in einer großen Schüssel mit Wasser bedecken. Sofort abschöpfen, was an die Oberfläche steigt. Linsen gut abtropfen lassen.
2 Butter in einem Topf erhitzen. Zwiebel darin in 3 Minuten weich braten. Knoblauch, Ingwer und Gewürze zufügen und unter Rühren 1 Minute braten.
3 Linsen und Wasser zufügen und das Ganze zum Kochen bringen. Hitze reduzieren und 15 Minuten garen, bis die Flüssigkeit aufgenommen ist; dabei gelegentlich umrühren. Gegen Ende der Kochzeit darauf achten, daß die Linsen nicht anbrennen.
4 Die Linsen in eine Servierschüssel geben und heiß oder bei Zimmertemperatur servieren. Dazu Pitabrot, Pitatoasts oder Naanbrot reichen.
5 Für die Pitatoasts: Backofen auf 180 °C vorheizen. Pitabrot in Keile schneiden und mit Öl bepinseln. Dann auf ein Backblech legen und in 5–7 Minuten knusprig hellbraun backen.
Hinweis: Statt geklärter Butter können Sie auch Öl verwenden. Geklärte Butter ist leicht selbst herzustellen: Butter in einem Topf zerlassen, den weißen Schaum von der Oberfläche abschöpfen und die klare Butter in ein anderes Gefäß gießen. Weiße Rückstände im Topf belassen.

GEMÜSE-PILAW

Vorbereitungszeit: 20 Minuten
Kochzeit: 35–40 Minuten
Für 4 Personen

☆

3 EL Olivenöl
1 mittelgroße Zwiebel, in Ringe geschnitten
2 Knoblauchzehen, zerdrückt
2 TL gemahlener Kreuzkümmel
2 TL Paprikapulver
1/2 TL Piment
300 g Langkornreis
375 ml Gemüsebrühe
180 ml Weißwein
3 mittelgroße Tomaten, enthäutet und gehackt
150 g kleine Champignons, in Scheiben geschnitten
2 mittelgroße Zucchini, in Scheiben geschnitten
150 g Brokkoli, in Röschen zerteilt

1 Öl in einem großen Topf erhitzen. Zwiebel zufügen und in 10 Minuten bei mittlerer Hitze goldbraun braten. Knoblauch und Gewürze hineingeben und 1 Minute braten, bis sich das Aroma entfaltet.
2 Reis in den Topf geben und gut mit den Gewürzen verrühren. Gemüsebrühe, Wein, Tomaten und Champignons zufügen und zum Kochen bringen. Temperatur reduzieren. Topf mit einem Deckel fest schließen und 15 Minuten garen.
3 Zucchini und Brokkoli dazugeben. Bei aufgelegtem Deckel in etwa 5–7 Minuten bißfest kochen. Dann sofort servieren.

LINSEN
Achten Sie beim Kauf auf blanke, glänzende Linsen ohne Anzeichen von Staub, Feuchtigkeit oder gar Schimmel. Kaufen Sie keine zu großen Mengen, denn Linsen werden mit der Zeit härter und trockener. Die Kochzeit verlängert sich, und sie brechen während des Kochens eher auseinander. Linsen sind von allen Hülsenfrüchten am leichtesten zuzubereiten – und sie eignen sich hervorragend für Pürees und Suppen. Grüne Linsen müssen nur wenige Stunden eingeweicht werden, rote überhaupt nicht. Prüfen Sie die Linsen vor dem Kochen genau; es kommt vor, daß kleine Steine darunter sind.

OBEN: Gemüse-Pilaw

POLENTA

Ob die Polenta – auch bekannt als Maismehl – schon im alten Rom bekannt war oder aus der neuen Welt stammt, wissen wir nicht. In der modernen Küche nimmt sie jedoch einen wichtigen Platz ein.

POLENTA-GRUNDREZEPT

1 l Wasser oder Brühe zum Kochen bringen. Temperatur reduzieren und mit dem Schneebesen nach und nach 150 g grobes Maismehl einrühren. Dann weitere 5 Minuten rühren. Schneebesen durch einen Holzlöffel ersetzen und rühren, bis der Löffel stehen bleibt und sich die Polenta vom Topfrand löst. 2 EL weiche Butter unterziehen und salzen und pfeffern.

MITTELMEER-FRITTATA AUS MAISMEHL

Die Polenta nach dem Grundrezept zubereiten. Dann 50 g frisch geriebenen Parmesankäse, 4 feingehackte, marinierte Artischockenherzen, 90 g gehackte sonnengetrocknete Tomaten, 60 g entsteinte und gehackte Niçoise-Oliven und 1 EL frische Oreganoblätter unterheben. Anschließend die Mischung gleichmäßig in eine leicht gefettete 30 cm-Springform füllen und mit dem Löffelrücken andrücken. Beiseite stellen und erkalten lassen. Die Frittata aus der Form lösen, mit Öl bepinseln und unter dem vorgeheizten Grill schön knusprig und goldbraun backen. Dann in Stücke schneiden und anschließend heiß oder mit Zimmertemperatur servieren. Für 6–8 Personen.

GEGRILLTE POLENTA

Zuerst die Polenta nach dem Grundrezept zubereiten. Dann 30 g frisch geriebenen Parmesankäse und 1 EL frisches, gehacktes Basilikum unterheben. Anschließend kreisförmig, ca. 2 cm dick auf ein Pizzablech streichen. Beiseite stellen und abkühlen lassen. Die Polenta in Keile schneiden. Mit Öl bepinseln und unter dem vorgeheizten Grill in 3 Minuten pro Seite schön knusprig grillen. Die Polenta warm als Appetithäppchen servieren. Für 4–6 Personen.

POLENTA MIT PIKANTER CHILI-PASTE

Gegrillte Polenta-Ecken mit einem großen Löffel Mascarpone, mit Balsamessig beträufelten Raukeblättern und selbstgemachter Chilipaste (siehe Seite 245) servieren. Sie können dazu aber auch ein pikantes Tomatenrelish servieren. Für 4–6 Personen.

POLENTASCHNITTEN MIT FETA, PAPRIKA UND ARTISCHOCKEN

Die Polenta nach dem Grundrezept zubereiten. In eine leicht gefettete quadratische Form (18 x 18 cm) streichen und erkalten lassen. Dann die Polenta in 3 cm breite Streifen schneiden. Mit Öl bepinseln und unter dem vorgeheizten Grill knusprig und goldbraun werden lassen. Mit geviertelten, marinierten Artischocken (mit Stiel), eingelegtem Fetakäse und gegrillten roten und gelben Paprikastreifen servieren. Für 4–6 Personen.

POLENTA-PIZZA

Zuerst die Polenta nach dem Grundrezept zubereiten. 50 g frisch geriebenen Parmesan unterrühren. In eine tiefe Pizzaform von 30 cm Durchmesser streichen und erkalten lassen. Mit Öl bepinseln und im vorgeheizten Backofen bei 200 °C etwa 10 Minuten backen. Dann herausnehmen, mit 3 EL Pesto bestreichen (ringsherum einen Rand von 1 cm belassen) und mit Champignonscheiben, halbierten Kirsch- und Birnentomaten und mit Streifen von einer grünen Paprikaschote belegen. Dann mit 125 g geraspeltem Mozzarella bestreuen. 20 Minuten backen, bis der Käse goldgelb ist. Für 4 Personen.

IM UHRZEIGERSINN, VON OBEN LINKS: Polenta mit pikanter Chili-Paste; gegrillte Polenta; Polentaschnitten mit Feta, Paprika und Artischocken; Polenta-Pizza; Polenta-Grundrezept; Mittelmeer-Frittata aus Maismehl

OBEN: Reisbratlinge mit Tomaten und Käse

REISBRATLINGE MIT TOMATEN UND KÄSE

Vorbereitungszeit: 30 Minuten + 1 Stunde 15 Minuten Kühlzeit
Kochzeit: 30–40 Minuten
Für 6 Personen

☆☆

800 ml Gemüsebrühe
1 EL Olivenöl
20 g Butter
1 kleine Zwiebel, feingehackt
280 g Rundkornreis
40 g frisch geriebener Parmesan
30 g Mozzarella, in 1 cm große Würfel geschnitten
30 g getrocknete Tomaten, gehackt
Öl zum Fritieren
ca. 70 g Mischsalat zum Servieren

1 Gemüsebrühe in einem kleinen Topf zum Kochen bringen. Temperatur reduzieren und im geschlossenen Topf am Siedepunkt halten. Öl und Butter in einem Topf erhitzen. Die Zwiebeln darin bei mittlerer Hitze unter Rühren in 3 Minuten goldgelb braten. Reis zufügen. Hitze reduzieren und auf kleiner Stufe 3 Minuten rühren, bis sich der Reis hellgelb färbt. Nun ein Viertel der Brühe angießen und 5 Minuten rühren, bis die Flüssigkeit aufgenommen ist.
2 Den Vorgang unter ständigem Rühren wiederholen, bis die gesamte Brühe aufgenommen und der Reis fast weich ist. Dann den Parmesan einrühren. Vom Herd nehmen und in einer Schüssel abkühlen lassen; anschließend 1 Stunde kalt stellen.
3 Mit feuchten Händen aus je 2 EL Reismischung Kugeln formen. Eine Mulde in die Mitte drücken; einen Mozzarellawürfel und etwas Tomate hineingeben. Wieder zu einer Kugel formen; dann zu einer Scheibe flachdrücken. Die fertig geformten Bratlinge 15 Minuten kalt stellen.
4 Öl in einem Topf auf mittlerer Stufe erhitzen. Die Bratlinge portionsweise im heißen Öl goldbraun fritieren (ca. 1–2 Minuten). Dann mit dem Schaumlöffel herausnehmen und auf Küchenpapier abtropfen lassen. Anschließend die Reisbratlinge mit frischem Salat servieren.

GEBRATENE AZUKIBOHNEN

Vorbereitungszeit: 15 Minuten + Einweichzeit über Nacht
Kochzeit: 1 Stunde 15 Minuten
Für 4 Personen

☆

220 g Azukibohnen (siehe Hinweis)
1 TL Sesamöl
1 EL Öl
1 Knoblauchzehe, zerdrückt
1 EL frischer Ingwer, gerieben
3 Frühlingszwiebeln, in Ringe geschnitten
180 g fester Tofu, in mundgerechte Stücke geschnitten
125 g Shimeji-Pilze, getrennt
1 rote Paprikaschote, in Streifen geschnitten
1 große Möhre, in Scheiben geschnitten
100 g junger Mais
500 g junger Paksoi oder Chinakohl, in einzelnen Blättern
1 EL Austernsauce
1 EL Hoisinsauce
3 EL salzreduzierte Sojasauce
1 EL süße Chilisauce
1 EL Limettensaft
2 EL Koriandergrün, gehackt

1 Die Azukibohnen über Nacht in kaltem Wasser einweichen. Abspülen und gut abtropfen lassen. In einem großen Topf mit Wasser bedecken und zum Kochen bringen. Temperatur zurückschalten und in 1 Stunde weich kochen. Abgießen.
2 Die Öle im Wok erhitzen. Knoblauch, Ingwer und Frühlingszwiebeln darin bei starker Hitzezufuhr unter ständigem Rühren 2 Minuten braten. Tofu zugeben und unter ständigem Rühren in 5 Minuten goldbraun braten. Pilze, Paprika, Möhre, Mais und Paksoi bzw. Chinakohl hineingeben und 3 Minuten braten.
3 Die abgetropften Bohnen, die Saucen, den Limettensaft und den Koriander einrühren. 2 Minuten unter ständigem Rühren kochen. Mit gedämpftem Reis servieren.
Hinweis: Azukibohnen sind mit Sojabohnen verwandt; sie sind leicht verdaulich. Die kleinen roten Bohnen erfreuen sich vor allem in Japan großer Beliebtheit. Gekocht, zerdrückt und mit Fett und Zucker gemischt, stellt man dort Rote-Bohnen-Paste her, die als Grundlage asiatischer Süßigkeiten dient.

LINSEN-KICHERERBSEN-BRATLINGE MIT KNOBLAUCH-KORIANDER-CREME

Vorbereitungszeit: 30 Minuten + Kühlzeit
Kochzeit: ca 30 Minuten
Ergibt 10 Bratlinge

☆☆

250 g rote Linsen
1 EL Öl
2 Zwiebeln, in Ringe geschnitten
1 EL Tandori-Gewürzmischung
400 g Kichererbsen aus der Dose, abgetropft
1 EL frischer Ingwer, gerieben
1 Ei
3 EL frische Petersilie, gehackt
2 EL Koriandergrün, gehackt
180 g Semmelbrösel
Mehl zum Bestäuben

Knoblauch-Koriander-Creme
125 g saure Sahne
125 ml süße Sahne
1 Knoblauchzehe, zerdrückt
2 EL Koriandergrün, gehackt
2 EL frische Petersilie, gehackt

1 Den Grill vorheizen. Einen großen Topf mit Wasser zum Kochen bringen. Dann die Linsen ins kochende Wasser geben und im offenen Topf in 10 Minuten weich kochen. Gut abtropfen lassen. Öl in einem Topf erhitzen und die Zwiebeln darin weich dünsten. Gewürzmischung hinzugeben und rühren, bis sich das Aroma entfaltet. Dann die Mischung etwas abkühlen lassen.
2 Die Kichererbsen, die Hälfte der Linsen, Ingwer, Ei und Zwiebelmischung in der Küchenmaschine in etwa 20 Sekunden zu einer glatten Masse verarbeiten. In eine Schüssel geben. Dann die restlichen Linsen, Petersilie, Koriander und Semmelbrösel hineingeben und gut mischen. In 10 gleich große Portionen teilen.
3 Die Portionen zu flachen Bratlingen formen (falls der Teig noch zu feucht ist, 15 Minuten kalt stellen). Die Bratlinge in Mehl wälzen und gut abschütteln. Anschließend in 3–4 Minuten auf jeder Seite braun grillen. Mit Knoblauch-Koriander-Creme servieren.
4 Für die Knoblauch-Koriander-Creme: Alle Zutaten in eine Schüssel geben und gut vermengen.
Hinweis: Die Bratlinge können bis zu zwei Tage im voraus zubereitet werden. Bewahren Sie sie abgedeckt im Kühlschrank auf. Statt unter dem Grill können Sie sie auch in einer leicht gefetteten Pfanne braten. Die Creme kann bis zu drei Tagen im voraus zubereitet werden. Luftdicht verschlossen im Kühlschrank aufbewahren.

KORIANDER
Koriander (*Coriandrum sativum*) ist eine sehr nützliche Pflanze, denn all ihre Bestandteile sind eßbar. Blätter, Stengel und Wurzeln werden in der Thaiküche verwendet, die Blätter in der mexikanischen Küche; getrocknete Koriandersamen finden ganz oder gemahlen vor allem in der Küche des vorderen Orients reichlich Verwendung.

OBEN: Linsen-Kichererbsenbratlinge mit Knoblauch-Koriander-Creme

REIS FÜR RISOTTO
Arborio-Reis ist ein italienischer Rundkornreis, der zuerst in der Poebene im Piemont angebaut wurde. Er ist in Supermärkten, Feinkostgeschäften und in italienischen Lebensmittelläden erhältlich. Man kann ihn zwar auch durch andere Rundkornreissorten ersetzen, aber das Ergebnis wird nicht dasselbe sein, weil ein Risotto mit Arborio-Reis eine ganz besonders kräftige und sahnige Konsistenz hat.

SEITE GEGENÜBER: Filo-Risotto-Pie (oben); Linsensalat nach Mittelmeerart

FILO-RISOTTO-PIE

Vorbereitungszeit: 45 Minuten
Kochzeit: 1 Stunde 45 Minuten
Für 8 Personen

★★★

2 große rote Paprikaschoten

Risotto
250 ml Weißwein
1 Liter Gemüsebrühe
2 EL Öl
1 Knoblauchzehe, zerdrückt
1 Lauchstange, in Ringe geschnitten
1 Fenchelknolle, in dünne Ringe geschnitten
450 g Arborio-Reis
60 g frisch geriebener Parmesan
10 Platten Filo-Teig
3 EL Olivenöl
500 g Spinat, blanchiert
250 g Fetakäse, in Scheiben geschnitten
1 EL Sesamkörner

1 Paprikaschoten längs halbieren. Dann Kerne und Trennwände entfernen und in große, flache Stücke schneiden. Grillen, bis die Haut schwarz wird und Blasen wirft. Auf einem Schneidbrett mit einem feuchten Küchentuch abdecken und abkühlen lassen. Die Haut abziehen und das Fleisch in kleinere Stücke schneiden.
2 Für den Risotto: Wein und Brühe in einem Topf zum Kochen bringen. Dann Hitze reduzieren.
3 Öl und Knoblauch in einem großen Topf erhitzen. Lauch und Fenchel darin bei mittlerer Temperatur 5 Minuten anbraten. Den Reis hineingeben und 3 Minuten rühren, bis er glasig wird.
4 Von der heißen Brühe 250 ml zum Reis geben. Rühren, bis der Reis die Flüssigkeit aufgenommen hat. Mit je 125 ml Brühe fortfahren, bis die Brühe verbraucht und der Reis gar ist (das dauert etwa 40 Minuten). Die Brühe muß unbedingt heiß sein, sonst wird der Reis pappig. Dann vom Herd nehmen, Parmesan einrühren und mit Salz und Pfeffer würzen. Beiseite stellen und etwas abkühlen lassen.
5 Jede Filo-Platte mit Olivenöl bestreichen und längs falten. In einer Springform von 23 cm Durchmesser so auslegen, daß die Teigplatten sich wie Speichen an einem Rad überlappen. Eine Seite der Platten sollte über den Rand hängen.
6 Die Hälfte der Risottomischung auf dem Teig verteilen; darauf die Hälfte der Paprikaschoten, des Spinats und des Feta geben. Mit den übrigen Zutaten wiederholen.
7 Teig über der Füllung zusammenfalten, mit Öl bepinseln und mit Sesamkörnern bestreuen. 50 Minuten backen, bis der Teig knusprig goldgelb ist.

LINSENSALAT NACH MITTELMEERART

Vorbereitungszeit: 20 Minuten + 4 Stunden Kühlzeit
Kochzeit: 20 Minuten
Für 4–6 Personen

★

1 große rote Paprikaschote
1 große gelbe Paprikaschote
250 g rote Linsen
1 rote Zwiebel, feingehackt
1 Salatgurke, gehackt

Dressing
4 EL Olivenöl
2 EL Zitronensaft
1 TL Kreuzkümmel, gemahlen
2 Knoblauchzehen, zerdrückt
Salz und Pfeffer

1 Die Paprikaschoten längs halbieren. Kerne und Trennwände entfernen und die Hälften in große, flache Stücke schneiden. Grillen, bis die Haut schwarz wird und Blasen wirft. Auf einem Schneidbrett mit einem feuchten Küchentuch abdecken und abkühlen lassen. Anschließend die Haut abziehen und das Fleisch in etwa 1/2 cm breite Streifen schneiden.
2 Die Linsen in kochendem Wasser in 10 Minuten weich kochen; nicht verkochen lassen. Gut abtropfen.
3 Paprikaschoten, Linsen, Zwiebel und Gurke in einer Schüssel mischen.
4 Für die Sauce: Alle Zutaten in einer Schüssel mit dem Schneebesen verrühren.
5 Das Dressing über den Salat gießen und gut mischen. Abgedeckt 4 Stunden im Kühlschrank ziehen lassen. Anschließend mit Zimmertemperatur servieren.

NATURREIS
Naturreis enthält mehr Vitamine und Mineralien als weißer Reis, weil er noch sein Silberhäutchen besitzt. Um so viele Nährstoffe wie möglich zu erhalten, kocht man Reis am besten mit wenig Wasser, das er dann während des Kochens aufnehmen kann. Die Vitamine sind nämlich wasserlöslich und gehen sonst beim Abgießen verloren.

OBEN: Naturreistorte mit frischer Tomatenfüllung

NATURREISTORTE MIT FRISCHER TOMATENFÜLLUNG

Vorbereitungszeit: 25 Minuten
Kochzeit: ca. 2 Stunden
Für 6 Personen

☆☆

Reiskruste

200 g Naturreis
60 g geriebener Cheddar oder mittelalter Gouda
1 Ei, leicht verquirlt

Frische Tomatenfüllung

6 Eiertomaten, halbiert
6 Knoblauchzehen, ungeschält
1 EL Olivenöl
frisch gemahlener schwarzer Pfeffer
8 Zweige frischer Zitronenthymian
50 g Ziegenkäse, zerbröckelt
3 Eier, leicht verquirlt
3 EL Milch

1 Für die Reiskruste: Naturreis in reichlich sprudelndem Wasser in 35–40 Minuten gar kochen. Abgießen und abkühlen lassen. Den Backofen auf 200 °C vorheizen. Dann Reis, Käse und Ei in einer Schüssel verrühren und damit Boden und Ränder einer leicht gefetteten Quiche- oder Flanform von 25 cm Durchmesser auskleiden. 15 Minuten backen.

2 Für die Tomatenfüllung: Tomaten halbieren und mit der Schnittseite nach oben zusammen mit dem Knoblauch auf ein beschichtetes Backblech legen. Mit etwas Öl bepinseln und mit Salz bestreuen. 30 Minuten backen. Aus dem Backofen nehmen und etwas abkühlen lassen. Nun die Knoblauchzehen schälen.

3 Den Backofen auf 180 °C zurückschalten. Tomatenhälften, Knoblauch, Zitronenthymian und Ziegenkäse auf dem Reisboden verteilen.

4 Eier und Milch mit dem Schneebesen verrühren und über die Tomaten gießen. Etwa 1 Stunde backen, bis die Mischung fest ist.

Hinweis: Ziegenkäse ist in Feinkostgeschäften und im Supermarkt an der Käsetheke, manchmal aber auch im Kühlregal erhältlich. Er hat einen ganz charakteristischen, pikanten Geschmack und wird beim Backen zwar weicher, er verläuft aber nicht richtig. Sie können den Ziegenkäse auch durch Feta ersetzen.

HUMMUS MIT ROTER BETE

Vorbereitungszeit: 25 Minuten + Einweichzeit über Nacht
Kochzeit: 1 Stunde 15 Minuten
Für 8 Personen

☆

250 g getrocknete Kichererbsen
1 große Zwiebel, gehackt
500 g rote Bete
125 ml Tahini (Sesampaste)
3 Knoblauchzehen, zerdrückt
3 EL Zitronensaft
1 EL gemahlener Kreuzkümmel
3 EL Olivenöl

1 Kichererbsen in einer großen Schüssel mit Wasser bedecken und über Nacht einweichen lassen. Abtropfen lassen.
2 Die Kichererbsen mit der Zwiebel in einen großen Topf geben, mit Wasser bedecken und zum Kochen bringen. In 1 Stunde sehr weich kochen. Abgießen und 250 ml Kochflüssigkeit auffangen. Abkühlen lassen.
3 Rote Bete in einem großen Topf mit kochendem Wasser gar kochen. Abtropfen und abkühlen lassen; dann schälen.
4 Die rote Bete klein schneiden und in die Küchenmaschine geben. Die Kichererbsen-Zwiebel-Mischung, Tahini, Knoblauch, Zitronensaft und Kreuzkümmel hinzugeben und zu einer glatten Masse verarbeiten. Bei laufender Maschine die Kochflüssigkeit und das Olivenöl zugießen und sorgfältig einarbeiten. Zum Servieren mit Olivenöl beträufeln. Dazu Brot reichen.

CHILIBOHNEN NACH TEXANISCH-MEXIKANISCHER ART

Vorbereitungszeit: 20 Minuten
Kochzeit: 25 Minuten
Für 4 Personen

☆

1 EL Öl
2 Knoblauchzehen, zerdrückt
2 kleine, frische rote Chilischoten, feingehackt
1 Zwiebel, feingehackt
1 grüne Paprikaschote, gehackt
440 g Kidneybohnen aus der Dose, abgespült und abgetropft
440 g geschälte Tomaten aus der Dose, mit Saft
125 g Tomatensalsa (Fertigprodukt)
1 TL feiner brauner Zucker

1 Öl, Knoblauch, Chillies und Zwiebel in einem Topf bei mittlerer Hitze in 3 Minuten goldgelb braten.
2 Paprikaschote, Bohnen, zerdrückte Tomaten, Salsa und Zucker zufügen. Zum Kochen bringen, Hitze reduzieren und im offenen Topf 15 Minuten garen. Die Sauce soll eindicken. Die Chilibohnen können mit saurer Sahne, Guacamole (siehe Seite 72) und Tortillachips serviert werden.
Hinweis: Rote Kidneybohnen soll es in Mexiko schon vor 5000 Jahren gegeben haben. Sie enthalten Ballaststoffe, Eisen, Kalium und verschiedene Vitamine der B-Gruppe. Sie können statt Kidneybohnen in diesem Rezept auch abgespülte und abgetropfte Kichererbsen aus der Dose verwenden.

KICHERERBSEN
Kichererbsen enthalten Ballaststoffe, Eiweiß, Eisen, Vitamin B1 und Kalium. Man muß sie vor dem Kochen über Nacht einweichen. Kichererbsen sind auch in Dosen erhältlich: sie müssen nicht eingeweicht werden, und ihre Kochzeit verkürzt sich deutlich.

LINKS: Hummus mit roter Bete
OBEN: Chilibohnen nach texanisch-mexikanischer Art

SOJABOHNEN
Die nahrhafte Sojabohne enthält hochwertiges pflanzliches Eiweiß, Ballaststoffe und Fett. Sie ist eine der ältesten und bedeutendsten Nutzpflanzen unserer Erde. Sie wird unter anderem zu Tofu und Sojagetränken (sogenannte Sojamilch) verarbeitet. Aus den cremefarbenen Bohnen (es gibt auch rote und schwarze Sorten) kann man Sprossen züchten, die eine knackige Salatzutat bilden, aber auch auf Brot oder als kurz gebratenes Gemüse ganz köstlich schmecken.

OBEN: Mandel-Sesam-Sojabratlinge

MANDEL-SESAM-SOJABRATLINGE

Vorbereitungszeit: 20 Minuten + Einweichzeit über Nacht
Kochzeit: 3 Stunden 40 Minuten
Ergibt 10 Stück

☆

60 g getrocknete Sojabohnen
125 g geröstete Mandeln
1 Zwiebel, gehackt
1 Möhre, geraspelt
1 EL Tamari (siehe Hinweis)
3 EL Haferflocken
1 Ei, leicht verquirlt
3 EL Kichererbsenmehl
1 TL gemahlener Kreuzkümmel
1 TL gemahlener Koriander
3 EL Sesamkörner
Öl zum Ausbacken

1 Die Sojabohnen über Nacht in kaltem Wasser einweichen. Dann abspülen und gut abtropfen lassen.
2 Sojabohnen in einem großen Topf mit Wasser bedecken und zum Kochen bringen. Temperatur zurückschalten und in 3 Stunden weich kochen. Dann abgießen, abspülen und abtropfen lassen.
3 Sojabohnen, Mandeln, Zwiebel, Möhre und Tamari in der Küchenmaschine in 2 Minuten grob hacken. Die Mischung in einer Schüssel mit Haferflocken, Ei, Kichererbsenmehl, Gewürzen und Sesamkörner gut verrühren.
4 Nun aus dem Teig 10 gleich große Bratlinge formen. Öl in einer großen Pfanne erhitzen und die Bratlinge darin bei mittlerer Hitze auf jeder Seite 5 Minuten ausbacken; sie sollen schön goldbraun werden. Dazu passen eine pikante Pflaumen-Joghurt-Sauce, Salat oder getoastete Brötchen.
Hinweis: Statt getrockneter Sojabohnen können Sie Sojabohnen aus der Dose verwenden (160 g). Bei Tamari handelt es sich um eine reichhaltige Sojasauce, die im Gegensatz zu normalen Sojasaucen ohne Weizen hergestellt wird.

SCHNELLES BOHNENPÜREE

800 G CANNELLINI-BOHNEN aus der Dose abgießen, abspülen und abtropfen lassen. Dann mit 1 zerdrückten Knoblauchzehe und 1 TL gehacktem frischem Rosmarin in der Küchenmaschine kurz mischen; dann bei laufender Maschine 3 EL Olivenöl in einem dünnen Strahl hineingießen. Sobald das Öl gebunden ist, mit Salz und Pfeffer würzen. Mit Zimmertemperatur als Dip zu Tortillachips oder geröstetem Pitabrot servieren. Oder das Püree in einem Topf erwärmen und als Beilage zu gegrilltem Gemüse servieren. Für 4 Personen.

PUFFHIRSE-FRÜHSTÜCK

Vorbereitungszeit: 5 Minuten
Kochzeit: 15–20 Minuten
Ergibt ca. 800 g

✯

175 g Puffhirse
350 g Dörrobst-Nuß-Mischung
90 g Weizenkleie
60 g Kokosflocken
175 g Honig

1 Den Backofen auf 180 °C vorheizen. Die Zutaten mit Ausnahme des Honigs in einer Schüssel gut vermischen.
2 Den Honig in einem kleinen Topf auf kleiner Stufe erwärmen und über die Hirsemischung gießen. Gut verrühren.
3 Die Getreidemischung in zwei Auflaufformen füllen und 15 Minuten backen; dabei mehrmals umrühren.
Hinweis: Puffhirse ist im Reformhaus oder Naturkostladen erhältlich. Sie können statt dessen aber auch Puffmais (Popcorn) verwenden.

Hirse ist für Personen mit einer Weizenallergie gut geeignet, weil sie kein Gluten enthält, dafür aber mehr Protein und Vitamin B als Weizen. Warmer Honig läßt sich übrigens leichter mit dem Getreide mischen als kalter. Das Frühstücksgetreide sollte in einem luftdichten Behälter an einem kühlen, dunklen Platz aufbewahrt werden.

KNUSPRIGES NUSSMÜSLI

Vorbereitungszeit: 20 Minuten
Kochzeit: 25 Minuten
Ergibt 1 kg

✯

500 g Haferflocken
125 g Weizenkleie
150 g grüne Pistazienkerne, grobgehackt
160 g Macadamianüsse, grobgehackt
100 g Pekannüsse, grobgehackt
125 g getrocknete Äpfel, gehackt
125 g getrocknete Aprikosen, gehackt
125 ml Ahornsirup
5 Tropfen Vanillearoma

1 Backofen auf 180 °C vorheizen. Alle Zutaten mit Ausnahme des Sirups und des Vanillearomas in eine Schüssel geben und gut mischen.
2 In einem kleinen Topf Sirup und Vanillearoma bei schwacher Hitze 3 Minuten erwärmen, bis der Sirup dünnflüssig wird.
3 Jetzt den Sirup über die Getreidemischung gießen und durchrühren, so daß alle Zutaten gut damit überzogen sind. Das Müsli auf zwei beschichtete feuerfeste Formen verteilen und etwa 20 Minuten backen, bis das Müsli leicht geröstet ist. Dabei häufiger umrühren. Anschließend die Mischung kalt werden lassen und in einen luftdichten Behälter füllen.
Hinweis: Haferflocken sind eine gute Quelle für Eiweiß, B-Vitamine, Calcium und Ballaststoffe. Hafer gehört zu den wenigen Getreidesorten, bei deren Verarbeitung Keimling und Fruchtschale vollkommen erhalten bleiben.

HIRSE
Hirse enthält mehr Eiweiß und Eisen als jedes andere Getreide. Sie ist in vielen Formen erhältlich – als Körner, Flocken oder Mehl – und sie ist glutenfrei. Aus Hirsemehl werden flache Brote hergestellt, aus den Körnern pikante Pilaws oder Bratlinge. Wer sich prinzipiell glutenfrei ernährt, kann statt mit Haferflocken auch mit Hirseflocken ein wunderbar sahniges Frühstücksmüsli zubereiten.

OBEN: Puffhirse-Frühstück
UNTEN: Knuspriges Nußmüsli

BORLOTTIBOHNEN
Die braunen Borlottibohnen mit den roten Flecken und Streifen stammen aus Italien. Sie haben ein ganz charakteristisches Kastanienaroma und eine zarte Konsistenz. Frische Borlottibohnen haben längliche, burgunderrot gesprenkelte Kerne und sind im Frühjahr und Sommer erhältlich.

OBEN: Borlottibohnen-Moussaka

BORLOTTIBOHNEN-MOUSSAKA

Vorbereitungszeit: 45 Minuten + Einweichzeit über Nacht
Kochzeit: 2 1/4–2 1/2 Stunden
Für 6 Personen

☆☆

- 250 g getrocknete Borlottibohnen
- 2 große Auberginen, in Scheiben geschnitten
- 4 EL Olivenöl
- 1 Knoblauchzehe, zerdrückt
- 1 Zwiebel, gehackt
- 125 g kleine Champignons, in Scheiben geschnitten
- ca. 900 g geschälte Tomaten, aus der Dose, gehackt
- 250 ml Rotwein
- 1 EL Tomatenmark
- 1 EL frischer Oregano, gehackt

Belag
- 250 g Naturjoghurt
- 4 Eier, leicht verquirlt
- 500 ml Milch
- 1/4 TL Paprikapulver
- 50 g frisch geriebener Parmesan
- 40 g frische Semmelbrösel

1 Die Borlottibohnen über Nacht in kaltem Wasser einweichen. Abspülen und abtropfen lassen.
2 Die Bohnen in einem großen Topf mit Wasser bedecken und zum Kochen bringen. Hitze reduzieren und in 1 1/2 Stunden weich kochen. Dann abtropfen lassen.
3 In der Zwischenzeit Auberginenscheiben mit Salz bestreuen und 30 Minuten ziehen lassen. Abspülen und trockentupfen. Mit etwas Öl bepinseln und in 3 Minuten pro Seite unter dem vorgeheizten Grill goldgelb grillen. Auf Küchenpapier abtropfen lassen.
4 Backofen auf 200 °C vorheizen. Restliches Öl in einem großen Topf erhitzen. Knoblauch und Zwiebeln darin bei mittlerer Hitze in 3 Minuten goldgelb braten. Champignons hineingeben und in 3 Minuten bräunen. Tomaten, Wein, Tomatenmark und Oregano zufügen und zum Kochen bringen. Temperatur reduzieren und 40 Minuten garen, bis die Sauce eindickt.
5 **Für die Moussaka:** Bohnen in eine große Auflaufform geben. Mit Tomatensauce begießen und mit Auberginenscheiben belegen.
6 **Für den Belag:** Joghurt, Eier, Milch und Paprikapulver mit dem Schneebesen verrühren. Über die Auberginen gießen. 10 Minuten stehen lassen. Parmesan und Semmelbrösel mischen und über die Moussaka streuen. Anschließend in 45–60 Minuten goldgelb backen.

LIMABOHNEN MIT LAUCH UND BIRNEN

Vorbereitungszeit: 30 Minuten + Einweichzeit über Nacht
Kochzeit: 1 1/2 Stunden
Für 4 Personen

☆

250 g getrocknete, große Limabohnen
2 EL Öl
2 Knoblauchzehen, zerdrückt
2 Lauchstangen, in Ringe geschnitten
1 TL feiner brauner Zucker
2 Birnen, geschält und in dicke Scheiben geschnitten
2 mittelgroße Tomaten, enthäutet, entkernt und gewürfelt
1 TL Fenchelsamen
250 ml Weißwein
2 EL Weißweinessig
150 g grüner oder weißer Spargel, in 4 cm lange Stücke geschnitten
8 kleine Salbeiblätter
Salz und Pfeffer
2 EL Pinienkerne, geröstet

1 Die Limabohnen über Nacht in kaltem Wasser einweichen. Abspülen und abtropfen lassen.
2 Bohnen in einem großen Topf mit Wasser bedecken und zum Kochen bringen. Temperatur reduzieren und in 1 Stunde gar kochen. Abtropfen lassen.
3 Öl in einer großen beschichteten Pfanne erhitzen. Knoblauch, Lauch und braunen Zucker darin bei mittlerer Hitze 10 Minuten dünsten, bis der Lauch glasig wird.
4 Birnen, Tomaten, Fenchelsamen, Weißwein und Essig zufügen und 10 Minuten garen, bis die Flüssigkeit um ein Viertel reduziert ist.
5 Limabohnen, Spargel und Salbei dazugeben. Mit Salz und Pfeffer abschmecken und 5 Minuten kochen, bis der Spargel gar ist. Mit gerösteten Pinienkernen bestreuen und servieren.
Hinweis: Limabohnen stammen ursprünglich aus Peru und sind nach der peruanischen Hauptstadt benannt. Sie haben ein zartes, butterähnliches Aroma und eine cremige Konsistenz. Kleine Limabohnen sind weiß oder grün, große nur weiß.

Zum Rösten die Pinienkerne auf einem Backblech verteilen und für 5 Minuten bei 180 °C in den vorgeheizten Backofen schieben.

CHILI-POLENTA-KUCHEN

Vorbereitungszeit: 25 Minuten
Kochzeit: 25–30 Minuten
Ergibt 1 Kuchen von 20 cm Durchmesser

☆

160 g Mehl
1 1/2 TL Backpulver
1 TL Salz
190 g Maismehl
125 g geriebener Cheddar oder mittelalter Gouda
250 g Naturjoghurt
125 ml Milch
2 Eier
80 g rote Paprikaschote, gehackt
2 TL frische Chilischoten, gehackt
60 g Butter

1 Den Backofen auf 200 °C vorheizen. Mehl, Backpulver und Salz in eine Schüssel sieben. Das Maismehl und den Käse einrühren. In einer anderen Schüssel Joghurt, Milch, Eier, Paprika und Chillies verrühren. Eine feuerfeste Pfanne von 20 cm Durchmesser erhitzen und die Butter zerlassen. Die Butter in die Joghurtmischung gießen und alle flüssigen zu den trockenen Zutaten geben. Gut verrühren.
2 Den Teig in die heiße Pfanne gießen. Im Backofen 25–30 Minuten backen (Nadelprobe).

UNTEN: Chili-Polenta-Kuchen

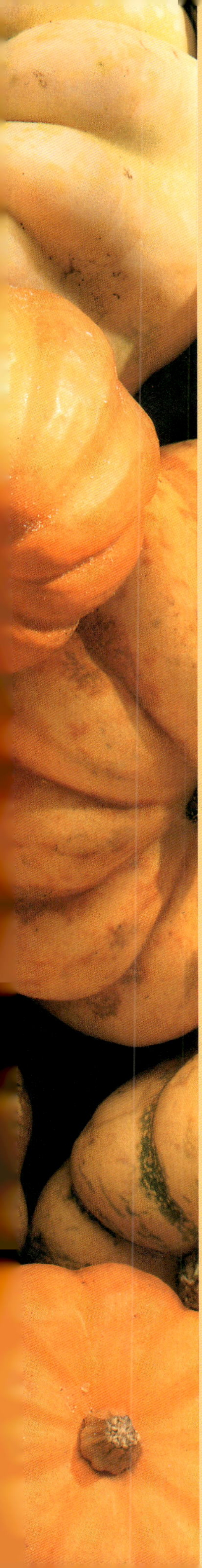

EINTÖPFE UND AUFLÄUFE

Diese wunderbaren Gerichte, die in »einem Topf« zubereitet und serviert werden, sind eine echte Bereicherung Ihres Speisezettels. Denn egal, aus wie vielen Zutaten ein Eintopf oder Auflauf besteht, das fertige Gericht ist bei weitem köstlicher als die Summe seiner Zutaten. Der Genuß eines derart sättigenden und köstlichen Mahls läßt sich im Grunde nur noch steigern, indem man selbstgebackenes Brot dazu serviert und ein paar Freunde zum Essen einlädt.

OBEN:
Überbackene Fettucine

ÜBERBACKENE FETTUCINE

Vorbereitungszeit: 20 Minuten
Kochzeit: 25 Minuten
Für 4 Personen

☆

500 g grüne Fettucine (Spinat-Fettucine)
60 g Butter oder Margarine
1 Zwiebel, feingehackt
300 g saure Sahne
250 ml Schlagsahne
1/4 TL Muskatnuß, gerieben
50 g frisch geriebener Parmesan
Salz und frisch gemahlener schwarzer Pfeffer
150 g Mozzarella, frisch geraspelt

1 Backofen auf 180 °C vorheizen. Die Fettucine in einem großen Topf mit sprudelndem Salzwasser bißfest kochen. Abgießen und beiseite stellen. Während die Nudeln kochen, Butter in einem großen Topf zerlassen. Zwiebel darin unter ständigem Rühren bei schwacher Hitze weich dünsten. Dann die abgetropften Nudeln zugeben.
2 Saure Sahne zufügen und mit Gabel und Löffel gut mischen. Rühren, bis die Nudeln gleichmäßig mit Sahne überzogen sind.
3 Schlagsahne, Muskatnuß, die Hälfte des Parmesans, Salz und Pfeffer zufügen und verrühren. In eine gefettete Auflaufform füllen und mit dem restlichen Käse bestreuen. 15 Minuten backen, bis der Käse goldgelb verlaufen ist.

Hinweis: Als Variante können Sie auch normale Fettucine verwenden und gehackte frische Kräuter wie Basilikum, Petersilie oder Thymian zugeben. Auch geraspelte Möhren können hineingegeben werden. Wenn Sie Knoblauch mögen, geben Sie 1 oder 2 zerdrückte Knoblauchzehen dazu, kurz bevor die Zwiebel weich ist.

SCHNELLER GEMÜSEEINTOPF

1 GEHACKTE ZWIEBEL in einem Topf weich dünsten. 2 gehackte Zucchini, 100 g in Scheiben geschnittene kleine Champignons und 1 gehackte rote Paprikaschote zufügen. 400 g zerdrückte Tomaten aus der Dose und 1 Spritzer Balsamessig hineingeben. Das Gemüse bei mittlerer Hitze im geschlossenen Topf in 10 Minuten gar kochen. Weitere 5 Minuten im offenen Topf kochen, damit die Sauce etwas eindickt. Abschmecken. Mit Nudeln oder Reis servieren. Für 4 Personen.
VARIANTE: Den Eintopf mit 350 g gekochten Spiralnudeln oder Penne mischen und in eine feuerfeste Form geben. Mit geriebenem Käse und Semmelbröseln bestreuen. Bei 210 °C in 10 Minuten goldgelb backen.

PESTO
Pesto Genovese ist das klassische Basilikum-Pesto und eine einfache Kombination aus Basilikumblättern, Pinienkernen, frisch geriebenem Parmesankäse, Knoblauch, Olivenöl, Salz und Pfeffer. Alle Pestosorten sind stark gewürzt und sollten daher sparsam verwendet werden, damit sie das Aroma der anderen Speisen nicht überdecken. Das italienische Wort *pesto* bedeutet »zerstoßen«: Traditionell werden die Pestozutaten nämlich im Mörser zerstampft.

MÖHRENAUFLAUF MIT PESTO

Vorbereitungszeit: 45 Minuten + 30 Minuten Ruhezeit
Kochzeit: 55 Minuten
Für 4 Personen

☆

- 50 g Butter
- 60 g Mehl
- 160 g saure Sahne
- 750 ml Milch
- 1 TL zerstoßener schwarzer Pfeffer
- 100 g Cheddar oder mittelalter Gouda, gerieben
- 4 Eier, leicht verquirlt
- 2 EL Pesto (Fertigprodukt)
- 750 g Möhren, geschält und geraspelt
- 250 g Lasagneblätter (ohne Vorkochen)
- zusätzlich 50 g geriebener Cheddar oder mittelalter Gouda

1 Auflaufform von 30 x 20 cm Größe mit zerlassener Butter oder Öl bepinseln. Butter in einem Topf erhitzen, dann Mehl zufügen. Bei schwacher Hitze rühren, bis die Mischung goldgelb ist und Blasen wirft. Saure Sahne, Milch und Pfeffer verrühren und nach und nach angießen. Dazwischen immer wieder glattrühren. 5 Minuten unter ständigem Rühren erhitzen, bis die Sauce kocht und eindickt. Noch 1 Minute kochen und vom Herd nehmen. Käse einrühren. Etwas abkühlen lassen. Nach und nach die Eier unter ständigem Rühren zufügen.

2 Ein Drittel der Sauce in eine andere Schüssel gießen und beiseite stellen. Pesto und Möhren zu der restlichen Sauce geben und unterrühren.

3 Den Backofen auf 150 °C vorheizen. Ein Drittel der Möhrenmischung in die Form geben und mit Lasagneblättern bedecken. So fortfahren, bis die Mischung aufgebraucht ist. Mit Lasagneblättern abschließen. Restliche Sauce darüber gießen und mit zusätzlichem Käse bestreuen. Vor dem Backen 15 Minuten ruhen lassen, damit die Nudelplatten weich werden. Anschließend in etwa 40 Minuten goldgelb backen.

4 Aus dem Backofen nehmen und abgedeckt 15 Minuten ruhen lassen; anschließend servieren. Der Auflauf läßt sich so besser schneiden. Reichen Sie einen knackigen grünen Salat dazu.

SCHNELLER KÜRBISGRATIN

DEN BACKOFEN auf 200 °C vorheizen. 400 g Butternut-Kürbis raspeln und in einer kleinen, flachen Auflaufform verteilen. Dann 250 ml Sahne darüber gießen und gut verrühren. In einer Schüssel 40 g frische Semmelbrösel, 4 EL feingeriebenen Käse und 1/2 TL Muskatnuß verrühren. Dann auf dem Kürbis verteilen und anschließend 20 Minuten backen. Für 4 Personen.

OBEN: Möhrenauflauf mit Pesto

EINTOPF UNGARISCHE ART

Vorbereitungszeit 30 Minuten
Kochzeit: 30 Minuten
Für 4–6 Personen

☆

4 große Kartoffeln
1 EL Olivenöl
30 g Butter
1 mittelgroße Zwiebel, gehackt
je 1 rote und grüne Paprikaschote, grobgehackt
440 g gehackte Tomaten aus der Dose, mit Saft
250 ml Gemüsebrühe
2 TL Kümmelkörner
2 TL Paprikapulver
Salz und frisch gemahlener schwarzer Pfeffer

Knusprige Croûtons
250 ml Öl
4 Scheiben Weißbrot ohne Kruste, in kleine Würfel geschnitten

1 Die Kartoffeln schälen und in große Stücke schneiden. Öl und Butter in einem großen Topf erhitzen. Die Kartoffeln darin bei mittlerer Hitze braten, bis sie an den Ecken knusprig werden. Dabei regelmäßig wenden.
2 Zwiebel und Paprikaschoten zufügen und 5 Minuten braten. Tomaten, Brühe, Kümmel und Paprika dazugeben. Mit Salz und Pfeffer abschmekken. 10 Minuten im offenen Topf garen, bis die Kartoffeln weich sind. Mit Croûtons servieren.
3 **Für die Croûtons:** Öl auf mittlerer Stufe in einer Pfanne erhitzen. Die Croûtons darin unter häufigem Wenden goldbraun ausbacken (ca. 2 Minuten). Auf Küchenpapier abtropfen lassen.

MEXIKANISCHER TOMATEN-AUFLAUF

Vorbereitungszeit: 25 Minuten
Kochzeit: 30 Minuten
Für 4–6 Personen

☆

2 EL Öl
2 rote Zwiebeln, gehackt
2 Knoblauchzehen, zerdrückt
6 reife Tomaten, enthäutet und gehackt
1 grüne Paprikaschote, entkernt und gehackt
1 EL Rotweinessig
1 TL Zucker
1/2 TL Chilipulver
375 g Maiskörner aus der Dose, abgetropft
125 g einfache Tortillachips (Maischips)
150 g geriebener Cheddar o. mittelalter Gouda
250 g saure Sahne

1 Backofen auf 160 °C vorheizen. Öl in einem Topf erhitzen. Zwiebeln und Knoblauch darin bei mittlerer Hitze 3 Minuten braten. Tomaten, Paprikaschoten, Essig, Zucker und Chili zufügen. 6–7 Minuten offen kochen, bis die Flüssigkeit verdampft. Mais zugeben und 3 Minuten erhitzen.

RECHTS: Eintopf ungarische Art

MEXIKANISCHE KÜCHE
Als die Spanier vor mehr als 400 Jahren Mexiko eroberten, fanden sie dort nicht nur Gold, sondern auch Mais, Bohnen, Chilischoten, Tomaten, Avocados, Kartoffeln, Squash-Kürbis, Zucchini und eine Fülle neuer Früchte und Gewürze, darunter Ananas, Papayas, Erdnüsse, Kakao und Vanille. Die anspruchsvollen und aufregenden Gerichte der Azteken und Maya lösten bei den europäischen Küchenchefs eine neue Improvisationswelle aus, und heute ist die mexikanische Küche in der ganzen Welt zu Hause.

2 Tortillachips, Sauce und Käse in Lagen in eine Auflaufform schichten; die letze Lage sollte aus Käse bestehen.
3 Mit saurer Sahne bestreichen und offen 15 Minuten im Backofen backen. Mit gehacktem Schnittlauch bestreut servieren.

WINTERGEMÜSE-EINTOPF

Vorbereitungszeit: 15 Minuten
Kochzeit: 40 Minuten
Für 4 Personen

☆

2 mittelgroße Kartoffeln
1 mittelgroße Pastinake
200 g Kürbis
30 g Butter
1 EL Mehl
375 ml Milch
1/2 TL Muskatnuß, gerieben
Salz und frisch gemahlener schwarzer Pfeffer

Knusperbelag
80 g frische Semmelbrösel
100 g geröstete Cashewkerne, grobgehackt
30 g Butter

1 Kartoffeln, Pastinake und Kürbis schälen. Den Kürbis in große, mundgerechte Stücke schneiden, Kartoffeln und Pastinake in kleinere. Gemüse in einem großen Topf mit sprudelndem Salzwasser in 8 Minuten bißfest kochen. Dann abgießen und das Gemüse in eine große, tiefe Auflaufform geben.
2 Butter bei schwacher Hitze in einem Topf schmelzen. Mehl dazugeben und 1 Minute rühren. Dann vom Herd nehmen und nach und nach Milch angießen. Wieder auf den Herd stellen und unter ständigem Rühren zum Kochen bringen; eindicken lassen. Noch 1 Minute kochen. Mit Muskat, Salz und Pfeffer abschmecken und über das Gemüse gießen. Dann den Backofen auf 180 °C vorheizen.
3 Für den Belag: Semmelbrösel und Nüsse vermischen. Über das Gemüse streuen und Butterflöckchen darauf setzen. 30 Minuten backen. Nach Wunsch mit Kresse garnieren.

OBEN: Mexikanischer Tomatenauflauf
LINKS: Wintergemüse-Eintopf

LORBEERBLÄTTER

Der Lorbeerbaum (*Laurus nobilis*) ist ein immergrüner Strauch mit einer langen Geschichte. Er stammt aus den Mittelmeerländern. Die alten Griechen ehrten die Sieger der Olympischen Spiele, außerdem Dichter und Helden mit Lorbeerkränzen. Lorbeerblätter haben ein ausgezeichnetes Aroma; die pikante Würze nimmt mit der Zahl der verwendeten Blätter und der Länge der Kochzeit zu. Noch ein Tip: Ein paar Lorbeerblätter, auf einer Untertasse oder einem Backblech verbrannt, vertreiben unangenehme Gerüche aus der Küche.

OBEN: Kartoffelkuchen

KARTOFFELKUCHEN

Vorbereitungszeit: 20 Minuten
Kochzeit: 1 Stunde
Für 4–6 Personen

☆

8 mittelgroße Kartoffeln
30 g Butter
2 EL Olivenöl
1 Knoblauchzehe, zerdrückt
1/2 TL gemahlener Pfeffer
200 g Semmelbrösel
125 g geriebener Cheddar o. mittelalter Gouda
50 g frisch geriebener Parmesan

1 Backofen auf 180 °C vorheizen. Eine Springform von 20 cm Durchmesser einfetten. Boden und Ränder mit Backpapier auslegen. Die Kartoffeln schälen und in dünne Scheiben schneiden.
2 Butter und Öl erhitzen; Knoblauch und Pfeffer zufügen. Auf dem Boden der Form eine Lage Kartoffelscheiben überlappend ausbreiten. Mit der Buttermischung bepinseln. Semmelbrösel und Käse mischen und etwas davon darüber streuen. So mit allen Kartoffelscheiben fortfahren. Die letzte Lage sollte aus Käse bestehen. Fest andrücken und 1 Stunde backen.

ÜBERBACKENE KÄSE-SPINAT-CANNELLONI

Vorbereitungszeit: 40 Minuten
Kochzeit: 1 Stunde 20 Minuten
Für 4 Personen

☆☆

Tomatensauce
2 EL Olivenöl
1 große Zwiebel, feingehackt
2 Knoblauchzehen, feingehackt
1,2 kg Tomaten aus der Dose, grobgehackt
2 frische Rosmarinzweige
2 Lorbeerblätter
2 EL Tomatenmark
Salz und Pfeffer

500 g frischer Blattspinat
150 g Fetakäse, zerbröckelt
150 g Ricotta oder Quark
50 g frisch geriebener Parmesan
2 EL frische Minzeblätter, feingehackt
2 Eier, leicht verquirlt
2 EL Pinienkerne, geröstet
Salz und Pfeffer
16 Cannelloninudeln (nicht vorgekocht)
200 g Mozzarellakäse

1 Für die Tomatensauce: Olivenöl in einem großen Topf erhitzen. Zwiebel und Knoblauch darin bei mittlerer Hitze weich braten. Dann Tomaten, Kräuter und Tomatenmark gut unterrühren. Zum Kochen bringen, Temperatur reduzieren und 25–30 Minuten garen; die Sauce soll dabei eindicken. Mit Salz und Pfeffer abschmecken und Lorbeerblätter und Rosmarinzweige entfernen.
2 Den Backofen auf 200 °C vorheizen. Spinat waschen und die Stiele entfernen. Dämpfen, bis er zusammenfällt. Gut abtropfen lassen und grob hacken. Den Spinat mit Käse, Minze, Eier, Pinienkernen, Salz und Pfeffer gut mischen. Mit einem kleinen Löffel oder einem Messer in die Cannelloni füllen.
3 Etwas Tomatensauce in eine große, flache Auflaufform gießen. Cannelloni darauf verteilen. Mit der restlichen Tomatensauce und dem Mozzarella bedecken. 30–40 Minuten backen. Die Nudeln sollen weich, der Käse goldgelb sein.

GEMÜSELASAGNE

Vorbereitungszeit: 50 Minuten
Kochzeit: 1 Stunde
Für 6 Personen

☆☆☆

Marinade

125 ml Olivenöl
2 EL Rotweinessig
1 EL Kapern, feingehackt
1 EL Petersilie, feingehackt
1 Knoblauchzehe, feingehackt
1 TL Tomatenmark
Salz und Pfeffer

1 rote Paprikaschote
1 große Aubergine, längs in Scheiben geschnitten, gesalzen, abgespült und trockengetupft
2 große Zucchini, längs in dünne Scheiben geschnitten
400 g Süßkartoffeln, geschält und längs in dünne Scheiben geschnitten
6 Eiertomaten, geviertelt
375 g frische Lasagneblätter
90 g Pesto
300 g Bocconcini (siehe Seite 84), in dünne Scheiben geschnitten
Olivenöl
100 g frisch geriebener Parmesan

1 Backofen auf 200 °C vorheizen. Die Zutaten für die Marinade mit dem Schneebesen verrühren.
2 Die Paprikaschote längs halbieren. Kerne und Trennwände entfernen. Das Fleisch in große, flache Stücke schneiden. Anschließend grillen, bis die Haut schwarz wird und Blasen wirft. Auf einem Schneidebrett unter einem feuchten Küchentuch abkühlen lassen. Enthäuten und das Fleisch in breite Streifen schneiden. Paprikastreifen und restliche Gemüse in eine große Auflaufform geben und mit der Hälfte der Marinade begießen. 15 Minuten im Backofen backen, wenden und mit der übrigen Marinade auffüllen. Dann noch weitere 15 Minuten backen.
3 Die Lasagneblätter in 24 Stücke von etwa 10 x 16 cm schneiden. Dabei 6 Stapel in folgender Reihenfolge zusammenstellen: Nudeln, Zucchini und Süßkartoffel, 2 TL Pesto und Bocconcinischeiben, Nudeln, Aubergine und roter Paprika, Nudeln, Tomaten, 2 TL Pesto und Bocconcinischeiben, Nudeln. Die Stapel in eine gefettete Auflaufform setzen. Oberfläche mit Olivenöl bepinseln und mit geriebenem Parmesan bestreuen. In 15–20 Minuten durchbacken.

AROMATISIERTER ESSIG
Weinessig ist im allgemeinen das mildeste und vielseitigste Mitglied der Essigfamilie. Der Name geht bis auf das lateinische *acatum*, »saurer Wein«, zurück. Weinessig läßt sich gut mit frischen Kräutern wie etwa Estragon, Basilikum, Minze und Thymian aromatisieren. Einige Zweige des ausgewählten Gewürzes in eine sterilisierte Flasche geben, Essig hineingießen, versiegeln und drei Wochen ziehen lassen. Den Essig durch ein Sieb gießen und dann mit einem frischen Kräuterzweig wieder in die Flasche füllen. **Verwenden Sie niemals Knoblauch zum Aromatisieren von Essig oder Öl!** Durch ungünstige Umstände kann er nämlich verderben und eine Lebensmittelvergiftung verursachen!

OBEN: Gemüselasagne

WIRSINGKOHL
Mit seinen grünen, stark strukturierten und von Rippen durchzogenen Blättern gehört Wirsing zu den schönsten Kohlarten. Die großen Blätter lassen sich auch sehr gut füllen. Beim Einkauf von Kohl, gleich welcher Sorte, sollten Sie immer darauf achten, daß die Köpfe fest und schwer und von glänzender, kräftiger Farbe sind. Beim Wirsing sind die Blätter zwar lose, sie dürfen aber niemals welk sein.

OBEN:
Pikante Kohlrouladen

PIKANTE KOHLROULADEN

Vorbereitungszeit: 40 Minuten
Kochzeit: 30 Minuten
Für 6 Personen

☆

6 große Weißkohlblätter

Füllung
2 TL Olivenöl
4 Frühlingszwiebeln, feingehackt
1 Knoblauchzehe, zerdrückt
2 EL Tomatenmark
80 g Korinthen
2 EL Mandelblättchen
1 TL Kreuzkümmelsamen
1/2 TL Zimt
2 EL frische Petersilie, feingehackt
450 g Langkornreis, gekocht
250 ml Gemüsebrühe

Joghurtsauce
200 g Naturjoghurt
1 TL Kreuzkümmel
1 EL frische Minze, feingehackt

1 Den Backofen auf 190 °C vorheizen. Eine tiefe Auflaufform mit zerlassener Butter oder Öl bepinseln.
2 Die Kohlblätter 10 Sekunden blanchieren. Abtropfen lassen und die harten Stiele entfernen. Die Blätter beiseite legen.
3 **Für die Füllung:** Öl in einem großen Topf erhitzen. Frühlingszwiebeln und Knoblauch darin bei mittlerer Temperatur etwa 30 Sekunden anbraten. Dann alle Zutaten bis auf die Gemüsebrühe hineingeben. Gut verrühren, vom Herd nehmen und etwas abkühlen lassen.
4 Nun auf den Rand jedes Kohlblatts 3 EL der Füllung geben und das Blatt zu einem festen Päckchen aufrollen; dabei die Ecken einschlagen. Die Kohlrouladen mit Bindfaden umwickeln, damit sie nicht auseinanderfallen. Mit der Nahtseite nach unten in die vorbereitete Form füllen und die Gemüsebrühe darüber gießen. Mit Alufolie abdekken und 20–25 Minuten im Backofen schmoren.
5 **Für die Joghurtsauce:** Alle Zutaten in einer Schüssel mischen. Die Kohlrouladen warm oder kalt mit Joghurtsauce servieren.
Hinweis: Joghurtsauce sollte man erst kurz vor dem Servieren zubereiten. Wenn sich die Blätter nur schwer vom Kohl lösen lassen, kochen Sie den ganzen Kohl etwa 3–4 Minuten in reichlich Salzwasser. Dann herausnehmen und abkühlen lassen. Die Blätter sollten sich dann leicht lösen lassen.

GOLDEN NUGGET-SOUFFLÉ

Vorbereitungszeit: 20 Minuten
Kochzeit: 1 Stunde 40 Minuten
Für 4 Personen

☆

4 Golden Nugget-Kürbisse (s. Abbildung)
60 g Butter
3 EL Mehl
170 ml Milch
3 Eier, getrennt
70 g Greyerzer Käse, gerieben

1 Backofen auf 210 °C vorheizen. Von den Kürbissen Deckel abschneiden und mit dem Löffel Kerne und Fasern herauslösen. Die Kürbisse in eine Auflaufform setzen. Die Form mit Alufolie abdecken und 1 Stunde backen. Kürbisse herausnehmen, auf ein Kuchengitter stürzen und die Flüssigkeit ablaufen lassen.
2 Mit einem Metallöffel das weiche Fleisch herauskratzen; etwas vom Rand stehen lassen, damit der Kürbis stabil bleibt. Das Kürbisfleisch zerdrücken und abkühlen lassen.
3 Butter in einem kleinen Topf erhitzen. Mehl zugeben und 1 Minute unter Rühren anbräunen. Nach und nach Milch angießen; dabei zwischendurch immer wieder glattrühren. Bei mittlerer Hitze unter ständigem Rühren eindicken lassen. Noch 1 Minute kochen und vom Herd nehmen. Eigelb und Käse einrühren. Kürbisfleisch dazugeben und rühren, bis eine einheitliche Masse entsteht. Mit Salz und Pfeffer abschmecken.
4 Eiweiß mit dem Handrührgerät steif schlagen; dann mit einem Metallöffel rasch und sorgfältig unter die Kürbismasse heben; es sollen keine weißen Streifen mehr zu sehen sein.
5 Die Mischung nur bis knapp unter den Rand in die ausgehöhlten Kürbisse füllen, damit sie beim Backen nicht überlaufen. Evtl. überschüssige Füllung gleichzeitig mit den Kürbissen in einem kleinen Soufflèförmchen backen. Die gefüllten Kürbisse in eine Auflaufform stellen und 20–25 Minuten backen, bis die Soufflémasse aufgegangen ist. Sofort servieren.

SCHNELLE, CREMIGE POLENTA

POLENTA IST eine hervorragende, leicht zuzubereitende Beilage zu Eintöpfen und Schmorgerichten. In einem mittelgroßen Topf 350 ml Gemüsebrühe und 250 ml Wasser zum Kochen bringen. 150 g Maismehl zufügen und 10 Minuten bei schwacher bis mittlerer Hitze rühren. Dabei wird die Mischung sehr dick. Vom Herd nehmen und 80 ml Sahne und 30 g Butter einrühren. Falls es zum Hauptgericht paßt, kann man statt der Butter 50 g Parmesan einrühren. Für 2–4 Personen.

OREGANO
Die Urform des Oregano, *rigani*, verwendeten schon die alten Griechen. Der Name bedeutet soviel wie »Freude der Berge«, und die Wildpflanze mit dem warmen, schweren Duft paßt gut zum traditionellen griechischen Salat aus Feta, Tomaten, Oliven und Zwiebeln. Heute existieren viele Hybridformen, von denen *Origanum heracleoticum* eine der besten ist. Die griechische Sorte hat in ihrem scharfen Biß und Aroma viel von den ursprünglichen Eigenschaften der Wildform bewahrt.

OBEN:
Golden Nugget-Soufflé

KREUZKÜMMEL
Kreuzkümmel hat ein bodenständiges, warmes Aroma. Er wird im allgemeinen zum Würzen von Currys und für eine Reihe anderer Gerichte verwendet. In Spanien ist er das traditionelle Gewürz für Kichererbsen und für Gemüse- und Reisgerichte. Kreuzkümmelsamen muß man lange kochen; deshalb wird er oft gemahlen angeboten. Der Geschmack bleibt dabei erhalten, und das Gewürz ist leichter zu dosieren.

SEITE GEGENÜBER: Apfel-Kartoffel-Schichtauflauf (oben); Kichererbseneintopf mit Gemüse

KICHERERBSENEINTOPF MIT GEMÜSE

Vorbereitungszeit: 25 Minuten + Einweichzeit über Nacht
Kochzeit: 1 Stunde 30 Minuten
Für 4 Personen

★

330 g getrocknete Kichererbsen
2 EL Öl
1 große Zwiebel, gehackt
1 Knoblauchzehe, zerdrückt
3 TL gemahlener Kreuzkümmel
1/2 TL Chilipulver
1/2 TL Piment
425 g geschälte Tomaten aus der Dose, zerdrückt
375 ml Gemüsebrühe
300 g Kürbisfleisch, in große Würfel geschnitten
150 g grüne Bohnen, geputzt
200 g kleine Squashkürbisse, geviertelt
2 EL Tomatenmark
1 TL getrockneter Oregano

1 Die Kichererbsen in einer großen Schüssel mit kaltem Wasser bedecken und über Nacht einweichen. Dann abtropfen lassen.
2 Öl in einem großen Topf erhitzen. Zwiebel und Knoblauch darin 2 Minuten unter ständigem Rühren anbraten. Gewürze hineingeben und 1 Minute rühren. Kichererbsen, Tomaten und Brühe zufügen. Zum Kochen bringen, Hitze reduzieren und im geschlossenen Topf 1 Stunde garen; dabei gelegentlich durchrühren.
3 Kürbis, Bohnen, Squashkürbisse, Tomatenmark und Oregano hineingeben und verrühren. Weitere 15 Minuten im geschlossenen Topf garen. Den Deckel abnehmen und 10 Minuten offen kochen, damit die Sauce eindickt.
Hinweis: Die Einweichzeit verkürzt sich, wenn man die Kichererbsen in einem Topf mit kaltem Wasser zum Kochen bringt, nach dem Aufkochen vom Herd nimmt und 2 Stunden ziehen läßt. Falls Sie es eilig haben, nehmen Sie Kichererbsen aus der Dose. Spülen Sie sie vor der Verwendung gründlich ab, und lassen Sie sie abtropfen.

APFEL-KARTOFFEL-SCHICHT-AUFLAUF

Vorbereitungszeit: 30 Minuten
Kochzeit: 45 Minuten
Für 6 Personen

★

2 große Kartoffeln
3 mittelgroße grüne Äpfel
1 mittelgroße Zwiebel
60 g fein geriebener Cheddar oder mittelalter Gouda
250 ml Sahne
1/4 TL Muskatnuß, gerieben
frisch gemahlener schwarzer Pfeffer

1 Den Backofen auf 180 °C vorheizen. Eine große, flache Auflaufform mit zerlassener Butter oder Öl bepinseln. Die Kartoffeln schälen und in dünne Scheiben schneiden. Äpfel schälen, vierteln und entkernen. In dünne Scheiben schneiden. Geschälte Zwiebel in dünne Ringe schneiden.
2 Kartoffeln, Äpfel und Zwiebeln abwechselnd in die Form schichten; mit einer Lage Kartoffeln abschließen. Gleichmäßig mit Käse bestreuen. Die Sahne ebenfalls gleichmäßig darüber gießen.
3 Mit Muskat und Pfeffer bestreuen und in etwa 45 Minuten goldbraun backen. Aus dem Backofen nehmen und vor dem Servieren 5 Minuten ruhen lassen.
Hinweis: Damit Kartoffeln und Äpfel während der Vorbereitung nicht braun werden, legt man die Scheiben in eine Schüssel mit kaltem Wasser und einem Schuß Zitronensaft. Vor der Weiterverwendung mit Küchenpapier trockentupfen.

SCHNELLER AUBERGINENAUFLAUF

6 KLEINE AUBERGINEN längs in Scheiben schneiden. Mit Mehl bestäuben und in etwas Öl braun braten. Auf Küchenpapier abtropfen lassen. Dann in eine flache Auflaufform legen und 125 g Tomatensauce (ein gutes Fertigprodukt) darüber gießen. Mit 150 g geraspeltem Mozzarella und 30 g geriebenem Parmesan bestreuen. Anschließend mit frisch gemahlenem schwarzem Pfeffer würzen und bei 180 °C etwa 15 Minuten backen, bis die Kruste goldbraun ist. Mit einem rustikalen Salat servieren (zum Beispiel Rauke mit Olivenöl-Zitronen-Dressing). Für 2 Personen.

SPARGEL VORBEREITEN

1 Das harte Ende jeder Spargelstange biegen; es bricht an der Stelle, wo die Stange holzig wird. Dann die Stangen zu einem Bündel schnüren.

2 Spargel mit den Spitzen nach oben in einen Topf mit kochendem Wasser geben. Nun 2–3 Minuten kochen und mit einer Zange herausnehmen. Die Spitzen kurz ins kochende Wasser tauchen.

OBEN: Gefüllte Kürbisse

GEFÜLLTE KÜRBISSE

Vorbereitungszeit: 25 Minuten
Kochzeit: 50 Minuten
Ergibt 4 Stück

☆

- 4 mittelgroße Golden-Nugget-Kürbisse
- 3 EL Wasser
- 100 g Reis, gekocht
- 2 TL Currypaste
- 1 EL Koriandergrün, feingehackt
- 1 grüner Apfel, feingehackt
- 1 kleine Zucchini, feingehackt
- 1 kleine Möhre, feingehackt
- 60 g kleine Champignons, in dünne Scheiben geschnitten
- 150 g grüner Spargel, in Stücke geschnitten
- 2 TL Korinthen
- 1/4 TL Garam masala
- 60 g Butter, zerlassen

1 Backofen auf 210 °C vorheizen. Von den Kürbissen einen Deckel abschneiden und beiseite legen. Die Kerne herauskratzen und wegwerfen. Kürbisse in eine Auflaufform setzen und die Deckel auflegen. Wasser angießen und Form mit Alufolie verschließen. 30 Minuten im Backofen garen. Dann die Kürbisse aus der Form nehmen, das Wasser abgießen und die Form mit zerlassener Butter oder Öl bepinseln.

2 Reis, Currypaste, Koriander, Apfel, Zucchini, Möhre, Champignons, Spargel, Korinthen, Garam masala und Butter in einer Schüssel mischen. In die ausgehöhlten Kürbisse füllen, die Deckel aufsetzen und erneut in die Form geben. Mit Folie abdecken und 20 Minuten garen.

BLUMENKOHLAUFLAUF MIT NUDELN

Vorbereitungszeit: 25 Minuten
Kochzeit: 1 Stunde
Für 6 Personen

☆

- 150 g Penne oder andere kurze Nudeln
- 600 g Blumenkohl, in Röschen zerteilt
- 2 EL Olivenöl
- 2 rote Zwiebeln, gehackt
- 2 Knoblauchzehen, feingehackt
- 80 g Butter
- 4 EL Mehl
- 1 Liter Milch
- 200 g frisch geriebener Parmesan
- 30 g Basilikum, in feine Streifen geschnitten
- 5 Scheiben Brot, ohne Kruste (1 Tag alt)
- 50 g Butter, zerlassen

1 Den Backofen auf 180 °C vorheizen. Nudeln in einem großen Topf mit sprudelndem Salzwasser

bißfest kochen und abgießen. Den Blumenkohl bißfest dämpfen oder garen. Dann Olivenöl in einer Pfanne erhitzen. Zwiebeln und Knoblauch darin bei mittlerer Hitze weich dünsten und anschließend in einer Schüssel mit dem Blumenkohl vermengen.

2 Butter in einem großen Topf zerlassen. Mehl hineingeben und 1 Minute rühren. Nach und nach Milch angießen und unter ständigem Rühren erhitzen, bis die Sauce kocht und eindickt. Dann vom Herd nehmen; 125 g Käse und Basilikum einrühren. Blumenkohl, Nudeln und Zwiebeln in die Sauce geben und gut verrühren.

3 Die Blumenkohlmischung in eine große Auflaufform geben. Das Brot in große Würfel schneiden. In zerlassener Butter wenden und auf dem Auflauf verteilen. Mit dem restlichen Käse bestreuen und in 35–40 Minuten goldgelb überbacken.

FENCHEL-KNUSPERAUFLAUF

Vorbereitungszeit: 25 Minuten
Kochzeit: 40 Minuten
Für 6 Personen

☆

2 Fenchelknollen
3 EL Zitronensaft
zusätzlich 2 EL Zitronensaft
Salz und frisch gemahlener schwarzer Pfeffer
1 EL Honig
1 EL Mehl
320 ml Sahne

Belag
80 g Haferflocken
60 g Mehl
ca. 100 g Schwarzbrotkrümel
60 g Butter
1 Knoblauchzehe, zerdrückt

1 Den Backofen auf 180 °C vorheizen. Eine große Auflaufform mit zerlassener Butter oder Öl bepinseln. Den Fenchel putzen und in dünne Ringe schneiden. Waschen und gut abtropfen lassen. Wasser in einem großen Topf zum Kochen bringen. 3 EL Zitronensaft und Fenchel zugeben. Bei mittlerer Hitze etwa 3 Minuten kochen. Abgießen und mit kaltem Wasser abspülen.

2 Den Fenchel in eine Schüssel geben. 2 EL Zitronensaft mit Pfeffer und Honig verrühren und darübergeben. Gut verrühren und mit Mehl bestäuben. Anschließend in die Auflaufform füllen und mit Sahne begießen.

3 **Für den Belag:** Haferflocken, Mehl und Brotkrümel mischen. Butter in einem kleinen Topf erhitzen und den Knoblauch darin 30 Sekunden anbraten. Über die trockenen Zutaten gießen und gut mischen. Die Krümel über den Fenchel streuen und 20–30 Minuten backen; der Fenchel soll gar, die Kruste braun sein.

Hinweis: Sie können auch Roggen- oder Weißbrot für die Krümel verwenden. Fenchel schmeckt nach Anis. Durch das Blanchieren wird er etwas weicher, und das kräftige Aroma schwächt sich etwas ab.

SCHNELLER COUSCOUS

COUSCOUS IST eine einfache, aber köstliche Möglichkeit, die Kochflüssigkeit eines Eintopfgerichtes aufzunehmen. 180 g Instant-Couscous in eine große Auflaufform geben und 180 ml kochendes Wasser zufügen. Anschließend 3–5 Minuten ziehen lassen. Mit einer Gabel 30 g Butter einrühren; die Butter soll schmelzen, die Körner sollen aufgelockert werden. Dann mit Salz, Pfeffer und frischen Kräutern würzen. Zusätzliches Aroma bekommt das Ganze, wenn man etwas zerdrückten, in Butter sautierten Knoblauch einrührt. Für 2 Personen.

FENCHEL
Geben Sie Fenchel in Suppen oder Saucen oder zu gegrilltem und mariniertem Gemüse, um den Gerichten ein leichtes Anisaroma zu verleihen. Fenchel ähnelt der Sellerieknolle. Die Blätter eignen sich für Salate und Füllungen; die rohe Knolle wird als Gemüse gekocht oder, in dünne Scheibchen geschnitten, als Teil einer Vorspeisenplatte serviert.

OBEN: Fenchel-Knusperauflauf

OBEN: Überbackenes Auberginen-Spargel-Sandwich

ÜBERBACKENES AUBERGINEN-SPARGEL-SANDWICH

Vorbereitungszeit: 45 Minuten + 30 Minuten Ruhezeit
Kochzeit: 40 Minuten
Für 6 Personen

✯

2 mittelgroße Auberginen
1 EL Öl
150 g grüner Spargel
50 g Butter
40 g Frühlingszwiebeln, feingehackt
60 g Mehl
250 ml Milch
3 EL geriebener Romano oder Greyerzer Käse
1 EL Zitronensaft
Salz und frisch gemahlener schwarzer Pfeffer
1 Eigelb

Soufflé-Belag
1 Eiweiß
3 EL geriebener Romano oder Greyerzer Käse

1 Den Backofen auf 180 °C vorheizen. Ein Backblech mit Alufolie auslegen und mit zerlassener Butter oder Öl bepinseln. Jede Aubergine längs in 6 Scheiben schneiden. Mit Salz bestreuen und 30 Minuten ruhen lassen. Unter kaltem Wasser abspülen und abtropfen lassen. Mit Küchenpapier trockentupfen.
2 Die Auberginen auf einen kalten Grillrost legen und mit Öl bepinseln. Bei mittlerer Hitze in etwa 5 Minuten pro Seite goldbraun grillen. Dann auf Küchenpapier abtropfen lassen. Holzige Spargelenden abschneiden. Bißfest garen oder dämpfen. 6 Spargelstangen in 5 cm lange Stücke schneiden und beiseite stellen. Restlichen Spargel fein hacken. Dann Butter in einem Topf erhitzen. Frühlingszwiebeln darin bei mittlerer Hitze 1 Minute anschwitzen. Dann das Mehl einrühren. Milch angießen und die Mischung glattrühren. Unter ständigem Rühren in ca. 5 Minuten zum Kochen bringen und eindicken lassen. Noch 1 Minute kochen.
3 Käse, Zitronensaft, Salz, Pfeffer, Eigelb und gehackten Spargel zufügen. Gut mischen und vom Herd nehmen. 6 Auberginenscheiben auf das vorbereitete Blech legen. Die Spargelfüllung gleichmäßig darauf verteilen. Mit den restlichen Auberginen abdecken.
4 Für den Soufflé-Belag: Das Eiweiß mit dem Handrührgerät sehr steif schlagen. Gleichmäßig auf die Auberginenscheiben verteilen, mit Käse bestreuen und mit dem restlichen Spargel garnieren. 15 Minuten backen; der Käse soll geschmolzen und der Soufflé-Belag gestockt sein.

CHAMPIGNONLASAGNE

Vorbereitungszeit: 20 Minuten
Kochzeit: 1 Stunde
Für 6 Personen

✯

250 g Lasagneblätter (nicht vorgekocht)
300 g Nudelsauce (Fertigprodukt)
2 EL Öl
2 Knoblauchzehen, zerdrückt
4 Frühlingszwiebeln, in Ringe geschnitten
500 g kleine Champignons
2 EL frisches Basilikum, gehackt
250 g Ricottakäse, zerbröckelt
50 g frisch geriebener Parmesan
1/2 TL Muskatnuß, gerieben
150 g Rauke
60 g geriebener Cheddar oder mittelalter Gouda
80 g Mozzarella, geraspelt

1 Den Backofen auf 200 °C vorheizen. Die Lasagneblätter in drei gleich große Portionen teilen. Dann 3 EL Nudelsauce auf den Boden einer großen, rechteckigen Auflaufform streichen. Eine Lage Lasagneblätter darauf verteilen.

2 Öl in einer Pfanne erhitzen und den Knoblauch und die Frühlingszwiebeln darin 3 Minuten anbraten. Champignons zufügen und 5 Minuten braten; vom Herd nehmen und Basilikum einrühren.

3 Die Hälfte der Champignonmischung in einer Lage auf den Nudelplatten verteilen. Darauf die Hälfte des Ricottakäses geben. Mit der Hälfte von Parmesan, Rauke und Muskat bestreuen. Dann die zweite Lasagneportion darauf verteilen, dann die Hälfte der restlichen Nudelsauce.

4 Das Ganze mit der oberen Lage wiederholen. Mit Nudelsauce abschließen. Cheddar oder Gouda und Mozzarella darüber streuen und in 40–50 Minuten goldgelb backen.

AUBERGINEN-TOMATEN-AUFLAUF

Vorbereitungszeit: 20 Minuten + 20 Minuten Ruhezeit
Kochzeit: 1 Stunde 15 Minuten
Für 6 Personen

☆

2 große Auberginen
3 EL Olivenöl
2 große Zwiebeln, gehackt
1 TL gemahlener Kreuzkümmel
250 ml trockener Weißwein
800 g Tomaten aus der Dose, zerdrückt
2 Knoblauchzehen, zerdrückt
nach Wunsch 2 rote Chilischoten, feingehackt
80 g Korinthen
3 EL Koriandergrün, feingehackt

1 Den Backofen auf 210 °C vorheizen. Die Auberginen in 2 cm dicke Scheiben schneiden, auf ein Blech legen und großzügig mit Salz bestreuen. 20 Minuten ruhen lassen.

2 2 EL Öl in einem großen Topf erhitzen. Die Zwiebeln darin bei mittlerer Hitze in 5 Minuten weich dünsten. Den Kreuzkümmel zufügen und 1 Minute rühren. Jetzt den Wein zufügen und zum Kochen bringen. Temperatur zurückschalten und 10 Minuten garen; die Mischung soll sich auf drei Viertel reduzieren. Die Tomaten hineingeben und zum Kochen bringen. Hitze reduzieren und weitere 10 Minuten garen. Knoblauch, Chillies und Korinthen dazugeben und 5 Minuten garen; vom Herd nehmen. Auberginenscheiben abspülen und mit Küchenpapier trocknen. Restliches Öl in einer großen Pfanne erhitzen. Auberginenscheiben darin bei mittlerer Hitze 3–4 Minuten braten. Dann auf Küchenpapier abtropfen lassen.

3 Die Auberginenscheiben und die Tomatenmischung in eine große Auflaufform schichten; Koriandergrün zwischen die Lagen streuen. Mit Auberginen abschließen. 30 Minuten backen. Dazu Nudeln servieren.

SCHNELLE GEBACKENE KARTOFFELN

VORWIEGEND FESTKOCHENDE Kartoffeln mit Schale in dünne Scheiben schneiden. Backofen auf 230 °C vorheizen. Ein Blech mit Backpapier mit Olivenöl bepinseln. Kartoffelscheiben auf dem Papier ausbreiten und mit etwas Olivenöl beträufeln. In 20–25 Minuten gar und knusprig backen; dabei einmal wenden. Sofort heiß servieren.

AUBERGINEN
Beim Kauf von Auberginen sollten Sie darauf achten, feste, glänzende Früchte ohne Flecken und Furchen zu wählen. Weiche Auberginen sind alt und schmekken bitter; harte dagegen sind unreif. Eine Aubergine, die auf Druck ganz leicht nachgibt, ist genau richtig. Auberginen kann man 4 bis 5 Tage in einem Kunststoffbeutel im Kühlschrank aufbewahren.

OBEN: Auberginen-Tomaten-Auflauf

SALATE

Wenn Sie sich unter einem Salat nur ein paar zerpflückte grüne Blätter mit Gurken- und Tomatenscheiben vorstellen, sollten Sie dieses Kapitel sofort lesen. Salate machen nämlich einen ganz besonders köstlichen Teil der vegetarischen Ernährung aus: rohe, gegrillte oder gedämpfte Gemüse, nach Lust und Laune kombiniert mit Nüssen, Getreide oder Hülsenfrüchten und mit einem raffinierten Dressing oder einfach mit etwas nativem Olivenöl verfeinert – Ihrer Phantasie sind bei der Zusammenstellung keine Grenzen gesetzt.

FARFALLE-SALAT MIT SONNENGETROCKNETEN TOMATEN UND SPINAT

Vorbereitungszeit: 20 Minuten
Kochzeit: 12 Minuten
Für 4–6 Personen

☆

500 g Farfalle (Schmetterlingsnudeln) oder Spiralnudeln
3 Frühlingszwiebeln
60 g getrocknete Tomaten, in Streifen geschnitten
500 g frischer Spinat, geputzt und in feine Streifen geschnitten
4 EL Pinienkerne, geröstet
1 EL frischer Oregano, gehackt

Dressing
3 EL Olivenöl
1 TL frische Chilischoten, gehackt
1 Knoblauchzehe, zerdrückt
Salz und Pfeffer

1 Die Nudeln in einem großen Topf mit sprudelndem Salzwasser bißfest kochen. Dann abgießen und unter kaltem Wasser abspülen. In eine große Salatschüssel geben.
2 Frühlingszwiebeln putzen und fein hacken. Mit Tomaten, Spinat, Pinienkernen und Oregano zu den Nudeln geben.
3 **Für die Sauce:** Alle Zutaten mit dem Schneebesen verrühren und über den Salat gießen. Gut mischen und sofort servieren.

BULGUR
Bei Bulgur handelt es sich um zerstoßenen Weizen, der geschält, gedämpft und getrocknet wurde. Die Körner sind deshalb weicher, einfacher zu kochen und auch lockerer. Bulgur hat ein zartes Nußaroma und ist den meisten durch den libanesischen Salat »Tabbouleh« bekannt.

OBEN: Farfalle-Salat mit sonnengetrockneten Tomaten und Spinat

SCHNELLER PAPRIKA-SALAT

JE 1 GROSSE grüne, rote und gelbe Paprikaschote grillen. Unter einem Küchentuch abkühlen lassen und die Haut abziehen. Das Fleisch in dicke Streifen schneiden. Dann mit 1 EL Olivenöl, 2 EL eingelegten grünen Pfefferkörnern und 150 g eingelegten Kalamanta-Oliven in eine Schüssel geben. 2 EL frische, gehackte Minze und 1 EL Himbeeressig untermischen. Anschließend auf einem Bett aus Raukeblättern servieren.
Für 4–6 Personen.

KRÄUTER-TABBOULEH

Vorbereitungszeit: 20 Minuten + 15 Minuten Ruhezeit
Für 8 Personen

☆

130 g Bulgur
180 ml Wasser
150 g glatte Petersilie
30 g frischer Schnittlauch
80 g frische Basilikumblätter
10 g frische Minzeblätter
4 Frühlingszwiebeln, feingehackt
3 mittelgroße Tomaten, gehackt
4 EL Zitronensaft
3 EL Olivenöl

1 Den Bulgur mit heißem Wasser in einer Schüssel vermischen und 15 Minuten ziehen lassen, bis das Wasser aufgenommen ist.
2 Dicke Stengel von der Petersilie entfernen. Die Kräuter gründlich waschen und trocknen. Dann mit einem großen Messer oder in der Küchenmaschine zerkleinern (bei der Küchenmaschine darauf achten, daß die Kräuter nicht zu fein zerkleinert werden).
3 Alle Zutaten in eine große Schüssel geben und gut mischen. Bis zum Verzehr im Kühlschrank aufbewahren; mit Zimmertemperatur servieren.

FETASALAT MIT KRÄUTERN

Vorbereitungszeit: 20 Minuten + 30 Minuten Ruhezeit
Kochzeit: 10 Minuten
Für 6–8 Personen

☆

2 dicke Scheiben Weißbrot
200 g Fetakäse
1 Knoblauchzehe, zerdrückt
1 EL frischer Majoran, feingehackt
1 EL frischer Schnittlauch, feingehackt
1 EL frisches Basilikum, feingehackt
2 EL Weißweinessig
4 EL Olivenöl
1 roter Pflücksalat
1 Kopf-, Pflück- oder Eichblattsalat

1 Backofen auf 180 °C vorheizen. Kruste vom Brot entfernen und Brot würfeln. Würfel auf einem Backblech ausbreiten. In 10 Minuten im Backofen knusprig goldgelb rösten; erkalten lassen.
2 Feta in kleine Würfel schneiden und in eine Schüssel geben. Restliche Zutaten außer Salat mit dem Schneebesen 30 Sekunden verrühren. Über den Feta gießen, mit Klarsichtfolie abdecken und 30 Minuten ziehen lassen; dabei gelegentlich umrühren. Die Salate waschen und trocknen. Die Blätter zerpflücken und in eine Schüssel geben. Feta mit dem Dressing und die Brotwürfel dazugeben und gut mischen.

OBEN: Kräuter-Tabbouleh
UNTEN: Fetasalat mit Kräutern

BASMATIREIS
Basmatireis ist ein Langkornreis mit schmalen Körnern und einer seidigen Struktur; er wird am Fuß des Himalaya angebaut. Vor dem Kochen sollte er immer gewaschen werden, damit Staub und Steinchen entfernt werden. Sein zartes Aroma macht ihn zur idealen Beilage für scharf gewürzte indische Speisen.

OBEN: Gartensalat

GARTENSALAT

Vorbereitungszeit: 15 Minuten
Für 4–6 Personen

☆

1 grüner Eichblattsalat
150 g Rauke
1 kleiner Radicchio
1 große grüne Paprikaschote, in dünnen Streifen
Zeste von 1 Zitrone

Dressing
2 EL Koriandergrün, grobgehackt
3 EL Zitronensaft
2 TL feiner brauner Zucker
2 EL Olivenöl
nach Wunsch 1 Knoblauchzehe, zerdrückt

1 Die Salatblätter gründlich waschen und trocknen; dann in mundgerechte Stücke zerpflücken. Salat, Paprikastreifen und die Zitronenzeste in eine große Schüssel geben.

2 **Für das Dressing:** Alle Zutaten mit dem Schneebesen 2 Minuten verrühren. Dann über den Salat gießen und gut durchheben. Gekühlt servieren.

Hinweis: Das Dressing und den Salat sollte man erst kurz vor dem Servieren zubereiten. Verwenden Sie für dieses Rezept Ihre Lieblingsblattsalate. Gartensalat schmeckt im Sommer mit einem gekühlten Frascati oder einem leichten Rotwein ganz besonders köstlich.

WARMER REIS-LINSEN-SALAT

Vorbereitungszeit: 15 Minuten
Kochzeit: 40 Minuten
Für 6 Personen

☆☆

180 g grüne Linsen
200 g Basmatireis
4 große rote Zwiebeln, in dünne Ringe geschnitten
4 Knoblauchzehen, zerdrückt
250 ml Olivenöl
50 g Butter
2 TL Zimt
2 TL Paprika edelsüß
2 TL gemahlener Kreuzkümmel
2 TL gemahlener Koriander
3 Frühlingszwiebeln, gehackt
frisch gemahlener schwarzer Pfeffer

1 Linsen und Reis getrennt in Wasser bißfest kochen. Abtropfen lassen.

2 In der Zwischenzeit Zwiebeln und Knoblauch 30 Minuten bei schwacher Hitze in Öl und Butter sehr weich dünsten.

3 Zimt, Paprika, Kreuzkümmel und Koriander einrühren und einige Minuten weiter dünsten.

4 Zwiebel-Gewürzmischung mit dem gut abgetropften Reis und den Linsen vermengen. Dann die gehackten Frühlingszwiebeln einrühren und mit Pfeffer abschmecken. Warm servieren.

Hinweis: Rote Linsen sind für diesen Salat nicht geeignet, weil sie zu schnell weich werden und ihre Form verlieren. Die Linsen sollte man vor dem Kochen nicht einweichen, aber sehr gründlich abspülen.

FETA
Ursprünglich stellten Schäfer aus den Bergen um Athen den Fetakäse aus der Milch von Mutterschafen her. Frischer Feta ist krümelig und tropft von der Molke, in der er reift. Ausgereifter Feta hingegen wird trocken und salzig. Wir kennen ihn vor allem als Zutat des traditionellen griechischen Bauernsalats.

BOHNENSALAT SÜD-WEST

Vorbereitungszeit: 20 Minuten + Einweichzeit über Nacht
Kochzeit: 50 Minuten
Für 4–6 Personen

★

220 g getrocknete schwarze Bohnen
200 g weiße Cannellinibohnen
1 mittelgroße rote Zwiebel
1 mittelgroße rote Paprikaschote
270 g Maiskörner aus der Dose, abgetropft
3 EL Koriandergrün, gehackt
1 Knoblauchzehe, zerdrückt
1/2 TL gemahlener Kreuzkümmel
1/2 TL französischer Senf
2 EL Rotweinessig
3 EL Olivenöl
Salz und Pfeffer

1 Die Bohnen über Nacht in separaten Schüsseln in kaltem Wasser einweichen. Abtropfen lassen und in separate Töpfe geben; mit Wasser bedecken. Zum Kochen bringen, Temperatur zurückschalten und in 45 Minuten gar kochen. Abgießen, abspülen und abkühlen lassen.
2 Zwiebel und Paprikaschote hacken. Dann mit Bohnen, Mais und Koriander in eine Schüssel geben. Gut vermischen.
3 Knoblauch, Kreuzkümmel, Senf und Essig mischen; nach und nach mit dem Schneebesen Öl einrühren. Mit Salz und Pfeffer abschmecken. Über die Bohnenmischung gießen und vorsichtig unterheben.
Hinweis: Dieser Salat kann einen Tag im voraus zubereitet werden. Deshalb eignet er sich gut als Beilage zu einem Grillfest oder als Picknicksalat. Schwarze Bohnen sind in Naturkostläden und in der Spezialitätenabteilung großer Supermärkte erhältlich. Verwechseln Sie sie aber nicht mit den chinesischen fermentierten schwarzen Bohnen!

SCHNELLER MELONENSALAT

1 GROSSE HONIGMELONE in Scheiben schneiden und auf einem großen Teller arrangieren, dann 60 g gründlich gewaschene Brunnenkresse darüber streuen (die Blätter sind oft sehr staubig). Darauf verteilt man 2 in Scheiben geschnittene Avocados, 1 in dünne Streifen geschnittene rote Paprikaschote, 220 g in große Stücke zerteilten, eingelegten Fetakäse und 90 g eingelegte Niçoise-Oliven. Anschließend 3 EL Öl, 2 EL Weißweinessig und 1 TL Dijon-Senf zu einer Sauce verrühren und über den Melonensalat gießen. Für 4–6 Personen.

OBEN: Bohnensalat Süd-West

BIRNEN

Kaufen Sie Birnen, wenn sie noch nicht ganz reif sind, und lassen Sie sie zu Hause bei Zimmertemperatur reifen, bis sie am Stielende ganz leicht »nachgeben«. Birnen, die am Blütenende sehr weich sind und tropfen, sind häufig innen faul. Eine reife Birne läßt sich noch einen oder zwei Tage im Kühlschrank aufbewahren, aber falls Sie sie auf einem Obstteller oder als Dessert servieren wollen, sollte sie mit Zimmertemperatur gereicht werden, weil sie dann das beste Aroma entfaltet. Die Sorten Williams und Comice eignen sich hervorragend für Desserts. Asiatische Birnen wie etwa die chinesische oder die »Tientsin-Ya«-Birne sind eine knackige Ergänzung für einen Obstsalat. Sie sollten verarbeitet werden, solange sie noch fest sind.

UNTEN:
Spinat-Avocado-Salat mit warmer Senfvinaigrette

SPINAT-AVOCADO-SALAT MIT WARMER SENFVINAIGRETTE

Vorbereitungszeit: 15 Minuten
Kochzeit: 2 Minuten
Für 8 Personen

☆

30 große Spinatblätter (90 g)
1 roter oder grüner Endivien- oder Eichblattsalat
2 mittelgroße Avocados
3 EL Olivenöl
2 TL Sesamkörner
1 EL Zitronensaft
2 TL körniger Senf

1 Spinat- und Salatblätter waschen und anschließend gründlich abtrocknen. In eine große Schüssel geben.
2 Avocados schälen und in dünne Scheiben schneiden. Über die Salatblätter verteilen. 1 EL Öl in einer kleinen Pfanne erhitzen. Sesamkörner darin bei schwacher Hitze goldgelb rösten, vom Herd nehmen und etwas abkühlen lassen.
3 Zitronensaft, restliches Öl und Senf in die Pfanne geben und verrühren. Das Dressing warm über den Salat geben; vorsichtig unterheben und sofort servieren.

SCHNELLER NUDELSALAT

250 G SPIRALNUDELN in einem großen Topf mit sprudelndem Salzwasser gar kochen. Dann abtropfen lassen und erneut in den Topf geben. Etwas Olivenöl einrühren, damit die Nudeln nicht kleben. Dann 4 EL Pesto (Fertigprodukt) untermischen. Zum Abkühlen in eine Servierschüssel geben. Anschließend 150 g geviertelte Kirschtomaten und 75 g gehackte schwarze Oliven zufügen. Mit Zimmertemperatur servieren. Für 4 Personen.

BIRNENSALAT MIT SPROSSEN UND SESAMDRESSING

Vorbereitungszeit: 30 Minuten
Kochzeit: Keine
Für 6 Personen

☆

250 g Zuckererbsensprossen
250 g frische Bohnensprossen
30 g frischer Schnittlauch
100 g Zuckererbsen
1 Stange Staudensellerie
2 feste Birnen (keine grünen Exemplare)
frische Korianderzweige
Sesamkörner zum Garnieren

Sesamdressing
2 EL Sojasauce
1 TL Sesamöl
1 EL feiner brauner Zucker
2 EL Erdnußöl
1 EL Reisessig

1 Zuckererbsensprossen waschen und abtropfen lassen. Die braunen Spitzen an den Bohnensprossen entfernen. Schnittlauch in 4 cm lange Stücke schneiden; die Zuckererbsen und den Sellerie stifteln. Dann die Birnen schälen und die Kerngehäuse entfernen. In dünne Streifen schneiden (etwas breiter als die Selleriestifte). In eine Schüssel geben und mit Wasser bedecken, damit sie sich nicht verfärben.
2 **Für das Sesamdressing:** Alle Zutaten gründlich verrühren.
3 Die Birnen abtropfen lasen. Dann alle Salatzutaten und den Koriander in einer Schüssel gut vermengen. Mit dem Dressing begießen und mit Sesam bestreuen. Sofort servieren.

BRUNNENKRESSESALAT

Vorbereitungszeit: 35 Minuten
Kochzeit: Keine
Für 4–6 Personen

☆

500 g Brunnenkresse
3 Stangen Staudensellerie
1 Gurke
3 mittelgroße Orangen
1 rote Zwiebel, in feine Ringe geschnitten
40 g frischer Schnittlauch, gehackt
60 g Pekannüsse oder Walnüsse, gehackt

Dressing
3 EL Olivenöl
3 EL Zitronensaft
2 TL abgeriebene Orangenschale
1 TL körniger Senf
frisch gemahlener schwarzer Pfeffer
1 EL Honig

1 Für den Salat: Alle Gemüse waschen und abtropfen lassen. Die Brunnenkresse in kleine Zweige zerteilen; dicke Stiele entfernen. Sellerie in 5 cm lange Streifen schneiden. Die Gurke schälen, halbieren, entkernen und in dünne Scheiben schneiden. Orangen schälen, weiße Haut entfernen und die Filets herausschneiden. Bis zur Weiterverwendung kalt stellen.

2 Für das Dressing: Alle Zutaten sehr gründlich verrühren.

3 Alle Salatzutaten mit Ausnahme der Nüsse in eine Schüssel geben. Das Dressing darüber gießen und unterheben. Anschließend den Salat mit Nüssen bestreuen.

BRUNNENKRESSE
Je dunkler und größer die Blätter sind, desto besser ist auch die Kresse. Brunnenkresse läßt sich leider nicht gut aufbewahren, sie hält sich aber zur Not kurze Zeit in reichlich Wasser im Kühlschrank. Die Zweige sehen in grünen Salaten sehr attraktiv aus, und ihr pikantes Aroma bietet einen guten geschmacklichen Kontrast. Auch als Garnierung für kalte Suppen ist Brunnenkresse gut geeignet.

OBEN: Birnensalat mit Sprossen und Sesam-Dressing
LINKS: Brunnenkressesalat

OLIVEN

Ob rund oder oval, schwarz, grün oder braun – Oliven erinnern wie keine andere Frucht an das Mittelmeer. Genießen Sie die Oliven pur, mit Chillies und Kräutern eingelegt oder püriert als köstliche Tapenade.

EINGELEGTE ZITRONEN-KNOBLAUCH-OLIVEN

500 g in Salzwasser eingelegte Kalamata-Oliven abspülen und abtropfen lassen. Jede Olive etwas einritzen, damit die Marinade einziehen kann. Die Oliven mit feinen Streifen Zitronenschale, 3 feingeschnittenen Knoblauchzehen, 1 EL Koriandersamen und 2 Lorbeerblättern in ein sterilisiertes Glas schichten. 3 EL Balsamessig darüber gießen und die Oliven mit nativem Olivenöl extra bedecken. Das Glas verschließen und an einem kühlen, dunklen Ort 1 Woche ziehen lassen. Die Oliven kann man gut als Teil einer Vorspeisenplatte servieren.

MINI-OLIVEN MIT KRÄUTERN UND CHILLIES

500 g in Salzwasser eingelegte Niçoise-Oliven abspülen und abtropfen lassen. Mit 4 halbierten kleinen roten Chilischoten, einigen dünnen Limettenscheiben, 1 TL Chiliflocken, 2 in feine Scheiben geschnittenen Knoblauchzehen und einigen Kräu-

terzweigen nach Wahl in ein sterilisiertes Glas füllen. 2 EL Limettensaft mit 2 EL Estragonessig, 250 ml nativem Olivenöl extra und einigen zerstoßenen Pfefferkörnern mischen; über die Oliven gießen. Evtl. mehr Öl zugießen, bis die Oliven bedeckt sind. Dann verschließen und an einem kühlen, dunklen Ort 1 Woche durchziehen lassen.

OLIVEN-TOMATEN-TAPENADE

150 g entsteinte und grobgehackte eingelegte Niçoise-Oliven in der Küchenmaschine zerkleinern. 2 feingehackte Frühlingszwiebeln, 60 g abgetropfte Kapern, 60 g gehackte sonnengetrocknete Tomaten und 60 g gehackte sonnengetrocknete Paprikaschoten zufügen. In 10 Sekunden grob hacken, aber nicht pürieren. In eine Schüssel geben, 2 feingehackte Eiertomaten, 1 EL gehackte frische Petersilie und 1 EL Olivenöl unterheben. Mit Salz und Pfeffer würzen. Dazu Kräcker oder Toast reichen.

OLIVENSALSA

250 g gehackte eingelegte grüne und 90 g gehackte eingelegte schwarze Oliven in einer Schüssel mit 1 feingehackten roten Zwiebel, 1 gehackten gelben Paprikaschote, 4 gehackten Eiertomaten und 3 EL gehacktem frischem Basilikum mischen. Dann mit dem Schneebesen 1 zerdrückte Knoblauchzehe, 2 feingehackte rote Chillies, je 1 EL Orangen- und Zitronensaft und 3 EL Olivenöl verrühren. Nun diese Mischung über die Olivenmischung gießen und anschließend abgedeckt kalt stellen. Mit Zimmertemperatur servieren.

BRUSCHETTA MIT OLIVEN, BOCCONCINI UND TOMATEN

Weißbrot in 1 cm dicke Scheiben schneiden, mit Olivenöl bepinseln und unter dem vorgeheizten Grill auf beiden Seiten goldgelb rösten. Je 1 dicke Scheibe Eiertomate, dünne Bocconcini-Scheiben (s. S. 84), 1 Scheibe Gewürzgurke, 1 Basilikumblatt und etwas feingehackte schwarze Oliven darauf arrangieren. Mit Olivenöl beträufeln und mit zerstoßenem schwarzem Pfeffer garnieren.

IM UHRZEIGERSINN VON OBEN LINKS: Bruschetta mit Oliven, Bocconcini und Tomaten; Olivensalsa; eingelegte Zitronen-Knoblauch-Oliven; Oliven-Tomaten-Tapenade; Mini-Oliven mit Kräutern und Chillies

ZUCKERSCHOTEN VORBEREITEN

1 Stielansatz abschneiden und die Spitzen kappen.

2 Dabei die evtl. vorhandenen Fäden aus der Naht ziehen.

ZUCKERSCHOTEN

Zuckerschoten werden geerntet, wenn die Erbsen noch nicht ausgereift sind. Achten Sie beim Kauf immer auf kleine, flache Schoten. Wenn die Erbsen erst rund sind, hat die Hülle zu viele Fäden und ist zu hart zum Verzehr. Wie andere Erbsen, Bohnen und Zuckermais beginnt die Zuckerschote vom Augenblick der Ernte an, den Zucker in Stärke umzuwandeln. Folglich ändert sich natürlich der Geschmack. Deshalb sollten Zuckerschoten immer so frisch wie möglich verzehrt werden.

OBEN: Zuckerschotensalat

ZUCKERSCHOTENSALAT

Vorbereitungszeit: 25 Minuten
Kochzeit: 5 Minuten
Für 4–6 Personen

☆

200 g Zuckerschoten, diagonal in Stücke geschnitten
1 große rote Paprikaschote, in Stücke geschnitten
4 Blätter Eichblattsalat
5 Blätter grüner Pflücksalat
250 g Kirschtomaten
60 g Brunnenkressezweige
Parmesan zum Servieren

Knoblauch-Croûtons

3 Scheiben Weißbrot
3 EL Olivenöl
1 Knoblauchzehe, zerdrückt

Dressing

2 EL Olivenöl
1 EL Mayonnaise
1 EL saure Sahne
2 EL Zitronensaft
1 TL feiner brauner Zucker
zerstoßener schwarzer Pfeffer

1 Salat und Tomaten waschen. Mit Zuckerschoten, Paprikaschote und Kresse in einer Schüssel vermengen.

2 **Für die Knoblauch-Croûtons:** Rinde vom Weißbrot entfernen und in 1 cm große Würfel schneiden. Öl in einer gußeisernen Pfanne erhitzen, Knoblauch zufügen und das Brot darin goldgelb und knusprig rösten. Vom Herd nehmen und auf Küchenpapier abtropfen lassen.

3 **Für das Dressing:** Alle Zutaten mit dem Schneebesen gründlich verrühren. Kurz vor dem Servieren über den Salat geben und unterheben. Croûtons darüber streuen und mit gehobeltem Parmesan servieren.

Hinweis: Der Käse kann mit dem Gemüseschäler oder mit einem Käsehobel dünn gehobelt werden.

SCHNELLER SPINATSALAT

IN EINER GROSSEN SCHÜSSEL 2 EL Olivenöl, 1 zerdrückte Knoblauchzehe, 2 TL Weißweinessig und etwas schwarzen Pfeffer vermischen. 100 g blättrig geschnittene Champignons zufügen und gut vermengen. Dann 300 g zerpflückte Spinatblätter in eine Salatschüssel geben. Champignons mit Sauce und 2 in Scheiben geschnittene hartgekochte Eier hineingeben. Gut mischen. Anschließend mit 100 g zerbröckeltem Fetakäse garnieren. Für 2–4 Personen.

BIRNEN-BRIE-SALAT

Vorbereitungszeit: 15 Minuten
Kochzeit: Keine
Für 4 Personen

☆

200 g Brie mit Zimmertemperatur
3 mittelgroße Birnen
1 roter oder grüner Salat
4 EL Pekannüsse, feingehackt

Vinaigrette
3 EL Öl
1 EL Estragonessig

1 Den Brie in dünne Keile schneiden. Die Birnen vierteln, Kerngehäuse entfernen und ungeschält in dünne Scheiben schneiden. Den Salat gründlich waschen und trocknen. Die Salatblätter auf Servierteller verteilen. Dann Birnen und Brie darauf anrichten.
2 **Für die Vinaigrette:** Essig und Öl gut verrühren. Über den Salat träufeln und mit Pekannüssen bestreuen. Sofort servieren.
Hinweis: Statt Brie können Sie auch Camembert verwenden. Reifer Käse hat immer das beste Aroma. Der Käse sollte beim Verzehr unbedingt Zimmertemperatur haben.

WARMER BOHNENSALAT

Vorbereitungszeit: 10 Minuten
Kochzeit: 8 Minuten
Für 4 Personen

☆

2 EL Olivenöl
1 mittelgroße Zwiebel, feingehackt
1 Knoblauchzehe, zerdrückt
1 kleine rote Paprikaschote, in kurze Streifen geschnitten
90 g grüne Bohnen
60 g kleine Champignons, in Scheiben geschnitten
1 EL Balsamessig
440 g gemischte Bohnen aus der Dose
gehackte frische Petersilie zum Servieren

1 Öl in einem Topf erhitzen. Die Zwiebeln darin 2 Minuten bei mittlerer Hitze anbraten. Dann Knoblauch, Paprikaschote, grüne Bohnen, Champignons und Essig zufügen. Weitere 5 Minuten unter Rühren braten.
2 Gemischte Bohnen gut abspülen und abtropfen lassen. Mit dem restlichen Öl zum Gemüse geben und erwärmen. Zum Servieren mit gehackter Petersilie bestreuen.

BRIE
Die Delegierten auf dem Wiener Kongreß 1815 zogen nach der Schlacht von Waterloo nicht nur Europas Grenzen neu, sondern erklärten auch den Brie zum »König der Käse«. Seither hat er weltweit immer mehr Anhänger gefunden. Wenn ein Brie den richtigen Reifegrad erreicht hat, zerläuft er bei Zimmertemperatur etwas. Brie ist von wunderbar warmer, sahniger Konsistenz. Sein Aroma entfaltet sich am besten, wenn man ein Stück aus dem ganzen Käse herausschneidet. Abgepackte Stücke sind dagegen weniger aromatisch.

LINKS: Birnen-Brie-Salat
OBEN: Warmer Bohnensalat

BLAUSCHIMMELKÄSE
Die ersten Blauschimmelkäse sind eigentlich aus Versehen entstanden, aber die Penicillinpilze, die die blauen Adern im Käse erzeugen, wurden seither genau bestimmt und isoliert. Die meisten käseproduzierenden Länder stellen mittlerweile auch Blauschimmelkäse her. Der Käse kann alle Schattierungen von Goldgelb bis Kalkweiß zeigen und sollte gleichmäßig von blauen Schimmeladern durchzogen sein. Vorsicht! Brauner und trüber Blauschimmelkäse ist verdorben.

SEITE GEGENÜBER, VON OBEN: Grüne-Bohnen-Salat; Rotkohlsalat; Endiviensalat mit Blauschimmelkäse

ENDIVIENSALAT MIT BLAUSCHIMMELKÄSE

Vorbereitungszeit: 15 Minuten
Kochzeit: 5 Minuten
Für 6 Personen

☆

3 Scheiben Brot
3 EL Öl
30 g Butter
1 Kopf Endiviensalat
125 g Blauschimmelkäse, zerbröckelt
2 EL Olivenöl
3 TL Weißweinessig
2 EL frischer Schnittlauch, gehackt

1 Für die Croûtons: Rinde vom Brot entfernen und in kleine Würfel schneiden. Öl und Butter in einer Pfanne erhitzen. Würfel darin unter häufigem Wenden in 3 Minuten goldbraun rösten. Auf Küchenpapier abtropfen lassen.
2 Salat gründlich waschen und abtrocknen. Die Blätter in eine Servierschüssel geben und den Käse darüber streuen.
3 Essig und Öl gut verrühren und über den Salat träufeln. Schnittlauch und Croûtons zufügen, unterheben und sofort servieren.

ROTKOHLSALAT

Vorbereitungszeit: 15 Minuten
Kochzeit: Keine
Für 6 Personen

☆

150 g Rotkohl, in feine Streifen geschnitten
125 g Grünkohl, in feine Streifen geschnitten
2 Frühlingszwiebeln, feingehackt
3 EL Olivenöl
2 TL Weißweinessig
1/2 TL französischer Senf
1 TL Kümmelkörner

1 Rot- und Grünkohl mit den Frühlingszwiebeln in eine Schüssel geben.
2 Anschließend die restlichen Zutaten in einer anderen Schüssel sorgfältig verrühren.
3 Die Sauce über den Salat gießen, vorsichtig mischen und sofort servieren.

GRÜNE-BOHNEN-SALAT

Vorbereitungszeit: 15 Minuten
Kochzeit: 15 Minuten
Für 4 Personen

☆

280 g grüne Bohnen
1 EL Olivenöl
2 TL Zitronensaft
1 EL Pinienkerne
4 EL Tomatensaft
1 Knoblauchzehe, zerdrückt
einige Tropfen Tabasco

1 Bohnen putzen. 1 Minute blanchieren, abgießen und in Eiswasser tauchen; gut abtropfen lassen. Mit Öl und Zitronensaft mischen. Backofen auf 180 °C vorheizen. Pinienkerne auf einem mit Alufolie ausgelegten Backblech ausbreiten und 5 Minuten im Backofen rösten; nicht anbrennen lassen!
2 Tomatensaft, Knoblauch und Tabasco in einem kleinen Topf zum Kochen bringen. Bei schwacher Hitze im offenen Topf in 8 Minuten um die Hälfte einkochen. Abkühlen lassen. Bohnen auf einem Servierteller anrichten, mit Tomatensauce begießen und mit Pinienkernen bestreuen.

SPINATSALAT MIT NÜSSEN

Vorbereitungszeit: 15 Minuten
Kochzeit: 2 Minuten
Für 4 Personen

☆☆

30 große Spinatblätter (etwa 90 g)
250 g junge grüne Bohnen, in kleinen Stücken
1/2 mittelgroße Zwiebel, in feinen Ringen
90 g Naturjoghurt
1 EL Zitronensaft
1 EL frische Minze, in feine Streifen geschnitten
4 EL gehackte Walnüsse, geröstet
frische Minzeblätter zum Servieren
feine Streifen von 1 roten Paprikaschote zum Servieren

1 Spinat in kaltem Wasser waschen. Die Bohnen mit kochendem Wasser übergießen und 2 Minuten ziehen lassen. Beides abgießen. Spinat und Bohnen mit Küchenpapier trockentupfen.
2 Spinat, Bohnen und Zwiebeln auf einem Servierteller anrichten. Joghurt, Zitronensaft und Minze verrühren und über den Salat gießen. Mit Walnüssen, Minzeblättern und Paprikastreifen bestreuen.

OBEN: *Griechischer Salat*

GRIECHISCHER SALAT

Vorbereitungszeit: 15 Minuten
Kochzeit: Keine
Für 4 Personen

☆

1 große Tomate
1 mittelgroße Gurke
2 Radieschen
1 kleine Zwiebel
100 g Fetakäse
50 g schwarze Oliven, entsteint
2 EL Zitronensaft
3 EL Olivenöl
1/2 TL getrocknete Oreganoblätter

1 Die Tomate hacken und die Gurke in Scheiben schneiden. Radieschen in dünne Scheiben, Zwiebel in Ringe schneiden. Den Fetakäse fein würfeln.
2 Gemüse und Käse mit den Oliven in eine Schüssel geben. Die restlichen Zutaten verrühren und über den Salat träufeln. Nach Wunsch auf einem Bett aus rotem Pflücksalat servieren.

KOHLSALAT MIT FRITIERTEN ZWIEBELN

Vorbereitungszeit: 20 Minuten
Für 4–6 Personen

☆

1/2 mittelgroßer Chinakohl
40 g Zwiebeln, knusprig fritiert
30 g Knoblauch, knusprig fritiert
1/2 rote Paprikaschote, in sehr dünne Streifen geschnitten
3 EL frische Minzeblätter, in feine Streifen geschnitten
4 EL Kokosmilch
1 EL Fischsauce (nach Wunsch)
1 TL feiner brauner Zucker
2 frische rote Chilischoten, in feine Ringe geschnitten
Limettenachtel zum Servieren

1 Den Kohl in feine Streifen schneiden. Auf einem Servierteller arrangieren und mit Zwiebeln und Knoblauch, Paprikaschote und Minze bestreuen.
2 Kokosmilch, Fischsauce und braunen Zucker gut verrühren und über den Salat gießen. Mit Chillies bestreuen und anschließend mit Limettenachteln servieren.
Hinweis: Knusprig fritierte Zwiebeln und Knoblauch sind in asiatischen Lebensmittelgeschäften im Glas erhältlich. Sie werden in der Thaiküche häufig zum Garnieren von Salaten, Suppen und Nudelgerichten verwendet. Sie können sie aber auch selbst herstellen: Knoblauch und Zwiebeln in sehr feine Scheiben schneiden und bei schwacher Hitze in Öl knusprig und goldbraun braten. Dabei regelmäßig umrühren. Gut abtropfen und abkühlen lassen; erst kurz vor dem Servieren salzen.

NATUR- UND WILDREISSALAT

Vorbereitungszeit: 20 Minuten
Kochzeit: 40 Minuten
Für 6 Personen

☆

100 g Wildreis
200 g Naturreis
1 mittelgroße rote Zwiebel, feingehackt
1 kleine rote Paprikaschote, feingehackt
2 Stangen Staudensellerie, in dünne Scheiben geschnitten
2 EL frische Petersilie, gehackt
4 EL Pekannüsse, gehackt

Dressing
3 EL Orangensaft
3 EL Zitronensaft
1 TL abgeriebene Orangenschale
1 TL abgeriebene Zitronenschale
4 EL Olivenöl

1 Den Wildreis in einem Topf mit sprudelndem Salzwasser in 30–40 Minuten bißfest kochen. Gut abtropfen und dann erkalten lassen. In der Zwischenzeit den Naturreis in 25–30 Minuten gar kochen, abgießen und abkühlen lassen.
2 Zwiebel, Sellerie und Paprikaschote in einer Schüssel mit Petersilie und gekochtem Reis vermengen. Pekannüsse in einer trockenen Pfanne bei mittlerer Temperatur in 2–3 Minuten anrösten.
3 **Für das Dressing:** Saft, abgeriebene Zitrusschalen und Olivenöl in einer kleinen Schüssel glattrühren.
4 Nun das Dressing über den Salat gießen und vorsichtig unterheben. Die Pekannüsse hineingeben und mischen. Dazu Krustenbrot oder Pitabrot reichen.

AMERIKANISCHER KRAUTSALAT (COLESLAW)

Vorbereitungszeit: 25 Minuten
Kochzeit: Keine
Für 4 Personen

☆

150 g Weißkohl
150 g Rotkohl
2 mittelgroße Möhren, geraspelt
3 Frühlingszwiebeln, feingehackt
60 g Mayonnaise
1 EL Weißweinessig
1/2 TL französischer Senf
Salz und Pfeffer

1 Den Weiß- und Rotkohl in feine Streifen schneiden. Dann mit den Möhren und Frühlingszwiebeln in einer Schüssel gut mischen.
2 Die Mayonnaise mit Essig und Senf glattrühren; mit Salz und Pfeffer würzen und unter den Salat heben.

WILDREIS
Wildreis ist trotz seines Namens kein Reis, sondern die Saat eines nordamerikanischen Wassergrases, das einst von den Indianern geerntet wurde. Eine ähnliche Pflanze wird in Asien angebaut. Echter Wildreis ist nur schwer zu finden und meist sehr teuer, aber Kosten und Mühen lohnen sich: Er hat ein wundervolles Aroma. Kultivierte Sorten, die für den Handel angebaut werden, sind zwar preisgünstiger, aber auch weniger aromatisch. Vorsicht bei der Zubereitung! Zu lange gekochter Wildreis verliert sofort sein Aroma.

OBEN:
Natur- und Wildreissalat

ERDNÜSSE
Die in Südamerika beheimatete Erdnuß ist eigentlich keine Nuß, sondern ein Gemüse. Rohe Erdnüsse erinnern im Geschmack leicht an grüne Bohnen. Zum Rösten die Erdnüsse in etwas heißem Öl und Salz wenden und anschließend bei mittlerer Hitze im Backofen rösten.

OBEN: Gurkensalat mit Erdnüssen und Chilisauce

GURKENSALAT MIT ERDNÜSSEN UND CHILISAUCE

Vorbereitungszeit: 25 Minuten + 45 Minuten Marinierzeit
Kochzeit: Keine
Für 4–6 Personen

☆

3 mittelgroße Gurken
2 EL Weißweinessig
2 TL Zucker
1–2 EL süße Chilisauce
12 Schalotten, gehackt
20 g frische Korianderblätter
180 g geröstete Erdnüsse, gehackt
2 EL knusprig fritierter Knoblauch
nach Wunsch 1 EL Fischsauce

1 Die Gurke schälen, längs halbieren und die Kerne herausnehmen. Dann in dünne Scheiben schneiden.
2 Essig und Zucker verrühren, bis sich der Zucker aufgelöst hat. In einer großen Schüssel mit Gurke, Chilisauce, Schalotten und Koriander mischen. 45 Minuten ziehen lassen.
3 Kurz vor dem Servieren mit Erdnüssen und Knoblauch bestreuen und evtl. mit Fischsauce beträufeln.
Hinweis: Statt Schalotten können Sie auch rote Zwiebeln nehmen.

KARTOFFELSALAT MIT KÄUTERN

Vorbereitungszeit: 15 Minuten
Kochzeit: 10–15 Minuten
Für 4 Personen

☆

650 g rotschalige Kartoffeln
1 rote Zwiebel
1 EL frische Minze, gehackt
1 EL frische Petersilie, gehackt
1 EL frischer Schnittlauch, gehackt
4 EL Mayonnaise
4 EL Naturjoghurt

1 Die Kartoffeln gut abbürsten und mit der Schale würfeln. In Salzwasser gar kochen, abgießen und erkalten lassen. Nun die Zwiebel in feine Ringe schneiden.
2 Kartoffeln, Zwiebel und Kräuter in eine große Schüssel geben. Die Mayonnaise mit dem Joghurt mischen und vorsichtig unter die Kartoffeln heben, damit sie nicht zerdrückt werden. Mit Zimmertemperatur servieren.
Hinweis: Den besten Geschmack erhalten Sie mit einer Frischei-Mayonnaise (besonders dann, wenn Sie sie selbst machen).

KICHERERBSENSALAT MIT OLIVEN

Vorbereitungszeit: 20 Minuten + Einweichzeit über Nacht
Kochzeit: 25 Minuten
Für 6 Personen

☆

350 g getrocknete Kichererbsen
1 kleine Salatgurke
2 mittelgroße Tomaten
1 kleine rote Zwiebel
3 EL frische Petersilie, feingehackt
60 g schwarze Oliven, entsteint
1 EL Zitronensaft
3 EL Olivenöl
1 Knoblauchzehe, zerdrückt
1 TL Honig

1 Kichererbsen in einer großen Schüssel mit Wasser bedecken und über Nacht quellen lassen. Abgießen und mit frischem Wasser in etwa 25 Minuten gar kochen. Dann abtropfen und erkalten lassen.
2 Die Gurke längs halbieren, Kerne entfernen und in 1 cm dicke Scheiben schneiden. Die Tomaten in kichererbsengroße Würfel schneiden und die Zwiebel fein hacken. Kichererbsen, Tomaten, Zwiebeln, Petersilie und Oliven in eine Schüssel geben.
3 Zitronensaft, Öl, Knoblauch und Honig mit dem Schneebesen glattrühren, über den Salat gießen und vorsichtig mischen. Mit Zimmertemperatur servieren.

TOFU-SALAT

Vorbereitungszeit: 20 Minuten + 1 Stunde Marinierzeit
Kochzeit: Keine
Für 4 Personen

☆

2 TL thailändische süße Chilisauce
1/2 TL frischer Ingwer, gerieben
1 Knoblauchzehe, zerdrückt
2 TL Sojasauce
2 EL Öl
250 g fester Tofu
100 g Zuckerschoten, in 3 cm lange Stücke geschnitten
2 kleine Möhren, gestiftelt
100 g Rotkohl, in feine Streifen geschnitten
2 EL Erdnüsse, gehackt

1 Chilisauce, Knoblauch, Ingwer, Sojasauce und Öl gut verrühren. Den Tofu in 2 cm große Stücke schneiden und in eine Schüssel geben. Dann die Sauce darüber gießen und mischen. Anschließend mit Frischhaltefolie abdecken und 1 Stunde kalt stellen.
2 Zuckerschoten in einen kleinen Topf geben, mit kochendem Wasser übergießen und 1 Minute ziehen lassen. Abgießen, in Eiswasser tauchen und abtropfen lassen.
3 Zuckerschoten, Möhren und Kohl zum Tofu geben und vorsichtig durchheben. Auf vier Tellern oder in einer Servierschüssel anrichten, mit Nüssen bestreuen und sofort servieren.

UNTEN: Kichererbsensalat mit Oliven (oben); Tofu-Salat

HÜTTENKÄSE
Hüttenkäse stammt aus den USA und wird aus dem Quark entrahmter Milch hergestellt. Wegen seines geringen Fettgehalts wird er gerne bei Diäten verwendet. Hüttenkäse paßt gut zu Obstsalat; durch ein Sieb gestrichen und glattgerührt, kann man ihn zum Kochen und Backen nehmen.

OBEN, VON OBEN: Penne-Salat mit sonnengetrockneten Tomaten; Nachos-Salat; Hüttenkäse-Salat

HÜTTENKÄSE-SALAT

Vorbereitungszeit: 20 Minuten
Kochzeit: 5 Minuten
Für 4 Personen

☆

1 Scheibe Lavashbrot (siehe Hinweis)
2 TL Rapsöl
Paprika edelsüß, zum Bestäuben
16 Blätter roter Eichblattsalat
2 EL frischer Schnittlauch, gehackt
500 g Hüttenkäse
200 g blaue Trauben
1 mittelgroße Möhre, geraspelt
3 EL Alfalfasprossen

1 Backofen auf 180 °C vorheizen. Lavashbrot mit Öl bepinseln und mit etwas Paprika bestäuben. Längs halbieren und quer in 16 Streifen schneiden. Dann auf einem Backblech in 5 Minuten goldgelb rösten. Auf Kuchengitter abkühlen lassen.
2 Den Salat gründlich waschen und abtrocknen. Schnittlauch und Hüttenkäse mischen. Mit den anderen Zutaten auf 4 Tellern anrichten und auf jeden Teller 4 Lavashstreifen legen. Sofort servieren.
Hinweis: Lavash ist ein rechteckiges, flaches Brot, das in Feinkostgeschäften erhältlich ist. Sie können es aber auch durch anderes knuspriges Brot ersetzen.

NACHOS-SALAT

Vorbereitungszeit: 20 Minuten
Kochzeit: Keine
Für 4 Personen

☆

440 g Kidneybohnen, aus der Dose
1 große Tomate, gewürfelt
125 g milde Tomatensalsa (Fertigprodukt)
280 g einfache Tortillachips
8 Salatblätter, in feine Streifen geschnitten
1 kleine Avocado, in Scheiben geschnitten
20 g geriebener Cheddar o. mittelalter Gouda

1 Die Bohnen in ein Sieb gießen und unter fließendem Wasser abspülen. Gut abtropfen lassen und mit Tomate und Salsa mischen.
2 Die Tortillachips auf 4 Teller verteilen, Salatstreifen, Bohnenmischung und Avocado darauf legen und mit Käse bestreuen. Sofort servieren.

PENNE-SALAT MIT SONNENGETROCKNETEN TOMATEN

Vorbereitungszeit: 20 Minuten
Kochzeit: 10 Minuten
Für 6 Personen

☆

500 g Penne (kurze Röhrennudeln)
1 EL Öl
150 g sonnengetrocknete Tomaten in Öl, abgetropft
30 g frische Basilikumblätter
70 g schwarze Oliven, entsteint und halbiert
zusätzlich 2 EL Olivenöl
2 TL Weißweinessig
1 Knoblauchzehe, halbiert
60 g Parmesan, in feine Streifen gehobelt

1 Nudeln in einem großen Topf mit sprudelndem Salzwasser bißfest kochen. Abgießen, kalt abspülen und abtropfen lassen. In einer großen Schüssel mit dem Öl vermengen.
2 Die Tomaten in dünne Scheiben schneiden. Mit Basilikumblättern und Oliven zu den Nudeln geben und mischen.
3 Das zusätzliche Öl mit Essig und Knoblauch verrühren und 5 Minuten ruhen lassen; Knoblauch herausnehmen. Noch einmal durchrühren und über den Salat gießen. Vorsichtig mischen! Mit Parmesan garnieren und sofort servieren.

ZITRUS-WALNUSS-SALAT

Vorbereitungszeit: 20 Minuten
Für 8 Personen

☆

2 Orangen
2 Grapefruit
125 g Zuckerschoten
75 g Rauke, Blätter zerpflückt
1/2 Eichblattsalat, Blätter zerpflückt
1 große Salatgurke, in Scheiben geschnitten
40 g Walnüsse, grobgehackt

Walnußdressing
2 EL Walnußöl
2 EL Öl
2 TL Estragonessig
2 TL körniger Senf
1 TL süße Chilisauce

1 Orangen und Grapefruit schälen und die Haut entfernen. Die Früchte filetieren; dabei die Kerne entfernen. Dann die Zuckerschoten mit kochendem Wasser übergießen und 2 Minuten ziehen lassen. Herausnehmen, in Eiswasser tauchen und abtropfen lassen. Mit Küchenpapier trockentupfen. Obst, Zuckerschoten, Rauke, Salat, Gurke und Nüsse in einer großen Schüssel mischen.
2 **Für das Dressing:** Alle Zutaten mit einem Schneebesen verrühren.
3 Dressing über den Salat gießen und mischen, bis es sich gleichmäßig verteilt hat.

PIKANTER KARTOFFELSALAT

Vorbereitungszeit: 15 Minuten
Kochzeit: 20 Minuten
Für 6 Personen

☆

500 g kleine neue Kartoffeln, halbiert
250 g grüne Bohnen, geputzt und schräg halbiert

Dressing
3 EL Olivenöl
2 rote Chilischoten, entkernt und in Ringe geschnitten
1 Knoblauchzehe, zerdrückt
20 g Koriandergrün, gehackt
1 EL Rotweinessig
1/2 TL Kümmelkörner

1 Die Kartoffeln in einem großen Topf mit Wasser 20 Minuten garen; sie sollen aber nicht zu weich werden. Abgießen und beiseite stellen. Nun die Bohnen in kochendem Wasser 2 Minuten blanchieren; abgießen und beiseite stellen.
2 **Für das Dressing:** Alle Zutaten mit dem Schneebesen 2 Minuten verrühren. Kartoffeln und Bohnen mischen und das Dressing darüber gießen. Sofort servieren, damit der Salat nicht seine Farbe verliert.

KÜMMELKÖRNER
Kümmelkörner (*Carum carvi*) sind reich an Mineralsalzen und Proteinen; sie werden wegen ihrer verdauungsfördernden Wirkung geschätzt. Gekaute Kümmelkörner vertreiben Knoblauchgeruch und regen den Appetit an. Kümmelkörner werden auch auf Brötchen gestreut und in Vollkornbroten verbacken. Ein kleines Schüsselchen mit Kümmelkörnern kann man sehr gut zu deftigem Käse wie Münster und Livarot reichen.

OBEN: Zitrus-Walnuß-Salat

GEMÜSE-BEILAGEN

Gemüse nur als Beilage? Mag sein. – Aber gut zubereitetes Gemüse bester Qualität spielt als Begleitung und Ergänzung des Hauptgangs dennoch eine ganz besondere Rolle. So viele Sorten, die je nach Jahreszeit geerntet werden, Hunderte von Farben, Formen und Aromen: Das einzige Problem für Sie wird darin bestehen, aus dem reichhaltigen Angebot beim Gemüsehändler die richtige Wahl zu treffen.

GHEE
Ghee (geklärte Butter) ist das am häufigsten verwendete Fett in der indischen und in vielen Küchen der arabischen Welt, wo man es unter dem Namen *samna* kennt. Sein starkes, süßes Aroma entsteht durch das Klären der Butter, bei dem die Milchbestandteile abgeschöpft werden. In Indien aromatisiert man Ghee oft mit Kreuzkümmelsamen, Lorbeerblättern, Nelken und Ingwer, im nahen Osten mit Oregano, Thymian und anderen Kräutern.

OBEN:
Kartoffel-Erbsen-Curry

KARTOFFEL-ERBSEN-CURRY

Vorbereitungszeit: 20 Minuten
Kochzeit: 35 Minuten
Für 4 Personen

☆

750 g Kartoffeln, geschält
2 TL braune Senfkörner
2 EL geklärte Butter oder Öl
2 Zwiebeln, in Ringe geschnitten
2 Knoblauchzehen, zerdrückt
2 TL frischer Ingwer, gerieben
1 TL Kurkuma
Salz und Pfeffer
1/2 TL Chilipulver
1 TL Kreuzkümmel, gemahlen
1 TL Garam masala
125 ml Wasser
100 g Erbsen, frisch oder tiefgefroren
2 EL frische Minze, gehackt

1 Kartoffeln in große Würfel schneiden. Die Senfkörner in einer trockenen Pfanne erhitzen, bis sie aufplatzen. Dann Butter, Zwiebeln, den Knoblauch und den Ingwer hineingeben und unter Rühren weich dünsten. Kurkuma, Salz, Pfeffer, Chilipulver, Kreuzkümmel, Garam masala und Kartoffeln zugeben. Rühren, bis die Kartoffeln gleichmäßig von den Gewürzen bedeckt sind.

2 Wasser zufügen und im geschlossenen Topf 15–20 Minuten garen; die Kartoffeln sollen bißfest sein. Jetzt die Erbsen unterrühren; bei aufgelegtem Deckel weitere 3–5 Minuten garen, bis die Kartoffeln weich sind. Minze einrühren und heiß oder kalt servieren.

RÖSTI

Vorbereitungszeit: 10 Minuten + Kühlzeit
Kochzeit: 45 Minuten
Für 4 Personen

☆

6 mittelgroße Kartoffeln (ca. 750 g)
Salz und frisch gemahlener schwarzer Pfeffer
60 g Butter

1 Die Kartoffeln in einem großen Topf mit kochendem Wasser gar kochen. Abgießen, abkühlen lassen und pellen. Abgedeckt über Nacht kalt stellen. Dann die Kartoffeln reiben und mit Salz und Pfeffer würzen.
2 Die Hälfte der Butter in einer mittleren Pfanne erhitzen. Sobald sie brutzelt, die Kartoffeln hineingeben und zu einer gleichmäßigen, dünnen Lage drücken. Bei schwacher bis mittlerer Hitze 15–20 Minuten braten, bis die Kartoffeln auf der Unterseite knusprig goldbraun sind; aber nicht anbrennen lassen! Die Pfanne dabei ab und zu rütteln, damit die Kartoffeln nicht am Boden kleben. Nun

einen großen Teller verkehrt herum auf die Pfanne legen und die Rösti darauf stürzen.
3 Restliche Butter erhitzen, die Rösti wieder in die Pfanne geben und die andere Seite knusprig braten. Anschließend in Stücke schneiden und sofort servieren. Dazu grünen Salat reichen.

AUBERGINE MIT TOMATEN-KRÄUTER-SAUCE

Vorbereitungszeit: 30 Minuten
Kochzeit: 40 Minuten
Für 4 Personen

☆

6–8 schlanke Auberginen
Olivenöl zum Braten + 2 EL zusätzlich
2 Knoblauchzehen, zerdrückt
1 Zwiebel, gehackt
1 rote Paprikaschote, entkernt und gehackt
2 reife Tomaten, gehackt
125 ml Gemüsebrühe
1 TL frischer Thymian, feingehackt
1 TL frischer Majoran, feingehackt
2 TL frischer Oregano, feingehackt
1 TL Zucker
3–4 TL Weißweinessig
3 EL kleine schwarze Oliven
Salz und Pfeffer
10 g frische Basilikumblätter, in feinen Streifen

1 Die Auberginen längs halbieren. Den Boden einer Pfanne mit Olivenöl bedecken und erhitzen, bis es beinahe raucht. Die Auberginen portionsweise darin bei mittlerer bis starker Hitze in 2–3 Minuten pro Seite goldbraun braten. Dann mit einer Zange aus der Pfanne nehmen und auf Küchenpapier abtropfen lassen. Falls nötig, mehr Öl in die Pfanne gießen. Die Auberginen abdecken und warm halten.
2 Zusätzliches Öl in einem Topf erhitzen. Zwiebel und Knoblauch darin bei mittlerer Hitze 2–3 Minuten anbraten. Paprikaschote und Tomaten zufügen und unter Rühren 1–2 Minuten dünsten.
3 Gemüsebrühe hineingeben. Zum Kochen bringen, Temperatur zurückschalten und 5–10 Minuten garen, bis die Flüssigkeit verdampft ist und die Sauce eindickt; dabei gelegentlich durchrühren. Kräuter, Zucker und Essig hineingeben und 3–4 Minuten kochen. Die Oliven einrühren, mit Salz und Pfeffer würzen. Die warmen Auberginen mit Tomatensauce begießen und mit Basilikum bestreuen.
Hinweis: Die Tomatenmischung kann ohne Kräuter einen Tag im voraus zubereitet werden. Die Kräuter sollte man erst beim Aufwärmen der Sauce hinzugeben – so behalten sie ihre Farbe und werden nicht bitter.

THYMIAN

Thymian (*Thymus vulgaris*) ist eines der wichtigsten Kräuter in der Küche der Mittelmeerregionen. Sein Aroma ist zur Zeit der Blüte am kräftigsten. Obwohl man Thymian gut trocknen kann, sollte man so oft wie möglich mit dem frischen Kraut würzen. Achten Sie bei getrocknetem Thymian auf seine Beschaffenheit: Blätter, die fast zu Pulver zerfallen, sind schon älter und weniger aromatisch. Kaufen Sie getrockneten Thymian nur in kleinen Mengen, weil zu alte Kräuter ein Gericht verderben können.

OBEN: Aubergine mit Tomaten-Kräuter-Sauce

SCHNITTLAUCH
Schnittlauch gehört zu den vier klassischen *fines herbes* – dem harmonischen Quartett aus Schnittlauch, Kerbel, Petersilie und Estragon. Schnittlauch hat, je nach Größe, ein mildes bis sehr scharfes Aroma. Großer Schnittlauch schmeckt zwiebelähnlich.

UNTEN:
Gefüllte Zucchiniblüten

GEFÜLLTE ZUCCHINIBLÜTEN

Vorbereitungszeit: 35 Minuten
Kochzeit: 20 Minuten
Für 4 Personen

☆☆

125 g Ricottakäse
60 g feingeriebener Cheddar oder Mozzarella
2 EL frischer Schnittlauch, gehackt
12 Zucchiniblüten
40 g Mehl

Ausbackteig
125 g Mehl
1 Ei, leicht verquirlt
180 ml Eiswasser
Öl zum Fritieren

Tomatensauce
1 EL Olivenöl
1 kleine Zwiebel, feingehackt
1 Knoblauchzehe, zerdrückt
425 g Tomaten aus der Dose, zerdrückt
1/2 TL getrockneter Oregano

1 Ricotta, Cheddar oder Mozzarella und Schnittlauch in einer Schüssel mischen.
2 Zucchiniblüten vorsichtig öffnen und Staubgefäße entfernen. Mit Käsemischung füllen. Blüten schließen und Enden zudrehen. Mit Mehl bestäuben; abschütteln.
3 **Für den Ausbackteig:** Mehl in eine Schüssel geben; eine Vertiefung in die Mitte drücken. Ei und Wasser zufügen und mit dem Schneebesen rühren, bis der Teig glatt ist und keine Klümpchen mehr enthält.
4 Öl in einem großen Topf auf mittlerer Stufe erhitzen. Mit einer Zange jede Blüte in den Teig tauchen und ins Öl geben. Die Blüten goldgelb fritieren, dann auf Küchenpapier abtropfen lassen. Sofort mit Tomatensauce servieren.
5 **Für die Tomatensauce:** Öl in einem Topf erhitzen. Die Zwiebel darin bei mittlerer Hitze 3 Minuten braten. Den Knoblauch hineingeben und 1 Minute braten. Jetzt Tomaten und Oregano einrühren. Zum Kochen bringen, Temperatur zurückschalten und 10 Minuten garen. Heiß servieren.
Hinweis: An kleinen Zucchiniblüten hängt häufig noch eine kleine Zucchinifrucht. Größere Blüten sind aber gelegentlich auch ohne Zucchini zu bekommen.

GEBACKENE WURZELGEMÜSE MIT SÜSSER INGWERGLASUR

Vorbereitungszeit: 25 Minuten
Kochzeit: 1 Stunde 10 Minuten
Für 4–6 Personen

☆

150 g Süßkartoffeln
1 mittelgroße Kartoffel
1 mittelgroße Möhre
1 mittelgroße Pastinake
1 mittelgroße weiße Rübe
2 EL Olivenöl
60 g Butter
2 EL Zucker
1 EL frischer Ingwer, feingerieben
3 EL Wasser

1 Den Backofen auf 210 °C vorheizen. Ein Backblech mit Öl bepinseln.
2 Das Gemüse schälen und in 5 cm lange und 1 cm breite Stäbchen schneiden.

3 Die Stäbchen nebeneinander auf dem Blech ausbreiten und mit Olivenöl bepinseln. In 1 Stunde im Backofen goldgelb backen.
4 Jetzt Butter in einem kleinen Topf zerlassen. Zucker dazugeben und bei schwacher Hitze rühren, bis sich der Zucker aufgelöst hat. Dann den Ingwer und das Wasser einrühren. Zum Kochen bringen, die Temperatur auf kleine Stufe zurückschalten und im offenen Topf in etwa 5 Minuten einkochen lassen. Die Glasur über die gebackenen Gemüse gießen, gut mischen und das Blech anschließend für weitere 5 Minuten in den Backofen geben. Sofort servieren. Dazu gedämpftes grünes Gemüse reichen.

SAUTIERTE ROSMARINKARTOFFELN

Vorbereitungszeit: 15–20 Minuten
Kochzeit: 35 Minuten
Für 4–6 Personen

★

750 g neue kleine Kartoffeln
30 g Butter
2 EL Olivenöl
schwarzer Pfeffer
2 Knoblauchzehen, zerdrückt
1 EL frischer Rosmarin, feingehackt
1 TL grobes Meersalz
1/2 TL zerstoßener schwarzer Pfeffer

1 Kartoffeln waschen; mit Küchenpapier trocknen. Halbieren und in wenig Wasser bißfest kochen oder dämpfen. Abgießen und etwas abkühlen lassen.
2 Butter und Öl in einer großen gußeisernen Pfanne erhitzen. Wenn die Mischung schäumt, Kartoffeln hineingeben und pfeffern. Bei mittlerer Hitze in 5–10 Minuten knusprig goldgelb sautieren (gar schwenken); dabei häufig wenden, damit die Kartoffeln gleichmäßig Farbe bekommen.
3 Knoblauch, Rosmarin und Salz zufügen und mischen. Noch 1 Minute sautieren. Zerstoßenen Pfeffer zugeben und gut unterheben. Heiß oder warm servieren.
Hinweis: Frischer Thymian oder frische Petersilie können ebenfalls verwendet werden.

SALZ

Salz oder Natriumchlorid wird schon seit jeher zum Würzen und Konservieren von Lebensmitteln verwendet. Eine seiner wichtigsten Eigenschaften ist, daß es den Nahrungsmitteln Flüssigkeit entzieht. Deshalb werden Auberginenscheiben vor dem Kochen gerne mit Salz bestreut: Das Salz zieht den bitteren Saft aus der Aubergine.

OBEN: Gebackene Wurzelgemüse mit süßer Ingwerglasur
UNTEN: Sautierte Rosmarinkartoffeln

SCHNELLER PFANNENSPARGEL

DIE HOLZIGEN ENDEN von 150 g grünem Spargel abschneiden (für dieses Rezept nur junge, schlanke Stangen wählen). 1 EL Öl und 20 g Butter in einer Pfanne erhitzen. Den Spargel darin 3–4 Minuten von allen Seiten braten; dabei häufig wenden. Der Spargel färbt sich leuchtend grün und bräunt dann an einigen Stellen. Gegen Ende der Kochzeit einige TL Zitronensaft zufügen, mischen und sofort servieren. Für 2–4 Personen.

KARTOFFELKÜCHLEIN MIT APFELMUS

Vorbereitungszeit: 20 Minuten
Kochzeit: 30 Minuten
Für 4 Personen

✯

600 g Kartoffeln, feingerieben
1 große Zwiebel, feingehackt
2 TL Sellerie- oder Fenchelsamen
3 EL Mehl
2 Eier, verquirlt
Salz und frisch gemahlener schwarzer Pfeffer
Öl zum Ausbacken
250 g Apfelmus oder Apfelkompott (Fertigprodukt)

1 Die Flüssigkeit aus den geriebenen Kartoffeln ausdrücken. Dann Kartoffeln mit Zwiebel, Sellerie- oder Fenchelsamen, Mehl, Eiern, Salz und Pfeffer in einer großen Schüssel verrühren.
2 In einer großen Pfanne 2 cm hoch Öl erhitzen. Aus je 2 gehäuften EL Kartoffelmasse flache Küchlein formen und in 3 Minuten pro Seite goldbraun ausbacken. Sofort mit Apfelmus servieren.
Hinweis: Die Flüssigkeit muß aus den Kartoffeln gedrückt werden, damit das Öl beim Braten nicht zu sehr spritzt. Apfelmus und Apfelkompott sind als Fertigprodukte im Supermarkt in vielen Sorten erhältlich.

LIMETTEN AUSPRESSEN
Um soviel Saft wie möglich aus einer Limette zu pressen, legt man sie vorher bei höchster Stufe für 30 Sekunden in die Mikrowelle. Dadurch wird sie weich, und der Saft läßt sich leichter auspressen.

OBEN: Kartoffelküchlein mit Apfelmus
RECHTS: Zuckerschoten und Möhren in Limettenbutter

ZUCKERSCHOTEN UND MÖHREN IN LIMETTENBUTTER

Vorbereitungszeit: 15 Minuten
Kochzeit: 10 Minuten
Für 4 Personen

✯

125 g Möhren
125 g Zuckerschoten
60 g Butter
2 Knoblauchzehen, zerdrückt
1 EL Limettensaft (und Schale von 1 Limette zum Garnieren)
1/2 TL feiner brauner Zucker

1 Die Möhren schälen und diagonal in Scheiben schneiden. Zuckerschoten waschen und putzen. Butter in einer großen Pfanne erhitzen. Knoblauch darin bei schwacher Hitze 1 Minute anbraten. Nun Limettensaft und Zucker hineingeben. Rühren, bis sich der Zucker aufgelöst hat.
2 Möhren und Zuckerschoten bei mittlerer Hitze in 2–3 Minuten bißfest dünsten. Heiß servieren und mit Limettenzeste garnieren.
3 **Für die Limettenschnitze:** Limettenschale mit dem Gemüseschäler schälen, Haut entfernen und die Rinde mit einem scharfen Messer in feine Streifen schneiden.
Hinweis: Statt Zuckerschoten können Sie auch grüne Bohnen verwenden. Kleine junge Möhren schmecken in diesem Rezept ganz ausgezeichnet – lassen Sie einen kleinen Rest der Stiele vom Kraut oben stehen. Falls Sie keine Limetten bekommen, ersetzen Sie sie durch Zitronen. Dieses Gericht kann leicht als Salat abgewandelt werden: Butter durch 2 EL Olivenöl ersetzen und nach Rezept zubereiten. Auf Raumtemperatur abkühlen lassen und mit frischen gehackten Cashew- oder Pinienkernen bestreuen.

FRÜHLINGSZWIEBELN MIT STANGENSELLERIE

Vorbereitungszeit: 20 Minuten
Kochzeit: 10 Minuten
Für 6 Personen

☆

4 Stangen Staudensellerie
24 Frühlingszwiebeln
30 g Butter
1 TL Selleriesamen
1 EL Honig
125 ml Gemüsebrühe
1 TL Sojasauce
1 TL Maisstärke
1 TL Wasser

1 Zuerst die Selleriestangen schneiden: 10 cm lang und auf die Breite der Frühlingszwiebeln. Die Frühlingszwiebeln in 10 cm lange Stücke schneiden; Wurzeln entfernen. Die oberen Teile der Frühlingszwiebeln zum Binden aufbewahren. Dann die Zwiebeln 30 Sekunden in kochendes Wasser tauchen, bis sie sich leuchtend grün färben. Herausnehmen und sofort in Eiswasser legen. Abtropfen lassen und mit Küchenpapier trockentupfen.
2 Frühlingszwiebeln mit Sellerie mischen und in 6 Bündel aufteilen. Jedes Bündel mit den oberen Teilen der Frühlingszwiebel fest zusammenbinden.
3 Butter in einer Pfanne erhitzen. Gemüsebündel bei mittlerer bis starker Hitze etwa 1 Minute pro Seite braten. Aus der Pfanne nehmen. Selleriesamen in die Pfanne geben und 30 Sekunden braten. Honig, Brühe und Sojasauce zufügen; Maisstärke mit Wasser verrühren und hineingeben. Zum Kochen bringen und unter ständigem Rühren die Hitze reduzieren. Nun die Gemüsebündel zufügen. 7 Minuten garen, bis das Gemüse bißfest ist. Sofort mit Kochflüssigkeit servieren.
Hinweis: In Bündeln serviertes Gemüse sieht besonders appetitlich aus. Probieren Sie es auch mit Möhren und Zucchini, Spargel, Kürbis und Pastinaken – oder mit jeder anderen Gemüsekombination, deren Garzeit etwa gleich lang ist.

KARTOFFELCURRY MIT SESAMKÖRNERN

Vorbereitungszeit: 20 Minuten
Kochzeit: 20 Minuten
Für 4 Personen

☆

4 große Kartoffeln
1 EL Öl
1 TL Kreuzkümmelsamen
1 TL Koriandersamen
2 TL Senfsamen
2 EL Sesamkörner
1/2 TL Kurkuma
1 TL frische Chilischote, gehackt
2 TL abgeriebene Zitronenschale
2 EL Zitronensaft
Salz und Pfeffer

1 Kartoffeln mit Schale garen oder dämpfen. Abkühlen lassen, pellen und in Stücke schneiden. Öl in einer großen Pfanne auf mittlerer Stufe erhitzen. Dann Kreuzkümmel, Koriander und Senfsamen darin etwa 1 Minute unter ständigem Rühren anbraten.
2 Die Sesamkörner hineingeben und in 1–2 Minuten unter Rühren goldbraun rösten. Dann Kurkuma, Chillies, Zitronenschale und -saft zufügen. Gut mischen und erhitzen. Schließlich mit Salz und Pfeffer abschmecken.

OBEN: Kartoffelcurry mit Sesamkörnern

AVOCADO TEILEN UND SCHÄLEN

1 Zum Teilen mit dem Messer vorsichtig bis zum Stein schneiden, dann am Stein entlang rundherum einschneiden. Beide Hälften gegeneinander drehen und behutsam voneinander lösen.

2 In den Stein schneiden, drehen, den Stein herausziehen.

3 Die Schale vorsichtig mit den Fingern abziehen.

OBEN: Mexikanisches Gemüse

MEXIKANISCHES GEMÜSE

Vorbereitungszeit: 30 Minuten + 2 Stunden Kühlzeit
Kochzeit: 50 Minuten
Für 4–6 Personen

☆

Polenta
350 ml Gemüsebrühe
250 ml Wasser
150 g Maismehl
50 g frisch geriebener Parmesan
2 EL Olivenöl

1 große grüne Paprikaschote
1 große rote Paprikaschote
3 mittelgroße Tomaten
6 grüne kleine Squash-Kürbisse
6 gelbe kleine Squash-Kürbisse
1 frischer Maiskolben
1 EL Öl
1 mittelgroße Zwiebel, in Ringe geschnitten
1 EL gemahlener Kreuzkümmel
1/2 TL Chilipulver
nach Wunsch 2 EL Koriandergrün, gehackt
Salz und frisch gemahlener schwarzer Pfeffer

1 Eine Springform von 20 cm Durchmesser mit Öl bepinseln.
2 **Für die Polenta:** Brühe und Wasser in einem Topf zum Kochen bringen. Dann die Polenta einrühren und unter ständigem Rühren zu einem dicken Brei einkochen. Wenn man die Polenta nicht ständig rührt, wird sie krümelig. Nun vom Herd nehmen und den Parmesan einrühren. Die Mischung in die vorbereitete Form streichen, dabei die Oberfläche glätten. 2 Stunden kalt stellen. Herausnehmen und in 6 Stücke schneiden. Auf einer Seite mit Olivenöl bespinseln. Unter dem vorgeheizten Grill 5 Minuten bräunen. Dasselbe mit der Rückseite wiederholen.
3 Die Paprikaschoten in kleine Quadrate schneiden. Tomaten hacken, Kürbisse vierteln und den Maiskolben in 2 cm dicke Scheiben schneiden; die Scheiben vierteln.
4 Öl in einem großen Topf erhitzen. Zwiebel darin bei mittlerer Hitze in 5 Minuten weich dünsten. Kreuzkümmel und Chilipulver hineingeben und 1 Minute rühren. Das Gemüse zugeben. Aufkochen und die Temperatur zurückschalten. Bei schwacher Hitze im geschlossenem Topf 30 Minuten garen; dabei gelegentlich umrühren. Dann den Koriander einrühren. Mit Salz und Pfeffer würzen und mit Polenta servieren.
Hinweis: Gemüse und Polenta können einen Tag im voraus gekocht werden. Die Polenta sollte man erst kurz vor dem Servieren grillen. Geben Sie ein wenig zerdrückten Knoblauch in das Olivenöl, bevor Sie die Polenta damit bestreichen.

KÜRBIS MIT CHILI UND AVOCADO

Vorbereitungszeit: 20 Minuten
Kochzeit: 10 Minuten
Für 6 Personen

☆

750 g Kürbis
2 EL Olivenöl
1 EL frische Korianderblätter, gehackt
1 EL frische Minze, gehackt
2 TL süße Chilisauce
1 kleine rote Zwiebel, feingehackt
2 TL Balsamessig
1 TL feiner brauner Zucker
1 große Avocado

1 Kürbiskerne herauskratzen. Das Kürbisfleisch in Scheiben schneiden, Schale entfernen und in einem großen Topf mit Wasser bißfest garen. Dann vom Herd nehmen und gut abtropfen lassen.
2 Öl, Koriander, Minze, Chilisauce, Zwiebel, Essig und Zucker verrühren. Die Avocado halbieren und den Stein mit einem scharfen Messer herausnehmen. Die Haut abziehen und das Fleisch in dünne Scheiben schneiden.
3 Warmen Kürbis und Avocado in einer Schüssel mischen. Korianderdressing unterheben und sofort servieren.
Hinweis: Das Gericht erst kurz vor dem Servieren zusammenstellen. Die Sauce kann einige Stunden im voraus angerührt werden. Abgedeckt im Kühlschrank aufbewahren. Wer es schärfer liebt, gibt 1 kleine rote Chilischote feingehackt in die Sauce.

GEMÜSECURRY

Vorbereitungszeit: 25 Minuten
Kochzeit: 20–25 Minuten
Für 4–6 Personen

☆

1 EL braune Senfkörner
2 EL geklärte Butter oder Öl
2 Zwiebeln, gehackt
4 EL milde Currypaste
400 g Tomaten aus der Dose
125 g Naturjoghurt
250 ml Kokosmilch
2 Möhren, in Scheiben geschnitten
220 g Blumenkohlröschen
2 schlanke Auberginen, in Scheiben geschnitten
220 g grüne Bohnen, halbiert
150 g Brokkoliröschen
2 Zucchini, in Scheiben geschnitten
100 g kleine Champignons, halbiert
Salz

1 Die Senfkörner in einer trockenen Pfanne erhitzen, bis sie aufplatzen. Dann Butter oder Öl und Zwiebeln zufügen; unter Rühren weich dünsten. Currypaste hineingeben und 1 Minute rühren, bis sich das Aroma entfaltet.
2 Tomaten, Joghurt und Kokosmilch bei schwacher Hitze einrühren. Möhren zufügen und im offenen Topf 5 Minuten garen.
3 Blumenkohl und Auberginen zufügen und 5 Minuten garen. Die übrigen Zutaten einrühren und im offenen Topf 5–10 Minuten garen. Heiß mit gedämpftem Reis servieren.

KOKOSMILCH
Kokosmilch ist ein wichtiger Bestandteil der asiatischen Küche und wird nicht aus der Flüssigkeit im Inneren der Kokosnuß gewonnen, sondern aus dem Saft des geriebenen und gepreßten Kokosfleisches. Die erste Pressung, die sogenannte »Kokoscreme«, ist sehr dickflüssig. Die Milch wird erst bei der zweiten Pressung gewonnen. Kokosmilch oder -creme ist in Dosen oder in Pulverform erhältlich.

LINKS: Kürbis mit Chili und Avocado
OBEN: Gemüsecurry

GEMÜSEPÜREES

Diese vielseitigen Mixturen kommen auch als Dip und Nudelsauce oder als Füllung für Pfannkuchen und Omeletts in Frage – als eigenständige Beilagen sind sie aber ebenso köstlich.

ARTISCHOCKENPÜREE

1 kg geschälte Artischocken und 2 in Scheiben geschnittene Knoblauchzehen in einem Topf mit kaltem Wasser bedecken und zum Kochen bringen. Artischocken gar kochen. Die Artischocken mit Knoblauch und 60 g Butter in der Küchenmaschine zu einem Püree verarbeiten; dabei nach und nach 3 EL Olivenöl angießen. Mit Salz und Pfeffer würzen, mit Olivenöl beträufeln und anschließend mit Paprika edelsüß bestäuben.

PASTINAKEN-LAUCH-PÜREE

1 in feine Ringe geschnittene Lauchstange und 3 große, gehackte Pastinaken in einem Topf mit Salzwasser gar kochen. Gut abtropfen lassen und in der Küchenmaschine pürieren. Das Püree mit 2 EL frischem, gehackten Schnittlauch, 30 g Butter, Salz und Pfeffer in einen Topf geben. Alles verrühren und erhitzen; vom Herd nehmen und 3 EL Crème fraîche unterziehen.

GRÜNES SPARGELPÜREE

30 g Butter und 1 EL Öl in einem Topf erhitzen. 3 gehackte Frühlingszwiebeln und ca. 320 g gehackten jungen, dünnen grünen Spargel zufügen. 3 Minuten dünsten. Je 125 ml Gemüsebrühe und Sahne

angießen und im geschlossenem Topf garen. Das Gemüse aus der Brühe nehmen und pürieren. Die Brühe zum Kochen bringen und um ein Viertel reduzieren. Das Püree wieder in den Topf geben und 1 EL geriebenen Parmesan einrühren. Bei mittlerer Hitze in 5 Minuten etwas eindicken lassen. Anschließend mit Salz und Pfeffer würzen. Wenn der Spargel Fäden zieht, passieren Sie das Püree durch ein Sieb.

ROTES PAPRIKAPÜREE

3 große rote Paprikaschoten grillen, bis die Haut schwarz wird und Blasen wirft. Dann in einer Plastiktüte abkühlen lassen. Enthäuten, die Kerne entfernen und das Fleisch grob hacken. Mit 4 gehackten Frühlingszwiebeln, 2 zerdrückten Knoblauchzehen und 2 feingehackten kleinen roten Chilischoten in der Küchenmaschine zu einer glatten Masse verarbeiten. Das Püree in einen Topf geben und 2 EL Fischsauce (nach Wunsch), 2 EL Zitronensaft und 2 EL gehacktes Koriandergrün zufügen. Bei mittlerer Hitze 5 Minuten kochen und etwas eindicken lassen.

GRILLTOMATEN-KICHERERBSEN-PÜREE

250 g Kichererbsen über Nacht in kaltem Wasser einweichen. Kichererbsen in sprudelndem Salzwasser mit 1 gehackten Zwiebel und 1 Lorbeerblatt in 1 1/2 Stunden gar kochen. Abgießen, Lorbeerblatt entfernen und 3 EL von der Flüssigkeit aufheben. 4 Eiertomaten halbieren, mit Meersalz bestreuen und mit Olivenöl beträufeln. Im vorgeheizten Backofen bei 200 °C etwa 30–40 Minuten grillen, bis die Tomaten weich sind. Tomaten und Kichererbsen etwas abkühlen lassen. Mit 2 zerdrückten Knoblauchzehen, 2 EL Limettensaft, 1 TL Zucker, 3 EL Olivenöl und restlicher Kochflüssigkeit in der Küchenmaschine verarbeiten. 2 EL gehacktes frisches Basilikum und 1 EL frisch geriebenen Parmesan einrühren.

IM UHRZEIGERSINN VON OBEN LINKS: Pastinaken-Lauch-Püree; grünes Spargelpüree; rotes Paprikapüree; Artischockenpüree; Grilltomaten-Kichererbsen-Püree

PAPRIKASCHOTEN GRILLEN

1 Kerne entfernen und Trennwände herausschneiden. Paprikaschoten in große, flache Stücke schneiden.

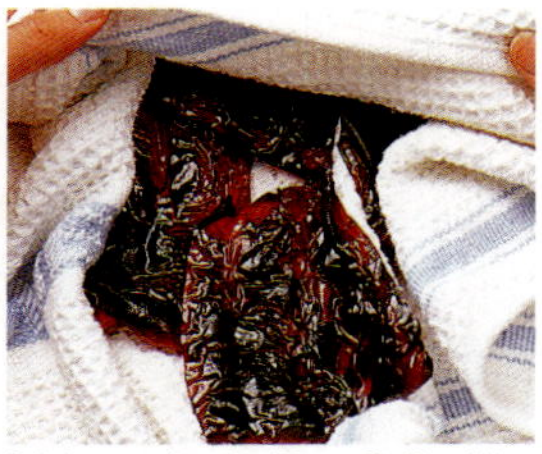

2 Unter den heißen Grill schieben, bis die Haut schwarz ist und Blasen wirft. Mit einem Küchentuch abdecken und beiseite stellen.

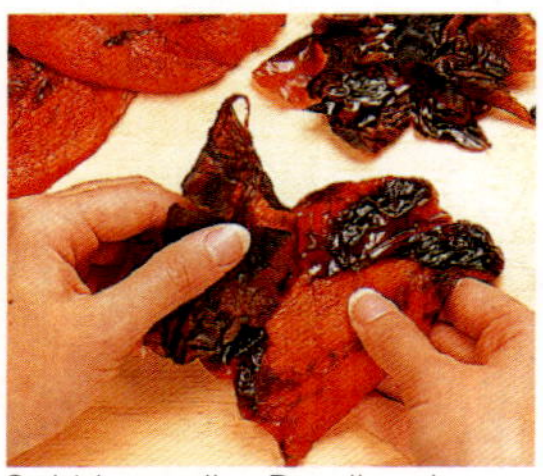

3 Wenn die Paprikaschoten abgekühlt sind, Haut abziehen und wegwerfen. Das gegrillte Fleisch schmeckt süßer als das rohe.

SEITE GEGENÜBER: Mariniertes Gemüse vom Grill

MARINIERTES GEMÜSE VOM GRILL

Vorbereitungszeit: 40 Minuten + 1 Stunde Marinierzeit
Kochzeit: 5 Minuten
Für 4–6 Personen

✯

3 kleine, schlanke Auberginen
2 kleine rote Paprikaschoten
3 mittelgroße Zucchini
6 mittelgroße Champignons

Marinade
3 EL Olivenöl
3 EL Zitronensaft
10 g frische Basilikumblätter, in feine Streifen geschnitten
1 Knoblauchzehe, zerdrückt

1 Auberginen diagonal in Scheiben schneiden. Nebeneinander auf ein Blech legen, mit Salz bestreuen und 15 Minuten ziehen lassen. Gut abspülen und mit Küchenpapier trockentupfen. Paprikaschoten putzen und in breite Stücke schneiden. Die Zucchini diagonal in Scheiben schneiden und die Champignonstiele in Höhe des Huts abschneiden. Das gesamte Gemüse in eine große, flache Form (nicht aus Metall!) legen.
2 **Für die Marinade:** Alle Zutaten gründlich mischen, über das Gemüse gießen und vorsichtig umrühren. Mit Frischhaltefolie abdecken und 1 Stunde im Kühlschrank ziehen lassen; dabei gelegentlich umrühren. Grill vorheizen.
3 Das Gemüse auf eine heiße, leicht gefettete Grillpfanne oder einen Rost legen. Gemüse auf höchster Stufe 2 Minuten auf jeder Seite grillen. Wenn es braun wird, in eine Servierschüssel geben. Während des Grillens das Gemüse mit der restlichen Marinade bepinseln.
Hinweis: Das Gemüse kann bis zu 2 Stunden mariniert werden. Etwa 15 Minuten vor dem Grillen sollte man es aus dem Kühlschrank nehmen. Das Gemüse warm oder mit Zimmertemperatur servieren. Falls etwas davon übrigbleibt, können Sie es mit dicken Scheiben Krustenbrot oder Brötchen servieren. Sie können der Marinade auch andere Kräuter wie Petersilie, Rosmarin und Thymian beigeben. Sie kann auch als Salatsauce verwendet werden.

HASSELBACK-KARTOFFELN

Vorbereitungszeit: 20 Minuten
Kochzeit: 45 Minuten
Für 6 Personen

✯

8 mittelgroße Kartoffeln (ca. 1,5 kg), geschält und halbiert
60 g Butter, zerlassen
1 EL frische Weißbrotbrösel
80–90 g geriebener Cheddar oder mittelalter Gouda
1/2 TL Paprika edelsüß

1 Backofen auf 210 °C vorheizen. Eine flache Auflaufform mit zerlassener Butter oder Öl auspinseln.
2 Die Kartoffeln mit der Schnittfläche nach unten auf ein Brett legen. Mit einem kleinen, scharfen Messer Längsschnitte einritzen, aber nicht ganz durchschneiden. Die Kartoffeln mit den Einschnitten nach oben in die Auflaufform geben und mit zerlassener Butter bepinseln. 30 Minuten im Backofen backen; dabei immer wieder Butter darüber geben.
3 Brotkrümel, Käse und Paprika mischen und über die Kartoffeln streuen. In 15 Minuten goldbraun backen. Sofort servieren.

SCHNELLER KRÄUTERKOHL

450 G KOHL (Grünkohl, Rotkohl oder gemischt) in feine Streifen schneiden. 30 g Butter in einem Topf mit Deckel zerlassen, Kohl zufügen und mit der Butter mischen. Deckel auflegen und den Kohl bei schwacher Hitze 5 Minuten dünsten. Deckel abnehmen und den Kohl von Zeit zu Zeit mit der Zange anheben und wenden, damit er gleichmäßig gar wird. 4 EL Basilikum in feinen Streifen beimengen und sofort servieren. Mit Salz und frisch gemahlenem schwarzem Pfeffer abschmecken. Für 2 Personen.

SCHNELLE KRÄUTER-KARTOFFELN

12 KLEINE NEUE KARTOFFELN in sprudelndem Wasser gar kochen. Abgießen und wieder in den Topf geben. 30 g Butter und je 1 EL gehackten Schnittlauch und Zitronenthymian zufügen. Deckel auflegen und bei schwacher Hitze Topf gelegentlich rütteln, bis die Butter zerlaufen ist. Abschmecken. Für 4 Personen.

THAILÄNDISCHE CURRYPASTE
Rote und grüne Currypaste sind wichtige Würzzutaten für Thaicurrys, sie eignen sich aber auch gut zum Würzen von Suppen, gebratenem Reis, Nudeln, Bratkartoffeln und Rühreiern. Rote Currypaste wird aus frischen roten Chilischoten bereitet, grüne aus frischen grünen Chilischoten. Selbstgemachte Pasten halten sich im Kühlschrank bis zu 3 Wochen.

OBEN: Grünes Gemüsecurry mit Süßkartoffel und Aubergine

GRÜNES GEMÜSECURRY MIT SÜSSKARTOFFEL UND AUBERGINE

Vorbereitungszeit: 25 Minuten
Kochzeit: 30 Minuten
Für 4–6 Personen

☆☆

1 EL Öl
1 mittelgroße Zwiebel, gehackt
1–2 EL grüne Currypaste
1 mittelgroße Süßkartoffel
375 ml Kokosmilch
250 ml Wasser
1 mittelgroße Aubergine, geviertelt und in Scheiben geschnitten
6 Limettenblätter (Sorghum Bicolor, s. Seite 206)
nach Wunsch 2 EL Fischsauce
2 EL Limettensaft
2 TL Limettenschale
2 TL feiner brauner Zucker
frische Korianderblätter

1 Öl in großem Wok oder Bratpfanne erhitzen. Zwiebel und Currypaste zufügen und bei mittlerer Hitze 3 Minuten rühren. Dann die Süßkartoffel würfeln. Kokosmilch und Wasser in den Wok füllen. Aufkochen, Temperatur zurückschalten und 5 Minuten offen garen. Süßkartoffel hineingeben; 6 Minuten kochen.
2 Aubergine und Limettenblätter in den Wok geben. Das Gemüse in 10 Minuten gar kochen; dabei gelegentlich umrühren.
3 Fischsauce (nach Wunsch), Limettensaft, Limettenschale und Zucker in den Wok geben. Gut mit dem Gemüse mischen. Anschließend mit frischem Koriander bestreuen. Nach Wunsch mit weiteren Limettenblättern garnieren. Dazu gedämpften Reis reichen.

THAILÄNDISCHE CURRYPASTE

Vorbereitungszeit: 10 Minuten
Kochzeit: 3 Minuten
Ergibt etwa 250 ml

☆

1 EL Koriandersamen
2 TL Kreuzkümmelsamen
2 TL getrocknete Garnelenpaste
1 TL schwarze Pfefferkörner
1 TL Muskatnuß, gerieben
12 große rote oder grüne Chilischoten
140 g Schalotten, gehackt
2 EL Öl
4 Stiele Zitronengras (nur die weißen Teile), feingehackt
10 Knoblauchzehen, gehackt
2 EL frische Korianderwurzel, gehackt
2 EL frische Korianderstiele, gehackt
6 Limettenblätter (Sorghum Bicolor, s. Seite 206), gehackt
2 TL abgeriebene Limettenschale
2 TL Salz

1 Koriander und Kreuzkümmel in einer trockenen Pfanne 2–3 Minuten rösten; dann fein mahlen.
2 Die Garnelenpaste in Alufolie wickeln und für 3 Minuten unter den heißen Grill legen. Dabei zweimal mit einer Zange wenden.
3 Alle Zutaten in der Küchenmaschine zu einer glatten Masse verarbeiten. Luftdicht verpackt ist die Paste im Kühlschrank bis zu 3 Wochen haltbar.
Hinweis: In einigen Rezepten dieses Buches ist rote oder grüne Currypaste vorgesehen. Stellen Sie sie mit diesem Rezept selbst her, oder kaufen Sie sie in einem asiatischen Lebensmittelmarkt als Fertigprodukt.

KLEINE OFENKARTOFFELN

Vorbereitungszeit: 20 Minuten + 1 Stunde Ruhezeit
Kochzeit: 30 Minuten
Für 6 Personen

☆

750 g kleine Kartoffeln
2 EL Olivenöl
2 TL frische Thymianblätter
2 TL zerstoßenes grobes Meersalz

1 Die Kartoffeln unter kaltem Wasser gründlich abbürsten. Größere Kartoffeln halbieren; wegen der Garzeit sollten alle etwa gleich groß sein. Die Kartoffeln bißfest kochen oder dämpfen; sie sollen dabei nicht auseinanderfallen. Abtropfen lassen und mit Küchenpapier trockentupfen.
2 Kartoffeln in einer großen Schüssel mit Öl und Thymian gut mischen. 1 Stunde ruhen lassen. Nun den Backofen auf 180 °C vorheizen.
3 Die Kartoffeln in eine leicht geölte Auflaufform geben. In 20 Minuten im Backofen goldbraun backen; dabei häufig wenden und mit der übriggebliebenen Öl-Thymian-Mischung beträufeln. Dann in eine Servierschüssel geben, mit Salz bestreuen und nach Wunsch mit Thymianzweigen garnieren.

PIKANTE, GEDÄMPFTE MAISKOLBEN

Vorbereitungszeit: 25 Minuten
Kochzeit: 10–20 Minuten
Für 4 Personen

☆

4 Maiskolben oder 16 Mini-Maiskolben
1 Stück frischer Ingwer (5 cm), gerieben
3 Knoblauchzehen, zerdrückt
1–3 TL frische rote Chilischoten, gehackt
2 TL grüne Pfefferkörner, zerdrückt
2 EL Wasser
nach Wunsch 2 EL Fischsauce

1 Blätter und Fäden vom Mais entfernen. Ingwer, Knoblauch, Chillies, Pfefferkörner und Wasser in einer Schüssel gut vermischen.
2 Jeden Maiskolben in der Gewürzmischung wälzen und in einen Dämpfkorb geben, der mit Bananenblättern oder Backpapier ausgelegt ist.
3 Mais über einem Wok oder Topf mit kochendem Wasser 10–20 Minuten gar dämpfen (je nach Größe der Maiskolben). Abtropfen lassen. Nach Wunsch mit Fischsauce beträufeln und sofort servieren.
Hinweis: Dämpfkörbe aus Bambus sind in asiatischen Geschäften preiswert zu bekommen. Den Boden immer auslegen, damit nichts durchfällt. Mini-Maiskolben gibt es in speziellen Obst- und Gemüsegeschäften.

MEERSALZ
Meersalz wird aus verdunstetem Salzwasser oder aus Salzmarschen gewonnen; es wird im Aroma von keinem anderen Salz erreicht. Meersalz bekommt man in groben Kristallen für die Salzmühle und in feinen Körnern.

LINKS: Kleine Ofenkartoffeln
OBEN: Pikante, gedämpfte Maiskolben

SORGHUM BICOLOR (LIMETTENBLÄTTER)

Die Früchte und Blätter dieses südostasiatischen Baumes sind sehr aromatisch. Die Blätter werden in der asiatischen Küche im wesentlichen wie Lorbeerblätter in Europa verwendet. Frische Blätter sind gelegentlich in guten Obst- und Gemüsehandlungen erhältlich; die getrockneten Blätter bekommt man in einigen Reformhäusern und in asiatischen Lebensmittelgeschäften.

UNTEN:
Rotes Gemüsecurry

ROTES GEMÜSECURRY

Vorbereitungszeit: 25 Minuten
Kochzeit: 25–30 Minuten
Für 4 Personen

✯

1 EL Öl
1 mittelgroße Zwiebel, gehackt
1–2 EL rote Currypaste
375 ml Kokosmilch
250 ml Wasser
2 mittelgroße Kartoffeln, gehackt
200 g Blumenkohlröschen
6 frische Limettenblätter (s. Sorghum Bicolor)
150 g grüne Bohnen, in kurze Stücke geschnitten
1/2 rote Paprikaschote, in Streifen geschnitten
10 frische Mini-Maiskolben, längs halbiert
1 EL grüne Pfefferkörner, grobgehackt
20 g frische Basilikumblätter, grobgehackt
nach Wunsch 2 EL Fischsauce
1 EL Limettensaft
2 TL feiner brauner Zucker
20 g frische Korianderblätter

1 Öl in einem großen Wok oder in einer Pfanne erhitzen. Zwiebeln und Currypaste darin 4 Minuten bei mittlerer Hitze unter Rühren braten.
2 Kokosmilch und Wasser zufügen, zum Kochen bringen und im offenen Topf 5 Minuten garen. Dann Kartoffeln, Blumenkohl und Limettenblätter zufügen und etwa 7 Minuten garen. Bohnen, Paprikastreifen, Mais und Pfefferkörner einrühren und in 5 Minuten gar kochen.
3 Basilikum, Sauce, Saft und Zucker zufügen. Das Ganze mit Korianderblättern bestreuen. Dazu gedämpften Reis reichen.
Hinweis: Wenn Sie keine frischen Mini-Maiskolben bekommen können, nehmen Sie Maiskölbchen aus der Dose, und geben Sie sie kurz vor dem Servieren dazu.

GEMÜSETOPF MIT FENCHEL

Vorbereitungszeit: 25 Minuten
Kochzeit: 1 Stunde 15 Minuten
Für 4–6 Personen

✯

5 Tomaten, enthäutet, entkernt und gehackt
2 Lauchstangen, gewaschen und in Ringe geschnitten
2 Knoblauchzehen, feingehackt
1 große Fenchelknolle, gewaschen, geputzt, halbiert und in Scheiben geschnitten
3 EL natives Olivenöl extra
3 EL Pernod
2 frische Lorbeerblätter
2 frische Thymianzweige
Salz und frisch gemahlener schwarzer Pfeffer

500 g vorwiegend festkochende Kartoffeln, geschält und in große Stücke geschnitten
400 g Cannellinibohnen aus der Dose, abgespült und abgetropft
250 ml Gemüsebrühe
250 ml Weißwein
125 g Pesto (Fertigprodukt) zum Servieren

1 Den Backofen auf 180 °C vorheizen. Die ersten neun Zutaten in einer großen Auflaufform vermischen. (Das sollte frühzeitig geschehen, damit sich die Aromen gut entfalten können).
2 Die Form abdecken und 30 Minuten im Backofen garen. Herausnehmen. Kartoffeln, Bohnen, Brühe und Wein zufügen. Gut verrühren, abdecken und erneut 35–45 Minuten garen, bis die Kartoffeln weich sind. Lorbeer und Thymian herausnehmen. Anschließend in vorgewärmten Schüsseln mit einem Löffel Pesto servieren.

OFENKARTOFFELN MIT MOJOSAUCE

Vorbereitungszeit: 20 Minuten
Kochzeit: 20–25 Minuten
Für 4–6 Personen

☆

18 kleine Kartoffeln
1 EL Olivenöl
2 TL Salz

Mojosauce
2 Knoblauchzehen, zerdrückt
1 TL Kreuzkümmelsamen
1 TL Paprika edelsüß
4 EL Olivenöl
2 EL Weißweinessig
1 EL heißes Wasser

1 Backofen auf 210 °C vorheizen. Die Kartoffeln nebeneinander in eine Auflaufform legen. Öl darüber gießen und die Form schütteln, damit es sich gut verteilt. Die Kartoffeln gleichmäßig mit Salz bestreuen.
2 Im Backofen 20–25 Minuten backen, bis sie goldbraun sind und die Schale faltig wird. Während des Backens die Form zweimal schütteln.
3 Für die Mojosauce: Knoblauch, Kreuzkümmel und Paprika in der Küchenmaschine 1 Minute verarbeiten. Bei laufender Maschine das Öl in einem dünnen Strahl zugießen und einarbeiten. Dann Essig und heißes Wasser hineingießen und noch 1 Minute pürieren.
4 Die Kartoffeln heiß mit einem Löffel Mojosauce servieren.

RATATOUILLE

Vorbereitungszeit: 20 Minuten
Kochzeit: 25–30 Minuten
Für 4 Personen

☆

2 EL Olivenöl
2 mittelgroße Zwiebeln, geachtelt
2 mittelgroße Zucchini, in dicke Stifte geschnitten
1 kleine rote Paprikaschote, in Quadrate geschnitten
1 kleine grüne Paprikaschote, in Quadraten
1 kleine gelbe Paprikaschote, in Quadraten
2 Knoblauchzehen, zerdrückt
1 mittelgroße Aubergine, halbiert
450 g Tomaten, aus der Dose, zerdrückt
1/2 TL getrocknete Basilikum- oder Oreganoblätter
frisch gemahlener schwarzer Pfeffer
nach Wunsch frische Petersilienzweige

1 Öl in einem großen Topf erhitzen und Zwiebeln darin bei mittlerer Hitze 4 Minuten dünsten. Dann Zucchini, Paprikaschoten und Knoblauch hineingeben und 3 Minuten rühren.
2 Aubergine in Stücke schneiden und mit Tomaten, Kräutern und Pfeffer in den Topf geben. Aufkochen, Hitze reduzieren und das Gemüse im geschlossenen Topf in 15–20 Minuten gar kochen. Petersilie darüber streuen; mit Krustenbrot servieren.

PETERSILIE
Petersilie (*Petroselinum crispum*) ist ein echtes Kraftwerk in der Kräuterwelt. Sie ist reich an Vitamin A, an B-Vitaminen, Vitamin C und E sowie an Eisen und Calcium. Petersilie unterstützt die Verdauung, sorgt für einen klaren Teint, sie reguliert die Funktion des Magen-Darm-Traktes und verhindert die Bildung von Gallensteinen. Sie ist Herzstück des *bouquet garni*, eines gemischten Kräutersträußes, der in Suppen und Brühen mitgekocht wird und die Basis für ein gutes Aroma bildet.

OBEN: Ofenkartoffeln mit Mojosauce
UNTEN: Ratatouille

GLASIERTE SÜSSKARTOFFELN

Vorbereitungszeit: 10 Minuten
Kochzeit: 45–60 Minuten
Für 6 Personen

☆

800 g orangefarbene Süßkartoffeln
90 g Butter
90 g feiner brauner Zucker
1 EL Zitronensaft
125 ml Orangensaft
1 Zimtstange
2 TL abgeriebene Zitronenschale

1 Den Backofen auf 180 °C vorheizen. Die Süßkartoffeln schälen und in dicke Scheiben schneiden. Die Scheiben in eine feuerfeste Form geben und mit zerlassener Butter begießen.
2 Zucker, Zitronen- und Orangensaft und die Zimtstange zufügen.
3 Mit einem Deckel oder Alufolie abdecken und 30 Minuten garen. Dann den Deckel abnehmen und vorsichtig umrühren. Zimtstange herausnehmen, die Zitronenschale über die Süßkartoffeln streuen und ohne Deckel 15–30 Minuten backen, bis die Oberfläche leicht knusprig wird.
Hinweis: Glasierte Süßkartoffeln werden traditionell in Amerika als Beilage am Tag des Erntedankfests serviert. Man sagt, es gibt so viele Rezepte dafür wie Köchinnen.

GEMÜSEEINTOPF

Vorbereitungszeit: 15 Minuten
Kochzeit: 10–15 Minuten
Für 4–6 Personen

☆

2 TL Olivenöl
1 kleine Zwiebel, in dünne Ringe geschnitten
60 g Tomatenmark
1/4 TL Chilipulver
1 TL Kreuzkümmelsamen
125 ml Tomatensaft
250 ml Gemüsebrühe
450 g Tomaten aus der Dose, zerdrückt
2 kleine Möhren, in Scheiben geschnitten
2 mittelgroße Zucchini, halbiert und in Stücke geschnitten
20 grüne Bohnen, geputzt
300 g Blumenkohl, in kleine Röschen zerteilt

1 Öl in einem großen Topf erhitzen. Zwiebeln, Tomatenmark, Chilipulver, Kreuzkümmel und Tomatensaft hineingeben und gut verrühren.
2 Gemüsebrühe und zerdrückte Tomaten zugeben. Zum Kochen bringen, Hitze reduzieren und das restliche Gemüse zufügen. Im offenen Topf gar kochen. Mit frischen Tortillas servieren.

SÜSSKARTOFFELN
Süßkartoffeln, auch »Bataten« genannt und manchmal mit Yamswurzeln verwechselt, sind eigentlich gar keine Kartoffeln. Allerdings sind sie, ebenso wie die Kartoffel, stärkehaltige Knollengewächse. Süßkartoffeln kann man genauso zubereiten wie gewöhnliche Kartoffeln.

OBEN: Gemüseeintopf
RECHTS: Glasierte Süßkartoffeln

PUFFBOHNEN MIT ERBSEN UND ARTISCHOCKEN

Vorbereitungszeit: 15 Minuten
Kochzeit: 15 Minuten
Für 4–6 Personen

☆

2 mittelgroße Zwiebeln
2 EL frischer Dill
1 EL frische Minzeblätter
3 EL Olivenöl
250 g tiefgefrorene Puffbohnen, abgespült und abgetropft
125 ml Wasser
2 EL Zitronensaft
250 g Erbsen, tiefgefroren
400 g Artischockenherzen aus der Dose, abgetropft und halbiert
4 Frühlingszwiebeln, gehackt
Salz und frisch gemahlener schwarzer Pfeffer

1 Die Zwiebeln in Ringe schneiden und den Dill und die Minzeblätter klein hacken.
2 Öl in einem großen Topf erhitzen. Die Zwiebeln hineingeben und bei schwacher Hitze 5 Minuten goldgelb dünsten.
3 Puffbohnen, Wasser und Zitronensaft in den Topf geben. Zum Kochen bringen, Hitze reduzieren und im geschlossenen Topf 5 Minuten garen.
4 Erbsen, Artischockenherzen und die gehackten Kräuter hineingeben. Weitere 5 Minuten im geschlossenem Topf garen, bis die Erbsen bißfest sind. Den Topf vom Herd nehmen, Frühlingszwiebeln einrühren und mit Salz und Pfeffer würzen. Heiß oder mit Zimmertemperatur servieren.

GRÜNE BOHNEN MIT TOMATEN

Vorbereitungszeit: 15 Minuten
Kochzeit: 20 Minuten
Für 6 Personen

☆

500 g grüne Bohnen
450 g Tomaten aus der Dose
2 EL Olivenöl
1 große Zwiebel, gehackt
1 Knoblauchzehe, zerdrückt
2 TL Zucker
2 EL Rotweinessig
1 TL frisches Basilikum, gehackt
nach Wunsch 3 EL Oliven, gehackt
frisch gemahlener Pfeffer
Basilikumblätter zum Garnieren

1 Die Bohnen putzen und halbieren. In sprudelndem Wasser 3 Minuten kochen, abgießen und in Eiswasser tauchen, damit die Farbe erhalten bleibt. Beiseite stellen. Tomaten hacken; Saft aufbewahren.
2 Öl in einem Topf erhitzen. Zwiebel und Knoblauch darin unter Rühren bräunen. Zucker darüber streuen und rühren, bis die Zwiebeln glasiert sind. Essig hineingeben und 1 Minute kochen. Tomaten und Saft, Basilikum, Oliven und Pfeffer zugeben und im offenen Topf 5 Minuten garen.
3 Bohnen zufügen und in der Tomatensauce erhitzen. Mit Basilikumblättern garnieren.

GEMÜSE AUS KONTROLLIERTEM ANBAU

Für manche ist die Bezeichnung »aus kontrolliert-biologischem Anbau« bei Nahrungsmitteln verwirrend. Gemeint ist, daß Obst oder Gemüse ohne Zusatz chemischer Dünger und ohne Einsatz von Pestiziden angebaut wurde. Es gibt strenge Gesetze darüber, welche Anforderungen an ein solches Produkt gestellt werden, so daß Sie sicher sein können, keine chemisch verunreinigten Produkte zu kaufen. Produkte aus kontrolliert-biologischem Anbau sind meist etwas teurer, weil der Anbau arbeitsintensiver ist und nicht subventioniert wird. Wer sich Gedanken um eine gesunde Umwelt macht oder sich gesund ernähren will, bevorzugt meist Produkte aus kontrolliert-biologischem Anbau.

OBEN: Puffbohnen mit Erbsen und Artischocken
LINKS: Grüne Bohnen mit Tomaten

JOGHURT SELBSTGEMACHT

1/2 l kalte Vollmilch oder entrahmte Milch in einen Topf geben. Einmal aufkochen, Hitze reduzieren und 2 Minuten köcheln lassen. Beiseite stellen, bis sie lauwarm ist (etwa 43–44 °C). Etwa 2 EL Naturjoghurt mit etwas warmer Milch verrühren und unter die restliche Milch mischen. Dann die Joghurt-Milch-Mischung in sterilisierte Gläser füllen und gut verschließen. Gläser in einen Topf mit heißem Leitungswasser stellen und den Topf in eine Decke oder ein Handtuch wickeln. An einem warmen Ort mindestens 6 Stunden stehen lassen, bis es abgekühlt und fest geworden ist. Vor dem Verzehr noch mindestens 2 Stunden kalt stellen. Dickeres, cremigeres Joghurt entsteht durch Unterrühren von 1–2 EL Milchpulver in die kalte Milch. Dann wie oben beschrieben vorgehen. Falls Sie einen elektrischen Joghurtbereiter besitzen, richten Sie sich nach der Herstelleranweisung.

OBEN: Würzige Auberginenscheiben

WÜRZIGE AUBERGINENSCHEIBEN

Vorbereitungszeit: 15 Minuten + 15 Minuten Ruhezeit
Kochzeit: 15 Minuten
Für 4–6 Personen

✯

- 2 mittelgroße Auberginen
- Salz
- 40 g Mehl
- 2 TL gemahlener Kreuzkümmel
- 2 TL gemahlener Koriander
- 1 TL Chilipulver
- Öl zum Ausbacken
- 125 g Naturjoghurt
- 1 EL frische Minze, gehackt

1 Die Auberginen in 1 cm dicke Scheiben schneiden. Nebeneinander auf ein Blech legen und großzügig mit Salz bestreuen. 15 Minuten ziehen lassen, sorgfältig abspülen und mit Küchenpapier trockentupfen.

2 Mehl und Gewürze auf einen Teller sieben. Die Auberginenscheiben mit der Mehlmischung bestäuben und abschütteln. In eine Pfanne 2 cm hoch Öl gießen und erhitzen. Auberginenscheiben darin in 2–3 Minuten pro Seite schwimmend ausbacken; sie sollen goldgelb werden. Auf Küchenpapier abtropfen lassen. Den Joghurt mit der Minze vermengen. Zu den warmen Auberginen servieren.

BACKOFEN-GEMÜSE

Vorbereitungszeit: 15 Minuten
Kochzeit: 1 Stunde
Für 6 Personen

✯

- 6 mittelgroße Kartoffeln
- 90 g Butter, zerlassen
- 3 EL Olivenöl
- 6 kleine Zwiebeln
- 750 kg Kürbis, geschält
- 6 kleine Möhren

1 Den Backofen auf 210 °C vorheizen. Kartoffeln waschen und schälen; halbieren. 5 Minuten kochen und abtropfen lassen. Mit Küchenpapier trockentupfen. Dann mit den Zinken einer Gabel über die Kartoffeln fahren, um sie aufzurauhen.

2 Nun die Kartoffeln in eine flache Auflaufform geben und großzügig mit Butter-Ölmischung bepinseln. 20 Minuten backen.

3 In der Zwischenzeit die Zwiebeln schälen und die Unterseite gerade abschneiden. Den Kürbis in 6 gleich große Stücke schneiden und die Möhren putzen. Zu den Kartoffeln in die Form geben. Mit der Ölmischung bepinseln. 20 Minuten backen, erneut bepinseln und weitere 15 Minuten backen.

GEMÜSE IN KOKOSMILCH

Vorbereitungszeit: 20 Minuten
Kochzeit: 15 Minuten
Für 4 Personen

✯

- 2 EL Öl
- 2 Knoblauchzehen, zerdrückt
- 5 cm frischer Ingwer, gerieben
- nach Wunsch 2 TL eingelegte grüne Pfefferkörner
- 1 mittelgroße Aubergine, gewürfelt
- 1 kleine Süßkartoffel, gewürfelt
- 2 TL Wasser
- 100 g grüne Bohnen, in 5 cm lange Stücke geschnitten
- 750 g Spargel, in 5 cm lange Stücke geschnitten
- 125 ml Kokosmilch
- nach Wunsch 2 TL Fischsauce
- 100 g frischer Spinat
- 20 g frische Basilikumblätter

1 Öl in einem Wok oder einer gußeisernen Pfanne erhitzen. Knoblauch, Ingwer und Pfefferkörner darin 30 Sekunden anbraten. Auberginen, Süßkartoffeln und Wasser zufügen und 5 Minuten unter häufigem Rühren bei mittlerer Hitze dünsten. Dann die Bohnen zugeben und 4 Minuten garen. Die Pfanne rütteln, damit nichts anbrennt.

2 Spargel und Kokosmilch zufügen und in etwa 3 Minuten bißfest kochen. Fischsauce, Spinat und Basilikum unterheben und rühren, bis die Blätter zusammenfallen.

SCHNELL GEGRILLTE CHAMPIGNONS

DIE STIELE VON großen Wiesenchampignons entfernen (rechnen Sie 1 Pilz pro Person). Die Hüte mit Küchenpapier abreiben. Champignons mit der Oberseite auf den mit Alufolie belegten Grillrost legen und mit Olivenöl bepinseln. (Eventuell mit Kräutern, Knoblauch oder Chillies aromatisiertes Öl verwenden). Bei schwacher Hitze 5 Minuten grillen; dabei gelegentlich mit Öl bepinseln. Die garen, saftigen Champignons mit Salz und Pfeffer würzen.

SCHNELLE KNOBLAUCH-SAHNE-CHAMPIGNONS

30 g Butter in einem mittelgroßen Topf erhitzen. 250 g in Scheiben geschnittene kleine Champignons und 2 zerdrückte Knoblauchzehen hineingeben. Bei mittlerer Hitze in 3–5 Minuten weich dünsten. Den Herd auf höchste Stufe stellen, 250 ml Sahne angießen und zum Kochen bringen. Hitze reduzieren und in 3 Minuten eindicken lassen. Dann 1 EL gehackte Petersilie zufügen, abschmekken und servieren. Für 2 Personen.

GETROCKNETE CHAMPIGNONS VORBEREITEN

1 Getrocknete Champignons in eine feuerfeste Schüssel geben und mit kochendem Wasser übergießen. 10 Minuten ziehen lassen.

2 Wenn das Wasser abgekühlt ist, Champignons ausdrücken (sie sollten aufgeschwemmt und vollgesogen sein).

3 Die Champignons in feine Streifen schneiden oder entsprechend dem Rezept zubereiten.

OBEN:
Gemüse in Kokosmilch

PFANNEN-GEMÜSE

Gemüsegerichte aus der Pfanne sind im Handumdrehen fertig. Die schnelle Zubereitung sorgt dafür, daß das Gemüse seine natürliche Farbe, das volle Aroma und die knackige Konsistenz behält. Wenn Sie Gemüse unter ständigem Rühren kurz braten (Pfannenrühren oder Rührbraten genannt), gehen kaum Vitamine und Mineralien verloren, und Sie können grenzenlos kombinieren oder kleine Gemüsereste verwerten, um daraus immer neue Gerichte zu zaubern.

SPROSSEN ZÜCHTEN

Viele Hülsenfrüchte und Samen keimen ganz hervorragend. Hier einige der zum Keimen am häufigsten verwendeten Samen und Hülsenfrüchte:
– Mungbohnen
– Sojabohnen
– Kichererbsen
– Azukibohnen
– Linsen
– Alfalfasprossen
– Fenchelsamen

Experimentieren Sie mit den verschiedenen Sprossensorten. Geben Sie sie roh in den Salat, oder reichern Sie Kurzgebratenes in der letzten Kochminute mit einer Handvoll Sprossen an.

OBEN: Kurzgebratenes Gemüse
RECHTS: Gebratene grüne Bohnen mit Pfeffer

KURZGEBRATENES GEMÜSE

Vorbereitungszeit: 15 Minuten
Kochzeit: 5–10 Minuten
Für 4 Personen

☆

1 EL Sesamkörner
2 Frühlingszwiebeln, in feine Ringe geschnitten
250 g Brokkoli, in kleine Röschen zerteilt
1 mittelgroße rote Paprikaschote
1 mittelgroße gelbe Paprikaschote
150 g kleine Champignons
1 EL Öl
1 TL Sesamöl
1 Knoblauchzehe, zerdrückt
2 TL frischer Ingwer, gerieben
40–50 g schwarze Oliven
1 EL Sojasauce
1 EL Honig
1 EL süße Chilisauce

1 Die Sesamkörner auf einem Blech ausbreiten und unter dem heißen Grill goldbraun rösten; beiseite stellen. Die Paprikaschoten halbieren, Kerne und Trennwände entfernen und das Fleisch in dünne Streifen schneiden. Champignons halbieren.
2 Öle im Wok oder in einer großen Pfanne erhitzen. Knoblauch, Ingwer und Frühlingszwiebeln darin bei mittlerer Hitze unter Rühren 1 Minute braten. Dann Brokkoli, Paprikaschoten, Champignons und Oliven hineingeben und weitere 2 Minuten unter Rühren braten, bis das Gemüse bißfest ist und eine kräftige Farbe hat.
3 Sojasauce, Honig und Chilisauce glattrühren und über das Gemüse gießen. Vorsichtig mischen. Mit Sesam bestreuen und sofort servieren.

GEBRATENE GRÜNE BOHNEN MIT PFEFFER

Vorbereitungszeit: 20 Minuten
Kochzeit: 8 Minuten
Für 4 Personen

☆

1 EL eingelegte grüne Pfefferkörner, abgetropft
20 g frische Korianderblätter und gehackte Stiele
1 EL Öl
2 Knoblauchzehen, gehackt
220 g grüne Bohnen, in 4 cm lange Stücke geschnitten
150 g grüner oder weißer Spargel, in 4 cm lange Stücke geschnitten
1 TL feiner brauner Zucker
2 TL Wasser
1 EL Fischsauce
nach Wunsch 1 TL frische grüne oder rote Chilischoten, gehackt

1 Pfefferkörner im Mörser zerstoßen. Korianderblätter hacken und mit Stielen und Pfefferkörnern mischen.
2 Öl im Wok oder in einer Pfanne erhitzen. Pfeffermischung, Knoblauch, Bohnen, Spargel und

Zucker zufügen. Dann etwa 30 Sekunden bei mittlerer Hitze unter Rühren braten.

3 Wasser zufügen und bei aufgelegtem Deckel 2 Minuten bißfest dünsten. Mit Fischsauce würzen und nach Wunsch mit Chillies bestreuen. Sofort servieren.

GOLDBRAUN GEBRATENE AUBERGINEN MIT KOHL

Vorbereitungszeit: 20 Minuten
Kochzeit: 5 Minuten
Für 4 Personen

☆

2 EL Öl
3 Frühlingszwiebeln, gehackt
3 Knoblauchzehen, gehackt
1 EL feiner brauner Zucker
2 mittelgroße Auberginen, längs geviertelt und in Scheiben geschnitten
2 EL Golden-Mountain-Sauce (siehe Hinweis)
1/4 Chinakohl, in feine Streifen geschnitten
2 EL Limettensaft
nach Wunsch 2 TL Fischsauce
1 Chilischote, in feine Ringe geschnitten

1 Öl in einem Wok oder einer großen Pfanne erhitzen. Frühlingszwiebeln und Knoblauch zufügen und bei mittlerer Hitze 1 Minute rühren.

2 Zucker und Auberginen zugeben. In 3 Minuten unter Rühren goldbraun braten.

3 Dann Golden-Mountain-Sauce, Kohlstreifen und Limettensaft in den Wok geben. Umrühren, abdecken und 30 Sekunden dünsten, bis der Kohl etwas weicher ist. Fischsauce einrühren, mit frischen Chili-Ringen bestreuen und sofort servieren.

Hinweis: Thailändische Auberginen sind dunkelviolett oder dunkelviolett-weiß-gestreift. Es gibt sie in verschiedenen Größen. Einige sind so klein wie Erbsen, andere haben die Größe eines Golfballs oder die Form einer kleinen Zucchini. All diese Sorten sind für dieses Rezept geeignet; achten Sie aber darauf, die Kochzeit an die Größe der Auberginen anzupassen. Golden-Mountain-Sauce ist eines der Grundgewürze der thailändischen Küche. Sie bekommen sie in asiatischen Lebensmittelgeschäften.

SCHNELLER PIKANTER MAIS

1 DOSE MAISKÖLBCHEN (ca. 425 g) abgießen und mit Küchenpapier trockentupfen. 1 EL Öl im Wok erhitzen. Darin 1 zerdrückte Knoblauchzehe, 1 TL gehackte rote Chilischote und 1/2 TL gemahlenen Kreuzkümmel 30 Sekunden unter Rühren braten. Mais zufügen und 3 Minuten mitbraten, bis er richtig heiß ist. Dann sofort servieren. Für 2–4 Personen.

Hinweis: Pikanter Mais ist so schnell zubereitet, daß er sich hervorragend als Ergänzung in letzter Minute bei einer Mahlzeit eignet.

SPROSSEN ZÜCHTEN

1. Tag
Bohnen in ein Glas geben; mit kaltem Wasser auffüllen. Mit einem Leinentuch oder sauberen Nylonstrumpf abdecken und mit Gummiband fixieren. Über Nacht einweichen.

2. Tag
Wasser abgießen, Glas mit klarem Wasser auffüllen und wieder abgießen. Dann dunkel und kühl lagern.

3. Tag
Das Auffüllen und Abgießen zweimal täglich wiederholen. Die Bohnen müssen gut abtropfen, damit sie nicht faulen.

4. Tag
Die Bohnenkeime sollten jetzt gut sprießen. Glas für einen halben Tag an einen hellen Platz stellen. Die Keime abspülen und abtropfen lassen. Im Kühlschrank eine Woche haltbar.

***OBEN:** Goldbraun gebratene Auberginen mit Kohl*

TOFU UND TEMPEH

Diese protein- und kohlenhydratreichen Nebenprodukte der Sojabohne haben in der asiatischen Küche bereits seit Hunderten von Jahren ihren festen Platz.

PIKANTER TEMPEHSALAT

Backofen auf 200 °C vorheizen. 250 g pikantes Tempeh in sehr schmale Streifen schneiden und auf ein beschichtetes Backblech legen. Die Tempehstreifen mit Sesamöl bepinseln und 20 Minuten backen. Dann in einer Schüssel mit 400 g Gemüsejulienne (feine Streifen) von Möhren, Zuckerschoten, roten Paprikaschoten und Frühlingszwiebeln mischen. 150 g in feine Streifen geschnittenen Rotkohl, 2 EL geröstete Sesamkörner und 125 g fritierte chinesische Nudeln zufügen. Für das Dressing 2 zerdrückte Knoblauchzehen, 1 EL süße Chilisauce, 2 EL Limettensaft und 3 EL Öl verrühren. Über den Salat gießen und gut mischen. Für 4–6 Personen.

GEDÄMPFTES TEMPEH MIT ASIATISCHEM GEMÜSE

Einen Bambusdämpftopf mit verschiedenen grünen asiatischen Gemüsen auslegen (Paksoi, Chinakohl, Brokkoli und Korianderblätter). Dann Karottenstreifen, in feine Scheiben geschnittene Austernpilze und 250 g pikantes Tempeh, in mundgerechte Stücke zerteilt, auf dem Gemüse verteilen.

Anschließend den Wok zu einem Viertel mit Wasser füllen und den Dämpftopf darüber stellen. Nun etwa 7 Minuten dämpfen, einige Zuckerschoten hineingeben und in weiteren 3 Minuten das Gemüse bißfest dämpfen. Für die Sauce 125 ml süße Chilisauce mit 3 EL Sojasauce verrühren. Das Gemüse mit Tempeh servieren und mit Sauce beträufeln. Für 4–6 Personen.

TOFU-SESAM-HAPPEN

500 g festen Tofu abwaschen und in 2,5 cm große Würfel schneiden. Dann in einer flachen Schüssel mit 2 zerdrückten Knoblauchzehen, 2 EL geriebenem frischem Ingwer, 1 EL feinem braunem Zucker und 4 EL salzreduzierter Sojasauce vermischen. Das Ganze abgedeckt für etwa 2 Stunden kalt stellen; gut abtropfen lassen. Dann 150 g Sesamkörner, 1 EL Maismehl und 2 EL Weizenvollkornmehl in einer großen Schüssel verrühren. Die Tofuwürfel in der Mischung wälzen. 3 EL Öl in einer Pfanne erhitzen und den Tofu darin portionsweise goldbraun braten. Anschließend auf Küchenpapier abtrocknen lassen. Für den Chilidip 2 EL süße Chilisauce, 2 EL Limettensaft, 2 EL gehacktes Koriandergrün und 200 g dicken Naturjoghurt in einer Schüssel gut verrühren.
Für 4 Personen.

TOFU-GEMÜSE-SPIESSE

375 g festen Tofu, in Würfel geschnitten, Kirschtomaten, kleine Champignons, Lorbeerblätter und gewürfelte grüne Paprikaschoten auf große Bambus- oder Metallspieße aufreihen. Dann mit einer Mischung aus 3 EL Ananassaft, 1 EL Teriyaki-Marinade und 1 EL gehackter frischer Minze bepinseln. Im vorgeheizten Grill braten, bis das Gemüse weich ist; dabei häufiger mit der Marinade bepinseln. Für 4 Personen.

IM UHRZEIGERSINN VON OBEN LINKS: Tofu-Sesam-Happen; Tofu-Gemüse-Spieße; Gedämpftes Tempeh mit asiatischem Gemüse; Pikanter Tempehsalat

SESAMÖL
Sesamöl verleiht Gerichten nicht nur ein unvergleichliches nussiges Aroma, sondern es hebt auch noch die anderen Aromen hervor. Es gibt verschiedene Arten von Sesamöl – von dickem, braunem Öl aus gerösteten Sesamkörnern, das bei den Chinesen eher zum Würzen als zum Braten verwendet wird, bis zu dem blaßgelben Öl, das man in der indischen und in der orientalischen Küche schätzt.

OBEN: Tofu mit Gemüse

TOFU MIT GEMÜSE

Vorbereitungszeit: 25–30 Minuten
Kochzeit: 20 Minuten
Für 4–6 Personen

☆

125 g Reisvermicelli (Fadennudeln)
180 ml Öl
1 EL Sojasauce
1 EL Sherry
nach Wunsch 1 EL Austernsauce
125 ml Gemüsebrühe
2 TL Maisstärke
2 TL Wasser
zusätzlich 1 EL Öl
1 Knoblauchzehe, zerdrückt
1 TL frischer Ingwer, gerieben
375 g fester Tofu, in kleinen Würfeln
2 mittelgroße Möhren, gestiftelt
250 g Zuckerschoten, geputzt
4 Frühlingszwiebeln, in feine Ringe geschnitten
1 Dose Strohpilze (ca. 425 g), abgetropft

1 Die Fadennudeln in kurze Stücke brechen. Dann die Hälfte des Öls im Wok erhitzen. Nudeln darin bei mittlerer Hitze portionsweise knusprig fritieren. Falls nötig, Öl nachfüllen. Auf Küchenpapier abtropfen lassen.

2 Sojasauce, Sherry, Austernsauce und Brühe verrühren. Die Maisstärke in einer kleinen Schüssel in Wasser auflösen.

3 Nun den Wok erhitzen; zusätzliches Öl, Knoblauch und Ingwer hineingeben und bei starker Hitze 1 Minute braten. Den Tofu zufügen und 3 Minuten unter Rühren braten, herausnehmen. Möhren und Zuckerschoten in den Wok geben und 1 Minute unter Rühren braten. Die Saucenmischung zufügen und das Gemüse abgedeckt in 3 Minuten bißfest dünsten.

4 Den Tofu wieder in den Wok geben. Frühlingszwiebeln, Pilze und die aufgelöste Maisstärke hineingeben und rühren, bis die Sauce eindickt. Dann vom Herd nehmen und mit den knusprigen Reisvermicelli servieren.

Hinweis: Strohpilze (auch Reisstrohpilze genannt) erhalten Sie in asiatischen Lebensmittelgeschäften.

ZUCKERSCHOTEN MIT ROTEM PAPRIKA

Vorbereitungszeit: 15–20 Minuten
Kochzeit: 7 Minuten
Für 4 Personen

☆

1 große Zwiebel, geschält
180 g Zuckerschoten
1 EL Öl
1 EL frischer Ingwer, gerieben
1 rote Paprikaschote, in Streifen geschnitten
1 kleine Knoblauchzehe, zerdrückt
nach Wunsch 1 EL Austernsauce
1 TL Zucker
1 Prise Salz
1 EL Wasser

1 Die Zwiebel halbieren und in dünne Scheiben schneiden. Dann die Zuckerschoten putzen.
2 Öl in einem Wok oder in einer Pfanne erhitzen. Zwiebel, Ingwer und rote Paprikaschote hineingeben und bei starker Hitze 4–5 Minuten unter Rühren bißfest braten. Den Knoblauch und die Zuckerschoten zufügen und 2 Minuten braten, bis sich die Zuckerschoten leuchtend grün färben.
3 Austernsauce, Zucker, Salz und Wasser in die Pfanne geben und gut mischen. Anschließend sofort servieren.

THAILÄNDISCHES KOKOSGEMÜSE

Vorbereitungszeit: 15–20 Minuten
Kochzeit: 15 Minuten
Für 4–6 Personen

☆

1 EL Öl
2 kleine Zwiebeln, geschält und geachtelt
1 TL gemahlener Kreuzkümmel
150 g Blumenkohl, in Röschen zerteilt
1 mittelgroße rote Paprikaschote, gehackt
2 Stangen Staudensellerie, diagonal in Scheiben geschnitten
180 g Kürbis, geraspelt
250 ml Kokosmilch
250 ml Gemüsebrühe
1 EL süße Chilisauce
150 g grüne Bohnen, geputzt und halbiert
1 EL Koriandergrün, feingehackt

1 Öl in einer Pfanne oder einem Wok erhitzen. Zwiebeln und Kreuzkümmel darin bei mittlerer Hitze unter Rühren in 2 Minuten goldgelb braten.
2 Den Blumenkohl hineingeben und bei starker Hitze 2 Minuten braten. Paprika, Sellerie und Kürbis zufügen und unter Rühren 2 Minuten braten, bis das Gemüse weicher wird.
3 Kokosmilch, Brühe und die Chilisauce zugeben und zum Kochen bringen. Die Hitze reduzieren und das Gemüse im offenen Topf 8 Minuten bißfest kochen. Dann Bohnen und Koriander zufügen und weitere 2 Minuten kochen, bis die Bohnen bißfest sind. Dazu gedämpften Reis reichen.

TEMPEH

Tempeh wird ebenso wie Tofu aus Sojabohnen hergestellt. Es ist jedoch wie Miso und Sojasauce ein fermentiertes Produkt. Tempeh wird hergestellt, indem man den gekochten Sojabohnen eine Kultur zusetzt. Dann wird das Ganze in feste Blöcke gepreßt. Tempeh ist häufig in Gewürzen mariniert erhältlich, da es kaum Eigengeschmack hat.

OBEN: Zuckerschoten mit rotem Paprika
UNTEN: Thailändisches Kokosgemüse

GEBRATENER BROKKOLI MIT MANDELN

Vorbereitungszeit: 10 Minuten
Kochzeit: 5 Minuten
Für 4 Personen

☆

1 TL Koriandersamen
500 g Brokkoli
3 EL Olivenöl
2 EL Mandelblättchen
1 Knoblauchzehe, zerdrückt
1 TL frischer Ingwer, feingerieben
2 EL Rotweinessig
1 EL Sojasauce
2 TL Sesamöl
1 TL geröstete Sesamkörner

1 Koriander im Mörser grob zerstoßen oder mit dem Nudelholz zerdrücken. Den Brokkoli in kleine Röschen teilen.
2 Öl im Wok oder in einer gußeisernen Pfanne erhitzen. Koriander und Mandeln darin bei mittlerer Hitze unter ständigem Rühren 1 Minute braten; die Mandeln sollen goldgelb werden.
3 Knoblauch, Ingwer und Brokkoli hineingeben und bei starker Hitze unter Rühren 2 Minuten braten. Pfanne vom Herd nehmen. Essig, Sauce und Öl verrühren und in die Pfanne gießen. Gut mischen. Mit Sesamkörnern bestreuen und sofort servieren.
Hinweis: Sie können dieses Gericht bis zu 2 Stunden vor der eigentlichen Zubereitung vorbereiten. Gemüse erst kurz vor dem Servieren braten.

CHINESISCHES GEMÜSE MIT INGWER

Vorbereitungszeit: 10–15 Minuten
Kochzeit: 5 Minuten
Für 4 Personen

☆

1 EL Öl
3 TL frischer Ingwer, gerieben
4 Frühlingszwiebeln, in Ringe geschnitten
230 g Wasserkastanien aus der Dose, abgetropft und in Scheiben geschnitten
425 g Maiskölbchen aus der Dose, abgetropft
50 g Chinakohl oder Paksoi, in feine Streifen geschnitten
125 g Bohnensprossen, Spitzen abgeschnitten
1 EL Sojasauce
nach Wunsch 1–2 EL Austernsauce
2 TL Sesamöl

1 Öl in einer gußeisernen Pfanne oder im Wok erhitzen. Ingwer und Frühlingszwiebeln darin etwa 1 Minute bei starker Hitze anbraten. Die Wasserkastanien und die Maiskölbchen hineingeben und weitere 30 Sekunden unter Rühren braten.
2 Kohlstreifen, Bohnensprossen und die Saucen dazugeben und 1 Minute braten. Schließlich das Sesamöl zugeben und gut vermischen. Sofort servieren.

INGWER

Ingwer (*Zingiber officinale*) ist ein Rhizom (ein unterirdisches Gewächs). Kaufen Sie feste Stücke ohne weiche Stellen, und achten Sie darauf, daß der Ingwer beim Drücken nicht nachgibt. Je länger Ingwer vor der Ernte gewachsen ist, desto faseriger ist er. Manchmal läßt er sich nur schwer in feine Stücke schneiden, aber in dieser Form ist er schärfer und hat mehr Aroma. Ingwer hält sich im Gemüsekorb eine Woche, im Kühlschrank auch länger. Dazu sollte man ihn in Küchenpapier einschlagen, um die Feuchtigkeit aufzusaugen, und in einen Kunststoffbeutel legen.

OBEN: Chinesisches Gemüse mit Ingwer

SCHNELLES PFANNENGEMÜSE ASIATISCHE ART

500 G PAKSOI oder chinesischen Spinat (oder eine Mischung aus beiden) waschen und trocknen. Die Stiele und Blätter in etwa 5 cm lange Stücke schneiden. Dann 1 TL Erdnußöl im Wok erhitzen. 1 zerdrückte Knoblauchzehe und 1 TL feingeriebenen frischen Ingwer darin einige Sekunden braten. Gemüse zufügen und 1–2 Minuten unter Rühren braten, bis es zart ist. 2 TL Sojasauce (und evtl. 1 TL Sesamöl) zufügen und gut mischen. Sofort servieren. Für 4 Personen.
Hinweis: Auf diese Weise zubereitetes Blattgemüse färbt sich leuchtend grün. Es sieht unwiderstehlich aus und ist sehr nährstoffreich.

KURZGEBRATENER GRÜNER SPARGEL MIT SESAMKÖRNERN

Vorbereitungszeit: 10 Minuten
Kochzeit: 6 Minuten
Für 4 Personen

☆

1 EL Sesamkörner
2 EL Öl
1 Knoblauchzehe, feingehackt
1 TL frischer Ingwer, gerieben
750 g grüner Spargel, geputzt und in 5 cm lange Stücke geschnitten
1/2 TL Pfeffer
1/2 TL Zucker
2 TL Sesamöl
1 EL Sojasauce

1 Wok oder Pfanne erhitzen. Die Sesamkörner darin bei starker Hitze unter Rühren in 2 Minuten goldbraun rösten. Aus dem Wok nehmen und beiseite stellen.
2 Das Öl im Wok erhitzen. Knoblauch, Ingwer und Spargel hineingeben und bei starker Hitze unter ständigem Rühren in 3 Minuten bißfest braten. Das Gemüse mit Pfeffer und Zucker bestreuen. Noch 1 Minute bei starker Hitze braten.
3 Mit Sesamöl und Sojasauce beträufeln und mit Sesamkörnern bestreuen. Sofort servieren.

KURZGEBRATENE PILZE

Vorbereitungszeit: 10–15 Minuten
Kochzeit: 5 Minuten
Für 4 Personen

☆

1 EL Öl
2,5 cm Galgant, in dünne Scheiben geschnitten
2 Knoblauchzehen, zerdrückt
2 rote Chilischoten, in feine Ringe geschnitten
200 g kleine Champignons, halbiert
100 g Austernpilze, halbiert
1 EL Fischsauce (nach Wunsch)
1 TL Golden-Mountain-Sauce
30 g frisches Basilikum, gehackt

1 Öl in einem Wok oder in einer Pfanne erhitzen. Galgant, Knoblauch und Chillies darin 2 Minuten unter ständigem Rühren braten. Champignons zufügen und weitere 2 Minuten braten. Austernpilze zugeben und 30 Sekunden unter ständigem Rühren mitbraten, bis sie weich zu werden beginnen.
2 Fischsauce, Golden-Mountain-Sauce und Basilikum zufügen und gut mischen. Sofort mit Hauptgerichten und gedämpftem Reis servieren.
Hinweis: Sie können auch andere Pilze für dieses Gericht verwenden. Galgant (auch Siam- oder Thai-Ingwer) ist in asiatischen Lebensmittelgeschäften erhältlich.

GOLDEN-MOUNTAIN-SAUCE
Diese dünne, salzige, pikante Sauce ist in asiatischen Lebensmittelgeschäften erhältlich. Sie wird aus Sojabohnen hergestellt und sieht aus wie Fischsauce oder Sojasauce, schmeckt aber völlig anders. Häufig wird sie in der Thaiküche als Ersatz für Fischsauce verwendet.

OBEN: Kurzgebratener grüner Spargel mit Sesamkörnern
UNTEN: Kurzgebratene Pilze

mittlerer Hitze etwa 30 Sekunden unter ständigem Rühren anbraten. Bohnen, Frühlingszwiebeln und Brokkoli zufügen. 3 Minuten unter Rühren braten.
3 Die Paprikarauten hineingeben; 2 Minuten braten. Paksoi in den Wok geben und 1 Minute mitbraten. Sesamöl und Sojasauce zugeben und gut mit dem Gemüse mischen. In eine Servierschüssel füllen und mit dem gedämpften Reis sofort servieren.
Hinweis: Bei dieser Zubereitungsart darf das Gemüse nicht zu lange erhitzt werden. Außerdem gilt: Nur ganz wenig Öl verwenden, bei mittlerer Hitze braten und das Gemüse ständig rühren und wenden. Das Gemüse wird dabei etwas weicher, sollte aber niemals zerfallen oder fettig werden. Blattgemüse gibt man am besten immer zum Schluß dazu, und man brät es nur so lange, bis es nicht mehr ganz roh ist. Das Gemüse in feine, gleich große Stücke schneiden, damit es schnell bißfest wird.

ZITRONENGRAS
Das leicht balsamische Aroma des Zitronengrases (*Cymbopogon citratus*) ist kaum näher zu beschreiben. Zitronengras ist leicht anzubauen und kann frisch bei speziellen Obst- und Gemüsehändlern gekauft werden. Es handelt sich um einen faserigen, hölzernen Stengel, dessen zwiebelartiges Ende verwendet wird. Getrocknetes Zitronengras ist ein brauchbarer Ersatz; man kann daraus auch einen erfrischenden Kräutertee bereiten.

OBEN: Kurzgebratenes Gemüse nach chinesischer Art

KURZGEBRATENES GEMÜSE NACH CHINESISCHER ART

Vorbereitungszeit: 15 Minuten
Kochzeit: 7 Minuten
Für 4 Personen

☆

300 g junger Paksoi (chinesischer Mangold)
100 g grüne Bohnen
2 Frühlingszwiebeln
150 g Brokkoli
1 mittelgroße rote Paprikaschote
2 EL Öl
2 Knoblauchzehen, zerdrückt
2 TL frischer Ingwer, gerieben
1 EL Sesamöl
2 TL Sojasauce

1 Paksoi waschen. Die dicken Stiele entfernen und die Blätter in breite Streifen schneiden. Dann die Bohnen in 5 cm lange Stücke und die Frühlingszwiebeln diagonal in Scheiben schneiden. Den Brokkoli in kleine Röschen teilen. Paprikaschote in 2,5 cm breite Rauten schneiden.
2 Öl in einer großen gußeisernen Pfanne oder im Wok erhitzen. Knoblauch und Ingwer darin bei

KURZGEBRATENES GEMÜSE NACH THAILÄNDISCHER ART

Vorbereitungszeit: 25 Minuten
Kochzeit: 5 Minuten
Für 4 Personen

☆

1 EL Öl
4 Knoblauchzehen, zerdrückt
3 Stiele Zitronengras (nur weiße Teile), feingehackt
2 TL frische rote Chilischoten, gehackt
2 Stangen Staudensellerie, in kurzen Stücke
100 g grüne Bohnen, in kurze Stücke geschnitten
150 g grüner Spargel, in kurze Stücke geschnitten
1/2 rote Paprikaschote, in schmale, kurze Stücke geschnitten
nach Wunsch 2 EL Fischsauce
2–6 EL süße Chilisauce
1 TL Golden-Mountain-Sauce
100 g Bohnensprossen
nach Wunsch 80 g geröstete Erdnüsse, gehackt
20 g frische Korianderblätter

1 Öl in einem Wok oder in einer großen Pfanne erhitzen. Knoblauch und Zitronengras darin etwa 1 Minute braten. Dann Chillies, Sellerie und Bohnen hineingeben und 1 Minute unter ständigem Rühren braten.
2 Spargel und Paprikaschote in den Wok geben und gut untermischen. Abgedeckt 1 Minute dün-

sten. Dann die Saucen und die Bohnensprossen in den Wok geben und gut mischen.

3 Auf einem Servierteller anrichten; mit Erdnüssen und Koriander bestreuen. Sofort servieren.

Hinweis: Sie können auch andere Gemüse, je nach Saison, verwenden, zum Beispiel Brokkoli, jungen Mais oder Zuckerschoten.

KURZGEBRATENE PILZE AUF ORIENTALISCHE ART

Vorbereitungszeit: 35 Minuten
Kochzeit: 10 Minuten
Für 4 Personen

☆

250 g frische chinesische Eiernudeln
1 TL Sesamöl
1 EL Erdnußöl
2 Knoblauchzehen, zerdrückt
2 EL frischer Ingwer, gerieben
6 Frühlingszwiebeln, in Ringe geschnitten
1 rote Paprikaschote, in Streifen geschnitten
200 g Austernpilze
200 g Shiitake-Pilze, in Scheiben geschnitten
125 g frisches Knoblauchgrün, gehackt
3 EL geröstete Cashewkerne
2 EL Ketjap Manis
3 EL salzreduzierte Sojasauce

1 Die Nudeln 2 Minuten in kochendem Wasser einweichen. Herausnehmen, abtropfen lassen und beiseite stellen.

2 Sesam- und Erdnußöl im Wok erhitzen. Den Knoblauch, Ingwer und die Frühlingszwiebeln hineingeben. Bei starker Hitze 2 Minuten unter ständigem Rühren braten. Anschließend die Paprikaschote und die Pilze dazugeben; in 3 Minuten goldbraun braten.

3 Abgetropfte Nudeln unterheben. Knoblauchgrün, Cashewkerne und Saucen zufügen. Noch weitere 3 Minuten braten.

Hinweis: Ketjap Manis ist eine indonesische süße Sojasauce, die in Supermärkten und asiatischen Lebensmittelgeschäften erhältlich ist.

SCHNELL SAUTIERTES GEMÜSE MIT SOJASAUCE

In einer großen Pfanne oder einem Wok 1–2 TL Sesamöl und 2 TL Olivenöl erhitzen; die Pfanne schwenken, damit der Boden gleichmäßig bedeckt ist. 200 g kleine Brokkoliröschen darin 2 Minuten unter ständigem Rühren braten. Anschließend 150 g in feine Streifen geschnittenen Kohl und 90 g Zuckerschoten zufügen. 2–3 Minuten mit dem Brokkoli bei mittlerer Hitze bißfest braten. Dann Ketjap Manis oder Sojasauce mit Honig vermischt darüber träufeln. Gut mischen und sofort servieren.
Für 2–4 Personen.

SHIITAKE- UND AUSTERNPILZE

Shiitake, einer der beliebtesten chinesischen Speisepilze, kann frisch oder getrocknet verzehrt werden. In Asien bevorzugt man sie getrocknet und baut sie auch zu diesem Zweck an. Die besten Shiitake-Pilze haben dicke Schirme mit weißen Rissen darin. Sie haben ein kräftiges, rauchiges Aroma und sind als Wild- und Kulturformen erhältlich. Austernpilze wachsen auf abgestorbenen Bäumen und werden in Asien schon seit langem wegen ihres zarten, meerfrischen Aromas gezüchtet. Sie müssen aber sorgfältig zubereitet werden, weil sie sehr zäh sein können. Besonders gut geeignet sind sie für Schmortöpfe und Eintöpfe. Man kann sie kurzbraten, grillen oder aber in Tempurateig ausbacken.

OBEN: Kurzgebratene Pilze auf orientalische Art

PIKANTES GEBÄCK

Nur wenige Dinge heben den Ruf eines Kochs mehr als frisches, selbstgebackenes Brot. Servieren Sie warme Zwiebel-Parmesan-Scones, frisch aus dem Backofen, an einem kalten Winterabend zu einer heißen Suppe oder zu einem Eintopf. Oder reichen Sie an einem sonnigen Tag auf der Veranda eine Focaccia als Mittagsimbiß. Diese herzhaften Brote erfüllen ihre aromatischen Versprechen auf der ganzen Linie, und Ihre Gäste werden mit Sicherheit entzückt sein.

SAUERTEIG
Ursprünglich wurde Sauerteig in den Gebieten verwendet, wo Hefe rar war. Er wird mit Mehl und Wasser (oder Milch) angesetzt und muß gären, bevor man ihn zum Teig gibt. Wie genau der Sauerteig angesetzt wird, hängt vom jeweiligen Klima ab. Der fertige Sauerteigansatz wird mit den anderen Zutaten vermischt und der Teig wie bei jedem anderen Brot weiterverarbeitet. Ein Rest des Ansatzes wird mit Mehl und Wasser vermischt und dann beim nächsten Brot als Treibmittel verwendet. Sauerteig ist mittlerweile auch abgepackt im Handel erhältlich.

OBEN:
Roggenbrot mit Sauerteig

ROGGENBROT MIT SAUERTEIG

Vorbereitungszeit: 50 Minuten + 1 Stunde 30 Minuten Gehzeit + 1–3 Tage Ruhezeit für den Ansatz
Backzeit: 40 Minuten
Ergibt 2 Laibe

☆☆

Sauerteigansatz
7 g Trockenhefe
1 TL Zucker
200 g Roggenmehl
450 ml Wasser

Brotteig
100 g Roggenmehl
550 g Weizenmehl
50 g feiner brauner Zucker
3 TL Kümmelsamen
2 TL Salz
zusätzlich 7 g Trockenhefe
zusätzlich 250 ml warmes Wasser
3 EL Öl

1 Für den Sauerteigansatz: Hefe, Zucker, Roggenmehl und warmes Wasser in einer Schüssel verrühren, mit Klarsichtfolie abdecken und über Nacht bei Zimmertemperatur zum Säuern beiseite stellen. Für einen intensiveren Geschmack 3 Tage stehen lassen.

2 Für den Brotteig: Ein großes Backblech mit Öl oder zerlassener Butter bepinseln. Roggenmehl, 450 g Weizenmehl, Zucker, Kümmel und Salz in einer großen Schüssel mischen. Die Hefe in warmem Wasser auflösen. Eine Vertiefung in die Mitte des Mehls drücken. Sauerteigansatz, aufgelöste Hefe und Öl zufügen. Mit dem Holzlöffel, später mit den Händen mischen und zu einer groben, leicht klebrigen Kugel formen, die sich vom Schüsselrand löst. Evtl. noch etwas Mehl hinzufügen; Sie brauchen das restliche Mehl nicht immer ganz.

3 Den Teig auf eine leicht bemehlte Arbeitsfläche geben. In 10 Minuten geschmeidig kneten. Evtl. das restliche Mehl einarbeiten. Teig in eine große, geölte Schüssel geben, abdecken und an einem warmen Ort 45 Minuten gehen lassen. Zusammendrücken und 1 Minute kneten. In zwei gleich große Portionen teilen. Dann zu runden oder ovalen Laiben formen und auf das Blech legen. Mit Roggenmehl bestäuben. Dann jeden Laib dreimal mit dem Messer einkerben oder mit dem Stiel des Kochlöffels 2 cm tiefe Löcher in die Oberfläche drücken. Abgedeckt noch einmal 45 Minuten an einem warmen Ort gehen lassen, anschließend mit Mehl bestäuben und im vorgeheizten Backofen bei 180 °C für 40 Minuten backen. Das Brot ist fertig, wenn es beim Klopfen auf die Unterseite hohl klingt. Auf einem Kuchengitter abkühlen lassen.

KLASSISCHES MAISBROT

Vorbereitungszeit: 15 Minuten
Backzeit: 25 Minuten
Ergibt 1 Laib von 20 x 20 cm

★

150 g Maismehl
2 EL Zucker
125 g Weizenmehl
2 TL Backpulver
1/2 TL Natron
1/2 TL Salz
1 Ei, leicht verquirlt
250 ml Buttermilch
60 g Butter, zerlassen

1 Den Backofen auf 210 °C vorheizen. Zwei quadratische Formen von 20 x 20 cm mit Öl oder zerlassener Butter bepinseln; die Böden der Formen mit Backpapier auslegen. Maismehl und Zucker in eine Schüssel geben. Dann gesiebtes Mehl, Backpulver, Natron und Salz zufügen und gut mischen.
2 Ei, Buttermilch und flüssige Butter glattrühren. Die Mischung rasch mit den trockenen Zutaten verrühren; dabei nur so lange rühren, bis der Teig gerade bindet.
3 Die Mischung in die vorbereitete Form füllen und die Oberfläche glätten. 20–25 Minuten backen. Das Brot ist gar, wenn bei der Nadelprobe nichts mehr an der Nadel hängenbleibt. Anschließend das Brot auf ein Kuchengitter stürzen und vor dem Herausnehmen 10 Minuten abkühlen lassen. In Quadrate schneiden und warm servieren.
Hinweis: Dieses Brot schmeckt am Backtag am besten. Verwenden Sie feines bis mittelgrobes Maismehl; es ist in den meisten Naturkostläden und Reformhäusern erhältlich.

MALZBROT

Vorbereitungszeit: 45 Minuten + 1 Stunde 50 Minuten Ruhezeit
Backzeit: 40 Minuten
Ergibt 1 Laib

★

250 ml lauwarmes Wasser
7 g Trockenhefe
1 TL Zucker
300 g Weizenvollkornmehl
125 g Weizenmehl Type 405
2 TL Zimt
60 g Rosinen

30 g Butter, zerlassen
1 EL Sirup
1 EL + 1 1/2 TL flüssiger Malzextrakt
1 EL heiße Milch

1 Eine Kastenform von 21 x 14 x 7 cm mit Öl auspinseln; den Boden mit Backpapier auslegen. Wasser, Hefe und Zucker verrühren und abgedeckt an einem warmen Ort 10 Minuten gehen lassen. Das Mehl sieben und zusammen mit dem Zimt in eine große Schüssel geben. Rosinen einrühren und eine Vertiefung in die Mitte drücken. Dann die zerlassene Butter, Sirup, 1 EL Malzextrakt und Hefemischung zufügen.
2 Das Ganze mit einem Messer zu einem weichen Teig verarbeiten. Den Teig auf eine leicht bemehlte Arbeitsfläche geben und in etwa 10 Minuten geschmeidig kneten. Dann zu einer Kugel formen und in einer leicht geölten Schüssel abgedeckt 1 Stunde an einem warmen Ort gehen lassen. Zusammendrücken und noch 3 Minuten kneten.
3 Zu einem Quadrat von 20 x 20 cm ausrollen; anschließend zusammenrollen. Mit der Nahtstelle nach unten in die Form geben und an einem warmen Ort 40 Minuten gehen lassen.
4 Den Backofen auf 180 °C vorheizen. Milch und 1 TL Malzextrakt verrühren und den Teig damit bestreichen. Dann 40 Minuten backen; eine hineingestochene Nadel sollte beim Herausziehen sauber bleiben. Anschließend noch 3 Minuten in der Form ruhen lassen; dann zum Abkühlen auf ein Kuchengitter stürzen.

BUTTERMILCH

Buttermilch ist die saure Flüssigkeit, die übrigbleibt, wenn man aus Rahm Butter herstellt. Sie können Buttermilch fast überall im Handel kaufen. Sie eignet sich hervorragend zum Brotbacken, für Kekse und Pfannkuchen, weil die Säure mit Backnatron reagiert und das dabei entstehende Gas den Teig auflockert. Der im deutschen Handel erhältlichen Buttermilch dürfen Milchsäurebakterien zugesetzt werden; außerdem darf sie bis zu 10 Prozent Wasser oder bis zu 15 Prozent entrahmte Milch oder Magermilchpulver enthalten. Buttermilch ohne diese Zusätze ist dickflüssiger und wird als Reine Buttermilch angeboten.

OBEN: Malzbrot

OBEN: Zitronenpfeffer-Brot

ZITRONENPFEFFER-BROT

Vorbereitungszeit: 20 Minuten
Backzeit: 25 Minuten
Für 8 Personen

☆

250 g Mehl
4 TL Backpulver
1 TL Salz
2 TL Zitronenpfeffer oder 1 TL abgeriebene Zitronenschale + 2 TL schwarzen Pfeffer
50 g Butter, in kleine Stücke geschnitten
1 EL frischer Schnittlauch, gehackt
90 g geriebener Cheddar oder mittelalter Gouda
2 TL Weißweinessig
180 ml Milch

1 Backofen auf 210 °C vorheizen. Zwei Backbleche mit Öl oder zerlassener Butter bepinseln. Mehl und Salz in eine Schüssel sieben und den Zitronenpfeffer zufügen. Dann mit den Fingerspitzen Butter in das Mehl kneten, bis grobe Krümel entstehen. Schnittlauch und Käse einrühren.
2 Den Essig zur Milch geben (sieht aus wie leicht ausgeflockt). Zur Mehlmischung geben und zu einem weichen Teig verrühren. Evtl. noch mehr Milch angießen.
3 Den Teig auf eine leicht bemehlte Arbeitsfläche geben und geschmeidig kneten. In zwei gleich große Portionen teilen und jede Portion auf einem Blech zu einem kreisförmigen, ca. 2,5 cm dicken Brot flachdrücken. Nun mit dem Messer auf der Oberfläche 8 Stücke markieren; dabei nur leicht einschneiden. Mit etwas Mehl bestäuben. Dann 20–25 Minuten backen, bis es goldgelb ist und hohl klingt, wenn man auf den Boden klopft. Warm mit Butter servieren.

GRISSINI

Vorbereitungszeit: 40 Minuten + 25 Minuten Ruhezeit
Backzeit: 30 Minuten
Ergibt 18 Stück

☆

7 g Trockenhefe
125 ml warmes Wasser
170 ml Milch
60 g Butter
1 EL Zucker
500 g Weizenmehl
1 TL Salz
grobes Salz, Sesamkörner oder Mohnsamen zum Bestreuen

1 3 Backbleche mit Öl oder zerlassener Butter bepinseln. Hefe in warmem Wasser auflösen. Abgedeckt an einem warmen Ort 5 Minuten gehen lassen. In einem kleinen Topf Milch, Butter und Zucker langsam erwärmen (nicht heiß werden lassen), bis die Butter zerlaufen ist.
2 Salz mit 400 g Mehl in eine Schüssel sieben. Hefe-Milch-Mischung zugeben und gut verrühren. Genug vom restlichen Mehl zufügen, um einen weichen Teig herzustellen. Den Teig auf eine leicht bemehlte Arbeitsfläche geben und in 10 Minuten glatt und geschmeidig kneten. Dann in 18 gleich große Portionen teilen.
3 Nun jedes Teigstück zu einer bleistiftdicken, 30 cm langen Stange rollen. Den Backofen auf 210 °C vorheizen. Die Teigrollen mit 3 cm Abstand auf die Bleche legen. Abgedeckt 20 Minuten ruhen lassen.
4 Teig mit kaltem Wasser bepinseln und mit grobem Salz, Sesam oder Mohn bestreuen. In 15–20 Minuten goldgelb backen. Aus dem Backofen nehmen und auf einem Kuchengitter abkühlen lassen. Backofentemperatur auf 180 °C reduzieren. Die Grissini wieder auf die Bleche legen und weitere 5–10 Minuten backen, bis sie trocken und knusprig sind. Man kann Grissini zu Suppen, Salaten, Dips und zum Aperitif reichen.

FOCACCIA

Vorbereitungszeit: 50 Minuten + 2 Stunden Ruhezeit
Backzeit: 25 Minuten
Ergibt 1 flachen Laib

☆☆

7 g Trockenhefe
250 ml warmes Wasser
1 TL feiner Zucker
2 EL Olivenöl
400 g Weizenmehl
1 EL Vollmilchpulver
1/2 TL Salz

Belag
1 EL Olivenöl
1–2 Knoblauchzehen, zerdrückt
12 schwarze Oliven
frische Rosmarinzweige
1 TL getrockneter Oregano
1–2 TL grobes Meersalz

1 Eine rechteckige Form von 28 x 18 cm mit Öl oder zerlassener Butter bepinseln. Hefe und Zucker im Wasser auflösen. Abgedeckt an einem warmen Ort 10 Minuten gehen lassen. Dann 350 g Mehl, Milchpulver und Salz auf die Hefemischung sieben und mit einem Holzlöffel gut verrühren. Genug vom restlichen Mehl zufügen, um einen weichen Teig herzustellen; diesen auf eine leicht bemehlte Arbeitsfläche geben.

2 Den Teig in 10 Minuten glatt und geschmeidig kneten. In eine große, leicht geölte Schüssel geben, die Oberfläche mit Öl bepinseln und abgedeckt an einem warmen Ort 1 Stunde gehen lassen. Zusammendrücken und 1 Minute kneten. Nun zu einem Rechteck von 28 x 18 cm ausrollen und in die Form geben. Mit dem Stiel eines Holzlöffels in regelmäßigen Abständen 1 cm tiefe Löcher in den Teig drücken. Abgedeckt 30 Minuten ruhen lassen. Dann den Backofen auf 180 °C vorheizen.

3 **Für den Belag:** Olivenöl mit Knoblauch verrühren und die Teigoberfläche damit bepinseln. Oliven und Rosmarinzweige darauf legen und mit Oregano und Salz bestreuen.

4 In 20–25 Minuten goldgelb und knusprig backen. Anschließend in große Quadrate schneiden und warm servieren. Focaccia-Reste können getoastet werden.

OLIVENÖL
Das beste und auch das teuerste Olivenöl trägt die Aufschrift »natives Olivenöl extra«. Es stammt aus der ersten schonenden Pressung von hochwertigen Früchten und wird ohne Wärme- oder chemische Behandlung gewonnen. Das Öl der zweiten Pressung heißt »natives Olivenöl fein«, das der dritten »mittelfein«. Diese Öle nennt man auch »naturrein«. Sie werden nur gereinigt und gefiltert, aber nicht raffiniert.

OBEN: Focaccia

CHAPATTIS
Chapattis sind eine Art ungesäuertes indisches Brot aus *atta*, einem feingemahlenen Weizenvollkornmehl. Es wird in zwei Stufen gebacken: Zuerst wird der Teig in der Pfanne gebräunt und anschließend über dem offenen Feuer geröstet; durch den Dampf bilden sich die feuchten Lufttaschen in der Mitte. Chapattis ißt man heiß zu scharfen indischen Gerichten und zu Currys.

SEITE GEGENÜBER: Chapattis (oben) und Tortillas

CHAPATTIS

Vorbereitungszeit: 40 Minuten + Ruhezeit
Backzeit: 40 Minuten
Ergibt 20 Stück

☆

300 g Weizenvollkornmehl, feingemahlen
1 TL Salz
1 EL Öl
250 ml warmes Wasser
zusätzlich 60 g Weizenvollkornmehl, feingemahlen

1 Mehl und Salz in eine große Schüssel geben und eine Vertiefung in die Mitte drücken. Öl und Wasser auf einmal angießen und mit einem Holzlöffel, später mit den Händen, alle Zutaten zu einem Teig verarbeiten.
2 Den Teig auf eine leicht bemehlte Arbeitsfläche geben und 15 Minuten kneten. Noch kein zusätzliches Mehl zufügen. Teig zu einer geschmeidigen Kugel formen und in einer Schüssel abgedeckt mindestens 2 Stunden (wenn gewünscht auch über Nacht) ruhen lassen.
3 Nun den Teig in 20 gleich große Portionen teilen. Jede Portion zu einer glatten Kugel formen und mit dem zusätzlichen Mehl zu einem dünnen, kreisförmigen Fladen ausrollen. Jedes Chapatti mit bemehlter Klarsichtfolie abdecken und ruhen lassen, während die anderen Chapattis ausgerollt werden.
4 Eine gußeiserne Pfanne stark erhitzen. Chapattis darin auf jeder Seite 1 Minute backen. Die Temperatur so regulieren, daß die Chapattis braun werden, aber nicht verbrennen. Während des Backens die Ränder mit einem gefalteten Küchentuch andrükken. Das erleichtert die Blasenbildung, und die Chapattis werden leichter.
5 Die fertigen Chapattis aufeinander stapeln und in einem sauberen Küchentuch warm halten. Wenn alle fertig sind, kann man sie sofort zu einem Curry oder zu einem Gemüsegericht servieren.
Hinweis: Feingemahlenes Weizenvollkornmehl (oft auch als »Roti« bezeichnet) ist in den meisten Naturkostläden und Reformhäusern zu bekommen. Sie können zwar auch gewöhnliches Weizenvollkornmehl verwenden, aber die Chapattis werden dann möglicherweise etwas fester.

TORTILLAS

Vorbereitungszeit: 30 Minuten
Backzeit: 20 Minuten
Ergibt 16 Stück

☆

180 g Weizenmehl, gesiebt
150 g sehr feines Maismehl, gesiebt
250 ml warmes Wasser

1 Weizen- und Maismehl in einer großen Schüssel mischen. Eine Vertiefung in die Mitte drücken und nach und nach Wasser angießen. Mit einem Messer zu einem festen Teig verarbeiten. Auf eine bemehlte Arbeitsfläche stürzen und in 3 Minuten geschmeidig kneten.
2 Den Teig in 16 Portionen teilen. 1 Portion auf einer leicht bemehlten Fläche zu einem Fladen von 20 cm Durchmesser ausrollen. Beiseite stellen, mit Klarsichtfolie abdecken und das Ganze mit den anderen 15 Portionen wiederholen.
3 Nun eine trockene gußeiserne Pfanne erhitzen. 1 Tortilla darin backen. Wenn sich die Ränder zu wölben beginnen, die Tortilla wenden. Die Backzeit beträgt nur einige Sekunden pro Seite. Falls überschüssiges Mehl in der Pfanne verbrennt, die Pfanne mit Küchentüchern auswischen.
Hinweis: Maismehl wird aus Maiskörnern gemahlen. Die Konsistenz variiert, und für dieses Rezept wird sehr fein gemahlenes Mehl benötigt. Grobes Maismehl oder Maisgrieß, wie sie für Polenta verwendet werden, können für dieses Rezept nicht verwendet werden. Tortillas bleiben luftdicht verschlossen bis zu einer Woche frisch. Wärmen Sie sie im Backofen oder in der Mikrowelle auf. Ältere Tortillas kann man in mundgerechte Stücke zerpflücken und in heißem Öl knusprig braten.

SCHNELLE BIERBRÖTCHEN

400 G MEHL, 3 TL Backpulver, 1 TL Salz, 1 EL Zucker und 50 g Butter in kleinen Stücken zu einer krümeligen Masse verarbeiten. Dann 375 ml Bier angießen und einen weichen Teig herstellen. Den Teig auf eine leicht bemehlte Arbeitsfläche geben und geschmeidig kneten; evtl. noch zusätzliches Mehl dazugeben. Zu vier Kugeln formen, auf ein gefettetes Backblech legen und etwas flachdrücken. Anschließend mit Wasser bepinseln und die Oberfläche mit einem Messer einschneiden. Im vorgeheizten Backofen bei 210 °C etwa 10 Minuten backen. Dann auf einem Kuchengitter abkühlen lassen. Schließlich mit Butter servieren. Ergibt 4 Brötchen.

KÄSE

Kaum jemand kann einem guten, frischen Käse widerstehen. Mit ein wenig Kreativität läßt sich dieses beliebte, beinahe vollkommen natürliche Nahrungsmittel in ein eigenes köstliches Gericht verzaubern.

ZIEGENKÄSE IN KRÄUTERASCHE

Je 4 Zweige Salbei, Rosmarin, Thymian und Majoran in einen kleinen Topf geben. Abgedeckt bei mittlerer Hitze 20 Minuten im geschlossenen Topf erhitzen; den Deckel während der ganzen Zeit nicht lüften. Die geschwärzten Kräuter dann in der Küchenmaschine fein hacken. 4 runde Ziegenkäse à 100 g mit Küchenpapier trockentupfen. Ziegenkäse in der Kräuterasche wälzen, in Klarsichtfolie einpacken und über Nacht kalt stellen.

EINGELEGTER KNOBLAUCH-GRILLKÄSE

500 g Haloumi (Grillkäse aus Zypern) mit Küchenpapier trockentupfen. In dicke Scheiben schneiden und in eine flache Form legen. 2 in dünne Scheiben geschnittene Knoblauchzehen, 2 EL gehacktes frisches Basilikum, 1 TL Limettensaft, 60 g in Streifen geschnittene sonnengetrocknete Tomaten und 250 ml Olivenöl mischen und hineingeben. Abgedeckt über Nacht ziehen lassen. Haloumi und Tomaten aus der Marinade nehmen und auf in Scheiben geschnittenem Weißbrot anrichten. Unter dem vorgeheizten Grill auf höchster Stufe goldbraun überbacken. Mit Limettensaft

beträufeln und mit frisch gemahlenem schwarzen Pfeffer bestreuen.

FETA MIT SONNENGETROCKNETEN TOMATEN IN ÖL

350 g Fetakäse mit Küchenpapier trockentupfen; dann würfeln. Je 1 EL zerstoßene schwarze Pfefferkörner und getrocknete Oreganoblätter und 1 TL Koriandersamen in ein sterilisiertes 750-ml-Glas füllen. Fetawürfel, 4 kleine frische rote Chilischoten, einige Rosmarinzweige und 125 g sonnengetrocknete Tomaten ins Glas geben. Dann mit Olivenöl aufgießen, luftdicht verschließen und kalt stellen. Im Kühlschrank 1–2 Monate haltbar.

GEBACKENER RICOTTAKÄSE

Ein Sieb mit einem Leinentuch auslegen und 500 g Ricotta darin 3 Stunden abtropfen lassen. Dann mit 3 leicht geschlagenen Eiweiß verrühren. Mischung in eine Kastenform geben und fest andrücken. Mit 125 ml Olivenöl beträufeln und mit 1 EL Paprika edelsüß, 1 TL gemahlenem Kreuzkümmel und frisch gemahlenem schwarzen Pfeffer bestreuen. Bei 180 °C im vorgeheizten Backofen in 40 Minuten goldbraun backen. Etwas abkühlen lassen, aus der Form nehmen und Flüssigkeit aus der Form darüber gießen. In Scheiben geschnitten mit Weißbrot und Antipasti servieren.

PESTO-KRÄUTER-AUFSTRICH

500 g Frischkäse und 1 EL Pesto (Fertigprodukt) in der Küchenmaschine glattrühren. 30 g frisch gehackten Schnittlauch und 3 EL gehacktes Koriandergrün unterrühren. Mischung in eine mit Klarsichtfolie ausgelegte Kuchenform von 20 cm Durchmesser füllen. 3 Stunden kalt stellen, damit sie fest wird. Aus der Form nehmen und mit gehackten, gerösteten Mandeln bestreuen. Mit Kräckern, sonnengetrockneten Tomaten und Oliven servieren.

MANDEL-RICOTTA-CREME MIT FRISCHEM OBST

250 g Ricotta, 1 EL Crème double, 100 g gemahlene Mandeln, 200 g Frischkäse mit Vanillegeschmack, 4 EL feinen Zucker und 2–3 Tropfen Vanillearoma in einer Schüssel verrühren. In eine doppelte Leinenlage geben, Enden zusammenknoten und über Nacht an einem kalten Ort über eine Schüssel hängen. Auf einem Teller mit frischen Beeren und Obst servieren.

IM UHRZEIGERSINN VON OBEN LINKS: Eingelegter Knoblauch-Grillkäse; Feta mit sonnengetrockneten Tomaten in Öl; Ziegenkäse in Kräuterasche; Pesto-Kräuter-Aufstrich; Gebackener Ricottakäse; Mandel-Ricotta-Creme mit frischem Obst

MUFFINS EINFRIEREN

Muffins schmecken zweifellos an dem Tag am besten, an dem sie gebacken wurden, aber man kann sie auch bis zu drei Monaten einfrieren. Legen Sie sie dazu in einen luftdicht verschlossenen Behälter, oder wickeln Sie jeden einzeln in Alufolie. Lassen Sie die Muffins vor dem Verzehr aber nicht auftauen, sondern geben Sie sie gefroren für 10 Minuten in den auf 180 °C vorgeheizten Backofen.

OBEN: Maismuffins mit Paprika
RECHTS: Pikante Gemüsemuffins

MAISMUFFINS MIT PAPRIKA

Vorbereitungszeit: 15 Minuten
Backzeit: 20 Minuten
Ergibt 12 Stück

☆

125 g Weizenmehl
1/4 TL Salz
1 EL Backpulver
150 g feines Maismehl
1 EL Zucker
1 Ei
170 ml Milch
nach Wunsch 1/4 TL Tabasco
3 EL Öl
1/2 rote Paprikaschote, feingehackt
450 g Maiskörner aus der Dose, abgetropft
3 EL frische Petersilie, feingehackt

1 Den Backofen auf 210 °C vorheizen. Eine 12er-Muffinform mit Öl oder zerlassener Butter bepinseln. Mehl, Salz und Backpulver in eine große Schüssel sieben. Maismehl und Zucker hineingeben. Zutaten gründlich verrühren; eine Vertiefung in die Mitte drücken.

2 Ei, Milch, Tabasco und Öl in einer anderen Schüssel glattrühren. Eiermischung, Paprika, Mais und Petersilie auf einmal zu den trockenen Zutaten geben und mit einem Holzlöffel nur so lange rühren, bis der Teig gerade bindet. Er darf noch Klümpchen haben.

3 Nun den Teig in die Muffinform füllen und in 20 Minuten goldgelb backen. Aus dem Backofen nehmen, in der Form lockern, aber noch 2 Minuten ruhen lassen. Dann auf einem Kuchengitter auskühlen lassen.

PIKANTE GEMÜSEMUFFINS

Vorbereitungszeit: 20 Minuten
Backzeit: 25 Minuten
Ergibt 12 Stück

☆

250 g Mehl
4 TL Backpulver
3 TL Curry
Salz und frisch gemahlener schwarzer Pfeffer
80 g Möhren, geraspelt
60 g orangefarbene Süßkartoffeln, geraspelt
125 g geriebener Cheddar oder mittelalter Gouda
90 g Butter, zerlassen
1 Ei, leicht verquirlt
180 ml Milch

1 Den Backofen auf 180 °C vorheizen. Eine 12er-Muffinform mit Öl oder zerlassener Butter bepinseln. Mehl, Backpulver, Curry, Salz und Pfeffer in eine Schüssel sieben. Möhren, Süßkartoffeln und Käse zufügen und mit den Fingerspitzen gut mischen. Dann eine Vertiefung in die Mitte drücken.

2 Butter, Ei und Milch verrühren und auf einmal zu den trockenen Zutaten geben. Mit einem Holzlöffel nur so lange rühren, bis der Teig gerade bindet. Er darf noch Klümpchen haben.
3 Nun den Teig in die Form füllen. In etwa 25 Minuten goldbraun backen, in der Form lockern und 2 Minuten ruhen lassen. Anschließend auf einem Kuchengitter abkühlen lassen.

ZUCCHINI-MÖHREN-MUFFINS

Vorbereitungszeit: 20 Minuten
Backzeit: 20 Minuten
Ergibt 12 Stück

☆

2 mittelgroße Zucchini
2 Möhren, geschält
250 g Mehl
4 TL Backpulver
1 Prise Salz
1 TL Zimt
1/2 TL Muskatnuß, gerieben
60 g Pekannüsse, gehackt
2 Eier
250 ml Milch
90 g Butter, zerlassen

1 Backofen auf 210 °C vorheizen. Eine 12er-Muffinform mit Öl oder zerlassener Butter bepinseln. Zucchini und Möhren raspeln. Dann Mehl, Backpulver, Salz, Zimt und Muskat in eine Schüssel sieben. Möhren, Zucchini und Pekannüsse zufügen. Alles gut verrühren.
2 Butter, Ei und Milch gründlich vermischen.
3 Eine Vertiefung in die Mitte der trockenen Zutaten drücken. Die Eiermischung auf einmal zugeben und mit einer Gabel oder einem Gummispatel rasch verrühren, bis der Teig gerade bindet. Er darf noch Klümpchen haben.
4 Den Teig gleichmäßig in die vorbereitete Form füllen. In 15–20 Minuten goldbraun backen. Die Muffins mit einem Messer oder einem Spatel in der Form lockern und 2 Minuten ruhen lassen. Auf einem Kuchengitter abkühlen lassen.

PEKANNÜSSE

Pekannüsse sind in den USA beheimatet und wurden schon in der indianischen Küche häufig verwendet. Berühmt geworden sind sie durch den in Nordamerika sehr beliebten Pekan-Pie. Auch für die Füllung des traditionellen Erntedank-Truthahns werden sie gerne genommen. Im Aroma erinnern sie an Walnüsse, allerdings ist ihr Fettgehalt noch höher; mit einem durchschnittlichen Fettanteil von 70 Prozent gehören sie zu den öligsten Früchten überhaupt.

OBEN:
Zucchini-Möhren-Muffins

MINI-SCONES MIT ZWIEBELN UND PARMESAN

Vorbereitungszeit: 25 Minuten
Backzeit: 12 Minuten
Ergibt 24 Stück

☆

30 g Butter
1 kleine Zwiebel, feingehackt
250 g Mehl, gesiebt
4 TL Backpulver
1 Prise Salz
50 g Parmesan, feingeraspelt
125 ml Milch
125 ml Wasser
Cayennepfeffer zum Bestreuen

1 Backofen auf 210 °C vorheizen. Ein Backblech mit Öl oder zerlassener Butter bepinseln. Butter in einem kleinen Topf zerlassen; die Zwiebeln darin bei schwacher Hitze 2–3 Minuten dünsten, dann etwas abkühlen lassen.
2 Mehl, Backpulver, Salz und Parmesan in einer Schüssel mischen. Eine Vertiefung in die Mitte drücken; die Zwiebeln und den größten Teil der Milch-Wasser-Mischung hineingeben. Mit einem Messer zu einem weichen Teig verarbeiten; evtl. mehr Flüssigkeit angießen.
3 Den Teig kurz auf einer leicht bemehlten Arbeitsfläche kneten und zu einer 2 cm dicken Lage flachdrücken. Dann mit einer bemehlten, runden Ausstechform von 3 cm Durchmesser 24 Teigkreise ausstechen und auf das Blech legen. Mit Cayennepfeffer bestreuen. In 10–12 Minuten goldbraun backen.
Hinweis: Teig für Scones darf nicht zu lange geknetet werden, sonst wird das Gebäck zäh. Die Flüssigkeit am besten mit dem Messer einarbeiten.

CHEDDAR-KÄSE

Cheddar ist vermutlich der bekannteste britische Käse. Er stammt aus der gleichnamigen Stadt in Somerset. Eine seiner herausragenden Eigenschaften ist seine Anpassungsfähigkeit: Man kann ihn genauso gut auf einer Käseplatte servieren wie auch zum Kochen verwenden, weil er gut schmilzt. Cheddar ist in verschiedenen Reifegraden erhältlich, von mild bis ausgereift. Probieren Sie einfach aus, wie er Ihnen am besten schmeckt.

OBEN: Mini-Scones mit Zwiebeln und Parmesan

SCONES MIT SCHNITTLAUCH UND KÄSE

Vorbereitungszeit: 20 Minuten
Backzeit: 12 Minuten
Ergibt 9 Stück

☆

250 g Mehl
4 TL Backpulver
1 Prise Salz
30 g Butter, in kleine Stücke geschnitten
60 g geriebener Cheddar oder mittelalter Gouda
3 EL Parmesan, geraspelt
2 EL Schnittlauch, gehackt
125 ml Milch

ROSMARIN
Rosmarinus officinalis lautet der lateinische Name des Rosmarin, wobei sich *ros marinus* sehr poetisch als »Meertau« übersetzen läßt. Das starke Aroma und der intensive Geschmack erinnern an die trockenen mediterranen Hügellandschaften. Rosmarin sollte sparsam verwendet werden, weil er sonst sehr schnell andere Aromen überdeckt.

125 ml Wasser
zusätzlich 3 EL geriebener Cheddar oder mittelalter Gouda

1 Backofen auf 210 °C vorheizen. Ein Backblech mit Öl oder zerlassener Butter bepinseln. Mehl, Backpulver und Salz in eine Schüssel sieben. Dann die Butter mit den Fingerspitzen einarbeiten. Käse und Schnittlauch einrühren. Eine Vertiefung in die Mitte drücken, Milch und fast das gesamte Wasser angießen. Mit einem Messer zu einem weichen Teig verarbeiten; evtl. noch mehr Flüssigkeit zugeben.
2 Den Teig auf einer leicht bemehlten Arbeitsfläche kurz durchkneten und zu einer 2 cm dicken Lage flachdrücken. Mit einem bemehlten Ausstecher von 5 cm Durchmesser Teigkreise ausstechen und auf das Blech geben. Dann mit zusätzlichem Käse bestreuen. In 12 Minuten goldgelb backen.

KARTOFFEL-OLIVEN-SCONES

Vorbereitungszeit: 25 Minuten
Backzeit: 15 Minuten
Ergibt 15 Stück

☆

250 g Kartoffeln, geschält und in kleine Stücke geschnitten
125 ml Milch
frisch gemahlener schwarzer Pfeffer
250 g Mehl
4 TL Backpulver
30 g Butter, in kleine Stücke geschnitten
3 EL schwarze Oliven, entsteint und gehackt
3–4 TL frischer Rosmarin, gehackt
125 ml Wasser
zusätzlich Milch zum Bepinseln

1 Den Backofen auf 210 °C vorheizen. Ein Backblech mit Öl oder zerlassener Butter bepinseln. Die Kartoffeln gar kochen, mit der Milch zerdrücken und mit Pfeffer würzen.
2 Mehl und Backpulver in eine Schüssel sieben. Die Butter mit den Fingerspitzen einarbeiten. Dann Oliven und Rosmarin unterrühren und eine Vertiefung in die Mitte drücken; Kartoffeln und fast das ganze Wasser zugeben. Mit einem Messer zu einem weichen Teig verarbeiten; dabei evtl. noch mehr Flüssigkeit zugeben.
3 Den Teig auf einer leicht bemehlten Arbeitsfläche kurz durchkneten und zu einer 2 cm dicken Lage flachdrücken. Mit einem bemehlten Ausstecher von 5 cm Durchmesser Teigkreise ausstechen und auf das Blech geben. Mit zusätzlicher Milch bepinseln. In 10–15 Minuten goldbraun backen. Heiß oder kalt mit Butter servieren.
Hinweis: Wegen der salzigen Oliven ist keine weitere Zugabe von Salz erforderlich.

OBEN: Kartoffel-Oliven-Scones

SAUCEN UND DRESSINGS

Die Zahl der Saucen, Salatdressings und Dessertsaucen scheint endlos. Dabei behaupten traditionelle Saucenrezepte standhaft ihre Stellung neben den neueren Kochtrends, aber sie alle haben nur ein Ziel: ein einfaches Gericht in ein phantasievolles Arrangement zu verzaubern.

SAUCEN FÜR GEMÜSEGERICHTE

Die meisten Gemüsesorten schmecken köstlich, wenn man sie mit einer Sauce serviert. Probieren Sie einmal Artischocken oder Spargel mit Aioli, Hollandaise oder Mayonnaise; Brokkoli oder Blumenkohl mit einer klassischen hellen Sauce oder mit Käsesauce; Kartoffeln mit Blauschimmelkäsedressing oder Aioli und Tomaten mit Vinaigrette, Kräutervinaigrette oder einer mit Balsamessig angerührten Vinaigrette.

OBEN:
Käsesauce (mit Gemüse)

WEISSE GRUNDSAUCE (BÉCHAMEL)

Vorbereitungszeit: 15 Minuten
Kochzeit: 10 Minuten
Ergibt 250 ml

☆

250 ml Milch
1 Zwiebelscheibe
1 Lorbeerblatt
6 Pfefferkörner
30 g Butter
1 EL Mehl
Salz und weißer Pfeffer

1 Milch, Zwiebelscheibe, Lorbeerblatt und Pfefferkörner in einem kleinen Topf zum Kochen bringen. Dann vom Herd nehmen und 10 Minuten ziehen lassen. Die Milch durch ein Sieb gießen.
2 Butter in einem kleinen Topf zerlassen und das Mehl zufügen. Bei mittlerer Hitze 1 Minute rühren, bis das Mehl goldgelb wird und Blasen wirft. Vom Herd nehmen und nach und nach die Milch angießen; zwischendurch immer wieder glattrühren. Sobald die gesamte Milch eingerührt ist, erneut auf den Herd stellen und bei mittlerer Hitze so lange rühren, bis die Mischung kocht und eindickt.
3 Noch 1 Minute kochen lassen. Vom Herd nehmen, mit Salz und Pfeffer abschmecken.
Hinweis: Durch das Aufkochen mit Zwiebel, Pfeffer und Lorbeer wird die Milch aromatisiert. Sie können darauf verzichten, wenn Sie andere Aromastoffe verwenden.

VARIANTE

■ **Petersiliensauce:** 3 EL feingehackte frische Petersilie in die fertige Sauce rühren. Sie können statt dessen auch Schnittlauch, Dill oder Estragon verwenden oder eine Kombination Ihrer Lieblingskräuter ausprobieren.

KÄSESAUCE (SAUCE MORNAY)

Vorbereitungszeit: 10 Minuten
Kochzeit: 10 Minuten
Ergibt 250 ml

☆

30 g Butter
1 EL Mehl
350 ml Milch
60 g feingeriebener Cheddar oder mittelalter Gouda
1/4 TL Senfpulver
Salz und Pfeffer

1 Die Butter in einem kleinen Topf zerlassen und das Mehl zufügen. Bei mittlerer Hitze 1 Minute rühren, bis das Mehl goldgelb wird und Blasen wirft. Vom Herd nehmen und nach und nach Milch angießen; zwischendurch immer wieder glattrühren. Sobald die gesamte Milch eingerührt ist, wieder auf den Herd stellen und bei mittlerer Hitze rühren, bis die Mischung kocht und eindickt.
2 Noch 1 Minute kochen lassen. Vom Herd nehmen und Käse und Senfpulver einrühren. Mit Salz und Pfeffer abschmecken.

GRUNDREZEPT SAUCE HOLLANDAISE

Vorbereitungszeit: 5 Minuten
Kochzeit: 10 Minuten
Ergibt etwa 300 ml

☆

180 g Butter
2 EL Wasser
4 Eigelb
1 EL Zitronensaft
Salz und weißer Pfeffer

1 Butter in einem kleinen Topf zerlassen. Schaum abschöpfen und wegschütten. Butter abkühlen lassen. In einem anderen Topf Wasser und Eigelb verrühren. Dann mit einem Schneebesen 30 Sekunden cremig schlagen.
2 Topf auf den Herd stellen und bei schwacher Hitze 3 Minuten weiterschlagen, bis die Mischung dick ist (den Topf nicht zu heiß werden lassen, sonst bekommen Sie Rührei).
3 Abgekühlte Butter nach und nach einarbeiten; zuerst nur wenig, dann unter ständigem Rühren die Butter in einem dünnen Strahl angießen (Molke auf dem Boden des Topfes möglichst nicht verwenden). Den Zitronensaft einrühren und mit Salz und Pfeffer abschmecken.

VARIANTE:

■ **In der Küchenmaschine:** Dieselben Mengen wie im Grundrezept verwenden. Eier, Wasser und Saft in der Küchenmaschine 10 Sekunden mischen. Butter zerlassen und den Schaum abschöpfen. Bei laufender Maschine die zerlassene heiße Butter in einem dünnen Strahl angießen. In eine Schüssel füllen und abschmecken.
■ **Orangen-Hollandaise (Sauce Maltaise):** Statt des Zitronensafts verwenden Sie 2 EL Orangensaft. (Den Saft vor dem Abmessen durch ein feines Sieb gießen, um das Fruchtfleisch zu entfernen).

HOLLANDAISE AUS DER MIKROWELLE
Sauce Hollandaise (Holländische Sauce) läßt sich auch in der Mikrowelle zubereiten. Dazu 200 g Butter in einem mikrowellengeeigneten Gefäß 1 Minute zerlassen. Dann 3 Eigelb und 2 EL Zitronensaft in einer mikrowellengeeigneten Schüssel verrühren, zerlassene Butter zufügen und gut verrühren. Bei mittlerer Hitze 1 Minute und 20 Sekunden kochen. Dabei alle 20 Sekunden das Gerät öffnen und umrühren. Die Sauce sollte gut eingedickt sein.

OBEN: Grundrezept Sauce Hollandaise (mit Spargel)

OBEN: *Tomatensauce (mit Pasta)*

SENFKÖRNER

Es gibt drei Sorten von Senfsamen: schwarze, gelbe und weiße. Die schwarzen Senfkörner haben den intensivsten Geschmack, lassen sich aber nur schwer maschinell ernten. Deshalb werden sie bei der Senfherstellung immer häufiger durch die gelben ersetzt.

TOMATENSAUCE

Vorbereitungszeit: 15 Minuten
Kochzeit: 20 Minuten
Für 4 Personen

☆

1,5 kg große reife Tomaten
1 EL Olivenöl
1 mittelgroße Zwiebel, feingehackt
2 Knoblauchzehen, zerdrückt
1 TL getrocknete Oreganoblätter
2 EL Tomatenmark
1 TL Zucker
Salz und Pfeffer

1 Tomaten auf der Unterseite kreuzförmig einschneiden. In einer kleinen Schüssel mit kochendem Wasser übergießen und 2 Minuten ziehen lassen. Abtropfen und abkühlen lassen. Haut abziehen und entfernen. Das Fleisch fein hacken.
2 Öl in einem Topf erhitzen. Zwiebel darin bei mittlerer Hitze unter Rühren 3 Minuten braten. Knoblauch zufügen und 1 Minute braten. Tomaten, Oregano, Tomatenmark und Zucker in den Topf geben.
3 Alles zum Kochen bringen. Dann Hitze reduzieren und im offenen Topf 15 Minuten kochen. Die Sauce soll etwas eindicken. Abschmecken.
Hinweis: Die Sauce kann in einem verschlossenen Behälter 2 Tage im Kühlschrank und tiefgefroren bis zu 2 Monaten aufbewahrt werden. In einem Topf oder in der Mikrowelle aufwärmen. Heiß zu Nudeln servieren oder als Pizzasauce verwenden.

GRUNDREZEPT VINAIGRETTE (FRENCH DRESSING)

Vorbereitungszeit: 3 Minuten
Kochzeit: Keine
Ergibt etwa 125 ml

☆

2 EL Weißweinessig
4 EL Olivenöl
1 TL französischer Senf
Salz und weißer Pfeffer

1 Essig, Olivenöl und Senf mit dem Schneebesen gründlich verrühren. Dan mit Salz und Pfeffer abschmecken.

VARIANTE:

■ **Kräutervinaigrette:** Statt normalem Essig Kräuteressig verwenden und 1 EL frische feingehackte Kräuter einrühren.

BLAUSCHIMMELKÄSE-DRESSING

Vorbereitungszeit: 5 Minuten
Kochzeit: Keine
Ergibt etwa 250 ml

☆

125 g Volleimayonnaise
60 ml Crème double
1 TL Weißweinessig
1 EL frischer Schnittlauch, feingehackt
50 g Blauschimmelkäse, zerbröckelt

1 Mayonnaise, Crème double, Essig und Schnittlauch in eine kleine Schüssel geben.
2 Den Käse hineingeben und unterrühren. Abgedeckt bis zu 3 Tagen kalt stellen. Zu gekochtem Spargel oder kleinen Pellkartoffeln servieren oder zu einem grünen Salat reichen.

GRUNDREZEPT FÜR MAYONNAISE

Vorbereitungszeit: 10 Minuten
Kochzeit: Keine
Ergibt 250 ml

☆

- 2 Eigelb
- 1 TL Dijonsenf
- 4 TL Zitronensaft
- 250 ml Olivenöl oder anderes Pflanzenöl
- Salz und weißer Pfeffer

1 Eigelb in einer Schüssel mit Senf und 2 TL Zitronensaft in etwa 30 Sekunden cremig schlagen.
2 Das Öl teelöffelweise unter ständigem Rühren zufügen. Je dicker die Mayonnaise wird, desto mehr Öl angießen. Wenn das Öl gebunden ist, den restlichen Zitronensaft einrühren und abschmecken.

VARIANTE

■ **Mit der Küchenmaschine** Eigelb, Senf und Saft 10 Sekunden verrühren. Bei laufender Maschine das Öl in einem dünnen Strahl angießen. Wenn das Öl gebunden ist, die Mayonnaise in eine Schüssel geben und abschmecken.

THOUSAND ISLAND DRESSING

Vorbereitungszeit: 10 Minuten
Kochzeit: Keine
Ergibt etwa 350 ml

☆

- 250 g Volleimayonnaise
- 2–3 EL Chilisauce
- 1 eingelegte Paprikaschote (Pimiento), feingehackt, oder 50 g Oliven, feingehackt
- 1 EL Zwiebel, gerieben
- 2 EL grüne Paprikaschote, feingehackt
- nach Wunsch Milch

1 Mayonnaise, Chilisauce, Pimiento, Zwiebel und Paprikaschote in einer Schüssel gut verrühren.
2 Etwas Milch angießen, wenn Sie das Dressing etwas dünnflüssiger wünschen. Das Dressing sollte man vor dem Verzehr mindestens 2 Stunden ziehen lassen. Abgedeckt im Kühlschrank bis zu 3 Tagen haltbar.

AIOLI (KNOBLAUCH-MAYONNAISE)

Vorbereitungszeit: 10 Minuten
Kochzeit: Keine
Ergibt etwa 250 ml

☆

- 2 Eigelb
- 3 große Knoblauchzehen, zerdrückt
- 4 TL Zitronensaft
- 250 ml Olivenöl oder anderes Pflanzenöl
- Salz und weißer Pfeffer

1 Eigelb in einer Schüssel mit Knoblauch und 2 TL Zitronensaft in etwa 30 Sekunden cremig schlagen.
2 Das Öl teelöffelweise unter ständigem Rühren zufügen. Je dicker die Mayonnaise wird, desto mehr Öl angießen. Wenn das Öl gebunden ist, den restlichen Zitronensaft einrühren und mit Salz und Pfeffer abschmecken.

OBEN: Aioli (mit Gemüse vom Holzkohlegrill)

HARISSA

Vorbereitungszeit: 25 Minuten + Einweichzeit
Kochzeit: 1–2 Minuten
Ergibt etwa 250 ml

☆

250 g frische oder getrocknete kleine rote Chilischoten
1 EL Kümmelsamen
1 EL Koriandersamen
2 TL Kreuzkümmelsamen
4–6 Knoblauchzehen, geschält
1 EL getrocknete Minze
1 TL Salz
125 ml natives Olivenöl extra

1 Die Chillies mit Gummihandschuhen halbieren, Kerne und Stiele entfernen und 5 Minuten in heißem Wasser ziehen lassen (getrocknete Chilischoten 30 Minuten ziehen lassen).
2 In der Zwischenzeit Kümmel, Koriander und Kreuzkümmel in einer trockenen Pfanne rösten, bis sich das Aroma entfaltet (etwa 1–2 Minuten). Die Chillies abtropfen lassen und in die Küchenmaschine geben. Gewürze, Knoblauchzehen, Minze und Salz zufügen und langsam Öl angießen. Zu einer dicken, glatten Paste verarbeiten.
Hinweis: Im Kühlschrank hält sich Harissa abgedeckt bis zu 2 Wochen. Mit Zimmertemperatur zu marokkanischen Gerichten wie Couscous servieren oder als Würzpaste in Suppen und Eintöpfe geben.

PESTO

Vorbereitungszeit: 10 Minuten
Kochzeit: Keine
Ergibt etwa 250 ml

☆

250 g frisches Basilikum
50 g Pinienkerne, geröstet
2 Knoblauchzehen, zerdrückt
30–40 g feingeriebener Parmesan
4 EL Olivenöl
Salz und Pfeffer

1 Die Stiele vom Basilikum entfernen. Dann die Blätter waschen und trocknen und anschließend in der Küchenmaschine mit Pinienkernen, Knoblauch und Parmesan fein hacken.
2 Bei laufender Maschine das Olivenöl in einem dünnen Strahl angießen und gut einarbeiten. Mit Salz und Pfeffer abschmecken.
Hinweis: Die Pinienkerne zum Rösten in einer kleinen Pfanne bei schwacher Hitze unter Rühren rösten oder unter dem Grill goldbraun werden lassen; dabei nicht anbrennen lassen.

KNOBLAUCH

Von der Art der Zubereitung hängt es ab, wie intensiv Knoblauch würzt. Ganze Knoblauchzehen, die in Suppen und Saucen mitgekocht werden, sind mild; feingehackter Knoblauch schmeckt scharf und intensiv, weil beim Zerkleinern die darin enthaltenen Öle freigesetzt werden. Ganze oder halbierte Knoblauchzehen eignen sich zum Aromatisieren von Öl (die Zehen werden nach kurzer Zeit wieder aus dem heißen Öl genommen und hinterlassen nur ein zartes Knoblaucharoma).

OBEN: Pesto (mit Pasta)

GURKENRAITA

Vorbereitungszeit: 5 Minuten
Kochzeit: 1 Minute
Für 2–4 Personen

☆☆

2 Salatgurken, geschält und feingehackt
250 g Naturjoghurt
1 TL gemahlener Kreuzkümmel
1/2 TL frischer Ingwer, gerieben
Salz und frisch gemahlener schwarzer Pfeffer
Paprikapulver

1 Gurke und Joghurt in einer Schüssel verrühren. Kreuzkümmel in einer trockenen Pfanne 1 Minute rösten, bis sich das Aroma entfaltet. Dann mit dem Ingwer zum Joghurt geben. Mit Salz und Pfeffer abschmecken.
2 In eine Servierschüssel füllen und mit etwas Paprika bestäuben. Gekühlt servieren. Hält sich gekühlt bis zu 2 Tagen.

KORIANDERCHUTNEY

Vorbereitungszeit: 15 Minuten
Kochzeit: Keine
Ergibt etwa 250 ml

★

90 g frischer Koriander (Blätter, Stiele und Wurzeln)
3 EL Kokosflocken
1 EL feiner brauner Zucker
1 TL Salz
1 EL frischer Ingwer, gerieben
1 kleine Zwiebel, gehackt
2 EL Zitronensaft
1–2 kleine grüne Chilischoten

1 Koriander waschen, trocknen und grob hacken. Mit Kokosflocken, Zucker, Salz, Ingwer, Zwiebel und Zitronensaft in die Küchenmaschine geben.
2 Chillies entkernen. Die Chilischoten grob hacken und in die Küchenmaschine geben; alles in 1 Minute fein hacken. Gekühlt servieren. Hält sich abgedeckt im Kühlschrank bis zu 2 Tagen.

PIKANTE TOMATENSALSA

Vorbereitungszeit: 15 Minuten
Kochzeit: 2–3 Minuten
Ergibt etwa 375 ml

★

1 rote Chilischote (möglichst Serrano- oder Jalapeño-Chili)
3 mittelgroße reife Tomaten, feingehackt
1 kleine rote Zwiebel, feingehackt
3 EL frische Korianderblätter, gehackt
2 EL Limettensaft

1 Die Chilischote mit einer Gabel oder einer Zange festhalten und über einer Gasflamme rösten oder unter den heißen Grill legen, bis die Haut schwarz wird und Blasen wirft. Mit einem Küchentuch bedeckt abkühlen lassen und die Haut abziehen. Chili halbieren, Samen entfernen und das Fleisch fein hacken.
2 Alle Zutaten in einer Schüssel etwa 30 Minuten ziehen lassen, damit sich die Aromen gut verbinden können. Die Salsa hält sich im Kühlschrank bis zu 3 Tagen.

CHILIPASTE

Vorbereitungszeit: 25 Minuten
Kochzeit: 35 Minuten
Ergibt etwa 250 ml

★★

12 rote Jalapeño-Chillies
2 mittelgroße, reife Tomaten
1 kleine Zwiebel, feingehackt
1 grüner Apfel, gerieben
125 ml Rotweinessig
125 g Zucker

1 Chillies längs halbieren und Samen entfernen. Mit der Schnittseite nach unten auf einem Blech oder Rost unter den heißen Grill schieben, bis die Haut schwarz ist. Mit einem Küchentuch bedecken und abkühlen lassen.
2 Die Tomaten an der Unterseite kreuzförmig einschneiden. In einer kleinen Schüssel mit kochendem Wasser übergießen und 2 Minuten ziehen lassen. Abtropfen und abkühlen lassen. Dann die Haut von Chillies und Tomaten abziehen und das Fleisch fein hacken.
3 Zwiebel, Apfel, Essig und Zucker mit Tomaten und Chillies in einen Topf geben. Rühren, bis der Zucker sich aufgelöst hat. Zum Kochen bringen. Die Hitze reduzieren und 30 Minuten garen. Die Paste hält sich in einem verschlossenen Behälter im Kühlschrank bis zu 1 Monat.
Hinweis: Chilipaste kann sparsam als Relish zu Käse oder zum Würzen von Suppen und Eintöpfen verwendet werden.

KOKOSNÜSSE
Bei der Ernte sind Kokosnüsse von einer biegsamen grünen Hülle umgeben; das Fleisch ist weich und saftig, und sie sind mit Flüssigkeit gefüllt. Wenn sie reifen, härtet sich die Schale, und die äußere grüne Hülle wird entfernt. Dann kommt die braune, fasrige Schale zum Vorschein. Bei der Auswahl spielt das Gewicht eine große Rolle: Je schwerer eine Nuß ist, desto saftiger ist sie. Achten Sie darauf, daß die »Augen« trocken aussehen und die Nuß nicht modrig riecht.

UNTEN: Chilipaste (mit Käse und Gemüse vom Holzkohlegrill)

VANILLE
Vanille stammt aus der Kapselfrucht einer tropischen Kletterorchidee. Die Frucht wird als Vanilleschote bezeichnet. Um das Mark zu entfernen, muß man die ganze Schote längs aufschneiden und die kleinen Saatkörner herausnehmen. Das Mark wird zum Aromatisieren von Pudding und Milch verwendet oder feinem Zucker beigemischt, um Vanillezucker herzustellen. Fertiger Vanillezucker ist auch im Handel zu bekommen, ebenso wie Vanillearoma, das so intensiv ist, daß es nur tropfenweise verwendet wird. Vanillearoma gibt es in verschiedenen Qualitäten und Preislagen; die beste Qualität ist dabei meistens auch die teuerste. Aber man braucht nur geringe Mengen davon.

SEITE GEGENÜBER, IM UHRZEIGERSINN VON OBEN LINKS: Heiße Schokoladensauce, Englische Creme, Beeren-Coulis, Karamelsauce

HEISSE SCHOKOLADENSAUCE

Vorbereitungszeit: 5 Minuten
Kochzeit: 20 Minuten
Ergibt etwa 320 ml

☆

200 g dunkle Schokolade, zerkleinert
180 ml Wasser
1 EL feiner Zucker
2–3 Tropfen Vanillearoma
60 ml Sahne
10 g Butter
nach Wunsch 1 EL Rum oder Brandy

1 Schokolade, Wasser und Zucker im Wasserbad schmelzen. Bei schwacher Hitze im Wasserbad 15 Minuten kochen. Dabei gelegentlich umrühren.
2 Dann vom Herd nehmen und Vanillearoma, Sahne, Butter und nach Wunsch Rum oder Brandy einrühren. Anschließend servieren.
Hinweis: Die Schokoladensauce hält sich in einem Schraubglas im Kühlschrank bis zu 2 Wochen. Sie wird dabei fest, läßt sich aber problemlos vor dem Servieren behutsam erwärmen. Heiß über Eiscreme gießen oder als Sauce zu Profiteroles, Waffeln und Pfannkuchen reichen.

ENGLISCHE CREME

Vorbereitungszeit: 5 Minuten
Kochzeit: 10 Minuten
Für 4–6 Personen

☆☆

3 Eigelb
2 EL feiner Zucker
375 ml Milch
2–3 Tropfen Vanillearoma

1 Eigelb und Zucker in einer Schüssel in 2 Minuten cremig schlagen. Die Milch in einem Topf bis zum Siedepunkt erhitzen, dann unter ständigem Rühren in die Eiermischung gießen.
2 Die Mischung wieder in den Topf geben und bei schwacher Hitze 5 Minuten rühren, bis sie eindickt. Nicht kochen lassen, sonst gerinnt die Creme! Vom Herd nehmen, Vanillearoma einrühren und zum Servieren in eine Sauciere füllen.
Hinweis: Diese Sauce sollte 30 Minuten vor dem Servieren zubereitet werden. Die Oberfläche deckt man am besten mit einer Folie ab, damit sich keine Haut bildet. Zu pochierten Früchten und Pudding reichen.

KARAMELSAUCE

Vorbereitungszeit: 5 Minuten
Kochzeit: 15 Minuten
Ergibt etwa 375 ml

☆☆

125 g Butter
90–100 g feiner brauner Zucker
2 EL heller Zuckersirup
125 ml Sahne
5 Tropfen Vanillearoma

1 Butter und Zucker in einem Topf erwärmen. Rühren, bis die Butter zerlassen ist und der Zucker sich aufgelöst hat. Die Mischung zum Kochen bringen.
2 Dann Sirup und Sahne zufügen. Temperatur zurückschalten und die Sauce 10 Minuten bei schwacher Hitze kochen, bis sie leicht eindickt. Vom Herd nehmen und das Vanillearoma zufügen. Heiß oder kalt servieren. Wenn man die Sauce stehen läßt, dickt sie ein. Zu Eiscreme oder mit Waffeln und Pfannkuchen servieren.

BEEREN-COULIS

Vorbereitungszeit: 8 Minuten
Kochzeit: Keine
Ergibt etwa 250–375 ml

☆

250 g Erdbeeren, Himbeeren oder Brombeeren
2–4 EL Puderzucker
1 EL Zitronensaft
nach Wunsch 1–2 EL Cointreau oder Grand Marnier

1 Die Erdbeeren entstielen. Dann alle Beeren in der Küchenmaschine oder im Mixer mit Puderzucker und Zitronensaft zu einer glatten Masse pürieren.
2 Nach Wunsch mit Cointreau oder Grand Marnier abschmecken. Die Sauce hält sich abgedeckt im Kühlschrank bis zu 3 Tage. Mit frischem oder gekochtem ganzen Obst, Tarteletts und Eiscreme oder Sahne servieren.
Hinweis: Verwenden Sie stets frische oder gefrorene Beeren. Wenn die Sauce ganz glatt werden soll, streichen Sie die Fruchtmasse durch ein Sieb. Für Mango-Coulis 2 Mangos schälen, entsteinen und pürieren. Dann wie oben beschrieben fortfahren.

DESSERTS

Süße Pies, warme Puddings, selbstgemachte Mousses oder Soufflés – da gerät man schon beim Lesen ins Schwärmen. Und erst der Anblick, der Duft und das Aroma dieser verführerischen Süßspeisen! In diesem Kapitel werden Sie entdecken, daß man schon mit wenig Aufwand kleine Sensationen zaubern kann.

SCHOKOLADE
Schon die Azteken stellten aus den Bohnen des Kakaobaumes ein aromatisches Getränk her, aber erst der spanische Eroberer Cortéz brachte diese Bohnen 1528 nach Europa. Lange Zeit versuchten die Spanier, die Existenz von Schokolade geheimzuhalten. Dabei waren sie so erfolgreich, daß niederländische und englische Piraten die Bohnen über Bord warfen, die sie an Bord von gekaperten Schiffen fanden. Das erste Schokoladengeschäft Londons wurde 1657 eröffnet, aber bis zum 19. Jahrhundert blieb Schokolade wegen der hohen Zölle ein Luxus für die Wohlhabenden.

OBEN: Heidelbeer-Käsekuchen

HEIDELBEER-KÄSEKUCHEN

Vorbereitungszeit: 40 Minuten + Kühlzeit
Backzeit: 45–50 Minuten
Für 8–10 Personen

☆☆

125 g Butter
100 g Haferflocken
100 g Vollkornkekse, fein zerkrümelt
2 EL feiner brauner Zucker

Füllung
375 g Frischkäse, fettreduziert
100 g frischer Ricottakäse
90 g Zucker
125 g saure Sahne
2 Eier
1 EL abgeriebene Orangenschale
1 EL Mehl

Belag
250 g frische Heidelbeeren
240 g Heidelbeerkonfitüre
3 EL Cherry Brandy

1 Eine Springform von 20 cm Durchmesser mit Öl oder zerlassener Butter bepinseln und den Boden mit Backpapier auslegen. Butter in einem Topf zerlassen. Dann Haferflocken und Kekskrümel zufügen und gut mischen. Zucker einrühren. Die Hälfte der Mischung auf den Boden der Form drücken; mit dem Rest nach und nach den Rand bis auf zwei Drittel Höhe auskleiden; die Mischung mit einem Glas am Rand festdrücken. 10–15 Minuten kalt stellen. Den Backofen auf 180 °C vorheizen.

2 **Für die Füllung:** Frischkäse, Ricotta, Zucker und saure Sahne mit dem Handrührgerät glattrühren. Dann Eier, Orangenschale und Mehl untermengen. Kuchenform auf eine Grillpfanne oder ein Blech stellen, die Füllung auf den Teig gießen und 40–45 Minuten backen, bis der Käse fest ist. Aus dem Backofen nehmen und in der Form abkühlen lassen.

3 **Für den Belag:** Die Heidelbeeren auf dem Käsekuchen verteilen. Die Konfitüre durch ein Sieb streichen und in einem kleinen Topf mit dem Brandy erwärmen. 2–3 Minuten köcheln lassen. Die Heidelbeeren vorsichtig damit bepinseln. Vor dem Servieren einige Stunden, am besten über Nacht, in den Kühlschrank stellen.

SCHOKO-HASELNUSS-OMELETT

Vorbereitungszeit: 20 Minuten
Kochzeit: 15 Minuten
Für 4 Personen

✯

3 EL feingehackte Haselnüsse
60 g dunkle Schokolade, grob zerkleinert
4 Eigelb
3 EL Zucker
5 Eiweiß
Salz
30 g Butter
1 EL Kakaopulver

1 Die Haselnüsse in einer trockenen Pfanne bei mittlerer Hitze goldbraun rösten. Beiseite stellen.
2 Schokolade im Wasserbad unter Rühren schmelzen und etwas abkühlen lassen.
3 Mit dem Handrührgerät Eigelb und Zucker etwa 1 Minute aufschlagen. Die geschmolzene Schokolade zufügen und gründlich verrühren.
4 Eiweiß mit einer Prise Salz steif schlagen. Jeweils ein Drittel auf einmal unter die Schokoladenmasse heben. Haselnüsse unterziehen und anschließend den Grill vorheizen.
5 Butter in einer mittelgroßen Pfanne erhitzen. Wenn die Butter schäumt, die Schokoladenmischung in die Pfanne gießen. Pfanne kippen, damit die Masse sich gleichmäßig verteilt. Bei schwacher Hitze 1–2 Minuten backen, bis das Omelett halb gestockt ist und sich Blasen an der Oberfläche bilden. Unter dem Grill goldbraun werden lassen. Dann vierteln und auf Dessertteller verteilen. Mit gesiebtem Kakao bestreuen. Mit Vanilleeis und frischen oder gefrorenen Beeren servieren.

DOPPELTER SCHOKOLADENPUDDING

Vorbereitungszeit: 20 Minuten
Kochzeit: 45–50 Minuten
Für 6 Personen

✯

180 g Mehl
3 TL Backpulver
30 g Kakaopulver
180 g Zucker
90 g Butter, zerlassen
180 ml Milch
2 Eier, leicht verquirlt

Sauce
375 ml Milch
250 ml Wasser
180–190 g dunkle Schokolade, zerkleinert

1 Den Backofen auf 180 °C vorheizen. Eine Auflaufform von 2,5 l Fassungsvermögen mit Öl oder zerlassener Butter bepinseln.
2 Mehl und Kakaopulver in eine Schüssel sieben. Zucker zufügen und eine Vertiefung in die Mitte drücken. Milch und Eier mischen und mit der Butter in die Schüssel geben. Mit dem Holzlöffel rasch zu einem Teig verrühren; nicht zu lange bearbeiten. In die vorbereitete Form gießen.
3 **Für die Sauce:** Milch, Wasser und Schokolade in einem kleinen Topf bei schwacher Hitze verrühren, bis die Schokolade geschmolzen ist. Vorsichtig über den Puddingteig gießen. 45–50 Minuten backen, bis sich die Oberfläche fest anfühlt. Mit Sahne oder Eiscreme und frischem Obst servieren.

KOCHEN MIT SCHOKOLADE
Wenn Sie Schokolade für die Zubereitung eines Gerichtes benötigen, wählen Sie immer eine gute Qualität. Nehmen Sie auf keinen Fall Kuvertüre oder Schokoladenfettglasur, wenn im Rezept Schokolade verlangt wird! Kuvertüre und Glasur sind nämlich für Überzüge und Dekorationen gedacht. Sie haben einen wesentlich höheren Fettanteil und werden viel schneller fest als normale Schokolade.

LINKS: Schoko-Haselnuß-Omelett
OBEN: Doppelter Schokoladenpudding

CRÈME BRÛLÉE

Crème brûlée (gebrannte Creme) soll über dem sahnigen Pudding eine knusprige Karamelkruste haben. Die beste Kruste bekommt man über einer Gasflamme, weil sie sofort heiß genug ist, um den Zucker zu karamelisieren. Profis verwenden dafür einen kleinen Brenner, der im Camping- oder Eisenwarenladen erhältlich ist.

OBEN: Crème brulée mit Vanillecreme

CRÈME BRÛLÉE MIT VANILLECREME

Vorbereitungszeit: 10 Minuten + 3 Stunden Kühlzeit
Kochzeit: 55 Minuten
Für 4 Personen

☆☆

250 ml Sahne
250 ml Milch
1 Vanilleschote
2 Eier
2 Eigelb
60 g weißer Zucker
60 g feiner brauner Zucker
1/2 TL Zimt

1 Backofen auf 160 °C vorheizen. 4 Souffléförmchen von etwa 200 ml Fassungsvermögen mit Öl oder zerlassener Butter bepinseln. Sahne, Milch und Vanilleschote in einem kleinen Topf bei schwacher Hitze unter Rühren bis zum Siedepunkt erhitzen. Vom Herd nehmen und abkühlen lassen. Die Vanilleschote herausnehmen und längs halbieren. Aus einer Hälfte das Vanillemark mit dem Messer herausschaben und in die Milch geben (die zweite Hälfte anderweitig verwenden).
2 Eier, Eigelb und weißen Zucker in einer Schüssel verrühren und nach und nach die Milchmischung angießen. In die vorbereiteten Förmchen füllen. Diese in eine Auflaufform stellen und heißes Wasser angießen, so daß die Förmchen bis zur halben Höhe im Wasser stehen. Mit einer Lage Alufolie locker abdecken.
3 Creme 45 Minuten im Ofen stocken lassen (Messer in die Mitte der Form stechen; wenn es sauber herauskommt, ist die Creme fest). Förmchen aus dem Wasserbad nehmen und mehrere Stunden oder über Nacht kalt stellen.
4 Grill auf höchster Stufe vorheizen. Zimt und braunen Zucker mischen und oben auf die Creme streuen. Förmchen unter den Grill schieben, bis die Oberfläche dunkelbraun ist und Blasen wirft. Herausnehmen und vor dem Servieren 5 Minuten kalt stellen.
Hinweis: Als Variante auf den Boden jeder Form 1 EL Heidelbeeren geben und mit Creme bedekken. Die Vanillecreme schmeckt köstlich zu frischen Beeren.

PFIRSICH-BAKLAVA

Vorbereitungszeit: 40 Minuten
Kochzeit: 20–25 Minuten
Für 8 Personen

☆☆

6 Platten Filo-Teig
60 g Butter, zerlassen
80–90 g Mandelblättchen
1 1/2 TL Zimt
90 g feiner brauner Zucker
180 ml Orangensaft ohne Fruchtfleisch
4 Pfirsiche
Puderzucker zum Bestäuben

1 Den Backofen auf 180 °C vorheizen. Jede Teiglage in 8 Quadrate schneiden. 8 Muffinformen von 250 ml Fassungsvermögen mit je 3 Teigquadraten auslegen: jedes Stück mit zerlassener Butter bepinseln, damit sie aufeinanderkleben; dabei darauf achten, daß die Teigecken versetzt sind (siehe Abbildung).
2 Dann Mandeln, Zimt und die Hälfte des Zuckers mischen. Auf den Teigböden der Formen verteilen

PFIRSICHE SCHÄLEN

1 Boden der Frucht kreuzförmig einschneiden. In eine feuerfeste Form geben, mit kochendem Wasser übergießen und 2 Minuten ziehen lassen.

2 Aus dem heißen Wasser nehmen und sofort zum Abkühlen in kaltes Wasser legen. Vom Kreuz aus die Schale abziehen.

und mit je 3 weiteren Quadraten, mit Butter bepinselt, abdecken. Anschließend 10–15 Minuten backen.

3 In der Zwischenzeit den restlichen Zucker im Orangensaft auflösen. Saft zum Kochen bringen, Hitze reduzieren und zu einem Sirup einkochen. Die Pfirsiche halbieren, in dünne Scheiben schneiden und in den Sirup geben. 2–3 Minuten mitköcheln lassen. Mit dem Schaumlöffel herausnehmen. Die Pfirsiche in die Teigförmchen geben, mit Puderzucker bestäuben und mit Schlagsahne oder Vanilleeis servieren.

Hinweis: Sie können die Pfirsiche schälen oder auch Dosenpfirsiche verwenden.

POCHIERTE ÄPFEL MIT NELKEN, MINZE UND BASILIKUM

Vorbereitungszeit: 15 Minuten
Kochzeit: 30 Minuten
Für 4 Personen

☆

4 große oder 6 kleine grüne Äpfel
600 ml Wasser
2 EL Zitronensaft
125 g Zucker
4 ganze Nelken
4 frische Minzezweige
6 frische Basilikumblätter
Sahne oder Joghurt zum Servieren

1 Äpfel schälen, vierteln und Kerngehäuse entfernen. Wasser, Saft, Zucker, Nelken und Minze bei schwacher Hitze in einem Topf erwärmen, bis der Zucker sich aufgelöst hat. Zum Kochen bringen.

2 Äpfel in den Topf geben. Bei schwacher Hitze mit leicht geöffnetem Deckel 10 Minuten kochen; die Äpfel sollen weich sein, aber nicht zerfallen. Basilikum zufügen. Vom Herd nehmen, beiseite stellen und erkalten lassen.

3 Äpfel herausnehmen und in eine Schüssel geben. Sirup durch ein Sieb darüber gießen. Gekühlt mit Beeren und Sahne oder Joghurt servieren.

OBEN: Pfirsich-Baklava
UNTEN: Pochierte Äpfel mit Nelken, Minze und Basilikum

DUFTGERANIEN
Geranien sind wunderbare Pflanzen – in der Küche genauso wie im Garten. Es gibt etwa 50 verschieden duftende Sorten in einer Vielzahl von Farben und Formen. Man kann die Blätter für Tees, Plätzchen, Muffins und Kuchen verwenden, und sie machen sich hervorragend in Fingerschalen. Zerdrücken Sie die nach Zitrone duftenden Blätter nur ganz leicht im Wasser.

OBEN: Vanille-Mandel-Biscotti mit Geraniensahne

VANILLE-MANDEL-BISCOTTI MIT GERANIENSAHNE

Vorbereitungszeit: 1 Stunde + Ruhezeit über Nacht
Backzeit: 1 Stunde
Für 6–8 Personen

☆☆

125 g Zucker
zusätzlich 2 EL Zucker
1 Vanilleschote, längs halbiert
3 Geranienblätter mit Rosenduft

Biscotti
125 g blanchierte Mandeln
3 Eiweiß
90 g Mehl

Geraniensahne
250 ml Sahne
125 ml Crème double
verschiedene Früchte der Saison wie Trauben, Kiwi, Erdbeeren, Heidelbeeren, Brombeeren, Himbeeren oder Maulbeeren

1 Backofen auf 180 °C vorheizen. Die Zuckerrationen in zwei verschiedene Schraubgläser geben. Zu den 125 g Zucker die Vanilleschote, zu den 2 EL Zucker die Geranienblätter geben. Jedes Glas 10 Sekunden schütteln; dann mindestens 2 Stunden beiseite stellen, damit sich die Aromen entfalten.
2 Für die Biscotti: eine Form von 26 x 8 x 4,5 cm mit Öl oder zerlassener Butter bepinseln. Boden und Ränder mit Backpapier auslegen. Die blanchierten Mandeln auf einem Backblech ausbreiten und im Backofen in 4 Minuten goldgelb rösten; abkühlen lassen.
3 Eiweiß in einer sauberen trockenen Schüssel mit dem Handrührgerät steif schlagen. Nach und nach Vanillezucker einrieseln lassen. Weiterschlagen, bis sich der Zucker aufgelöst hat und die Mischung dick und glänzend ist.
4 Die Mischung in eine große Schüssel geben. Gesiebtes Mehl und Mandeln zufügen. Alle Zutaten vorsichtig mit einem Metalllöffel mischen. Dann in die vorbereitete Form streichen und die Oberfläche glätten. 25 Minuten backen, aus dem Herd nehmen und in der Form erkalten lassen. Aus der Form stürzen und in Alufolie einwickeln. Über Nacht in den Kühlschrank stellen.
5 Backofen auf 160 °C vorheizen. Zwei Backbleche mit Öl oder zerlassener Butter bepinseln. Anschließend mit einem scharfen, gezackten Messer den Mandellaib in 5 mm dicke Scheiben schneiden, diese auf die Bleche legen und in 30 Minuten goldgelb und knusprig backen.

6 Für die Geraniensahne: aromatisierten Zucker und Sahne mit dem Handrührgerät sehr steif schlagen. Dann mit einem Metalllöffel Crème double unterheben. Die Früchte waschen und mit Biscotti und Sahne servieren. Die Biscotti halten sich in einem luftdichten Behälter bis zu 2 Wochen. Obst und Sahne sollten frisch zubereitet werden. Vanille- und Geranienzucker können bis zu 2 Wochen im voraus angesetzt werden.
Hinweis: Dieses Dessert kann auf kleinen Desserttellern serviert werden, es wirkt aber auch auf einer großen Platte beim Büfett sehr gut. Die Biscotti können auch ohne Sahne und Obst zum Kaffee gereicht werden. Verwenden Sie als Variation statt der Mandeln Haselnüsse oder grüne Pistazienkerne.

PFIRSICH-CHARLOTTE MIT MELBASAUCE

Vorbereitungszeit: 30 Minuten + 20 Minuten Ruhezeit
Kochzeit: 40 Minuten
Für 4 Personen

☆☆

250 g Zucker
1 l Wasser
6 mittelgroße Pfirsiche
4 EL Pfirsichlikör
2 Brioche-Laibe
100 g Butter, zerlassen
160 g Aprikosenkonfitüre, erwärmt und durch ein Sieb gestrichen

Melbasauce
300 g frische oder aufgetaute Himbeeren
2 EL Puderzucker

1 Den Backofen auf 180 °C vorheizen. 4 Souffléförmchen mit 250 ml Fassungsvermögen mit zerlassener Butter bepinseln. Dann Zucker und Wasser in einem Topf bei mittlerer Hitze unter Rühren erwärmen, bis sich der Zucker aufgelöst hat. Zum Kochen bringen, Hitze etwas reduzieren und die ganzen Pfirsiche zufügen. Abgedeckt 20 Minuten kochen lassen. Abgießen und abkühlen lassen. Die Pfirsiche enthäuten und das Fleisch in dicke Scheiben schneiden. In eine Schüssel geben, mit Likör beträufeln und 20 Minuten ziehen lassen.
2 Brioche in 1 cm dicke Scheiben schneiden und die Kruste entfernen. Daraus mit einem Plätzchenausstecher oder Glas 8 runde Scheiben im Durchmesser der Förmchen ausstechen. Die restlichen Briochescheiben in 2 cm breite Streifen schneiden; dann auf Förmchenhöhe zurechtschneiden. 1 Scheibe in zerlassene Butter tauchen und den Boden einer Form damit auslegen. Die Briochestreifen in Butter tauchen und den Rand der Form damit leicht überlappend auskleiden. Mit den restlichen Formen ebenso verfahren.
3 Die Formen gleichmäßig mit Pfirsichspalten füllen. Die letzten Briochescheiben in Butter tauchen und als Deckel auflegen. Fest andrücken. Die Formen auf ein Backblech stellen und 20 Minuten backen. Auf Servierteller stürzen, mit Konfitüre bestreichen und die Melbasauce auf den Teller gießen. Nach Wunsch mit frischen Beeren servieren.
4 Für die Melbasauce: Die Beeren in der Küchenmaschine pürieren und mit Puderzucker abschmecken. Durch ein Haarsieb streichen.
Hinweis: Bis zu 6 Stunden im voraus können Sie die Pfirsiche kochen, die Formen mit Brioche auskleiden und die Sauce zubereiten. Die Charlotte so lange im Kühlschrank aufbewahren und erst kurz vor dem Servieren füllen und backen.

OBEN: Pfirsich-Charlotte mit Melbasauce

SOMMERFRÜCHTE

Überall frische Blumen, lange Tage voll schwerer Düfte, Schwimmen im Freien und eine Fülle köstlicher reifer Früchte und Beeren – was könnte schöner sein als der Sommer?

HIMBEERCREME

320 ml Sahne steif schlagen, anschließend 40 g gesiebten Puderzucker einrühren. Dann 250 g frische Himbeeren mit einer Gabel leicht zerdrücken. Himbeeren unter die Sahne heben und bis zu 2 Stunden kalt stellen. Zum Servieren in Glasschalen geben und schließlich mit Beeren und Waffeln garnieren.

MANGO-EISCREME

320 ml Sahne erhitzen, einmal aufwallen lassen und vom Herd nehmen. 4 Eigelb in einer feuerfesten Form mit 180 g feinem Zucker dick und cremig aufschlagen. Nach und nach unter ständigem Rühren die heiße Sahne angießen. Die Mischung wieder in den Topf geben und bei schwacher Hitze unter Rühren in 5 Minuten etwas eindicken lassen. Nicht zum Kochen bringen, sonst gerinnt die Mischung. In eine frische Schüssel geben und abkühlen lassen. Dabei gelegentlich umrühren. 2 große Mangos schälen, entsteinen und das Fleisch in der Küchenmaschine pürieren. In die abgekühlte Creme rühren und in eine flache Metallschale gießen. Abgedeckt gefrieren lassen. In eine Schüssel geben, mit dem Handrührgerät glattrühren und wieder in die Schale geben. Gefrieren lassen.

NEKTARINENTÖRTCHEN

Den Backofen auf 200 °C vorheizen. Ein Backblech mit zerlassener Butter bepinseln. 180–200 g tiefgefrorenen Blätterteig auftauen, ausrollen und in 4 Quadrate schneiden (ca. 12 x 12 cm). Mit zerlassener Butter bepinseln und großzügig mit Puderzucker bestäuben. Dicke Nektarinenscheiben diagonal auf den Teigstücken anordnen. 2 Teigecken in der Mitte darüber zusammenklappen (siehe Abbildung). Den Teig erneut mit Butter bepinseln und die Törtchen auf das Backblech legen. In 20 Minuten goldbraun backen. Mit Puderzucker bestreuen und warm mit Crème double servieren.

FRISCHES OBST MIT KARAMEL-MASCARPONE

60 g Butter, 90 g feinen braunen Zucker und 250 ml Sahne in einem kleinen Topf bei schwacher Hitze erwärmen, bis die Mischung glatt ist; zum Kochen bringen. Hitze reduzieren und 3 Minuten kochen. Verschiedene Früchte der Saison wie Beeren, Feigen, Pflaumen, Aprikosen, Pfirsiche oder Sternfrüchte (Karambole) mit Mascarpone oder Sahnekleckslen servieren. (Schmeckt auch mit frischem Ricotta köstlich). Dann die Karamelsauce über das Obst und den Mascarpone gießen. Sofort servieren.

KIRSCHGRATIN

500 g Kirschen entsteinen und in eine flache, feuerfeste Form geben. 125 ml Sahne und 125 ml Crème double in einem Topf kurz aufkochen. 2 Eigelb mit 2 EL Zucker in einer feuerfesten Form mit dem Schneebesen dick und cremig rühren. Nach und nach unter ständigem Rühren Sahne angießen. Die Mischung wieder in den Topf geben und bei schwacher Hitze 5 Minuten rühren; nicht kochen. Etwas abkühlen lassen und über die Kirschen gießen. In diesem Stadium kann man das Gratin bis zu 4 Stunden im Kühlschrank aufbewahren. Zum Servieren mit 2 EL feinem braunen Zucker bestreuen und unter den heißen Grill schieben: herausnehmen, sobald die Oberfläche braun wird und Blasen wirft. Kurz vor dem Servieren mit Puderzucker bestreuen.

IM UHRZEIGERSINN VON LINKS OBEN: Nektarinentörtchen; Frisches Obst mit Karamel-Mascarpone; Himbeercreme; Kirschgratin; Mango-Eiscreme

OBEN: Passionsfrucht-soufflé
RECHTS: Dattelpudding

PASSIONSFRUCHTSOUFFLÉ

Vorbereitungszeit: 20 Minuten
Kochzeit: 20–25 Minuten
Für 4 Personen

☆☆☆

2 Eigelb
125 g Passionsfruchtfleisch, püriert (von etwa 6 Passionsfrüchten)
2 EL Zitronensaft
90 g Puderzucker
6 Eiweiß
Puderzucker zum Dekorieren

1 Backofen auf 210 °C vorheizen. 4 kleine Soufléförmchen mit einer Manschette aus Backpapier umlegen, die 3 cm über den Rand ragt. Mit einer Schnur festbinden. Böden und Rand der Förmchen sowie das Backpapier leicht fetten und mit Zucker bestreuen. Überschüssigen Zucker herausschütteln.
2 Eigelb, Fruchtfleisch, Zitronensaft und die Hälfte des Puderzuckers in einer großen Schüssel gründlich verrühren. Mit dem Handrührgerät Eiweiß steif schlagen. Nach und nach den restlichen Puderzucker zufügen; zwischendurch gut unterrühren.
3 Mit einem großen Metallöffel Eiweiß portionsweise unter die Passionsfruchtmischung heben und in die Formen füllen. Mit einem Messer mit breiter Klinge 2 cm vom Rand entfernt kreisförmig durch die Mischung fahren. Förmchen auf ein Backblech stellen; 20–25 Minuten backen, bis das Soufflé aufgegangen ist. Manschetten abnehmen und das Soufflé mit Puderzucker bestäuben. Sofort servieren.

DATTELPUDDING

Vorbereitungszeit: 35 Minuten
Kochzeit: 55 Minuten
Für 6–8 Personen

☆

200 g Datteln, entsteint und gehackt
250 ml Wasser
1 TL Natron
100 g Butter
160 g Zucker
2 Eier, leicht verquirlt
5 Tropfen Vanillearoma
180 g Mehl
3 TL Backpulver

Sauce
180 g feiner brauner Zucker
125 ml Sahne
100 g Butter

1 Den Backofen auf 180 °C vorheizen. Eine quadratische Kuchenform (20 x 20 cm) mit Öl oder zerlassener Butter bepinseln. Boden mit Backpapier auslegen. Datteln und Wasser in einem Topf zum Kochen bringen. Dann vom Herd nehmen. Natron einrühren und auf Zimmertemperatur abkühlen lassen.
2 Mit dem Handrührgerät Butter und Zucker schaumig rühren. Eier nach und nach hineingeben;

zwischendurch die Mischung immer wieder glattrühren. Nun das Vanillearoma zufügen. Die Mischung in eine große Schüssel geben.

3 Mit einem Metallöffel Mehl und Datteln mit Flüssigkeit unterheben; nur kurz mischen. In die vorbereitete Form füllen und 50 Minuten backen. Eine Nadel oder ein Spieß sollte sauber aus der Mitte des Puddings herauskommen. In der Form 10 Minuten abkühlen lassen; dann stürzen.

4 Für die Sauce: Zucker, Sahne und Butter in einem Topf erwärmen, bis die Butter zerläuft und sich der Zucker auflöst. Zum Kochen bringen, die Hitze reduzieren und 2 Minuten kochen. Den Pudding in Stücke schneiden und auf Dessertteller legen. Mit heißer Sauce begießen. Sofort servieren. Nach Wunsch Sahne und Himbeeren dazu reichen.

APFEL-PIE

Vorbereitungszeit: 40 Minuten + 20 Minuten Kühlzeit
Backzeit: 55 Minuten
Für 6 Personen

☆

150 g Mehl
30 g Puderzucker
90 g Butter, in Stücke geschnitten
2 Eigelb, leicht verquirlt
1 EL Eiswasser

Füllung
12 Kochäpfel
50 g Butter
50 g feiner brauner Zucker
1 TL Zimt
1 TL Lebkuchengewürz
1 Eiweiß
1 TL feiner weißer Zucker

1 Den Backofen auf 210 °C vorheizen. Den Rand einer Pieform von 23 cm Durchmesser mit zerlassener Butter bepinseln. Dann Mehl und Zucker in eine Schüssel sieben; Butter zufügen und alles mit den Fingerspitzen zu einer krümeligen Masse verkneten. Eigelb zufügen und mit einem Messer zu einem festen Teig verarbeiten; bei Bedarf noch etwas Wasser angießen. Den Teig auf eine leicht bemehlte Arbeitsfläche geben und zusammendrücken, bis er glatt ist.

2 Teig auf Backpapier kreisförmig mit 25 cm Durchmesser ausrollen; ringsherum einen Rand von 1 cm Breite abschneiden und den Rand der Form damit belegen. Die Form und den restlichen Teig mit Klarsichtfolie abdecken und 20 Minuten kalt stellen.

3 Äpfel schälen, Kerngehäuse entfernen und achteln. Butter in einer großen beschichteten Pfanne zerlassen; braunen Zucker und Gewürze hineingeben. Den Zucker bei mittlerer Hitze unter Rühren auflösen; Äpfel zufügen und in der Buttermischung wenden. Abgedeckt 10 Minuten kochen lassen. Dabei gelegentlich wenden, bis die Äpfel weich sind, aber noch nicht zerfallen. Den Deckel abnehmen und weitere 5 Minuten kochen, bis die Flüssigkeit zum Teil verdampft ist; anschließend abkühlen lassen.

4 Die abgekühlten Äpfel und die restliche Flüssigkeit in die Pieform geben. Teigdeckel auflegen und Rand andrücken. Mit Teigresten dekorieren, Eiweiß darüber pinseln und mit Zucker bestreuen. 40 Minuten backen. Warm mit Pudding oder Sahne servieren.

ÄPFEL

Wählen Sie für Desserts eine Apfelsorte, die beim Backen ihre Form und ihr Aroma behält. Saure Äpfel mit einem hohen Gerbsäureanteil vertragen das Braten, Backen und Pochieren am besten. Süße Tafeläpfel, die roh sehr gut schmekken, verlieren beim Backen häufig die Form und werden wäßrig. Der vielseitige Granny Smith ist ideal zum Kochen, weil er dabei fest bleibt. Roh schmeckt er aber auch gut.

OBEN: Apfel-Pie

BAISER (MERINGUE)
Napoleon liebte diese Kreationen aus geschlagenem Eiweiß und Zucker so sehr, daß er sie kurzum nach der schweizerischen Stadt Meringen benannte, wo er sie zum erstenmal serviert bekam. Bei der Zubereitung ist es wichtig, den Backofen nicht zu stark zu heizen, damit das Baiser mit seinem hohen Zuckergehalt nicht verbrennt, sondern austrocknet. Baisers gelingen besonders gut, wenn man sie nach der angegebenen Backzeit im ausgeschalteten Ofen abkühlen läßt. Die Backofentür sollte dabei mit einem Holzlöffel einen Spalt offen gehalten werden.

OBEN:
Baiser mit Erdbeeren

BAISER MIT ERDBEEREN

Vorbereitungszeit: 25 Minuten
Kochzeit: 40 Minuten
Für 6 Personen

☆☆

4 Eiweiß
250 g Zucker
500 g Erdbeeren, entstielt
320 ml Sahne, geschlagen

1 Backofen auf 150 °C vorheizen. Ein Backblech mit Öl oder zerlassener Butter bepinseln. Dann Backpapier passend zurechtschneiden. Mit Hilfe eines Glases von 8 cm Durchmesser 12 Kreise auf das Papier malen. Papier mit der beschrifteten Seite nach unten auf das Blech legen.
2 Dann das Eiweiß in einer sauberen, trockenen Schüssel mit dem Handrührgerät steif schlagen. Zucker nach und nach zufügen; dabei ständig weiterschlagen, bis die Mischung dick und glänzend ist und sich der Zucker aufgelöst hat. Die Baisermasse kreisförmig auf das markierte Backpapier auftragen. 40 Minuten backen, Backofen ausschalten und das Baiser im Backofen abkühlen lassen.
3 Die Hälfte der Erdbeeren in der Küchenmaschine fein pürieren. Die restlichen Erdbeeren in Scheiben schneiden und unter die Schlagsahne heben. Zum Servieren je 2 Baiserböden mit der Erdbeersahne zusammenkleben, auf einen Teller geben und etwas Erdbeersauce dazugießen.

Hinweis: Die Baiserböden können 2 Tage im voraus zubereitet und in einem luftdicht verschlossenen Behälter aufbewahrt werden. Die Erdbeersauce kann 1 Tag, die Erdbeersahne bis zu 2 Stunden im voraus zubereitet werden. Sauce und Sahne abgedeckt im Kühlschrank aufbewahren. Nach dem Zusammensetzen die Baisers sofort servieren. Die Sauce kann mit etwas Puderzucker gesüßt werden. Die Baisers zum Servieren nach Wunsch mit Erdbeerblättern garnieren.

SCHNELLES KARAMEL-, NUSS- UND BANANEN-PARFAIT

IN EINEM TOPF 100 g Butter, 90 g feinen braunen Zucker, 2 EL Zuckersirup, 60 g saure Sahne und 250 ml Schlagsahne bei schwacher Hitze mit dem Schneebesen verrühren, bis sich der Zucker aufgelöst hat. Ohne zu rühren 5 Minuten garen lassen; die Mischung darf nicht überkochen. Vom Herd nehmen. Sobald sie keine Blasen mehr wirft, 160 g Kondensmilch in die Mischung rühren. Etwas abkühlen lassen. Bananenscheiben, Vanilleeiskugeln, zerdrückte Pekannüsse und warme Karamelsauce in gläserne Dessertschalen schichten. Nach Wunsch mit etwas Schokoladenlikör beträufeln. Für 4–6 Personen.

MARINIERTE FEIGEN MIT HIMBEERSAUCE

Vorbereitungszeit: 20 Minuten + Ruhezeit
Kochzeit: 5–10 Minuten
Für 4 Personen

☆

6 frische Feigen, halbiert
320 ml Dessertwein
1 Zimtstange
1 EL feiner brauner Zucker
300 g frische Himbeeren
60 g Zucker
1 TL Zitronensaft
100 g Mascarpone

1 Die Feigen in eine Glas- oder Keramikschüssel geben. Wein, Zimt und braunen Zucker bei schwacher Hitze in einem Topf erwärmen. Wenn sich der Zucker aufgelöst hat, die Mischung über die Feigen gießen. Abgedeckt 2 Stunden ziehen lassen.
2 Einige Himbeeren zum Dekorieren beiseite legen. Den Rest davon mit dem weißen Zucker in der Küchenmaschine pürieren. Dann durch ein Sieb streichen und mit Zitronensaft verrühren.
3 Feigen abtropfen lassen. Die Feigen goldbraun grillen. Auf jeden Dessertteller etwas Himbeersauce geben, so daß der Boden bedeckt ist. 3 halbe Feigen darauf geben und mit einem Löffel Mascarpone servieren.

ZITRUSPUDDING

Vorbereitungszeit: 25 Minuten
Kochzeit: 1 Stunde
Für 4 Personen

☆

60 g Mehl
1 TL Backpulver
250 g Zucker
2 TL abgeriebene Orangenschale
4 EL Orangensaft
125 ml Zitronensaft
125 g Butter, zerlassen
250 ml Milch
3 Eier, getrennt

1 Backofen auf 180 °C vorheizen. Eine Auflaufform von 1,5 l Fassungsvermögen mit Öl oder zerlassener Butter bepinseln. Mehl und Backpulver in eine Schüssel sieben. Zucker einrühren. Dann Orangenschale und -saft, Zitronensaft, Butter, Milch und Eigelb mit einer Gabel vorsichtig mischen. Zum Mehl geben und verrühren.
2 Das Eiweiß mit dem Handrührgerät steif schlagen und mit einem Metallöffel vorsichtig unter den Teig heben. In die Form füllen. Die Form in eine tiefe Auflaufform oder einen Bräter stellen und bis auf halbe Höhe heißes Wasser angießen. 1 Stunde backen, bis der Pudding in der Mitte fest geworden ist. Form aus dem Wasser nehmen und servieren.

MANGOS VORBEREITEN

1 Fleisch mit einem scharfen Messer auf jeder Seite des Steins durchschneiden.

2 Das Fleisch im Schachbrettmuster einschneiden.

3 Die Hälften umstülpen und das Fleisch herausnehmen.

OBEN: Marinierte Feigen mit Himbeersauce

UNTEN: Kürbis-Pie

KÜRBIS-PIE

Vorbereitungszeit: 30 Minuten + 30 Minuten Ruhezeit
Backzeit: 1 Stunde 15 Minuten
Für 8 Personen

☆☆

150 g Mehl
100 g Butter, in Stücke geschnitten
2 TL Zucker
4 EL Eiswasser
zum Bepinseln 1 Eigelb mit 1 EL Milch leicht verquirlt

Füllung
2 Eier, leicht verquirlt
140 g feiner brauner Zucker
500 g Kürbis, gekocht, zerdrückt und abgekühlt
80 ml Sahne
1 EL süßer Sherry
1 TL Zimt
1/2 TL Muskatnuß, gemahlen
1/2 TL Ingwer, gemahlen

1 Das Mehl in eine Schüssel sieben und Butter zufügen. Mit den Fingerspitzen in 2 Minuten zu einer krümeligen Mischung verreiben. Zucker einrühren. Dann fast die gesamte Flüssigkeit angießen und zu einem festen Teig verarbeiten; evtl. noch mehr Flüssigkeit dazugeben. Den Teig auf eine leicht bemehlte Arbeitsfläche geben und 1 Minute zusammendrücken, bis die Oberfläche glatt ist.
2 Den Teig auf einer Lage Backpapier so groß ausrollen, daß er Boden und Rand einer Pieform von 23 cm Durchmesser bedeckt. Die Form mit dem Teig auskleiden, überschüssigen Teig abschneiden und den Rand kräuseln. Anschließend die Teigreste 2 mm dick ausrollen und mit einem scharfen Messer Blätter verschiedener Größen ausschneiden. Die Blattadern einritzen. Pieform und Blätter 20 Minuten kalt stellen.
3 Backpapier auf die Größe der Pieform zurechtschneiden. Dann auf den Boden der Form legen und mit trockenen Bohnen oder Reis belegen. 10 Minuten backen, aus dem Backofen nehmen und Bohnen und Papier entfernen. In weiteren 10 Minuten goldgelb backen. In der Zwischenzeit Teigblätter auf ein mit Backpapier ausgelegtes Backblech legen, mit der Eier-Milch-Mischung bepinseln und 10–15 Minuten im Backofen backen. Dann beiseite stellen und abkühlen lassen.
4 Für die Füllung: Backofen auf 180 °C vorheizen. Eier und Zucker mit dem Schneebesen in einer Schüssel verrühren. Kürbis, Sahne, Sherry und Gewürze zufügen und gründlich mischen. Die Mischung in die Teigform füllen, die Oberfläche mit dem Löffelrücken glätten und 40 Minuten backen. Falls der Teigrand beim Backen zu dunkel wird, mit Alufolie abdecken. Den Pie auf Zimmertemperatur abkühlen lassen und mit Teigblättern dekorieren. Nach Wunsch mit Sahne oder Eiscreme servieren.
Hinweis: Statt aus Teigresten können Sie die Blätter auch aus fertigem Blätterteig herstellen. Die Blätter ausschneiden, mit Eiweiß bepinseln und bei 180 °C im Backofen 10–15 Minuten backen.

KLEINE KARAMELWINDBEUTEL MIT LIKÖRSAHNE

Vorbereitungszeit: 30 Minuten
Kochzeit: 30 Minuten
Für 4–6 Personen

☆☆

30 g Butter
3 EL Wasser
30 g Mehl
1 Ei, leicht verquirlt

Likörsahne
125 ml Sahne
1 EL Grand Marnier

Karamel
250 g Zucker
4 EL Wasser

1 Backofen auf 220 °C vorheizen. Ein Backblech mit Backpapier auslegen. Butter und Wasser in einem kleinen Topf bei schwacher Hitze unter Rühren zum Kochen bringen; einmal aufwallen lassen. Vom Herd nehmen und das Mehl auf einmal dazugeben. Mit einem Holzlöffel glattrühren. Wieder auf den Herd stellen und rühren, bis die Mischung dick wird und sich vom Topfrand löst. Vom Herd nehmen und etwas abkühlen lassen. In eine kleine Schüssel geben. Nach und nach Ei hineingeben und mit dem Handrührgerät einarbeiten. Die Mischung soll dick und cremig werden.
2 Die Mischung teelöffelweise mit 4 cm Abstand auf das Blech geben. 10 Minuten backen, Hitze auf 180 °C reduzieren und weitere 5–10 Minuten backen. Die Windbeutel auf der Seite einstechen, damit der Dampf entweichen kann. Den Backofen ausschalten, die Windbeutel wieder hineingeben und trocknen lassen. Abkühlen.
3 **Für die Likörsahne:** Die Sahne mit dem Handrührgerät steif schlagen und den Grand Marnier einrühren. Die Sahne in einen Spritzbeutel mit kleiner, gerader Tülle füllen. Damit die Sahne in die Windbeutel spritzen.
4 **Für den Karamel:** Zucker und Wasser in einem kleinen Topf bei schwacher Hitze rühren, bis sich der Zucker aufgelöst hat. Zum Kochen bringen, Temperatur zurückschalten und unter Rühren kochen, bis ein goldbrauner Karamel entsteht. Dann über die Windbeutel löffeln und fest werden lassen.
Hinweis: Die Windbeutel können 6 Stunden im voraus zubereitet werden; in einem luftdichten Behälter aufbewahren. 1 Stunde vor dem Servieren füllen und mit Karamel glasieren.

SCHOKOLADENMOUSSE

Vorbereitungszeit: 20 Minuten
Kochzeit: 2 Minuten + 2 Stunden Kühlzeit
Für 4 Personen

☆☆

250 g Zartbitterschokolade
3 Eier
60 g Zucker
2 TL brauner Rum
250 ml Sahne, nicht zu steif geschlagen

1 Die Schokolade im Wasserbad schmelzen und glattrühren.
2 Dann mit dem Handrührgerät Eier und Zucker in 5 Minuten zu einer dicken, hellen Masse schlagen, die an Volumen zugenommen hat.
3 Die Mischung in eine große Schüssel geben. Mit einem Metallöffel rasch und zügig zuerst Schokolade und Rum, dann die Sahne unterziehen. Aber nicht zu lange rühren!
4 In 4 Formen mit 250 ml Fassungsvermögen oder in Glasschälchen füllen. Vor dem Servieren mindestens 2 Stunden kalt stellen.

SCHOKOLADEN-BLÄTTER
Zum Anfertigen von Schokoladenblättern empfiehlt es sich, ungiftige Blätter (Rosen und Efeu eignen sich gut) mit deutlich hervortretenden Adern an der Unterseite zu wählen. Behaarte Blätter sind ungeeignet, weil die Haare an der Schokolade kleben bleiben. *Zubereitung:* Ein wenig Schokolade schmelzen. Die Unterseite des Blattes mit einem feinen Pinsel großzügig mit Schokolade bepinseln. Fest werden lassen und das Blatt vorsichtig abziehen. Wenn die Schokoladenschicht zu dünn ist, bricht sie beim Abziehen.

OBEN: Kleine Karamelwindbeutel mit Likörsahne

HEIDELBEEREN

Heidelbeeren (Blaubeeren) gelten häufig als typisch amerikanische Früchte. Die kleinen schwarzblauen Beeren werden dort an einem immergrünen Halbstrauch geerntet. Nordamerika produziert dabei 75 Prozent der Welternte. Die Beeren der Wildsträucher sind viel begehrter als die größeren und süßeren, kultivierten Früchte – auch bei den Alaska-Wühlmausen, deren Zähne während der gesamten Heidelbeersaison blau von den Beeren sind.

OBEN: Heidelbeer-Pie

HEIDELBEER-PIE

Vorbereitungszeit: 20 Minuten + 10 Minuten Kühlzeit
Backzeit: 30–35 Minuten
Für 4 Personen

☆

180 g Mehl
125 g Butter, in Stücke geschnitten
60 g Puderzucker
3 EL Zitronensaft
500 g frische Heidelbeeren
zusätzlich 3 EL Puderzucker
1 TL abgeriebene Zitronenschale
1/2 TL Zimt
1 Eiweiß, leicht verquirlt

1 Den Backofen auf 180 °C vorheizen. Mehl, Butter und Puderzucker in der Küchenmaschine in etwa 15 Sekunden zu einer krümeligen Masse verarbeiten. Anschließend fast den gesamten Saft angießen und kurz zu einem Teig weiterverarbeiten; evtl. noch mehr Saft hineingießen.
2 Den Teig auf eine Lage Backpapier legen und zusammendrücken, bis die Oberfläche glatt ist. Zu einer Fläche von 30 cm Durchmesser ausrollen und mit Klarsichtfolie abdecken; 10 Minuten im Kühlschrank ruhen lassen. Die Heidelbeeren in eine Schüssel geben und mit Zucker, Zitronenschale und Zimt bestreuen.
3 Den Teig mit Backpapier auf ein Blech legen. Die Mitte des Teigs mit Eiweiß bepinseln. Heidelbeeren in der Mitte in einem Kreis von 20 cm Durchmesser verteilen. Die Teigecken über die Füllung klappen (siehe Abbildung). Anschließend in 30–35 Minuten goldgelb backen. Mit Puderzucker bestreuen und servieren.

TOFU-EISCREME MIT SCHOKOSTÜCKCHEN

Vorbereitungszeit: 20 Minuten
Kochzeit: Keine
Für 4 Personen

☆

500 g weicher Tofu
3 EL Ahornsirup
2 EL Honig
3 EL Macadamianußöl
250 ml Sojamilch
250 ml Crème double
220 g Macadamianüsse, geröstet und grobgehackt
125 g Zartbitter- oder Blockschokolade, grob zerkleinert

1 Den Tofu 2 Minuten in heißem Wasser einweichen. Anschließend für 2 Minuten in Eiswasser tauchen; abtropfen lassen. Tofu, Ahornsirup, Honig und Nußöl in der Küchenmaschine zu einer glatten Masse verarbeiten. Nach und nach Sojamilch und Crème double angießen und alles zu einer dicken, sahnigen Mischung verarbeiten.
2 Die Mischung auf ein großes, flaches Metallblech geben. Nüsse und Schokolade unterheben, glattstreichen und mit Folie bedeckt in den Gefrierschrank stellen.
3 Wenn die Eiscreme an den Rändern fest wird, vorsichtig umrühren. Diesen Vorgang (anfrieren und umrühren) zweimal wiederholen; dann fest gefrieren lassen.
Hinweis: Nehmen Sie auf jeden Fall weichen Tofu, keinen festen, für dieses Rezept. Er hat eine angenehm sahnige Konsistenz.

PAWLOWA-ROLLE MIT HIMBEER-COULIS

Vorbereitungszeit: 25 Minuten
Kochzeit: 15 Minuten
Für 8–10 Personen

☆☆

- 4 Eiweiß
- 250 g Zucker
- 1 TL Maismehl
- 2 TL Zitronensaft oder Essig
- 170 ml Sahne, geschlagen
- 50 g frische Beeren, gehackt

Himbeer-Coulis

- 2 EL Brandy
- 250 g frische Himbeeren, gewaschen
- 1 EL Puderzucker

1 Eine Biskuitrollenform von 25 x 30 cm mit Öl bepinseln und mit Backpapier auslegen, so daß es an zwei Seiten übersteht. Dann den Backofen auf 180 °C vorheizen. Eiweiß steif schlagen. Nach und nach drei Viertel des Zuckers einrieseln lassen und zu einer dicken, glänzenden Creme schlagen. 1 EL Zucker mit Maismehl mischen. Mit Zitronensaft oder Essig unter die Baisermasse heben. In die Form geben, glattstreichen und 12–15 Minuten backen.

2 Ein großes Blatt Backpapier auf ein Küchentuch legen und großzügig mit dem restlichen Zucker bestreuen. Die Pawlowa darauf stürzen, Backpapier vom Boden abziehen und den Teig 3 Minuten ruhen lassen. Mit Hilfe des Küchentuchs die Pawlowa von der langen Seite her aufrollen; abkühlen lassen. Beeren unter die geschlagene Sahne heben.

3 Die Pawlowa vorsichtig auseinanderrollen, mit der Sahnemischung bestreichen und ohne Küchentuch und Backpapier wieder zusammenrollen. Dann auf eine Kuchenplatte legen und kalt stellen.

4 **Für den Himbeer-Coulis:** Himbeeren zusammen mit Brandy und Puderzucker in einer Küchenmaschine fein pürieren. Zum Servieren die Pawlowa-Rolle in Scheiben schneiden und mit Coulis servieren.

Hinweis: Sie können die Rolle auch mit einem dicken Fruchtpüree füllen.

SCHNELLES TOFUDESSERT MIT BEEREN UND SIRUP

500 G WEICHEN TOFU abtropfen lassen und in mundgerechte Stücke schneiden. Dann auf 4 Schälchen verteilen. Mit Maulbeeren, Heidelbeeren und Erdbeeren belegen. Mit Ahornsirup beträufeln und mit Mandelbiscotti servieren. Für 4 Personen.

RAFFINADEZUCKER
Dieser besonders reine und hochwertige Zucker wird gerne beim Kochen verwendet, weil sich seine feinen Kristalle schnell auflösen. Wenn Ihnen der feine Zucker einmal ausgegangen ist, können Sie Zuckerwürfel oder Hagelzucker in der Küchenmaschine bis zum gewünschten Feinheitsgrad zerkleinern.

OBEN: Pawlowa-Rolle mit Himbeer-Coulis

KUCHEN UND GEBÄCK

Erinnern Sie sich noch an die köstlichen Düfte und verführerischen Aromen, die in Ihrer Kindheit am Samstagnachmittag aus der Küche strömten, wenn dort gebacken wurde? Backen gehört zu den Familientraditionen, die es wirklich verdienen, fortgesetzt zu werden – selbst in einer so schnellebigen Zeit wie heute. Die folgenden Rezepte sollen Sie dazu verführen, nicht nur beim Traditionellen zu verweilen, sondern sich auch an einige der köstlichsten Leckereien unserer Zeit heranzuwagen.

DATTELKUCHEN MIT MUSKATNUSS

Vorbereitungszeit: 25 Minuten
Backzeit: 55 Minuten
Für 8–10 Personen

☆

375 g feiner brauner Zucker + zusätzlich 2 EL feiner brauner Zucker
250 g Mehl
2 TL Backpulver
125 g kalte Butter, in Stücke geschnitten
1 TL Natron
180 ml Milch
2 Eier, verquirlt
1 1/2 TL Muskatnuß, frisch gerieben
375 g getrocknete Datteln, grobgehackt
Puderzucker zum Bestäuben
geschlagene Sahne zum Servieren

1 Backofen auf 180 °C vorheizen. Eine Springform von 22 cm Durchmesser mit Öl oder zerlassener Butter bepinseln. Boden mit Backpapier auslegen.
2 Mehl, Backpulver und 375 g braunen Zucker in der Küchenmaschine 10 Sekunden mischen. Die Butter zufügen und in weiteren 10 Sekunden zu feinen Krümeln verarbeiten. Dann die Hälfte der Mischung auf den Boden der Form drücken.
3 Natron in der Milch auflösen. Eier und Muskat zufügen und mit dem Schneebesen verrühren. Zur restlichen Zucker-Mehl-Mischung geben und erneut 10 Sekunden verarbeiten. In die Form gießen und die Hälfte der Datteln darüber streuen. Anschließend etwa 55 Minuten backen. Den Kuchen aus dem Backofen nehmen und in der Form etwa 10 Minuten abkühlen lassen. Aus der Form nehmen und auf einem Kuchendraht erkalten lassen.
4 Die restlichen Datteln oben auf den Kuchen geben, mit zusätzlichem Zucker bestreuen und 1 Minute unter den sehr heißen Grill schieben; dann abkühlen lassen. Mit Puderzucker bestäuben und mit Sahne servieren.

MUSKATNUSS
Muskatnuß verliert im gemahlenen Zustand sehr rasch ihr Aroma. Deshalb empfiehlt es sich, ganze Muskatnüsse zu kaufen und sie bei Bedarf frisch zu reiben. Muskatreiben sind in den meisten Supermärkten und in Haushaltswarengeschäften erhältlich. Muskatnuß wird gleichermaßen zum Würzen von süßen und herzhaften Speisen verwendet, vor allem aber für Speisen auf Milch-, Sahne- oder Eierbasis. Frisch geriebene Muskatnuß ist unentbehrlich für einen *eggnog* (Eierflip), ein frisches Mischgetränk, das immer Ei und Milch enthält.

OBEN: Dattelkuchen mit Muskatnuß

SCHNELLE SCHOKO-NUSS-PLÄTZCHEN

DEN BACKOFEN AUF 180 °C vorheizen. 150 g Mehl und 2 1/2 TL Backpulver in eine Schüssel sieben. Mit 125 g gehackten Walnüssen und 90 g Schokoladenchips oder zerkleinerter Schokolade verrühren. Dann eine Vertiefung in die Mitte der trockenen Zutaten drücken; 200 g geschmolzene Zartbitterschokolade, 125 g zerlassene Butter, 2 EL Zuckersirup und 2 leicht verquirlte Eier hineingeben und verrühren. Gestrichene Eßlöffel des Teigs im Abstand von 4 cm auf ein gefettetes Backblech geben und 12 Minuten backen. Anschließend auf einem Kuchengitter abkühlen lassen. Ergibt 30 Stück.

FRISCHE ANANAS
Kaufen Sie nur voll ausgereifte Früchte. Eine reife Ananas sollte blaßgelb sein, keine weichen Stellen haben, und die inneren Blätter des Blattschopfes sollten sich leicht herauszupfen lassen. Eine unreife Frucht duftet nicht, ist dunkelgrün und schmeckt sehr streng. Man kann sie außerhalb des Kühlschranks einige Tage nachreifen lassen. Kleine Ananasfrüchte sind meist aromatischer als große.

ANANAS-BANANEN-KUCHEN

Vorbereitungszeit: 40 Minuten
Backzeit: 1 Stunde
Für 8–10 Personen

☆

2 mittelgroße Bananen, zerdrückt
130 g Ananas aus der Dose, abgetropft und zerdrückt
300 g Zucker
200 g Mehl
3 TL Backpulver
2 TL Zimt
170 ml Öl
3 EL Ananassaft
2 Eier

Füllung
250 g Frischkäse
180 g Puderzucker
1 kleine Mango, in Scheiben geschnitten

1 Den Backofen auf 180 °C vorheizen. Eine Kuchenform von 23 cm Durchmesser mit Öl oder zerlassener Butter auspinseln. Boden und Ränder mit Backpapier auslegen.
2 Bananen, Ananas und Zucker in eine Schüssel geben. Gesiebtes Mehl, Backpulver und Zimt zufügen und mit einem Holzlöffel verrühren.
3 Dann Öl, Ananassaft und Eier verrühren und zur Bananenmischung geben. Rühren, bis eine einheitliche Masse entsteht.
4 In die vorbereitete Form füllen, die Oberfläche glattstreichen und etwa 1 Stunde backen (Nadelprobe). 10 Minuten in der Form abkühlen lassen; dann auf einem Kuchendraht erkalten lassen.
5 **Für die Füllung:** Mit dem Handrührgerät Frischkäse und Puderzucker zu einer leichten, lockeren Masse rühren. Kuchen mit einem gezackten Messer waagerecht halbieren. Dann ein Drittel der Füllung auf die untere Kuchenhälfte streichen und mit Mangoscheiben belegen. Die obere Hälfte darauf legen und mit der restlichen Füllung bestreichen. Nach Wunsch mit kandierten Ananasstückchen belegen.
Hinweis: Dieser Kuchen hält sich in einem luftdicht verschlossenen Behälter bis zu 4 Tagen. Im Sommer sollte man ihn im Kühlschrank aufbewahren. Für die Füllung eignen sich auch Mangos aus der Dose, dünn geschnittene Ananasscheiben oder Papaya.

OBEN:
Ananas-Bananen-Kuchen

ERDNUSS-SCHOKO-MUFFINS

Vorbereitungszeit: 15 Minuten
Backzeit: 20–25 Minuten
Ergibt 12 Stück

✯

250 g Mehl
4 TL Backpulver
80 g Farinzucker
240 g zartbittere Schokoladenchips oder zerkleinerte Zartbitterschokolade
1 Ei
250 g Erdnußbutter mit Nüssen
2 EL Erdbeerkonfitüre
60 g Butter, zerlassen
250 ml Milch
Puderzucker zum Bestäuben

1 Backofen auf 180 °C vorheizen. Eine 12er-Muffinform mit Öl oder zerlassener Butter bepinseln.
2 Mehl und Backpulver in eine Schüssel sieben. Zucker und Schokolade dazugeben; dann eine Vertiefung in die Mitte drücken. Ei, Erdnußbutter, Konfitüre, Butter und Milch verrühren und zu den trockenen Zutaten geben. Kurz miteinander verrühren.
3 Die Mischung gleichmäßig auf die Formen verteilen. 20–25 Minuten backen (Nadelprobe). Die Muffins in der Form lockern und 10 Minuten abkühlen lassen, dann auf ein Kuchengitter setzen. Mit Puderzucker bestäuben.

KANDIERTE FRÜCHTE
Das sind Früchte, die in einem Zuckersirup eingelegt wurden. Sie sind innen feucht und klebrig, aber außen glänzen sie, weil sie abschließend noch einmal in einen starken Sirup getaucht werden.

SEITE GEGENÜBER: Erdnuß-Schoko-Muffins (oben); Schoko-Nußkuchen mit Früchten

SCHOKO-NUSSKUCHEN MIT FRÜCHTEN

Vorbereitungszeit: 40 Minuten
Backzeit: 1 Stunde
Für 8–10 Personen

✯

5 Eiweiß
180 g Zucker
100 g kandierte Aprikosen, gehackt
100 g kandierte Feigen, gehackt
80 g kandierter Ingwer, gehackt
250 g blanchierte Mandeln, feingehackt
250 g Blockschokolade, zerkleinert
60 g Zartbitterkuvertüre, geschmolzen
375 ml Sahne

1 Den Backofen auf 150 °C vorheizen. Eine Springform von 24 cm Durchmesser mit Öl oder zerlassener Butter bepinseln. Boden und Rand mit Backpapier auslegen.
2 Mit dem Handrührgerät das Eiweiß steif schlagen. Nach und nach den Zucker hineingeben; zwischendurch immer wieder sorgfältig rühren. Weiter schlagen, bis sich der Zucker aufgelöst hat und die Masse dick und glänzend ist.
3 Dann mit einem Metallöffel Früchte, Ingwer, Mandeln, zerkleinerte und flüssige Schokolade unterheben. Nur so lange rühren, bis alle Zutaten vermischt sind. In die Form füllen und 1 Stunde backen (Nadelprobe). In der Form 15 Minuten abkühlen lassen; herausnehmen. Auf einem Kuchengitter kalt werden lassen. Dann die Sahne sehr steif schlagen. Mit einem Spritzbeutel mit gerader Tülle die Sahne dekorativ auf den Kuchen spritzen. Nach Wunsch mit Schokoladenblättern verzieren.

MANDELKUCHEN

Vorbereitungszeit: 30 Minuten
Backzeit: 50 Minuten
Für 8–10 Personen

✯✯

4 Eier
180 g Zucker
2 TL abgeriebene Orangenschale
90 g Butter, zerlassen
60 ml Sahne
90 g Mehl
1 1/2 TL Backpulver

Mandelbelag
180 g Mandelblättchen
90 g Butter
90 g Zucker
60 ml Sahne
2 EL Honig
1/2 TL Lebkuchengewürz

1 Backofen auf 180 °C vorheizen. Eine Springform von 23 cm Durchmesser einfetten und mit Backpapier auslegen.
2 Eier und Zucker mit dem Handrührgerät in einer Schüssel rühren, bis die Mischung dick und hell wird. Mit einem Metallöffel Orangenschale, Butter und Sahne, anschließend Mehl und Backpulver unterheben. In die Form füllen und 40 Minuten backen.
3 **Für den Belag:** Mandeln, Butter, Zucker, Sahne, Honig und Lebkuchengewürz in einem Topf bei mittlerer Hitze zum Kochen bringen. Dann auf dem Kuchen verteilen und weitere 10 Minuten backen, bis der Belag goldgelb ist. Noch 10 Minuten in der Form abkühlen lassen; dann auf eine Kuchenplatte geben.

ERDBEEREN
Viele heute im Handel erhältliche Erdbeersorten stammen von Hybriden, die durch Kreuzung der amerikanischen Virginia-Erdbeere (große Frucht mit wenig Aroma) mit der chilenischen Erdbeere (besonders intensives Aroma) entstanden sind. Mit dieser Züchtung der »modernen Erdbeere« wurde die Basis für Hunderte neuer Erdbeersorten gelegt. Gehen Sie beim Kauf von Erdbeeren aber nicht nach der Größe – die Früchte mit intensivem Duft haben immer auch den besten Geschmack.

OBEN: Orangenbiskuit mit Beeren

ORANGENBISKUIT MIT BEEREN

Vorbereitungszeit: 1 Stunde
Backzeit: 45 Minuten
Für 8–10 Personen

☆☆☆

60 g Mehl
30 g Maismehl
1 TL Backpulver
3 EL Milch
50 g Butter
180 g Zucker
3 Eier
3 Eigelb
1 TL abgeriebene Orangenschale
375 ml Sahne
3–4 TL Puderzucker
1–2 EL Grand Marnier
250 g Erdbeeren, entstielt und in Scheiben geschnitten
250 g Heidelbeeren
2 EL Mandelblättchen, geröstet
Puderzucker zum Bestäuben

1 Backofen auf 180 °C vorheizen. Eine flache Kuchenform von 30 x 20 cm mit Öl oder zerlassener Butter auspinseln. Boden und Ränder mit Backpapier auslegen; es sollte an den Rändern etwa 3 cm überstehen. Mehl und Backpulver zweimal auf eine Lage Backpapier sieben. Milch und Butter bei mittlerer Hitze unter Rühren in einem Topf erwärmen, bis die Butter flüssig ist. Die Mischung heiß halten, aber auf keinen Fall kochen lassen.
2 Zucker, Eier und Eigelb in eine große feuerfeste Schüssel geben und im Wasserbad mit dem Handrührgerät schlagen, bis die Masse hellgelb, dick und glänzend ist und an Volumen zugenommen hat. Die Schüssel vom Herd nehmen und die Orangenschale einrühren.
3 Mit einem Metalllöffel jeweils ein Drittel des Mehls unterheben. Heiße Buttermischung zufügen und kurz verrühren (Nicht zu lange rühren; die Masse soll möglichst viel Volumen behalten). Dann in die vorbereitete Form füllen und 25–30 Minuten backen. Der Teig soll bei Berührung leicht nachgeben. In der Form abkühlen lassen.
4 Kuchen auf eine glatte Arbeitsfläche stürzen. Mit einem scharfen Messer vorsichtig die dunklen Stel-

len entfernen. In drei gleich große Rechtecke von etwa 10 x 20 cm schneiden.
5 Sahne und Puderzucker mit dem Handrührgerät sehr steif schlagen. Grand Marnier einrühren.
6 Ein Viertel der Sahne auf das erste Kuchenrechteck streichen. Mit einem Drittel der Beeren belegen. Das zweite Rechteck darauf legen und leicht andrücken. Vorgang mit Sahne und Beeren wiederholen und das dritte Rechteck auflegen; einige Beeren zur Dekoration zurückbehalten. Oberfläche und Ränder mit der restlichen Creme bestreichen. Den Kuchen mit den zurückbehaltenen Beeren und den gerösteten Mandelblättchen verzieren. Ganz leicht mit Puderzucker bestäuben.
Hinweis: Die Mandelblättchen zum Rösten auf ein mit Backpapier ausgelegtes Backblech legen und bei 180 °C für 5–10 Minuten in den Backofen schieben. Für dieses Rezept sollte man keine tiefgefrorenen Früchte verwenden, weil sie zuviel Flüssigkeit abgeben. Statt Heidelbeeren können auch Brombeeren verwendet werden. Oder Sie verwenden nur eine Beerensorte.

SCHOKO-MÖHREN-SCHNITTEN

Vorbereitungszeit: 20 Minuten
Backzeit: 30 Minuten
Ergibt 32 Stück

☆

- 125 g Mehl
- 2 TL Backpuver
- 1 TL Zimt
- 180 g Zucker
- 80 g Möhren, feingerieben
- 180 g gemischtes Dörrobst, gehackt
- 90 g Blockschokolade, zerkleinert
- 30 g Kokosflocken
- 2 Eier, leicht verquirlt
- 90 g Butter, zerlassen
- 40 g Walnüsse, gehackt

Frischkäsebelag
- 125 g Frischkäse
- 30 g Butter
- 180 g Puderzucker, gesiebt
- 1 TL heißes Wasser

1 Backofen auf 180 °C vorheizen. Eine flache Kuchenform von 23 cm Durchmesser mit Öl oder zerlassener Butter bepinseln. Boden und Rand mit Backpapier auslegen.
2 Mehl, Backpulver und Zimt in eine Schüssel sieben. Dann Zucker, Möhre, Dörrobst, Schokolade und Kokosflocken hineingeben und verrühren. Eier und Butter zugeben und kurz mischen.
3 Die Mischung gleichmäßig in die vorbereitete Form füllen und die Oberfläche glätten. In etwa 30 Minuten goldgelb backen. In der Form abkühlen lassen, dann auf eine flache Arbeitsfläche stürzen.
4 Für den Belag: Frischkäse und Butter mit dem Handrührgerät glattrühren. Puderzucker hineingeben und 2 Minuten rühren; die Mischung sollte locker und luftig werden. Wasser hineingießen und gut unterrühren.
5 Den Belag mit einer Palette oder einem Messer mit breiter Klinge auf den Teig streichen und mit Walnüssen bestreuen. In 16 Quadrate und jedes Quadrat in zwei Dreiecke schneiden.
Hinweis: Die Schnitten lassen sich bis zu 2 Monaten einfrieren. Der Belag kann auch mit geraspelter Schokolade bestreut werden.

FRISCHKÄSE
Frischkäse wird aus Vollmilch oder aus einer Mischung aus Vollmilch und Rahm hergestellt. Frischkäse schmeckt nicht nur als Brotaufstrich, sondern ist auch als Grundlage für Dips, Beläge und Glasuren geeignet. Zum Aromatisieren drückt man duftende Blätter oder Kräuter in den Käse und verpackt ihn über Nacht fest in Klarsichtfolie. Am nächsten Tag Kräuter wieder entfernen. Der Käse hat dann ein ganz feines, leichtes Kräuteraroma.

OBEN: Schoko-Möhren-Schnitten

GLASUREN UND BELÄGE

Ob süß oder sauer, gekocht oder kalt gerührt – diese wunderbaren Beläge und Glasuren machen aus einem einfachen Rührkuchen oder Muffin eine Köstlichkeit.

EINFACHE BUTTERCREME

80 g weiche Butter und 60 g Puderzucker mit dem Handrührgerät verrühren. Anschließend verschiedene Aromastoffe wie 2 TL abgeriebene Orangenschale, 60 g geschmolzene und abgekühlte Schokolade oder ein paar Tropfen Backaroma Ihrer Wahl, nach Wunsch auch etwas Lebensmittelfarbe, zufügen.

SCHOKOLADENGLASUR

30 g zerlassene Butter, 2 EL heißes Wasser und 2 EL gesiebtes Kakaopulver in einer Schüssel zu einer glatten Paste rühren. 125 g gesiebten Puderzucker zufügen und einrühren, bis eine homogene Masse entsteht.

HONIGCREME

Mit dem Handrührgerät 125 g Butter, 90 g feinen Zucker und 2 EL Honig zu einer leichten, sahnigen Mischung schlagen. Kaltes Wasser darauf gießen, schwenken und wieder abgießen. Weitere 2 Minuten schlagen, kaltes Wasser auf die Mischung gießen, schwenken und wieder abgießen. Den Vorgang noch viermal wiederholen, bis die Mischung weiß und cremig ist und sich der Zucker aufgelöst hat. Schmeckt hervorragend als Belag für Gewürz- und Früchtekuchen.

ZITRUSGLASUR

125 g gesiebten Puderzucker, 10 g Butter und 1 TL feingeriebene Zitrusschale in eine kleine feuerfeste Schüssel geben. Genug Zitrussaft zufügen, um eine Paste anzurühren (etwa 1–2 EL). Dann die Schüssel ins Wasserbad stellen und rühren, bis die Glasur glatt ist und glänzt. Vom Herd nehmen und Kuchen oder Plätzchen damit bestreichen. Sie können für dieses Rezept Orangen-, Zitronen- oder Limettenschale und den entsprechenden Saft verwenden.

WEICHE ZITRUSGLASUR

Eine leckere und einfache Glasur entsteht durch Mischen von 150 g gesiebtem Puderzucker, 30 g weicher Butter, etwas abgeriebener Zitronenschale und genug heißem Wasser, um damit eine dicke glatte Paste zu rühren. Diese auf dem Kuchen verteilen. Diese Mischung kann man leicht verarbeiten, weil sie nicht so schnell fest wird. Sie kann auch auf dem Wasserbad zubereitet werden, muß dann aber zügig mit einem heißen, feuchten Messer verarbeitet werden, weil sie rasch fest wird.

FRISCHKÄSEGLASUR

190 g Frischkäse in kleine Stücke schneiden und mit dem Handrührgerät glattrühren. Dann 40 g gesiebten Puderzucker und einige TL Zitronensaft hineingeben und gut verrühren. Evtl. etwas mehr Saft zufügen; darauf achten, daß die Glasur nicht zu dünn wird. Schmeckt sehr gut als Belag auf Möhren- oder Bananenkuchen.

SCHOKOLADEN-ÜBERZUG

100 g zerkleinerte Zartbitterschokolade, 60 g Butter und 1 EL Sahne in einer feuerfesten Schüssel mischen. Schüssel auf einen Topf mit siedendem Wasser setzen (Wasserbad) und die Mischung unter Rühren schmelzen. Wenn die Mischung glatt ist, etwas abkühlen lassen und als Glasur über eine glatte Kuchenoberfläche geben. (Wenn die Oberfläche nicht glatt ist, den Kuchen wenden und einfach die Unterseite als Oberseite verwenden). Oder die Ganache weiter abkühlen lassen und verstreichen. *Variante:* Den kalten Überzug mit dem Handrührgerät leicht und luftig rühren.

IM UHRZEIGERSINN VON OBEN LINKS: Zitrusglasur; Schokoladen-Überzug; Schokoladenglasur (mit Schlagsahne und Schokodekoration); Honigcreme; Weiche Zitrusglasur; Einfache Buttercreme; Frischkäseglasur

SCHOKOLADEN-KNÖPFCHEN
Für die Zubereitung von Schokoladenknöpfchen benötigen Sie 150 g geschmolzene Schokolade. Legen Sie ein Backblech mit Backpapier aus. Füllen Sie die Schokolade in eine Spritztüte. Die Tüte oben verschließen, dann die Spitze abschneiden. Dann spritzen Sie kleine Schokoladenknöpfchen auf das Backblech. Nun das Blech kurz vorsichtig auf die Arbeitsplatte schlagen, damit die Knöpfchen noch flacher werden. Fest werden lassen, vom Papier nehmen und die Knöpfchen zum Dekorieren verwenden.

OBEN: Mokkatorte

MOKKATORTE

Vorbereitungszeit: 1 Stunde + 1 Stunde Kühlzeit
Backzeit: 40–50 Minuten
Für 8–10 Personen

★★★

125 g Paranüsse
100 g blanchierte Mandeln
80 g Haselnüsse
2 EL Mehl
180 g Zucker
7 Eiweiß
3 EL Mokkalikör
kleine Schokoladenknöpfchen, zum Dekorieren (siehe linke Spalte)
gesiebter Puderzucker zum Bestäuben

Mokkacreme
200 g Butter
150 g Zartbitterschokolade, geschmolzen
2–3 TL Puderzucker
2 TL warmes Wasser
3–4 TL Instant-Kaffeepulver

1 Backofen auf 180 °C vorheizen. Eine Springform von 20 cm Durchmesser mit Öl oder zerlassener Butter bepinseln. Boden und Rand mit Backpapier auslegen. Die Nüsse auf ein Backblech legen. In 5–10 Minuten goldgelb rösten. Nüsse mit einem frischen Küchentuch kräftig abreiben, damit sich die braune Haut löst. Dann die Nüsse in der Küchenmaschine fein mahlen.

2 Gemahlene Nüsse in eine Schüssel geben. Mehl und 125 g Zucker zufügen und gut verrühren. Eiweiß mit dem Handrührgerät steif schlagen. Nach und nach den restlichen Zucker einrühren, bis die Masse dick ist und glänzt und sich der Zucker aufgelöst hat. Mit einem Metallöffel die Nußmischung in drei Portionen unter das Eiweiß heben. In die Form geben, die Oberfläche glätten und etwa 35–40 Minuten backen. In der Form erkalten lassen.

3 **Für die Mokkacreme:** Die Butter mit dem Handrührgerät in einer kleinen Schüssel locker und cremig rühren. Nach und nach die geschmolzene Schokolade hineingießen und gut verrühren. Das Kaffeepulver im Wasser auflösen. Mit dem Puderzucker zufügen und sorgfältig glattrühren.

4 **Für die Fertigstellung:** Den Kuchen auf eine Arbeitsfläche stellen. Mit einem scharfen Messer waagerecht in drei Lagen schneiden. Die oberste Lage als Boden der Torte verwenden. Diese Lage mit der Hälfte des Likörs bepinseln. Dann mit etwa einem Fünftel der Creme bestreichen.

5 Die zweite Lage darauf legen. Mit dem restlichen Likör bespinseln und mit einem Viertel der restlichen Creme bestreichen. Die letzte Lage aufsetzen. Kuchen ringsherum mit der übrigen Creme bestreichen. Mit Schokoladenknöpfchen dekorieren und mit Puderzucker leicht bestäuben. Mindestens 1 Stunde kalt stellen.

MANDELN VORBEREITEN
In manchen Rezepten werden blanchierte Mandeln verlangt. Das bedeutet im Grunde nur, daß die Haut entfernt wird. Sie können die Mandeln bereits blanchiert kaufen, oder Sie blanchieren sie selbst: Mandeln mit kochendem Wasser bedecken und 30 Sekunden ziehen lassen. Abgießen, dann die Haut mit den Fingern oder mit einem Küchentuch abrubbeln. Zum Dekorieren von Kuchen empfiehlt es sich, wegen des besseren Aromas geröstete Mandeln zu verwenden. Dazu die Mandeln nebeneinander auf ein Backblech geben und im vorgeheizten Backofen bei 180 °C 5–10 Minuten goldgelb rösten. Vor der Weiterverwendung abkühlen lassen.

BANANENKUCHEN

Vorbereitungszeit: 25 Minuten
Backzeit: 1 Stunde
Ergibt 1 Kuchen von 20 cm Durchmesser

☆

125 g Butter
125 g Zucker
2 Eier, leicht verquirlt
5 Tropfen Vanillearoma
4 mittelgroße, reife Bananen, zerdrückt
1 TL Natron
125 ml Milch
250 g Mehl
4 TL Backpulver

Butterglasur
125 g Butter
90 g Puderzucker
1 EL Zitronensaft
20 g Kokosflocken, geröstet

1 Backofen auf 180 °C vorheizen. Eine runde Kuchenform von 20 cm Durchmesser mit Öl oder zerlassener Butter bepinseln. Boden mit Backpapier auslegen. Butter und Zucker mit dem Handrührgerät cremig rühren. Die Eier nach und nach zugeben; zwischendurch immer wieder gut verrühren. Das Vanillearoma und die zerdrückten Bananen hineingeben und rühren, bis eine einheitliche Masse entstanden ist.

2 Die Mischung in eine große Schüssel geben. Das Natron in der Milch auflösen. Mit einem Metalllöffel abwechselnd gesiebtes Mehl mit Backpulver und Milch unterheben. Dann die Mischung glattrühren, in die vorbereitete Form geben und die Oberfläche glattstreichen. Etwa 1 Stunde backen (Nadelprobe). 10 Minuten in der Form abkühlen lassen; dann auf einen Kuchendraht stürzen und erkalten lassen.

3 Für die Glasur: Butter, Puderzucker und Zitronensaft mit dem Handrührgerät glatt und cremig rühren. Auf den erkalteten Kuchen streichen und mit Kokosflocken bestreuen.

Hinweis: Für dieses Rezept sollte man am besten sehr reife Bananen nehmen, weil ihr Aroma besser ist. Nach Wunsch den Kuchen mit ungerösteten Kokosflocken dekorieren.

OBEN: Bananenkuchen

MUFFINS AUFBEWAHREN
Muffins ißt man am besten an dem Tag, an dem sie gebacken wurden. Man kann sie aber bis zu 3 Monaten tiefgefrieren. Dazu die Muffins erkalten lassen und luftdicht in einem Gefrierbeutel verpacken. Süße Muffins vor dem Verzehr entweder auftauen lassen oder bei mittlerer Temperatur im Backofen aufwärmen.

OBEN: Schokoladenmuffins
RECHTS: Erdbeer-Passionsfrucht-Muffins

SCHOKOLADENMUFFINS

Vorbereitungszeit: 15 Minuten
Backzeit: 12–15 Minuten
Ergibt 6 große Muffins

☆

250 g Mehl
2 1/2 TL Backpulver
30 g Kakao
2 EL Zucker
175 g Blockschokolade, zerkleinert
1 Ei, leicht verquirlt
125 g saure Sahne
180 ml Milch
90 g Butter, zerlassen

1 Den Backofen auf 180 °C vorheizen. Eine 6er-Form für große Muffins mit Öl oder zerlassener Butter auspinseln. Mehl, Backpulver und Kakao in eine Schüssel sieben. Dann Zucker und Schokoladenstückchen unterrühren. Eine Vertiefung in die Mitte drücken. Ei, saure Sahne, Milch und zerlassene Butter in einer Schüssel verrühren und auf einmal zu den trockenen Zutaten geben. Mit einer Gabel kurz verrühren; der Teig darf noch klumpig sein.

2 Die Mischung in die Muffinform füllen. 12–15 Minuten backen. Dann die Muffins in der Form lösen, kurz ruhen lassen und zum Abkühlen auf ein Kuchengitter geben.
Hinweis: Für eine köstliche Dekoration rühren Sie 50 g Schokolade, 1 EL Sahne und 10 g Butter in einer Pfanne bei schwacher Temperatur, bis eine einheitliche Masse entsteht. Anschließend im Kühlschrank fest werden lassen, dann in einen Spritzbeutel füllen und die Muffins damit dekorieren (siehe Abbildung links). Schließlich mit Puderzucker bestreuen.

ERDBEER-PASSIONSFRUCHT-MUFFINS

Vorbereitungszeit: 20 Minuten
Backzeit: 10–15 Minuten
Ergibt 12 Stück

☆

220 g Mehl
3 1/2 TL Backpulver
1 Prise Salz
1/2 TL Natron
60 g Zucker
180 g frische Erdbeeren, gehackt
125 g Passionsfruchtfleisch, frisch oder aus der Dose
1 Ei
180 ml Milch
60 g Butter, zerlassen

1 Den Backofen auf 210 °C vorheizen. Eine 12er-Muffinform mit Öl oder zerlassener Butter auspinseln.
2 Mehl, Backpulver, Natron, Salz und Zucker in eine Schüssel sieben. Erdbeeren unterrühren und eine Vertiefung in die Mitte drücken.
3 Eier und Milch in einer Schüssel verrühren. Mit dem Passionsfruchtfleisch auf einmal zu den trockenen Zutaten geben. Mit einer Gabel kurz verrühren – der Teig darf noch klumpig sein.
4 Die Mischung in die Muffinform füllen und in 10–15 Minuten goldbraun backen. Muffins mit einem Holz- oder Kunststoffspatel aus den Formen lösen und zum Abkühlen auf ein Kuchengitter geben. Mit gesüßtem, gerührtem Frischkäse oder Schlagsahne und frischen Erdbeeren dekorieren. Mit Puderzucker bestäuben.

HEIDELBEERMUFFINS

Vorbereitungszeit: 20 Minuten
Backzeit: 20 Minuten
Ergibt 6 große Muffins

☆

375 g Mehl
1 EL Backpulver
140 g feiner brauner Zucker
125 g Butter, zerlassen
2 Eier, leicht verquirlt
250 ml Milch
150 g Heidelbeeren
Puderzucker zum Bestäuben

1 Backofen auf 210 °C vorheizen. Eine 6er-Form für große Muffins mit Öl oder zerlassener Butter auspinseln. Mehl und Backpulver in eine Schüssel sieben; den Zucker unterrühren. Dann eine Mulde in die Mitte drücken.
2 Eier, Milch und zerlassene Butter in einer Schüssel verrühren und auf einmal zu den trockenen Zutaten geben. Mit einer Gabel kurz verrühren – der Teig darf noch klumpig sein.
3 Heidelbeeren vorsichtig unterheben. Mischung in die Form füllen. In 20 Minuten goldbraun backen. Muffins mit einem Spatel aus den Formen lösen. Zum Abkühlen auf ein Kuchengitter geben.

MUFFINFORMEN
Die Muffins in diesem Buch wurden in antihaftbeschichteten Muffinformen gebacken, die man in Haushaltswarengeschäften und manchmal auch in großen Supermärkten bekommen kann. Es gibt sie für 6 oder 12 Muffins, und in drei Größen: für kleine, mittlere und große Muffins. Wenn nicht anders angegeben, sind die Rezepte für mittelgroße Muffins berechnet. Auch wenn antihaftbeschichtete Formen verwendet werden, ist es sinnvoll, die Formen zumindest am Boden zu fetten, weil einige Muffins durch ihren Zuckergehalt doch an der Form kleben.

OBEN: Heidelbeermuffins

SCONES
Das Grundrezept für dieses Teegebäck aus Knetteig ist ganz einfach. Es bereitet außerdem wenig Mühe, einige zusätzliche Zutaten in den Teig zu geben: Sultaninen, Korinthen oder Rosinen sind traditionelle Zutaten der Scones, aber auch feingehacktes Zitronat und Orangeat, gehackte Trockenaprikosen oder Pfirsiche schmecken köstlich. Für herzhafte Scones geben Sie einfach geriebenen Käse oder frische, gehackte Kräuter in den Teig.

OBEN: Scones

SCONES

Vorbereitungszeit: 20 Minuten
Backzeit: 10–12 Minuten
Ergibt 12 Stück

☆

250 g Mehl
4 TL Backpulver
1 Prise Salz (siehe Hinweis)
30 g Butter, in kleine Stücke geschnitten
125 ml Milch
4 EL Wasser
zusätzlich Milch zum Bepinseln

1 Backofen auf 210 °C vorheizen. Ein Backblech mit Öl oder zerlassener Butter bepinseln. Mehl, Backpulver und Salz in eine Schüssel sieben. Butter zufügen und mit den Fingerspitzen mit dem Mehl verreiben.
2 Eine Vertiefung in die Mitte drücken. Milch und Wasser mischen und fast die gesamte Mischung zufügen. Dann die Zutaten mit einem Messer mit breiter Klinge zu einem weichen Teig verarbeiten. Nach Bedarf mehr Flüssigkeit zufügen.
3 Den Teig auf eine leicht bemehlte Arbeitsfläche geben (Mehl mit etwas Backpulver gemischt). Den Teig kurz durchkneten, bis er bindet. Dann 1,5 cm dick ausrollen.
4 Mit einer bemehlten, runden Ausstechform von 5 cm Durchmesser den Teig ausstechen und auf das Backblech legen. Mit Milch bepinseln. Die Scones in 10–12 Minuten goldbraun backen. Mit Konfitüre und geschlagener Sahne servieren.
Hinweis: Scones sollten nur mit leichter Hand und wenig geknetet werden; sie werden sonst zäh. Auch bei süßen Scones gehört eine Prise Salz in den Teig, um den Geschmack abzurunden.

SCHNELLE ZITRONEN-SHORTBREADS

DEN BACKOFEN AUF 180 °C vorheizen. 125 g Weizenmehl, 1 EL Reismehl, 100 g in Stücke geschnittene kalte Butter und 1/2 TL abgeriebene Zitronenschale in die Küchenmaschine geben. 1 EL Zitronensaft zufügen und kurz mischen. Den Teig auf eine leicht bemehlte Arbeitsfläche geben und 5 mm dick ausrollen. Dann die gewünschten Formen ausstechen, auf ein mit Backpapier ausgelegtes Backblech setzen und 10–12 Minuten backen. Auf einem Kuchengitter erkalten lassen. Ergibt etwa 20 Stück.

APFELSTRUDEL

Vorbereitungszeit: 20 Minuten
Backzeit: 25–30 Minuten
Ergibt 2 Strudel

☆

- 4 grüne Kochäpfel
- 30 g Butter
- 2 EL Orangensaft
- 1 EL Honig
- 60 g Zucker
- 60 g Sultaninen
- 350–400 g Blätterteig
- 50 g gemahlene Mandeln
- 1 Ei, leicht verquirlt
- 2 EL feiner brauner Zucker
- 1 TL Zimt

1 Den Backofen auf 220 °C vorheizen. Ein Backblech mit Öl oder zerlassener Butter bepinseln. Die Äpfel schälen, Kerngehäuse herausschneiden und die Äpfel in dünne Scheiben schneiden. Butter in einem Topf erhitzen; Äpfel hineingeben und 2 Minuten dünsten. Dann Orangensaft, Honig, Zucker und Sultaninen zufügen. Bei mittlerer Hitze rühren, bis sich der Zucker aufgelöst hat und die Äpfel gar, aber nicht zu weich sind. Dann in eine Schüssel geben und kalt werden lassen.

2 Blätterteig zu zwei Quadraten von 25 x 25 cm ausrollen. Dann ein Quadrat auf eine flache Arbeitsfläche legen. In der Mitte umklappen und die umgeklappte Teighälfte im Abstand von 2 cm einschneiden (siehe Abbildung). Den Teig wieder aufklappen und mit der Hälfte der Mandeln bestreuen. Die Kochflüssigkeit der Äpfel abgießen. Die Hälfte der Äpfel in der Mitte der unteren Teighälfte verteilen. Die Ränder mit verquirltem Ei bestreichen, den Teig zusammenklappen und die Ränder fest aufeinander drücken.

3 Den Strudel auf das Backblech legen. Zucker und Zimt mischen. Die Oberfläche des Strudels mit Ei bepinseln und mit der Hälfte der Zucker-Zimt-Mischung bestreuen. Mit dem zweiten Teigquadrat und den restlichen Zutaten ebenso verfahren. In 20–25 Minuten goldbraun und knusprig braten. Heiß mit Sahne oder Vanilleeis servieren oder mit Zimmertemperatur zum Kaffee reichen.

Hinweis: Ein Strudel kann mit vielen verschiedenen Obstsorten gefüllt werden, zum Beispiel Birnen, Kirschen oder Aprikosen, frisch oder aus der Dose. Die Früchte sollte man vor der Weiterverwendung immer gut abtropfen lassen, sonst weicht der Boden des Strudels durch.

BACKTIPS

Das Geheimnis gelungener leichter und zarter Kuchen, Plätzchen und Gebäckkreationen liegt in der Behandlung des Teigs. Wenn es in einem Rezept heißt »Mehl unterheben«, nehmen Sie dazu einen großen Metalllöffel oder einen Gummispatel, und mischen Sie nur so lange, bis das Mehl in den Teig eingearbeitet ist. Benutzen Sie bei einem Mürbeteig- oder Plätzchenrezept ein Messer, um die Flüssigkeit in die trockenen Zutaten zu »hacken«; anschließend verkneten Sie sie mit den Fingerspitzen. Das Klebereiweiß im Mehl ist verantwortlich dafür, daß aus zu lange bearbeitetem Teig ein schweres und zähes Endprodukt wird.

OBEN: Apfelstrudel

ZITRONENTÖRTCHEN

Vorbereitungszeit: 40 Minuten + Kühlzeit
Backzeit: 15 Minuten
Ergibt 24 Stück

✯

250 g Mehl
125 g Butter, in Stücke geschnitten
2 TL feiner Zucker
1 TL abgeriebene Zitronenschale
1 Eigelb

Füllung
125 g weicher Frischkäse
125 g Zucker
2 Eigelb
2 EL Zitronensaft
160 g gesüßte Kondensmilch

1 Backofen auf 180 °C vorheizen. 2 flache 12er-Tortelett- oder Kuchenförmchen von 5–6 cm Durchmesser mit Öl bepinseln. Mehl mit einer Prise Salz in eine Schüssel sieben; die Butter zufügen und mit den Fingerspitzen verreiben. Dann Zucker, Zitronenschale, Eigelb und 2–3 EL Eiswasser hineingeben und mit einem Messer mischen. Den Teig auf eine leicht bemehlte Arbeitsfläche geben und vorsichtig geschmeidig kneten. In Klarsichtfolie einwickeln und 10 Minuten kalt stellen.
2 Für die Füllung: Frischkäse, Zucker und Eigelb mit dem Handrührgerät zu einer glatten, dicken Masse verrühren. Zitronensaft und Kondensmilch zufügen; gründlich mischen.
3 Teig zwischen zwei Lagen Backpapier 3 mm dick ausrollen. Kreise von 7 cm Durchmesser ausstechen. Die Förmchen damit auskleiden. Jedes Teigförmchen dreimal mit der Gabel einstechen und in 10 Minuten goldgelb backen. Aus dem Herd nehmen und 2 EL Füllung in jedes Törtchen geben. Dann erneut in den Backofen geben und 5 Minuten backen, bis die Füllung fest ist. Etwas abkühlen lassen und aus den Formen nehmen. Nach Wunsch mit kandierter Zitronenschale dekorieren.

KONDENSMILCH
Kondensmilch ist Milch, die durch Entzug von Wasser bis auf ein Drittel ihres ursprünglichen Volumens konzentriert wird. Sie wird in unterschiedlichen Fettstufen hergestellt: Kondensmagermilch (1 % Fett), teilentrahmte Kondensmilch (4 %), Standardkondensmilch (7,5 %) und Kondenssahne oder Kaffeesahne (mindestens 15 %), die aus Sahne eingedickt wird. Einige Sorten Kondensmilch werden auch gesüßt angeboten. Sie eignen sich hervorragend zur Zubereitung von Fondant und Speiseeis.

OBEN: Zitronentörtchen
RECHTS: Schokoladen-Éclairs

SCHOKOLADEN-ÉCLAIRS

Vorbereitungszeit: 20 Minuten
Backzeit: 40 Minuten
Ergibt 18 Stück

✯

250 ml Wasser
125 g Butter
125 g Mehl, gesiebt
4 Eier
320 ml Sahne, geschlagen
150 g dunkle Kuvertüre, geschmolzen

1 Backofen auf 210 °C vorheizen. 2 Backbleche mit Öl bepinseln. Dann Wasser und Butter in einem Topf bei mittlerer Hitze rühren, bis die Butter schmilzt. Die Mischung zum Kochen bringen; vom Herd nehmen.
2 Das ganze Mehl auf einmal hineinschütten. Erneut auf den Herd stellen und mit einem Holzlöffel rühren, bis sich der Teig vom Topfrand löst und eine Kugel bildet. In eine Schüssel geben und etwas abkühlen lassen. Nun die Eier einzeln zugeben; zwischendurch so lange rühren, bis der Teig das Ei aufgenommen hat. Er wird dann dick, glatt und glänzend.

3 Den Teig in einen Spritzbeutel mit einer geraden Tülle mit 1,5 cm Durchmesser füllen. Mit ausreichend Abstand 15 cm lange Streifen auf die Backbleche spritzen.
4 Den Teig 10–15 Minuten backen. Temperatur auf 180 °C zurückschalten und weitere 15 Minuten backen, bis die Éclairs goldgelb und fest sind. Jedes Éclair aufschneiden und evtl. ungebackenen Teig entfernen. Mit Sahne füllen und Oberfläche mit geschmolzener Kuvertüre überziehen.

MOKKA-KÜSSCHEN

Vorbereitungszeit: 40 Minuten
Backzeit: 10 Minuten
Ergibt 30 Stück

☆

375 g Mehl
2 EL Backpulver
160 g Butter, in Stücke geschnitten
125 g Zucker
1 Ei, leicht verquirlt
1 EL Instantkaffeepulver
1–2 EL Eiswasser

Mokka-Buttercreme
80 g Butter
125 g Puderzucker, gesiebt
2 TL Wasser
2 TL Instant-Kaffeepulver
100 g weiße Kuvertüre, geschmolzen

1 Backofen auf 180 °C vorheizen. 2 Backbleche mit Öl bepinseln und mit Backpapier auslegen. Mehl und Backpulver in eine Schüssel sieben. Die Butter zufügen und mit den Fingerspitzen mit dem Mehl verreiben, bis sich feine Krümel bilden. Das Kaffeepulver in Wasser auflösen. Mit Zucker und Ei mischen und auf einmal zufügen. Das Ganze mit einem Messer zu einem weichen Teig verarbeiten und mit leichter Hand geschmeidig kneten.
2 Den Teig zwischen zwei Lagen Backpapier 5 mm dick ausrollen. Eine Ausstechform mit 5 cm Durchmesser und gewelltem Rand zum Ausstechen der Plätzchen benutzen, diese auf die Bleche legen und in 10 Minuten hellgelb backen. Dann auf einen Kuchendraht legen.
3 Für die Mokkacreme: Butter und Zucker mit dem Handrührgerät leicht und cremig rühren. Das Kaffeepulver im Wasser auflösen und hineingeben; gut verrühren. In einen Spritzbeutel füllen und auf die Hälfte der Plätzchen die Creme spritzen. Die andere Hälfte darauf setzen. Mit weißer Kuvertüre verzieren und nach Wunsch noch mit Mokkabohnen aus Schokolade dekorieren.

VOLLKORN-SCHOKOLADEN-PLÄTZCHEN

Vorbereitungszeit: 20 Minuten
Backzeit: 15–20 Minuten
Ergibt 25 Stück

☆

125 g Butter
90 g feiner brauner Zucker
3 EL Milch
220 g Weizenvollkornmehl
50 g Weizenmehl Type 405
1 TL Backpulver
30 g Kokosflocken
200 g dunkle Kuvertüre

1 Backofen auf 180 °C vorheizen. Zwei Backbleche mit Öl oder zerlassener Butter bepinseln und mit Backpapier auslegen. Butter und Zucker mit dem Handrührgerät locker und cremig schlagen. Milch zufügen und gut unterrühren.
2 Das gesiebte Mehl, Backpulver und die Kokosflocken hineingeben. Mit einem Messer zu einem weichen Teig verarbeiten und zwischen zwei Lagen Backpapier 5 mm dick ausrollen. Mit einem Ausstecher von 5 cm Durchmesser runde Plätzchen ausstechen und auf die Backbleche legen. In 15–20 Minuten goldgelb backen; abkühlen lassen.
3 Die Kuvertüre im Wasserbad schmelzen. Dann vom Herd nehmen und etwas abkühlen lassen. Die Oberseite der Plätzchen gleichmäßig damit bepinseln und fest werden lassen.

KAFFEEKONZENTRAT
Wenn Sie Kaffee zum Backen verwenden, sollten Sie dunkel geröstete Bohnen wählen. Für ein einfaches Kaffeekonzentrat mischt man gleiche Teile feingemahlenen Kaffees und kochendes Wasser und läßt es einen Tag ziehen. Eine stärkere Mischung entsteht durch Einkochen von frisch gebrühtem Kaffee, bis er eindickt. Anschließend erkalten lassen. Beide Konzentrate halten sich im Kühlschrank bis zu zwei Wochen.

OBEN: Mokka-Küßchen

ZARTE TRÄUME MIT KONFITÜRE UND CREME

Vorbereitungszeit: 15 Minuten
Backzeit: 12 Minuten
Ergibt 20 Stück

☆

125 g Butter
125 g Zucker
2 Eigelb
5 Tropfen Vanillearoma
30 g Puddingpulver
180 g Mehl
$1^1/_2$ TL Backpulver
160 g Erdbeerkonfitüre
180 ml Sahne, geschlagen

1 Den Backofen auf 180 °C vorheizen. Zwei Backbleche mit Backpapier auslegen. Butter und Zucker mit dem Handrührgerät locker und cremig rühren. Das Eigelb einzeln zufügen; zwischendurch den Teig ganz glattrühren. Dann das Vanillearoma hineingeben und verrühren.
2 Die Mischung in eine große Schüssel geben. Mit einem Messer mit breiter Klinge Mehl, Backpulver und Puddingpulver einarbeiten, bis die Zutaten gerade eben binden. Mit den Fingerspitzen zu einem weichen Teig verarbeiten.
3 Je 1 TL der Mischung zu einer Kugel formen und im Abstand von 5 cm auf die Backbleche legen. Mit einer Gabel etwas flachdrücken. In ca. 12 Minuten goldgelb backen. 5 Minuten auf dem Blech ruhen lassen; dann zum Abkühlen auf einen Kuchendraht geben. Die Hälfte der Plätzchen mit je 1/4 TL Konfitüre bestreichen. Sahne darauf geben und die anderen Plätzchen obenauf setzen.

LIMETTEN
Limetten verderben von allen Zitrusfrüchten leider am schnellsten. Sie sollten blaß- oder dunkelgrün sein und saures, grünes Fruchtfleisch haben. Limetten mit gelber Schale sind meistens überreif und haben viel von ihrem sauren Geschmack verloren. Limettensaft schmeckt sehr gut statt Zitronensaft in Guacamole, dem Avocadodip, er wird außerdem für viele Desserts verwendet. Der helle Saft frischer Limetten ist Bestandteil von Daiquiris und Margheritas.

OBEN: Zarte Träume mit Konfitüre und Creme
RECHTS: Zitronen-Limetten-Plätzchen

ZITRONEN-LIMETTEN-PLÄTZCHEN

Vorbereitungszeit: 40 Minuten + 1 Stunde Kühlzeit
Backzeit: 10–15 Minuten
Ergibt 30 Stück

☆

150 g weiche Butter
180 g Zucker
1 Ei, leicht verquirlt
1 EL Limettensaft
2 TL abgeriebene Limettenschale
2 TL abgeriebene Zitronenschale
180 g Mehl
1 TL Backpulver
60 g Marzipan, fein zerkleinert

Limettenglasur
125 g Puderzucker, gesiebt
1 TL abgeriebene Limettenschale
1 EL Limettensaft
2 TL Wasser

1 Zwei Backbleche mit Backpapier auslegen. Butter und Zucker mit dem Handrührgerät locker und cremig rühren. Ei, Saft und Schale zufügen; den Teig ganz glattrühren.
2 Die Mischung in eine große Schüssel geben. Mit einem Messer mit breiter Klinge das Mehl, Backpulver und das Marzipan einarbeiten, bis ein weicher Teig entsteht. Dann den Teig halbieren und eine Hälfte auf eine leicht bemehlte Arbeitsfläche geben und zusammendrücken, bis die Oberfläche glatt ist.
3 Teig zu einer langen Rolle von 4 cm Durchmesser formen, in Klarsichtfolie wickeln und im Kühlschrank 1 Stunde ruhen lassen. Dasselbe mit der anderen Teighälfte wiederholen. Dann den Backofen auf 180 °C vorheizen. Den Teig in 1 cm dicke Scheiben schneiden, auf die vorbereiteten Backbleche legen und in 10–15 Minuten hellgelb backen. Auf dem Blech erkalten lassen. Plätzchen zur Hälfte in die Glasur tauchen. Nach Wunsch dekorieren.
4 Für die Limettenglasur: Puderzucker, Limettenschale, Saft und Wasser in einer Schüssel glattrühren. Falls die Glasur zu dick ist, noch etwas Saft oder Wasser dazugeben.

NUSS-SCHOKOSCHNITTEN NACH DONAUWELLENART

Vorbereitungszeit: 30 Minuten + Kühlzeit
Backzeit: 5 Minuten
Ergibt 36 Stück

☆

125 g Butter
125 g Zucker
30 g Kakao
250 g Weizenvollkornkekse, zerdrückt
60–70 g Kokosflocken
30 g Haselnüsse, gehackt
60 g kandierte Kirschen, gehackt
1 Ei, leicht verquirlt
5 Tropfen Vanillearoma

Belag
60 g Butter
220 g Puderzucker
2 EL Puddingpulver
1 EL heißes Wasser
1 EL Grand Marnier
180 g dunkle Kuvertüre

1 Boden und Ränder einer flachen Form von 18 x 28 cm mit Folie auskleiden. Butter, Zucker und Kakao in einen kleinen Topf geben. Bei schwacher Hitze erwärmen; dabei rühren, bis die Butter geschmolzen ist und eine einheitliche Masse entsteht. Unter ständigem Rühren 1 Minute kochen. Dann vom Herd nehmen und etwas abkühlen lassen.
2 Kekskrümel, Kokosflocken, Haselnüsse und Kirschen in eine große Schüssel geben und gut verrühren. Eine Mulde in die Mitte drücken. Buttermischung, Ei und Vanillearoma auf einmal hineingeben und sorgfältig mischen. Mit dem Löffelrücken die Mischung gleichmäßig und fest in die vorbereitete Form drücken. Dann im Kühlschrank fest werden lassen.
3 Für den Belag: Butter mit dem Handrührgerät cremig schlagen. Puderzucker und Puddingpulver mischen, Grand Marnier und Wasser verrühren. Beide Mischungen abwechselnd zur Butter geben und die Creme leicht und locker aufschlagen. Gleichmäßig auf den Kuchenboden streichen und kalt stellen, bis die Creme fest ist.
4 Die Kuvertüre im Wasserbad unter ständigem Rühren schmelzen und ein wenig abkühlen lassen. Dann auf die Creme streichen. Mindestens 4 Stunden kalt stellen, bis die Kuvertüre fest ist. Zum Servieren in Quadrate schneiden.

FRISCHE EIER
Beim Eierkauf sollten Sie darauf achten, daß die Eier weniger als zwei Wochen alt sind. Nur frische Eier gewährleisten ein gutes Aroma. Frische Eier bleiben in Wasser auf dem Boden liegen. Falls es sich aufrichtet, ist es schon älter. Steigt es sogar an die Oberfläche, ist es bereits zu alt. Dieser Test basiert auf der Luftkammer, die im Ei enthalten ist. Je älter das Ei ist, desto größer die Luftkammer, und desto weiter steigt es nach oben. Die braunen Eier sehen hübsch aus und sind sehr beliebt, haben aber den gleichen Nährwert wie weiße. Eier sollten mit dem schmaleren Ende nach unten im Kühlschrank aufbewahrt werden; so halten sie sich länger. Eier mit Zimmertemperatur bringen beim Verarbeiten mehr Volumen; schon etwas ältere Eier lassen sich besser trennen, weil ihr Eigelb stabiler ist.

OBEN: Nuß-Schokoschnitten nach Donauwellenart

GETRÄNKE

Ob zum Brunch, nach Mitternacht oder zu irgendeinem Zeitpunkt dazwischen – ein speziell zubereitetes Getränk unterstreicht das Ambiente der jeweiligen Gelegenheit genauso wie den Ruf des Gastgebers. Selbst gesunde, köstliche Fruchtsäfte beim Familienfrühstück sind eine willkommene Abwechslung vom täglichen Einerlei aus der Saftflasche. Auch ein ganz besonders zubereiteter Kaffee ist der perfekte Abschluß eines guten Essens – nicht nur an einem kalten Winterabend.

WHISKY ODER WHISKEY?
Kommt er aus Schottland, Kanada oder Deutschland, schreibt er sich »Whisky«. Ist er in Amerika oder Irland zu Hause, heißt er »Whiskey«. Wie immer man ihn auch schreibt, der Name ist eine Verballhornung des gälischen »usquebaugh«, das man mit »Wasser des Lebens« übersetzen könnte. Erste schriftliche Erwähnung fand der schottische Whisky 1494 – bekannt war er vermutlich schon lange zuvor. Destilliert wurde meist in den Küchen schottischer Farmen. Das war nicht schwierig, weil der Whisky nur zweimal destilliert wurde. Irischer Whiskey dagegen wird in wesentlich kleineren Mengen hergestellt und dreimal destilliert.

OBEN, IM UHRZEIGERSINN VON HINTEN: Irish Coffee, Wiener Melange und Gewürzkaffee

WIENER MELANGE

Vorbereitungszeit: 10 Minuten
Kochzeit: Keine
Für 4 Personen

☆

1 Liter Milchkaffee
80 g Vollmilchschokolade, gerieben
500 ml geschlagene Sahne

1 In jede Tasse Milchkaffee 1 EL geriebene Schokolade einrühren und großzügig mit Schlagsahne garnieren. Mit zusätzlicher Schokolade bestreuen und sofort servieren.

IRISH COFFEE

Vorbereitungszeit: 10 Minuten
Kochzeit: Keine
Für 4 Personen

☆

1 Liter starker schwarzer Kaffee
Zucker
irischer Whiskey
geschlagene Sahne

1 Den Kaffee in hohe, schmale Gefäße gießen (möglichst aus Glas). Nach Belieben Zucker und Whiskey zufügen.
2 Die Sahne langsam über den Löffelrücken in den Kaffee gleiten lassen, bis eine 6 mm dicke Schicht entsteht. Dann sofort servieren. *Variante:* Für einen Jamaican Coffee kann man statt irischem Whiskey braunen Rum verwenden.

GEWÜRZKAFFEE

Vorbereitungszeit: 10 Minuten
Kochzeit: Keine
Für 4 Personen

☆

1/2–1 TL Zimt
1 Liter starker schwarzer Kaffee
Kahlua
500 ml geschlagene Sahne
Orangenzesten, zum Dekorieren

1 Den Zimt zum Kaffee in die Kanne geben. 1–2 EL Kahlua in jede Tasse geben.
2 Den Kaffee darauf gießen und die Sahne mit dem Löffel darüber geben oder spritzen. Mit Orangenzeste garnieren.

EISTEE AMERIKANISCH

Vorbereitungszeit: 5 Minuten
Kochzeit: Keine
Für 1 Person

☆

Eiswürfel
125 ml kalter schwarzer Tee
1 TL Zucker

1 Kalten Tee, Zucker und Eiswürfel in ein hohes Glas geben und mit einem Stab umrühren. Mit Zitronenscheiben und Minzeblättern dekorieren. Eistee kann auch mit kaltem Kräutertee zubereitet werden.

HEISSE SCHOKOLADE FÜR ZWEI

Vorbereitungszeit: 5 Minuten
Kochzeit: 5 Minuten
Für 2 Personen

☆

1 EL Kakaopulver
1 EL Zucker
3 EL Wasser
500 ml heiße Milch
nach Wunsch etwas Rum oder Whisky

1 Kakaopulver und Zucker in einen kleinen Topf geben und mit Wasser glattrühren. Zum Kochen bringen, Hitze reduzieren und auf kleiner Stufe die heiße Milch angießen; mit dem Schneebesen einrühren, bis sich Schaum bildet. Mit zusätzlichem Kakaopulver bestäuben. Nach Wunsch mit einem Schuß Rum oder Whisky servieren.

EISGEKÜHLTE SCHOKOLADE

Vorbereitungszeit: 5 Minuten
Kochzeit: Keine
Für 1 Person

☆

1–2 EL Kakao-Getränkepulver
250 ml eiskalte Milch
geschlagene Sahne oder Vanilleeis

1 In einem hohen Glas das Kakaopulver mit etwas Milch glattrühren. Eiskalte Milch aufgießen.
2 Mit 1 Kugel Vanilleeis oder Schlagsahne (oder beidem) servieren.

SCHOKOLADENSHAKE

Vorbereitungszeit: 5 Minuten
Kochzeit: Keine
Für 1 Shake

☆

250 ml Milch
1 EL Schokoladensirup
2–3 Kugeln Schokoladeneiscreme

1 Milch und Schokoladensirup im Mixer langsam verrühren. Das Schokoladeneis hineingeben und zu einer sehr dicken, glatten Masse verarbeiten. In ein großes Glas geben und mit einem dicken Strohhalm servieren.
Hinweis: Schokoladensirup oder Schokoladensauce ist im Supermarkt auch als Fertigprodukt erhältlich.

OBEN: Heiße Schokolade für Zwei

KAFFEE
Die erstaunliche Vielfalt der verschiedenen Kaffeearomen und Geschmacksrichtungen entsteht durch die verschiedenen Anbaugebiete, die Art des Röstens, des Kochens und Servierens. Einzige Grundbedingung für eine gute Tasse Kaffee, ganz gleich, mit welcher Methode er zubereitet wird, ist eine hochwertige Kaffeebohne. Lassen Sie sich Ihren Kaffee beim Kauf frisch mahlen; je länger gemahlener Kaffee lagert, desto schneller verliert er sein Aroma. Echte Kaffeeliebhaber mahlen ihre Kaffeebohnen zu Hause selbst.

SEITE GEGENÜBER: Im Uhrzeigersinn von oben links: Obstsalat-Smoothie; Energie-Shake; Pfirsichtraum; Bananen-Eierflip; Mango-Frappé

ENERGIE-SHAKE

Vorbereitungszeit: 5 Minuten
Kochzeit: Keine
Ergibt 2 Shakes

✯

375 ml entrahmte Milch oder Sojamilch
1 EL Milchpulver von entrahmter Milch
125 g Joghurt
1 EL Honig
1 Banane, geschält
nach Wunsch 6 Erdbeeren
Zimt, zum Bestreuen

1 Alle Zutaten mit Ausnahme des Zimts im Mixer glattrühren. Dann in hohe Gläser füllen und mit etwas Zimt bestreuen.

OBSTSALAT-SMOOTHIE

Vorbereitungszeit: 5 Minuten
Kochzeit: Keine
Ergibt 2 Stück

✯

2 Kugeln Vanilleeis
ca. 200 g Obst, gehackt (Passionsfrucht, Erdbeeren, Banane u.a.)
3–4 Eiswürfel
2 EL Honig

1 Alle Zutaten in einen Mixer geben und glattrühren. Anschließend zum Servieren in hohe Gläser gießen.

BANANEN-EIERFLIP

Vorbereitungszeit: 5 Minuten
Kochzeit: Keine
Ergibt 2 Stück

✯

375 ml Milch
1 mittelgroße Banane
1 EL Honig
1 Ei
2–3 EL Joghurt
2 Kugeln Vanilleeis
2 Eiswürfel

1 Die Milch in einen Mixer gießen. Dann die geschälte und grobgehackte Banane, Honig, Ei, Joghurt, Eiscreme und Eiswürfel hineingeben und zu einer glatten Mischung verarbeiten. In 2 Gläser gießen und servieren.

PFIRSICHTRAUM

Vorbereitungszeit: 5 Minuten
Kochzeit: Keine
Für 4 Personen

✯

ca. 400 g Pfirsichscheiben aus der Dose
3–4 Kugeln Vanilleeis
3 EL Orangensaft
2–3 Tropfen Vanillearoma
500 ml kalte Milch
Orangenscheiben

1 Die Pfirsichscheiben gut abtropfen lassen. Mit Eiscreme, Orangensaft, Vanillearoma und kalter Milch in eine Küchenmaschine geben und zu einer glatten Flüssigkeit verarbeiten. In Gläser füllen, mit Orangenscheiben garnieren und sofort servieren.

MANGO-FRAPPÉ

Vorbereitungszeit: 5 Minuten
Kochzeit: Keine
Für 2 Personen

✯

20 Eiswürfel
3 große frische Mangos, in Stücke geschnitten
Mangoscheiben

1 Die Eiswürfel im Mixer oder in der Küchenmaschine grob zerkleinern. Die Mangostücke zufügen und das Ganze zu einer dicken, glatten Masse verarbeiten.
2 Die Mischung in Gläser füllen, mit Mangoscheiben und nach Wunsch mit einem Ananasblatt garnieren und sofort servieren.

GRAUPENWASSER
Gerste wirkt beruhigend bei Magenverstimmungen. Bei Graupen handelt es sich um geschälte und geschliffene Gerstenkörner. Sie hatten bis ins 16. Jahrhundert in Europa große Bedeutung, und im Laufe der Geschichte wurden sie nicht nur als Nahrungsmittel, sondern auch als Maßeinheit, Medikament und sogar als eine Art Währung verwendet.

OBEN:
Selbstgemachte Limonade

SELBSTGEMACHTE LIMONADE

Vorbereitungszeit: 10 Minuten + Einweichzeit über Nacht
Kochzeit: 10–15 Minuten
Ergibt etwa 1 1/4 l

☆

Zitronensirup
6 große unbehandelte Zitronen
6 ganze Nelken
1 1/4 l kochendes Wasser
500 g Zucker

Eis
Mineralwasser mit Kohlensäure

1 Für den Sirup: Zitronen in Scheiben schneiden, mit den Nelken in eine große Schüssel geben und mit kochendem Wasser übergießen. Über Nacht ziehen lassen. Wasser durch ein Sieb in einen Topf gießen. Zitronenscheiben und Nelken wegwerfen. Zucker in den Topf geben und bei schwacher Hitze rühren (nicht kochen), bis der Zucker sich aufgelöst hat. Aufkochen und in 10 Minuten zu einem Sirup einkochen lassen. Abkühlen lassen.

2 Zum Servieren Eis in hohe Gläser füllen. 2 EL Zitronensirup darüber geben und mit Mineralwasser auffüllen. Mit Zitronenscheiben und Minzeblättern garnieren.

GRAUPENWASSER MIT ZITRONEN UND LIMETTEN

Vorbereitungszeit: 5 Minuten
Kochzeit: 30 Minuten
Ergibt etwa 1 Liter

☆

220 g Perlgraupen
2 Liter Wasser
3 EL Zitronensaft
125 ml Limettensaft
125 g feiner Zucker

1 Graupen und Wasser in einem großen Topf 30 Minuten kochen, bis die Flüssigkeit zur Hälfte reduziert ist. Dann vom Herd nehmen und durch ein Sieb gießen; die Flüssigkeit auffangen.

2 Saft und Zucker zugeben; gut mischen. Gekühlt mit Eis, Zitronen- und Limettenscheiben servieren.

REGISTER

Kursiv gedruckte Seitenzahlen verweisen auf Abbildungen.
Fett gedruckte Seitenzahlen verweisen auf Randspalten.

D

E

H

I

J

K

L

M

N

O

T

U

V

DANKSAGUNG

REZEPTE: Jody Vassallo, Jo Richardson, Michelle Earl, Michelle Lawton, Kerrie Mullins, Dimitra Stais, Tracey Port, Christine Sheppard, Jo Forrest, Melanie McDermott, Stephanie Souvilis, Denise Munro, Voula Mantzouridis, Wendy Berecry, Wendy Goggin, Beverly Sutherland Smith, Kerrie Carr, Maria Sampsonis

FOTOS: Luis Martin, Jon Bader, Joe Filshie, Reg Morrison, Chris Jones, Ray Joyce, Tony Lyon, Andre Martin, Peter Scott, Andrew Payne, Andrew Furlong
FOODSTYLING: Rosemary De Santis, Mary Harris, Carolyn Fienberg, Amanda Cooper, Georgina Dolling, Donna Hay, Suzie Smith, Di Kirby, Elaine Rushbrooke